Roberto Braccini

Praktisches Wörterbuch der Musik

SERIE MUSIK
PIPER · SCHOTT
Band 8279

Zu diesem Buch

Wer sich intensiv mit dem Notentext der zu studierenden Werke auseinandersetzt, trifft mit großer Sicherheit irgendwann einmal auf ein fremdsprachiges Wort oder eine fremdsprachige Formulierung, deren Bedeutung ihm vollkommen unbekannt ist. Als Helfer in solchen Situationen ist dieses Buch gedacht. Mittels eines Zahlensystems kann das gesuchte Wort ausfindig gemacht und dessen Übersetzung in die eigene Sprache in Erfahrung gebracht werden. Das Wörterbuch ist aus der Praxis heraus entstanden; großer Wert wurde auf möglichste Vollständigkeit gelegt, um jedem, der sich aktiv mit Musik auseinandersetzt, einen unverzichtbaren Führer durch die Welt musikalischer Begriffe in die Hand zu geben.

Roberto Braccini ist 1933 in Florenz geboren und hat sein Klavierstudium am dortigen Konservatorium abgeschlossen. Er war lange Zeit Dolmetscher der Europäischen Musikschulunion EMU und Leiter von Kursen zur musikalischen Terminologie. Zur Zeit ist er Dozent für Klavier und Improvisation am Lehrerseminar in Liestal (Schweiz).

Roberto Braccini

Praktisches Wörterbuch der Musik

Italienisch – Englisch – Deutsch – Französisch

Schott Mainz · Piper München

SERIE MUSIK
PIPER · SCHOTT

Für Pia und meinen Freund Elvivio d'Almo

ISBN 3-7957-8279-1 (Schott)
ISBN 3-492-18279-8 (Piper)
Originalausgabe Oktober 1992

Umschlag: Federico Luci,
unter Verwendung von Fotos von Theo Dollmann
Druck und Bindung: Clausen & Bosse, Leck
Printed in Germany

Inhalt

Vorwort 6
Streichinstrumente 15
Bestandteile und Zubehör 17
Spielarten 19
Blasinstrumente 21
Bestandteile und Zubehör 25
Spielarten 29
Schlaginstrumente 29
Bestandteile und Zubehör 35
Spielarten 37
Tasteninstrumente 39
Bestandteile und Zubehör 39
Spielarten 43
Mechanische Musikinstrumente 43
Elektrische/elektronische Musikinstrumente,
Musikaufnahme- und Wiedergabegeräte 45
Sänger und Gesang 51
Gesang und Gesangsarten 53
Die Sprache der Partituren
Tempo 59
Dynamik und Gewicht 67
Charakter und Ausdruck 71
Verschiedenes 111
Musiktheorie 125
Noten 143
Notenwerte 145
Gattungen und Formen 147
Die tägliche Sprache
Verben 163
Kleine Wörtersammlung 173
Der menschliche Körper 205
Die Berufe 209
Französische Fachausdrücke 213
Englische und amerikanische Fachausdrücke 223
Jazz, Rock, Pop 233
Register 245

Vorwort

Das vorliegende Fachwörterbuch der Musik in vier Sprachen wendet sich an Musiker, Lehrer, Studenten und Laien, die die Übertragung fremdsprachiger Fachwörter suchen und verwenden möchten. Das Buch erhebt keinen wissenschaftlichen Anspruch. Es ist aus der Praxis heraus entstanden, ausgehend von der Sammlung von Anweisungen in unzähligen Partituren, Klavierauszügen und Notenstimmen. Zur Vervollständigung und Abrundung des Wortschatzes wurden Fachlexika und Fachwörterbücher ausgewertet. Zeitnahe Sachgebiete, wie zum Beispiel Jazz-, Pop- und elektronische Musik, sind eingeschlossen.

Anweisungen zur Benutzung dieses Buches

Die in den einzelnen Kapiteln alphabetisch zusammengestellten Stichwörter gehen – mit Ausnahme der Kapitel „Jazz“ und „Französische Fachausdrücke“ – von der italienischen Sprache aus, wobei die korrekte Silbenbetonung durch ein Strichelchen unter dem betreffenden Vokal angezeigt wird. Die englische, deutsche und französische Übertragung schließen sich an. Jedes Stichwort ist mit fortlaufenden Zahlen versehen, die für alle Sprache gelten. In einem Register erscheinen alle Stichwörter in alphabetischer Reihenfolge mit den ihnen zugeordneten Zahlen, denen das Initial der zugehörigen Sprache zugeordnet ist. Mit Hilfe dieses Registers kann man

1. ein fremdsprachiges Wort ins Deutsche übersetzen,
2. ein deutsches Wort in eine Fremdsprache und
3. ein fremdsprachiges Wort in eine andere Fremdsprache.

In allen Fällen geht man wie folgt vor:

Man trifft in einer Partitur beispielsweise auf das Wort „sempre“. Vorausgesetzt, das Wort ist einem nicht bekannt, sucht man „sempre“ im Register. Dort steht neben „sempre“ ein I (für Italienisch) und eine Zahl. Nun erblättert man diese Zahl im vorderen Teil des Buches und findet dort die deutsche, englische und französische Bedeutung.

Abkürzungen:

I	Italienisch	*m*	Maskulinum
E	Englisch	*f*	Femininum
D	Deutsch	*n*	Neutrum
F	Französisch	*Pl*	Plural
L	Latein		
Am.	Amerikanisch		

Indice

Prefazione 8

Strumenti a corda 14
  Parti componenti ed accessori 16
  Modi di suonare 18

Strumenti a fiato 20
  Parti componenti ed accessori 24
  Modi di suonare 28

Strumenti a percussione 28
  Parti componenti ed accessori 34
  Modi di suonare 36

Strumenti a tastiera 38
  Parti componenti ed accessori 38
  Modi di suonare 42

Strumenti musicali meccanici 42

Strumenti elettrici/elettronici, registrazione e riproduzione 44

Cantanti e canto 50

Canto e modi di cantare 52

Il linguaggio delle partiture
  Velocità 58
  Dinamica e peso 66
  Carattere ed espressione 70
  Diversi 110

Teoria musicale 124
  Note 142
  Valori delle note 144

Generi e forma 146

Il linguaggio di ogni giorno
  Verbi 162
  Piccola raccolta di parole 172
  Il corpo umano 204
  I mestieri 208

Termini francesi 212

Terminologia inglese ed americana 222
  Jazz, Rock, Pop 232

Indice alfabetico 245

Prefazione

Lo scopo di questo libro, che non deve essere inteso come una enciclopedia, è di poter aiutare qualsiasi persona interessata alla musica a trovare la traduzione d'una determinata parola nelle seguenti lingue: italiano, inglese, tedesco e francese. E stato concepito sfogliando innumerevoli composizioni. Alcune parole antiquate, oppure scritte con errori sono rimaste volutamente tali. Inoltre, un gran numero di dizionari specializzati sono stati consultati per completarne il suo vocabolario. Forme musicali recenti come la musica pop, il jazz e la musica elettronica sono ugualmente incluse.

Istruzioni per l'uso di questo libro

Tutti i capitoli sono raggruppati alfabeticamente. I termini italiani sono sempre menzionati per primi ad eccezione di quelli concernenti il jazz e la terminologia francese. Seguono le traduzioni in inglese, tedesco e francese. Ogni rigo ha il suo numero, identico per le quattro lingue. Una lineetta sotto una sillaba italiana indica dove cade l'accento. Tutte queste parole si ritrovano nell'indice alfabetico finale. Accanto ad ognuna di esse si trova l'iniziale della lingua alla quale appartiene (per es. E per l'inglese) ed il suo numero. Questo capitolo vi offre la possibilità di:

1. Tradurre una parola straniera in italiano.
2. Tradurre una parola italiana in una lingua straniera.
3. Tradurre una parola straniera in un'altra lingua straniera.

Nei tre casi, il modo di procedere sarà lo stesso. Esempio:

In una partitura, s'incontra la parola „immer" e si desidera sapere il significato in italiano. Nell'indice alfabetico, accanto a „immer" ci sarà la lettera D (tedesco) ed un numero. Basterà cercare questo numero in uno dei capitoli precedenti. Avendolo trovato, si vedrà alla sua destra „sempre" ed il termine corrispondente in inglese, tedesco e francese.

Abbreviazioni:

I	Italiano	*m*	maschile
E	Inglese	*f*	femminile
D	Tedesco	*n*	neutro
F	Francese	*pl*	plurale
L	Latino		
Am.	Americano		

Contents

Preface 10
Stringed instruments 14
  Component parts and accessories 16
  Playing techniques 18
Wind instruments 20
  Component parts and accessories 24
  Playing techniques 28
Percussion instruments 28
  Component parts and accessories 34
  Playing techniques 36
Keyboard instruments 38
  Component parts and accessories 38
  Playing techniques 42
Mechanical musical instruments 42
Electric/electronic musical instruments,
recording of music and playback units 44
Singers and singing 50
Singing and singing techniques 52
The language of the scores
  Velocity 58
  Dynamics and weight 66
  Character and expression 70
  Miscellany 110
Music theory 124
  Notes 142
  Value of notes 144
Genres and forms 146
Every day language
  Verbs 162
  A small collection of words 172
  The human body 204
  The professions 208
French specialist terms 213
English and American specialist terms 222
  Jazz, Rock, Pop 232
Index 245

Preface

This four-language dictionary of music is intended for musicians, teachers, students and amateurs who wish to understand and use specialist foreign terms. The book is not academic in scope; it is based on practical experience, derived from the examination of directions given on a large number of orchestral scores, piano pieces and transcriptions, and instrumental parts. In order to complement and clarify this vocabulary, specialist dictionaries and reference books have been consulted. Contemporary musical terms taken, for example, from the fields of jazz, pop and electronic music, have also been included.

How to use this dictionary

The entries are arranged alphabetically within the individual sections – except for Jazz and French specialist terms – on the basis of initial headwords given in Italian. The correct stress is indicated by a short line under the appropriate vowel; English, German and French translations follow. Each headword is given an entry number which applies to all four languages; the headwords are then listed alphabetically in the index, along with their assigned numbers and an initial indicating the respective language. This index allows for:

1. the translation of a foreign word into English
2. the translation of an English word into another language
3. the translation of a foreign word from one language into another.

For each of the above, proceed as follows:

If, for example, you find the word "sempre" in a score – assuming that its meaning is unknown to you – look it up in the index. There you will find an "I" (for Italian) and the entry number. Now locate the number in the first part of the book, where you will find English, German and French translations of the word.

Abbreviations:

I	Italian	*m*	masculine
E	English	*f*	feminine
D	German	*n*	neuter
F	French		
L	Latin		
Am.	American		

Contenu

Préface 12

Instruments à cordes 15
  Parties composantes et accessoires 17
  Façons de jouer 19

Instruments à vent 21
  Parties composantes et accessoires 25
  Façons de jouer 29

Instruments à percussion 29
  Parties composantes et accessoires 35
  Façons de jouer 37

Instruments à clavier 39
  Parties composantes et accessoires 39
  Façons de jouer 43

Instruments musicaux mécaniques 43

Instruments électriques/électroniques, enregistrement et reproduction 45

Chanteurs et chant 51

Chant et façons de chanter 53

Le langage des partitions
  Vitesse 59
  Dynamique et poids 67
  Caractère et expression 71
  Divers 111

Théorie musicale 125
  Notes 143
  Valeur des notes 145

Genres et formes 147

Le langage de tous les jours
  Verbes 163
  Petite collection de mots 173
  Le corps humain 205
  Les métiers 209

Termes français 212

Terminologie anglais et américain 223

Jazz, Rock, Pop 233

Index 245

Préface

Le but de ce livre est d'aider toute personne intéressée à la musique, à trouver la traduction d'un mot déterminé dans les langues suivantes: italien, anglais, allemand et français. Ce livre ne doit pas être considéré comme une encyclopédie. C'est en parcourant d'innombrables partitions musicales qu'il a été conçu. Un grand nombre de dictionnaires musicaux spécialisés ont été consultés pour en compléter son vocabulaire. Les formes musicales récentes comme la musique pop, le jazz et la musique électronique y sont également incluses.

Instructions pour l'usage de ce livre

Tous les chapitres sont groupés alphabetiquement. Les termes italiens sont mentionnés en premier à l'exception de ceux concernant le jazz et la terminologie française. Suivent les traductions en anglais, allemand et français. Chaque ligne a son propre numéro qui est le même pour les quatre langues. Un petit trait sous un mot italien signifie qu'il faut accentuer cette voyelle. On retrouve tous ces mots dans l'index alphabétique. A côté de chaque mot se trouve l'initiale de la langue en question (par ex. E pour l'anglais). Ce chapitre vous donne la possibilité de:

1. traduire un mot étranger en français
2. traduire un mot français dans une langue étrangère
3. traduire un mot étranger dans une autre langue étrangère.

Dans le trois cas, on procédéra de la même façon. Exemple:

Dans une partition, il y a le terme „sempre“ et on désire savoir ce qu'il signifie en français. On le cherche dans l'index alphabetique. A côté de „sempre“ on trouvera la lettre I (italien) ainsi qu'un numéro. On cherchera celui-ci dans un des chapitres précédents. On verra alors „sempre“ et le terme correspondant en anglais, allemand et français.

Abbréviations:

I	Italien	*m*	masculin
E	Anglais	*f*	féminin
D	Allemand	*n*	neutre
F	Français	*pl*	pluriel
L	Latin		
Am.	Américain		

Strumenti a corda — Stringed instruments

1	arciliuto *m*	archlute
2	arpa *f*	harp
3	arpa a doppio movimento *f*	double action harp
4	autoarpa *f*	autoharp
5	balalaica *f*	balalaika
6	banjo *m*	banjo
7	cetra *f*	cittern
8	cetra da tavolo *f*	zither
9	cimbalom *n*	cimbalom
10	chitarra *f*	guitar
11	chitarra battente *f* / chitarra jazz *f*	jazz guitar
12	chitarra hawaiana *f*	Hawaiian guitar
13	colascione *m*	colascione
14	contrabbasso *m*	double bass
15	contrabbasso a pizzico *m*	slap bass
16	crotta *f*	crowd
17	ghironda *f*	hurdy-gurdy
18	Haardingfele *m*	Harding / Hardanger fiddle
19	lira *f*	lyre
20	liuto *m*	lute
21	mandolino *m*	mandolin
22	pochette *f*	kit
23	salterio *m*	psaltery
24	salterio tedesco *m*	dulcimer
25	sitar *f*	sitar
26	tiorba *f*	theorbo
27	viella *f*	fiddle
28	viola *f*	viola
29	viola da gamba *f*	viola da gamba
30	violino *m*	violin
31	violino di ferro *m*	nail violin
32	violoncello *m*	violoncello

Saiteninstrumente	Instruments à cordes	
Erzlaute *f*	archiluth *m*	1
Harfe *f*	harpe *f*	2
Doppelpedalharfe *f*	harpe à double mouvement *f*	3
Akkordzither *f*	cithare d'amateur *f*	4
Balalaika *f*	balalaika *f*	5
Banjo *n*	banjo *m*	6
Cister *f*	cistre *m*	7
Zither *f*	cithare *f*	8
Zimbal *n* / Cymbal *n*	cymbalum *m*	9
Gitarre *f*	guitare *f*	10
Schlaggitarre *f*	guitare de jazz *f*	11
Hawaii-Gitarre *f*	guitare hawaïenne *f*	12
Colascione *m*	colachon *m*	13
Kontrabaß *m*	contrebasse *f*	14
Schlagbaß *m*	contrebasse jouée sans archet	15
Chrotta *f*	chrotta *f*	16
Drehleier *f* / Radleier *f* / Leier *f*	vielle à roue *f*	17
Hardanger Fiedel *f*	violon de Hardanger *m*	18
Lyra *f*	lyre *f*	19
Laute *f*	luth *m*	20
Mandoline *f*	mandoline *f*	21
Taschengeige *f*	pochette *f*	22
Psalterium *n*	psaltérion *m*	23
Hackbrett *n*	tympanon *m*	24
Sitar *f*	sitar *m*	25
Theorbe *f*	théorbe *m*	26
Fiedel *f* / Fidel *f*	vièle *f* / vielle *f* / violon rustique *m*	27
Viola *f* / Bratsche *f*	alto *m*	28
Gambe *f*	viole de gambe *f*	29
Violine *f* / Geige *f*	violon *m*	30
Nagelgeige *f*	violon de fer *m*	31
Violoncello *n*	violoncelle *m*	32

	Parti componenti ed accessori	Component parts and accessories
33	anima *f*	sound post
34	archetto *m* / arco *m*	bow
35	astuccio *m*	case
36	bischero *m* / pirolo *m* / voluta *f*	tuning peg / tuning pin
37	bottone *m*	endpin
38	cantino *m*	treble
39	capotasto *m*	capotasto / top nut
40	cassa armonica *f* / cassa di risonanza *f*	resonant body
41	catena *f*	bass-bar / tuning bar
42	cavigliere *m*	peg box
43	colofonia *f*	rosin / resin
44	corda *f*	string
45	corda del sol *f* / quarta corda *f*	bass string
46	corda di budello *f*	gut string
47	corda d'acciaio *f*	steel string
48	corda di metallo *f*	metal string
49	corda di bordone *f*	drone string
50	corda di risonanza *f*	aliquot string
51	corda melodica *f*	treblestring / fretted string
52	corda simpatica *f*	sympathetic string
53	cordiera *f*	tailpiece / string holder
54	coro *m*	course
55	crini dell'arco *m pl*	hair of the bow
56	curva della meccanica *f*	neck / harmonic curve
57	effe *f*	sound-hole
58	fascia *f*	side / rib
59	filetto *m*	purfling
60	fondo *m*	back
61	manico *m*	neck
62	mentoniera *f*	chin-rest
63	parapenne *m*	plectrum guard
64	plettro *m*	jack / plectrum
65	ponticello *m*	bridge
66	punta *f* / nasello *f*	tip / peak / point
67	puntale *m*	tailpin / spike
68	riccio *m* / chiocciola *f*	scroll

Bestandteile und Zubehör — Parties composantes et accessoires

Stimmstock *m*	âme *f*	33
Bogen *m*	archet *m*	34
Kasten *m*	étui *m*	35
Wirbel *m*	cheville *f*	36
Knopf *m*	bouton *m*	37
Sangsaite *f* / Singsaite *f*	chanterelle *f*	38
Kapodaster *m* / Saitenfessel *f* / Obersattel *m*	capodaste *m* / barre *f* / sillet *m*	39
Resonanzkörper *m* / Resonanzboden *m* / Schallkasten *m*	caisse de résonance *f*	40
Baßbalken *m* / Stimmbalken *m*	barre *f*	41
Wirbelkasten *m*	chevillier *m*	42
Kolophonium *n*	colophane *f*	43
Saite *f*	corde *f*	44
G-Seite *f*	quatrième corde *f*	45
Darmsaite *f*	corde de boyau *f*	46
Stahlsaite *f*	corde d'acier *f*	47
Metallsaite *f*	corde métallique *f*	48
Bordunsaite *f*	corde hors manche *f*	49
Aliquotsaite *f*	corde de résonance *f*	50
Melodiesaite *f*	corde mélodique *f*	51
Resonanzsaite *f*	corde sympathique *f*	52
Saitenhalter *m*	cordier *m*	53
Saitenchor *m*	jeu *m* / choeur *m*	54
Bogenhaare *n Pl*	crins de l'archet *m pl*	55
Mechanikbogen *m*	console *f*	56
F-Loch *n*	ouïe *f*	57
Zarge *f*	éclisse *f*	58
Einlage *f* / Ader *f*	filet *m*	59
Boden *m*	fond *m*	60
Hals *m*	manche *m*	61
Kinnhalter *m*	mentonnière *f*	62
Schlagbrett *n*	plaque de protection *f*	63
Spielblättchen *n* / Plektrum *n*	plectre *m*	64
Steg *m*	chevalet *m*	65
Spitze *f*	pointe *f*	66
Stachel *m*	pied *m*	67
Schnecke *f*	volute *f* / coquille *f*	68

69	rosa *f*	rose
70	ruota a sfregamento *f*	friction wheel
71	sella *f*	saddle
72	sordino *m*	mute
73	spalliera *f*	shoulder rest
74	tallone *m*	heel / frog
75	tastato	fretted
76	tastiera *f*	fingerboard / fretboard
77	tasto *m*	fret
78	tavola armonica *f*	table / belly
79	volta superiore *f* / sagoma superiore *f*	upper bout
80	volta inferiore *f* / sagoma inferiore *f*	lower bout
81	zoccolo *m*	pedestal

Modi di suonare — Playing techniques

82	alla corda	on the string
83	alla punta d'arco / colla punta d'arco, -di arco/-dell'arco	at the point / tip of the bow
84	al tallone *m*	at the heel / at the frog
85	arcata *f* / colpo d'arco *m*	bowing / stroke of the bow
86	arcata in giù *f*	down-bow
87	arcata in su *f*	up-bow
88	archeggiamento	whipped
89	balzato	bouncing / springing (bowing)
90	balzellato	bouncing / springing
91	barré	barré
92	bisbigliando (arpa)	tremolo (harp)
93	cambiamento di posizione *m*	shift
94	coll'arco *m*	with the bow
95	col legno *m* / picchettato	with the wood
96	con sordina / con sordino	muted
97	corda vuota *f*	empty string
98	disperdere	to die out
99	doppia corda *f* / bicordo *m*	double stop
100	emissione *f*	speech / reponse

Rosette *f*	rose *f*	69
Streichrad *n*	roue de frottement *f*	70
Sattel *m*	sillet *m*	71
Dämpfer *m*	sourdine *f*	72
Schulterstütze *f*	coussin *m*	73
Frosch *m*	talon *m* / hausse *f*	74
mit Bünden versehen	avec sillets	75
Griffbrett *n*	touche *f*	76
Bund *m*	sillet *m*	77
Decke *f*	table d'harmonie *f*	78
Oberbügel *m*	courbe supérieure *f*	79
Unterbügel *m*	courbe inférieure *f*	80
Fuß *m* (Harfe)	cuvette *f* / socle *m*	81

Spielarten — Façons de jouer

auf der Saite	à la corde	82
an der Bogenspitze *f*	avec la pointe de l'archet / de/ à la pointe	83
am Frosch *m*	au talon *m* / à la hausse *f*	84
Bogenführung *f* / Bogenstrich *m* / Strichart *f*	coup d'archet *m*	85
Abstrich *m*	tiré *m*	86
Aufstrich *m* / Anstrich *m*	poussé *m*	87
gepeitscht	fouetté	88
Springbogen *m* / fliegendes Staccato	bondi / staccato volant	89
gehüpft	sautillé	90
barré (Quergriff bei Gitarre/ Laute)	barré	91
tremolo (Harfe)	trémolo (harpe)	92
Lagenwechsel *m*	changement de position *m*	93
mit dem Bogen	avec l'archet	94
mit der Bogenstange *f*	avec le bois *m*	95
mit Dämpfer	avec sourdine / étouffé	96
leere Saite *f*	corde à vide *f*	97
ausschwingen	cesser de vibrer	98
Doppelgriff *m*	double corde *f*	99
Ansprache *f*	émission *f*	100

101	flautato	flute-like (bowed near the fingerboard)
102	gettato / balzato	thrown
103	mettere la sordina	to mute
104	ondeggiando	undulating
105	piccato / picchiettato	lightly detached
106	pizzicato	plucked
107	posizione *f*	position
108	presso la tavola	near the sounding board
109	rimbalzando	rebounding
110	saltato	jumped
111	saltellato / balzellato	bouncing / springing
112	scordatura *f*	scordatura
113	senza sordina	without mute
114	separato / staccato	detached
115	spiccato / saltato	detached staccato (bowing)
116	strappato	torn / raked
117	strisciando	touching slightly
118	sulla tastiera *f* / flautando	on the fingerboard
119	sul ponticello *m*	close to the bridge
120	suonare	to play
121	tremolo	tremolo
122	vibrato	vibrated

Strumenti a fiato — Wind instruments

123	armonica a bocca *f*	mouth organ
124	bombarda *f*	bombarde
125	bombardino *m*	euphonium / baritone
126	bombardone *m*	bombardon
127	cennamella *f* / ciaramella *f*	shawm
128	clarinetto *m*	clarinet
129	clarinetto piccolo *m*	soprano clarinet
130	clarinetto basso *m*	bass clarinet
131	clarinetto contrabbasso *m*	double bass clarinet
132	clarinetto contralto *m*	alto clarinet
133	contrafagotto *m*	double bassoon / contrabassoon
134	cornetta *f*	cornet
135	cornetta a pistoni *f*	cornet
136	cornetto *m*	cornett

„nach Flötenart“ (auf dem Griffbrett gestrichen)	flageolet *m*	101
geworfen	jeté	102
dämpfen	étouffer / mettre la sourdine	103
wogend	ondoyant	104
gestochen	piqué	105
gezupft / gezwickt	pizzicato / pincé	106
Lage *f*	position *f*	107
nahe am Korpus anzupfen	près de la table	108
abprallendes Staccato	ricochet	109
gesprungen	sauté	110
gehüpft (Bogenstrich)	sautillé	111
Skordatur *f*	scordatura *f*	112
ohne Dämpfer	sans sourdine	113
abgesetzt / getrennt	détaché	114
deutlich getrennt	très détaché / très net	115
gerissen	arraché	116
streifend	en frôlant	117
nahe am Griffbrett *n*	sur la touche *f*	118
am Steg *m*	près du chevalet *m*	119
greifen / spielen	jouer	120
tremolo	trémolo	121
vibriert	vibré	122

Blasinstrumente — Instruments à vent

Mundharmonika *f*	harmonica *f*	123
Bomhard *m* / Pommer *m*	bombarde *f*	124
Baritonhorn *n*	euphonium *m*	125
Baßtuba *f* / Bombardon *n*	bombardon *m*	126
Schalmei *f* / Hirtenpfeife *f*	pipeau *m* / chalumeau *m*	127
Klarinette *f*	clarinette *f*	128
kleine Klarinette *f*	petite clarinette *f*	129
Baßklarinette *f*	clarinette basse *f*	130
Kontrabaßklarinette *f*	clarinette contrebasse *f*	131
Altklarinette *f*	clarinette alto *f*	132
Kontrafagott *n*	contrebasson *m*	133
Kornett *n*	cornet *m*	134
Piston *m* / Ventilkornett *n*	cornet à pistons *m*	135
Zink *m*	cornet à bouquin *m*	136

137	corno *m*	french horn / horn
138	corno da caccia *m*	hunting horn
139	corno delle Alpi *m*	Alphorn / Alpenhorn
140	corno di bassetto *m*	bassethorn
141	corno di postiglione *m*	posthorn
142	corno inglese *m*	cor anglais (Engl.) / English horn (Am.)
143	corno di toro *m*	cow horn
144	cromorno *m*	crumhorn
145	dulciana *f*	dulcian
146	elicon *m*	helicon
147	fagotto *m*	bassoon
148	fanfara *f*	fanfare
149	fischietto *m*	whistle / fife / pipe
150	flauto *m*	flute
151	flauto contralto *m*	alto flute / bass flute
152	flauto di Pan *m* / siringa *f*	panpipes
153	flauto a becco basso *m*	bass recorder
154	flauto a becco contralto *m*	alto recorder
155	flauto a becco sopranino *m*	sopranino recorder
156	flauto a becco soprano *m*	soprano recorder (Am.) / descant recorder (Engl.)
157	flauto a becco tenore *m*	tenor recorder
158	flauto dolce *m* / flauto diritto *m*	recorder
159	flauto traverso *m*	transverse flute
160	flicorno *m*	flugelhorn / saxhorn
161	Heckelphon *m*	heckelphone
162	oboe *m*	oboe
163	oboe d'amore *m*	oboe d'amore
164	ocarina *f*	ocarina
165	oficleide *m*	ophicleide
166	ottavino *m* / flauto piccolo *m*	piccolo
167	piffero *m* / fiffero *m*	fife
168	piva *f* / cornamusa *f*	bagpipe
169	rankett *m* / rocchetta *f*	racket / rankett
170	sarrusofono *m*	sarrusophone
171	sassofono *m*	saxophone
172	sassofono baritono *m*	baritone saxophone
173	sassofono basso *m*	bass saxophone
174	sassofono contralto *m*	alto saxophone

Horn *n* / Waldhorn *n*	cor *m*	137
Jagdhorn *n* / Signalhorn *n*	cor de chasse *m* / bugle *m*	138
Alphorn *n*	cor des Alpes *m*	139
Bassetthorn *n*	cor de basset *m*	140
Posthorn *n*	cor de postillion *m*	141
Englischhorn *n*	cor anglais *m*	142
Stierhorn *n*	cor de vache *m*	143
Krummhorn *n*	cromorne *m*	144
Dulzian *m*	douçaine *f*	145
Helikon *n*	hélicon *m*	146
Fagott *n*	basson *m*	147
Fanfare *f*	fanfare *f*	148
Pfeife *f*	sifflet *m*	149
Flöte *f*	flûte *f*	150
Altflöte *f*	flûte alto *f* / flûte basse *f*	151
Panflöte *f*	flûte de Pan *f* / syrinx *m*	152
Baßblockflöte *f*	flûte à bec basse *f*	153
Altblockflöte *f*	flûte alto / flûte à bec alto *f*	154
Sopraninoblockflöte *f*	flûte à bec sopranino *f*	155
Sopranblockflöte *f*	flûte à bec soprano *f*	156
Tenorblockflöte *f*	flûte à bec tènor *f*	157
Blockflöte *f*	flûte douce *f* / flûte droite *f*	158
Querflöte *f*	flûte traversière *f*	159
Bügelhorn *n* / Flügelhorn *n*	flicorne *m* / bugle à pistons *m*	160
Heckelphon *n*	heckelphone *m*	161
Oboe *f*	hautbois *m*	162
Oboe d'amore *f* / Liebesoboe *f*	hautbois d'amour *m*	163
Okarina *f*	ocarina *m*	164
Ophikleide *f*	ophicléide *m*	165
Piccolo *n* / kleine Flöte *f*	petite flûte *f* / piccolo *f*	166
Querpfeife *f*	fifre *m*	167
Dudelsack *m*	cornemuse *f*	168
Rankett *n* / Stockfagott *n* / Wurstfagott *n*	racket *m* / cervelas *m*	169
Sarrusophon *n*	sarrusophone *m*	170
Saxophon *n*	saxophone *m*	171
Baritonsaxophon *n*	saxophone baryton *m*	172
Baßsaxophon *n*	saxophone basse *m*	173
Altsaxophon *n*	saxophone alto *m*	174

175	sassofono soprano *m*	soprano saxophone
176	sassofono tenore *m*	tenor saxophone
177	serpentone *m*	serpent
178	sordone *m*	sordun
179	sousafono *m*	sousaphone
180	tromba *f*	trumpet
181	tromba bassa *f*	bass trumpet
182	tromba da jazz *f*	jazz trumpet
183	tromba naturale *f*	natural trumpet
184	tromba a pistoni *f*	valve trumpet
185	tromba a tirarsi *f* / tromba a tiro *f*	slide trumpet
186	trombone *m*	trombone
187	trombone a cilindri *m*	valve trombone
188	trombone contrabbasso *m*	contrabass trombone / double-bass trombone
189	trombone da jazz *m*	jazz trombone
190	trombone a tiro *m*	slide trombone
191	tuba *f*	tuba
192	tuba bassa *f*	bass tuba
193	tuba contrabbasso *f*	double-bass saxhorn
194	tuba wagneriana *f*	Wagner tuba
195	zampogna *f*	bagpipe
196	zufolo *m*	whistle / tin whistle

Parti componenti ed accessori | Component parts and accessories

197	ancia *f*	reed
198	ancia battente *f*	striking reed / beating reed
199	ancia doppia *f*	double reed
200	anello *m*	ring key
201	anello del pollice *m*	thumb-hold
202	apertura *f*	aperture
203	barilotto *m*	barrel socket
204	becco *m*	mouthpiece

Blasinstrumente — Instruments à vent

Sopransaxophon *n*	saxophone soprano *m*	175
Tenorsaxophon *n*	saxophone ténor *m*	176
Serpent *m* / Schlangenbaß *m*	serpent *m*	177
Sordun *m*	sordun *m*	178
Sousaphon *n*	sousaphone *m*	179
Trompete *f*	trompette *f*	180
Baßtrompete *f*	trompette basse *f*	181
Jazztrompete *f*	trompette de jazz *f*	182
Naturtrompete *f*	trompette naturelle *f*	183
Ventiltrompete *f*	trompette à pistons *f*	184
Zugtrompete *f*	trompette à coulisse *f*	185
Posaune *f*	trombone *m*	186
Ventilposaune *f*	trombone à pistons *m*	187
Kontrabaßposaune *f*	trombone contrebasse *m*	188
Jazzposaune *f*	trombone de jazz *m*	189
Zugposaune *f*	trombone à coulisse	190
Tuba *f*	tuba *m*	191
Baßtuba *f*	tuba basse *m* / contrebasse à pistons *f*	192
Kontrabaßtuba *f*	contrebasse à pistons *f* / saxhorn contrebasse *m*	193
Wagner-Tuba *f* / Waldhorn-Tuba *f*	tuba Wagner *m* / tuba ténor *m*	194
Sackpfeife *f*	biniou *m*	195
Hirtenpfeife *f*	chalumeau *m* / pipeau *m*	196

Bestandteile und Zubehör — Parties composantes et accessoires

Rohrblatt *n*	anche *f* / épiglotte *f*	197
aufschlagendes Rohrblatt *n* / Gegenschlagzunge *f*	anche battante *f*	198
Doppelrohrblatt *n* / Doppelzunge *f*	anche double *f*	199
Brille *f*	anneau *m*	200
Daumenring *m*	anneau du pouce *m*	201
Mundspalt *m* / Aufschnitt *m*	lumière *f* / ouverture *f* / biseau *m*	202
Birne *f* / Wulst *m*	baril *m* / barillet *m*	203
Schnabel *m*	bec *m*	204

205	bocchino *m*	mouthpiece
206	campana *f*	bell
207	camera d'aria *f*	windway / air-passage
208	capsula *f* / copri-ancia *m*	windcap
209	chiave *f*	key
210	chiave dell'acqua *f*	water key
211	cilindro rotativo *m*	rotary valve
212	cuscinetto *m*	plate / cup
213	forchetta *f*	fork / cross fingering
214	foro *m*	finger-hole / tone hole
215	imboccatura *f*	mouth-hole / embouchure
216	linguetta *f*	tongue
217	macchina *f*	valve unit
218	meccanismo delle chiavi *m*	key work
219	padiglione *m*	bell
220	padiglione piriforme *m*	pear-shaped bell
221	pezzo di mezzo *m*	middle joint
222	pezzo inferiore *m*	lower joint
223	pistone *m*	piston / valve
224	pompa mobile a coulisse *f* / pompa a tiro *f*	slide
225	portamusica *f* / leggio *m*	music lyre
226	ritorto *m*	crook
227	rotella *f*	shank
228	sacco *m*	double joint / butt
229	sordina a cappello *f*	hat mute
230	sordina a doppio cono *f*	double mute
231	sordina di cartone *f*	cardboard mute
232	sordina di metallo *f*	metal mute
233	sordina diritta *f*	straight mute
234	sordina hush-hush *f*	hush mute
235	sordina wawa *f*	wow-wow mute
236	tazza *f*	cup
237	testata con becco *f*	head joint with beak
238	tiro *m*	slide casing / case
239	traversino *m*	cross-stay
240	tubetto *m*	tube / staple

Mundstück *n*	embouchure *f*	205
Schallbecher *m* / Stürze *f*	pavillon *m* / bonnet *m*	206
Kernspalt *m*	canal pour l'air *m*	207
Windkapsel *f*	bocal *m* / capsule *f*	208
Klappe *f*	clé *f*	209
Wasserklappe *f*	clé d'eau *f*	210
Drehventil *n* / Zylinderventil *n*	cylindre à rotation *m*	211
Deckel *m*	plateau *m*	212
Gabelgriff *m*	doigté fourchu *m*	213
Griffloch *n* / Fingerloch *n*	trou *m*	214
Mundloch *n* / Ansatz *m*	embouchure *f*	215
Zunge *f*	anche *f*	216
Ventilmaschine *f*	mécanisme du piston *m*	217
Klappenmechanik *f*	mécanisme des clefs *m*	218
Aufsatz *m* / Schallbecher *m* / Schallstück *n*	pavillon *m*	219
Liebesfuß *m*	pavillon piriforme *m*	220
Mittelstück *n*	second corps *m*	221
Fußstück *n* / Unterstück *n*	patte *f* / troisième corps *m*	222
Ventil *n* / Pumpventil *n*	piston *m* / cylindre *m*	223
Zug *m*	coulisse *f*	224
Notenhalter *m*	pupitre portatif *m*	225
Stimmbogen *m* / Aufsatzbogen *m*	corps de rechange *m*	226
Walze *f*	rouleau *m*	227
Stiefel *m* / Bogen *m* / Doppelloch *n*	culasse *f*	228
Hutdämpfer *m*	sourdine à calotte *f*	229
Doppelkegeldämpfer *m*	sourdine à double cône *f*	230
Kartondämpfer *m*	sourdine en carton *f*	231
Metalldämpfer *m*	sourdine en métal *f*	232
Spitzdämpfer *m*	sourdine droite *f*	233
Huschdämpfer *m*	sourdine à calotte *f*	234
Wau-wau-Dämpfer *m*	sourdine wa-wa *f*	235
Kessel *m*	bassin *m*	236
Kopfstück mit Schnabel *n*	corps supérieur *m* / tête avec bec *f*	237
Scheide *f*	coulisse *f*	238
Quersteg *m*	barrette *f*	239
Hülse *f* / Stift *m*	corps *m*	240

241	tubo piccolo *m* / aletta *f*	wing / tenor joint
242	vite *f*	screw

	Modi di suonare	Playing techniques
243	attacco *m*	attack
244	campane in alto / padiglioni in alto	bell up / bell in the air / raise the bell
245	chiuso / tappato	stopped
246	colpo di lingua *m*	attack with the tongue
247	colpo di lingua semplice *m*	single tonguing
248	doppio colpo di lingua *m*	double tonguing
249	forchetta *f*	fork fingering / cross-fingering
250	frullato	flutter-tonguing
251	imboccatura *f*	embouchure / lip
252	metalizzare il suono / ottavizzare / quinteggiare	brassy overblowing
253	mettere la sordina	muted
254	posizione normale	bell down
255	togliere la sordina	mute off
256	triplo colpo di lingua *m*	triple-tonguing

	Strumenti a percussione	Percussion instruments
257	almgloken *f*	almglocken
258	armonica / armonica a vetro *f*	glass harmonica
259	asse per lavare *f*	washboard
260	batteria *f*	drums
261	block cinese *m* / testa di morto *f* / wood block *m*	temple block / Chinese block / wood block
262	bongo *m*	bongo
263	cabaza *f*	cabaca
264	campana *f*	bell
265	campanaccio *m*	cowbell
266	campane doriche *f pl*	Dorian bells
267	campane tubolari *f pl*	tubular bells
268	campanelli *m pl*	glockenspiel

Flügelröhre *f* / Oberstück *n*	petit corps *m* / petite branche *f*	241
Schraube *f*	vis *f*	242

Spielarten | Façons de jouer

Anstoß *m*	attaque *f*	243
Stürze hoch / Schalltrichter hoch	pavillon en l'air	244
gestopft / gedeckt	bouché / étouffé	245
Zungenstoß *m* / Zungenschlag *m*	coup de langue *m*	246
einfacher Zungenstoß *m*	coup de langue simple *m*	247
Doppelzunge *f*	double articulation *f*	248
Gabelgriff *m*	doigté fourché *m*	249
Flatterzunge *f*	articulation double *f*	250
Embouchure *f* / Ansatz *m*	embouchure *f*	251
schmettern / überblasen	cuivrer / quintage / action d'octavier	252
Dämpfer auf	mettre la sourdine	253
natürlich	position naturelle	254
Dämpfer weg / Dämpfer ab	ôter la sourdine / enlever la sourdine	255
Tripelzunge *f*	triple articulation *f* / triple coup de langue *m*	256

Schlaginstrumente | Instruments à percussion

Almglocken *f Pl*	almglocken *f*	257
Glasharmonika *f*	harmonica de verres *f*	258
Waschbrett *n*	washboard *m* / planche à laver *f*	259
Schlagzeug *n*	batterie *f*	260
Tempelblock *m* / Woodblock *m* / Holzblock *m*	templeblock *m* / wood bloc *m* / bloc de bois *m*	261
Bongo *n* / Bongotrommel *f*	tambour bongo *m*	262
Cabaza *f*	calebasse *f*	263
Glocke *f*	cloche *f*	264
Kuhglocke *f*	cloche de vache *f*	265
dorische Glocken *f Pl*	cloches doriennes *f pl*	266
Röhrenglocken *f Pl*	cloches tubulaires *f pl*	267
Glockenspiel *n* / Stabglockenspiel *n*	jeu de timbres *m*	268

269	campanello *m* / campanella *f*	handbell
270	campanelli della messa *m pl*	sanctus bells
271	campanelli a tastiera *m pl*	keyed glockenspiel
272	carillon *m*	carillon
273	carillon a tastiera *m*	carillon
274	cassa *f*	drum
275	cassa rullante *f* / cassa chiara *f*	tenor drum
276	castagnette *f pl* / nacchere *f pl*	castanets
277	castagnette con manico *f pl*	handle castanets
278	castagnette di metallo *f pl*	metal castanets
279	castagnette spagnole *f pl*	hand castanets
280	caccavella *f* / tamburo a frizione *m*	friction drum / string drum
281	catene *f pl*	chains
282	charleston *m*	hi-hat pedal
283	chocallo *m* / tubo sonoro *m*	chocolo / chocalho
284	cimbali *m pl*	antique cymbals
285	cimbalini *m pl*	finger-cymbals / crotales
286	claves *f pl* / bacchette *f pl* / legnetti da percuotere *m pl*	claves
287	conga *m* / rumba *m*	conga
288	corno da nebbia *m*	fog horn
289	cuculo *m*	cuckoo
290	cuica *f*	cuica
291	eolifono *m*	wind machine
292	flauto a tiro *m* / flauto da jazz *m* / zufolo a pistone *m*	swanee whistle/ song whistle / piston flute
293	flexaton *m*	flexatone
294	frusta *f*	whip
295	gong *m*	gong
296	gong cinesi *m pl*	tuned gong-carillon
297	grancassa *f*	bass drum / big drum
298	guiro *m*	guiro / scraper
299	incudine *f*	anvil

Handglocke *f*	clochette *f*	269
Meßglöckchen *n* / Meßklingeln *m Pl*	clochettes pour la messe *f pl*	270
Klaviaturglockenspiel *n*	timbres à clavier *m pl*	271
Turmglockenspiel *n* / Glockenspiel *n*	carillon *m*	272
Klaviaturglockenspiel *n*	carillon à clavier *m*	273
Trommel *f*	caisse *f*	274
Rührtrommel *f* / Rolltrommel *f* / Wirbeltrommel *f* / Tenortrommel *f*	caisse roulante *f*	275
Kastagnetten *f Pl*	castagnettes *f pl*	276
Stielkastagnetten *f Pl*	castagnettes à manches *f pl*	277
Metallkastagnetten *f Pl* / Gabelbecken *f Pl*	castagnettes de métal *f pl*	278
Tanzkastagnetten *f Pl*	castagnettes espagnoles *f pl*	279
Reibtrommel *f* / Brummtopf *m*	tambour à friction *m*	280
Ketten *f Pl*	chaînes *f pl*	281
Charlestonmaschine *f*	pédale hi-hat *f*	282
Chocolo *m* / Tubo *m*	chocolo *m*	283
antike Cymbeln *f Pl*	cymbales antiques *f pl*	284
Fingercymbeln *f Pl* / Crotales *f Pl*	cymbales digitales *f pl* / crotales *f pl*	285
Holzstäbe *m Pl* / Klangstäbe *m Pl* / Klanghölzer *n Pl* / Rumbastäbe *m Pl* / Schlagstäbe *m Pl*	claves *f pl* / baguettes de percussion *f pl* / baguettes entrechoquées *f pl*	286
Conga *f*	conga *m*	287
Nebelhorn *n*	sirène de brume *f*	288
Kuckuckspfeife *f*	coucou *m*	289
Cuica *f*	cuica *f*	290
Windmaschine *f*	machine à vent *f*	291
Lotosflöte *f* / Stempelflöte *f*	flûte lotine *f* / flûte à coulisse *f*	292
Flexaton *n*	flexaton *m*	293
Peitsche *f* / Klappholz *n*	fouet *m*	294
Gong *m*	gong *m*	295
Gongspiel *n* (chromatisch)	jeu de gongs *m pl*	296
große Trommel *f*	grosse caisse *f*	297
Guiro *m* / Kürbisrassel *f*	guiro *m*	298
Amboß *m*	enclume *f*	299

300	lastra *f*	steel plate
301	legno frullante *m* / tavoletta sibilante *f*	thunder stick / bull roarer
302	litofono *m*	litophone / stone discs
303	macchina per il tuono *f*	thunder machine
304	maracas *f pl*	maracas
305	marimba *f*	marimba(phone)
306	metal block *m*	metal block
307	metalofono *m*	metalophone
308	mezza luna *f* / cappello cinese *m*	bell tree
309	mirliton *m*	kazoo / eunuch flute
310	naccherone *m*	nakers
311	piatti *m pl* / cinelle *f pl*	cymbals
312	piatti chiodati *m pl*	rivet cymbals / sizzle cymbals
313	piatti cinesi *m pl*	Chinese cymbals m
314	piatti turchi *m pl*	Turkish cymbals
315	piatto charleston *m*	charleston cymbal
316	piatto sospeso *m*	suspended cymbal
317	raganella *f*	rattle
318	raspa *f*	raspe / scraper
319	reco-reco *m*	bamboo scraper
320	richiamo per uccelli *m*	bird pipe
321	sansa *f* / mbira *f*	sansa
322	sapo cubano *m*	sapo
323	scacciapensieri *m*	jew's harp
324	sega *f*	musical saw
325	shaker *m*	shaker
326	sirena *f*	siren
327	sistro *m*	sistrum
328	sonagliera *f*	sleigh bells
329	sonaglio *m*	rattle / clapper
330	spazzolino metallico *m*	wire / rhythm brush
331	tamburello *m* / tamburo a cornice *m*	frame drum
332	tamburello basco *m* / tamburo basso *m*	tambourine / timbrel
333	tamburino provenzale *m*	tabor

Stahlplatte *f*	feuille d'acier *f*	300
Schwirrholz *n*	planchette ronflante *f*	301
Litophon *n* / Steinspiel *n*	litophone *m*	302
Donnermaschine *f*	machine pour le tonnerre *f*	303
Kürbisrassel *f* / Rumbakugeln *f Pl*	maracas *m pl*	304
Marimbaphon *n*	marimba *m*	305
Metallblock *m*	metal block *m*	306
Metallophon *n*	métalophone *m*	307
Schellenbaum *m*	pavillon *m* / chapeau chinois *m*	308
Mirliton *m* / Klatsche *f* / Zwiebelflöte *f*	mirliton *m*	309
nacara *f* (sarazenische Handpauke)	nacaire *m*	310
Becken *n Pl*	cymbales *f pl*	311
Nietenbecken *n Pl*	cymbales sur tiges *f pl*	312
chinesische Becken *n Pl*	cymbales chinoises *f pl*	313
türkisches Becken *n Pl*	cymbales turques *f pl*	314
Charleston-Becken *n*	cymbale charleston *f*	315
hängendes Becken *n*	cymbale suspendue *f*	316
Ratsche *f* / Knarre *f* / Schnarre *f*	crécelle *f*	317
Raspel *f*	râpeur *m*	318
Bambusraspel *f*	reco-reco *m* / râpeur en bambou *m*	319
Vogelpfeife *f*	appeau *m*	320
Sansa *f* / Zanza *f*	sansa *f*	321
Sapo *m*	sapo *m*	322
Maultrommel *f* / Brummeisen *n*	guimbarde *f*	323
singende Säge *f*	scie musicale *f*	324
Schüttelrohr *n*	batteur *m*	325
Sirene *f*	sirène *f*	326
Sistrum *n*	sistre *m*	327
Schellengeläute *n*	sonnailles *f pl*	328
Schelle *f* / Rassel *f*	crécelle *f* / hochet *m*	329
Jazzbesen *m*	brosse *f* / balai de jazz *m*	330
Rahmentrommel *f* / Handtrommel *f*	tambour de cadre *m* / tambourin à main *m*	331
Schellentrommel *f* / Tamburin n	tambour de basque *m* / tambourin basque *m*	332
Provenzalische Trommel *f* / Tambourin *n*	tambour de provence *m* / tambourin provençal *m*	333

	Strumenti a percussione	Percussion instruments
334	tamburino *m*	tambourine
335	tamburo *m*	drum
336	tamburo a mano *m*	hand drum
337	tamburo di legno *m*	wood drum
338	tamburo di legno a fessura *m*	slit drum
339	tamburo di latta *m* / tamburo di ferro *m*	steel drum
340	tamburo militare *m* / cassa chiara *f*	snare drum / sidedrum
341	tavola da frizione *f*	friction board
342	tavoletta *f*	bones
343	tam-tam *m*	tam-tam
344	timpani *m pl*	timpani / kettledrums
345	timpano a macchina *m*	machine drum
346	timpano cromatico *m*	chromatic timpano
347	timpano pedale *m*	pedal drum
348	tom-tom *m* / tamburo muto *m*	tom-tom
349	triangolo *m*	triangle
350	tubo sonoro di bambù *m*	bamboo brasilene
351	vibrafono *m*	vibraphone
352	xilofono *m*	xylophone
353	xilofono a tastiera *m*	keyed xylophone
354	xilomarimba *f*	xylomarimba

	Parti componenti ed accessori	Component parts and accessories
355	bacchetta *f*	stick / beater / striker
356	bacchetta da tamburo *f*	drum stick
357	bacchetta di cuoio *f*	leather stick
358	bacchetta di feltro *f*	felt stick
359	bacchetta di legno *f*	wooden stick
360	bacchetta di spugna *f*	sponge-headed stick
361	bacchetta imbottita *f*	padded stick
362	bacchetta per piatti *f*	cymbal stick
363	bacchetta per timpani *f*	timpani stick
364	battaglio *m* / battente *m*	clapper
365	battitoia *f*	drumhead / skin
366	bordoniera *f*	snare

Tamburin *n*	tambourin *m*	334
Trommel *f*	tambour *m*	335
Handtrommel *f*	tambour *m*	336
Holztrommel *f*	tambour en bois *m*	337
Schlitztrommel *f*	tambour de bois *m*	338
Steel-Drum *f* / Benzinfaß *n*	steel-drum *m*	339
Militärtrommel *f* / Kleine Trommel *f*	tambour militaire *m* / caisse claire *f*	340
Reibbrett *n*	planche de friction *f*	341
Brettchenklapper *f*	tablette *f*	342
Tam-tam *n*	tam-tam *m*	343
Pauken *f Pl*	timbales *f pl*	344
Maschinenpauke *f*	timbale mécanique *f*	345
chromatische Pauke *f*	timbale chromatique *f*	346
Pedalpauke *f*	timbale chromatique mécanique *f*	347
Tom-tom *n*	tom-tom *m*	348
Triangel *n*	triangle *m*	349
Bambusschüttelrohr *n*	bambou brésilien *m*	350
Vibraphon *n*	vibraphone *m*	351
Xylophon *n*	xylophone *m*	352
Klaviaturxylophon *n*	xylophone à clavier *m*	353
Xylomarimba *f*	xylomarimba *f*	354

Bestandteile und Zubehör — Parties composantes et accessoires

Schlegel *m*	baguette *f*	355
Trommelschlegel *m*	baguette de tambour *f*	356
Lederschlegel *m*	baguette de cuir *f*	357
Filzschlegel *m*	baguette de feutre *f*	358
Holzschlegel *m*	baguette de bois *f*	359
Schwammschlegel *m*	baguette d'éponge *f*	360
wattierter Schlegel *m*	baguette rembourrée *f*	361
Beckenschlegel *m*	baguette de cymbales *f*	362
Paukenschlegel *m*	baguette de timbales *f*	363
Klöppel *m*	battant *m*	364
Schlagfell *n*	peau supérieure *f* / peau de batterie *f*	365
Schnarrsaite *f* / Trommelsaite *f*	timbre *m*	366

367	caldaia *f*	shell
368	cerchio *m*	counter-hoop
369	fascia *f*	shell / body
370	mazza *f* / mazzuolo *m*	mallet
371	mazza del tambur maggiore *f*	drum major's baton
372	martello *m*	hammer
373	membrana *f*	drumhead / vellum
374	orlo *f*	rim / edge
375	pedale della gran cassa *m*	bass drum pedal
376	pelle *f* / membrana *f*	skin / vellum
377	piatto charleston *m*	charleston cymbal
378	piatto sospeso *m*	suspended cymbal
379	risuonatore *m*	resonator
380	sordina *f*	damper / muffle
381	spazzole *f pl*	wire brushes / steel brushes
382	tiracorda *f*	strainer
383	verga *f*	twig brush

Modi di suonare — Playing techniques

384	al centro	stroked in the middle
385	colpo *m*	beat
386	colpo del battaglio *m*	bell stroke
387	colpo di tamburo *m*	drumbeat
388	con due bacchette	with two sticks
389	con la mano	with the hand
390	coperto / velato	muffled
391	percuotere	to strike
392	raschiare	to scrape
393	rullo di tamburo *m*	drum roll
394	rullo del timpano *m*	drum roll
395	scoperto	uncovered
396	scuotere	to shake
397	sfregare	to rub
398	sul bordo *m* / sull'orlo *m*	at the edge / on the rim
399	tendere	to tighten
400	velare / coprire	to choke / to damp / to muffle

Schlaginstrumente — Instruments à percussion

Kessel *m*	fût *m*	367
Trommelreifen *m*	cadre *m*	368
Zarge *f*	fût *m*	369
Schlegel *m*	mailloche *f*	370
Tambourstab *m*	canne de tambour major *f*	371
Hammer *m*	marteau *m*	372
Fell *n* / Paukenfell *n* / Trommelfell *n*	peau *f*	373
Rand *m*	bord *m*	374
Fußmaschine *f*	pédale de la grosse caisse *f*	375
Fell *n*	peau *f*	376
Charleston-Becken *n*	cymbale charleston *f*	377
hängendes Becken *n*	cymbale suspendue *f*	378
Resonator *m*	résonateur *m*	379
Dämpfer *m*	sourdine *f*	380
Besen *m Pl*	balais *m pl*	381
Saitenschraube *f*	pontet *m*	382
Rute *f*	verge *f*	383

Spielarten — Façons de jouer

in der Mitte geschlagen	au centre frappé	384
Schlag *m*	battement *m* / coup *m*	385
Glockenschlag *m*	coup de cloche *m*	386
Trommelschlag *m*	coup de tambour *m*	387
mit zwei Schlegeln	avec deux baguettes	388
mit der Hand	avec la main	389
bedeckt	couvert / sourd	390
schlagen	jouer	391
schrapen	ràper	392
Trommelwirbel *m*	roulement de tambour *m*	393
Paukenwirbel *m*	roulement de timbales *m*	394
unbedeckt	découvert	395
schütteln	secouer	396
reiben	frotter	397
am Rand *m*	sur le bord *m*	398
spannen / schränken	tendre	399
dämpfen / abdämpfen	étouffer	400

	Strumenti a tastiera	**Keyboard instruments**
401	armonio *m*	harmonium / reed organ
402	bandoneon *m*	bandoneon
403	celesta *f*	celesta
404	clavicembalo *m* / gravicembalo *m*	harpsichord
405	clavicordo *m*	clavichord
406	fisarmonica *f*	accordion
407	fisarmonica a bottoni *f* / fisarmonica bitonica *f*	button accordion
408	fisarmonica con tastiera di pianoforte *f*	piano accordion
409	organetto *m*	barrel organ
410	organo *m*	organ
411	organo portativo *m*	portative organ
412	pianoforte *m*	piano
413	pianoforte a coda *m*	grand piano
414	pianoforte preparato *m*	prepared piano
415	pianoforte a un quarto di coda	baby grand
416	pianoforte verticale *m*	upright piano
417	spinetta	spinet
418	virginale *m*	virginal
	Parti componenti ed accessori	**Component parts and accessories**
419	accoppiamento *m*	coupler
420	anima *f*	block
421	bilancia *f*	tongue
422	bottone *m*	press stud
423	bottoni dei registri *m pl*	draw-stops
424	canale *m*	groove / channel
425	canna *f*	pipe
426	canna ad ancia *f*	reed pipe
427	canna labiale *f*	labial pipe / flute pipe
428	cassa espressiva *f*	swell-box
429	cilindro *m*	player roll
430	consolle *f*	console
431	coperchio *m*	roller / lid / fall

Tasteninstrumente — Instruments à clavier

Harmonium *n*	harmonium *m*	401
Bandoneon *n*	bandonéon *m*	402
Celesta *f*	célesta *m*	403
Cembalo *n*	clavecin *m*	404
Klavichord *n*	clavicorde *m*	405
Handharmonika *f* / Akkordeon *m*	accordéon *m*	406
Knopfgriff-Akkordeon *m*	accordéon à boutons *m*	407
Pianoakkordeon *n* / Schiffer-klavier *n*	accordéon à clavier *m*	408
Drehorgel *f*	orgue de Barbarie *m*	409
Orgel *f*	orgue *m*	410
Portativ *n*	orgue portatif *m*	411
Klavier *n* /Hammerklavier *n*	piano *m* / pianoforte *m*	412
Flügel *m*	piano à queue *m*	413
präpariertes Klavier *n*	piano préparé *m*	414
Stutzflügel *m*	crapaud *m*	415
Klavier *n* / Pianino *m*	piano droit *m*	416
Spinett *n*	épinette *f*	417
Virginal *n*	virginal *m*	418

Bestandteile und Zubehör — Parties composantes et accessoires

Koppel *f*	accouplement *m*	419
Kern *m*	biseau *m*	420
Zunge *f*	languette *f*	421
Knopf *m*	bouton *m*	422
Registerzüge *m Pl* / Züge *m Pl*	boutons de registres *m pl*	423
Windladenraum *m*	gravure *f*	424
Pfeife *f*	tuyau *m*	425
Zungenpfeife *f*	tuyau à anche *m*	426
Labialpfeife *f*	tuyau à bouche *m*	427
Schwellkasten *m*	boîte expressive *f*	428
Walze *f*	cylindre *m* / rouleau *m*	429
Spieltisch *m*	console *f*	430
Deckel *m* / Welle *f* / Klappe *f*	couvercle *m* / rouleau *m*	431

	Strumenti a tastiera	Keyboard instruments
432	corde incrociate *f pl*	cross-strung / overstrung scale
433	cuscinetto	cushion
434	doppio scappamento *m*	doublehopper / escapement
435	feltro *m*	felt
436	fori *m*	bore
437	grand'organo *m*	full organ / great organ
438	manetta *f*	hard lever
439	mantice *m*	bellows
440	manuale *m*	manual
441	martello *m* / martelletto *m*	hammer
442	meccanica *f*	action
443	pedale *m*	pedal
444	pedale destro *m* / pedale di risonanza *m*	right pedal / sustaining pedal
445	pedale sinistro *m* / pedale del piano *m*	left pedal / damping pedal / soft pedal
446	pedale tonale *m*	sustaining pedal
447	pedaliera *f*	pedal keyboard
448	perno *m*	centre pin
449	plettro *m*	plectrum / quill / jack
450	registro *m*	stop / register
451	salterello *m*	jack
452	scappamento *m*	escapement lever / hopper
453	segreta *f*	wind chest
454	sgabello *m* / panchina *f*	piano stool
455	smorzo *m*	damper
456	somiere *m*	windchest / sound-board
457	tangente *f*	tangent
458	tastiera *f*	keyboard
459	tasto *m*	key
460	tavola armonica *f*	sound board
461	telaio *m*	frame
462	trasmissione *f*	action
463	tremolo *m*	tremulant
464	tirante *m*	tracker
465	valvola *f*	pallet / valve

kreuzsaitig	cordes croisées *f pl*	432
Polster *n*	garniture *f*	433
doppelte Auslösung *f*	coussinet *m* / double échappement *m*	434
Filz *m*	feutre *m*	435
Bohrung *f*	perce *f*	436
Hauptwerk *n*	grand orgue *m*	437
Manubrium *n*	registre *m*	438
Balg *m*	soufflet *m*	439
Manual *n*	manuel *m*	440
Hammer *m*	marteau *m*	441
Mechanik *f*	mécanique *f*	442
Pedal *n* / Pedalwerk *n*	pédale *f*	443
rechtes Pedal *n* / Fortepedal *n*	pédale droite *f* / pédale forte *f*	444
linkes Pedal *n* / Verschiebungspedal *n* / Dämpfer *m*	pédale gauche *f* / sourdine *f*	445
Tonhaltepedal *n*	pédale de prolongation *f*	446
Pedalklaviatur *f*	pédalier *m*	447
Achse *f*	axe *m*	448
Plektrum *n* / Kiel *m*	plectre *m* / bec *m*	449
Register *n*	registre *m* / jeux d'orgue *m pl*	450
Docke *f* / Springer *m*	sautereau *m*	451
Auslöser *m*	échappement *m*	452
Windkasten *m*	laye *f*	453
Klavierstuhl *m*	tabouret de piano *m* / banquette *f*	454
Dämpfer *m*	étouffoir *m* / sourdine *f*	455
Windlade *f*	sommier *m*	456
Tangente *f*	tangente *f*	457
Klaviatur *f*	clavier *m*	458
Taste *f*	touche *f*	459
Klangboden *m* / Resonanzboden *m*	table d'harmonie *f*	460
Rahmen *m*	cadre *m*	461
Traktur *f*	traction *f*	462
Tremulant *m*	tremblant *m*	463
Abstrakte *f* / Zug *m*	vergette *f* / tirant *m*	464
Ventil *n*	soupape *f*	465

	Modi di suonare	Playing techniques
466	a due manuali	double manual
467	a quattro mani	for four hands
468	arpeggiato	arpeggiated
469	a un manuale	single manual
470	con sordina	with damper
471	disposizione *f*	specification
472	due corde	two strings
473	legato	bound
474	mani incrociate / volteggiando	crossing hands
475	martellato	hammered
476	organo pieno *m*	full organ
477	passaggio del pollice *m*	passing the thumb under
478	perlato	pearly
479	registrazione *f*	registration
480	sostituzione delle dita *f*	change of finger
481	staccato	detached
482	toccare / suonare	to strike / to play
483	tocco *m* / attacco *m*	touch / action
484	togliere il pedale sinistro	take the damper away
485	tre corde	three strings
486	una corda	one string
487	vibrato *m*	vibrato

	Strumenti musicali meccanici	Mechanical musical instruments
488	carillon *m* / scatola musicale *f*	musical box / snuff box
489	orchestrion *m*	orchestrion
490	organetto automatico *m* / orologio a soneria *m*	musical clock
491	organo di Barberia *m* / organetto *m*	barrel-organ / street organ
492	orologio a carillon *m* / cariglione *m*	musical clock / musical box
493	pianola *f*	player piano

Spielarten | Façons de jouer

zweimanualig	à deux claviers manuels	466
vierhändig	à quatre mains	467
arpeggiert	arpégé	468
einmanualig	à un (seul) clavier manuel	469
mit Dämpfer	avec sourdine / en sourdine	470
Disposition *f*	disposition *f*	471
zwei Saiten	deux cordes	472
gebunden	lié	473
Hände kreuzend / übergreifen	mains croisées	474
gehämmert	martelé	475
volles Werk *n*	plein jeu *m*	476
Daumenuntersatz *m*	passage du pouce *m*	477
perlend	jeu perlé	478
Registrierung *f*	registration *f*	479
Fingerwechsel *m*	substitution des doigts *f*	480
abgestoßen	détaché / piqué	481
greifen	toucher / jouer	482
Anschlag *m*	toucher *m* / attaque *f*	483
mit erhobener Dämpfung	enlever la pédale gauche	484
drei Saiten	trois cordes	485
eine Saite	une corde	486
Vibrato *n* / Bebung *f*	vibré *m* / balancement *m*	487

Mechanische Musikinstrumente | Instruments musicaux mécaniques

Spieldose *f*	boîte à musique *f* / tabatière à musique *f*	488
Orchestrion *m*	orchestrion *m*	489
Flötenuhr *f* / Flötenwerk *n*	pendule à carillon *f*	490
Drehorgel *f* / Leierkasten *m*	orgue de Barbarie *m*	491
Spieluhr *f*	pendule à carillon *f* / pendule à musique *f*	492
Pianola *n*	piano mécanique *m*	493

Strumenti elettrici/elettronici, registrazione e riproduzione | Electric/electronic musical instruments, recording of music and playback units

494	altoparlante *m*	loudspeaker
495	ampiezza *f*	amplitude
496	amplificatore *m*	amplifier
497	attrezzature ritmiche *f pl*	rhythm units
498	banda di frequenza *f*	frequency band
499	batteria elettronica *f*	electronic drums
500	battimento *m*	beat
501	canale *m*	channel
502	cancellare / annullare	to erase
503	chitarra elettrica *f*	electric guitar
504	colonna sonora *f*	soundtrack
505	comando del suono *m*	sound control
506	compressore *m*	compressor
507	correttore di tonalità *m* / regolatore del suono *m*	tone control
508	cuffia *f*	headphone
509	decibel *m*	decibel
510	dente di sega *m*	saw tooth
511	diaframma *m*	cartridge / pick-up
512	digitale	digital
513	disco *m*	record
514	distorsione *f*	distortion
515	eco *m*	echo
516	effetto sonoro *m*	tonal effect / sound effect
517	elaboratore *m*	computer
518	elaboratore musicale *m*	music computer
519	elettroacustica *f*	electroacoustics
520	elettrofono *m* / strumento elettrofono *m*	electrophone / electrophonic instrument
521	elettronica musicale *f*	musical electronics
522	entrata *f*	input
523	equalizzatore *m*	equalizer
524	filtro *m*	filter
525	filtro passabanda *m*	bandpass filter
526	frequenza *f*	frequency

Elektrische/elektronische Musikinstrumente, Musikaufnahme- und Wiedergabegeräte	Instruments électriques/électroniques, enregistrement et reproduction	
Lautsprecher *m*	hautparleur *m*	494
Amplitude *f*	amplitude *f*	495
Verstärker *m*	amplificateur *m*	496
Rhythmusmaschine *f*	machine à rythme *f*	497
Frequenzband *n*	bande de fréquences *f*	498
elektronisches Schlagzeug *n*	instrument de percussion électronique *m*	499
Schwebung *f*	battement *m*	500
Kanal *m*	chaîne *f*	501
löschen	effacer / annuler	502
Elektrogitarre *f*	guitare électrique *f*	503
Tonspur *f*	colonne sonore *f*	504
Klangsteuerung *f*	commande du son *f*	505
Kompressor *m*	compresseur *m*	506
Klangregler *m*	régleur de tonalité *m*	507
Kopfhörer *m*	casque d'écoute *m*	508
Dezibel *n*	décibel *m*	509
Sägezahn *m*	dent de scie *f*	510
Schalldose *f*	diaphragme *m*	511
digital	numérique	512
Schallplatte *f*	disque *m*	513
Verzerrung *f*	distorsion *f*	514
Echo *n* / Nachhall *m*	écho *m*	515
Klangeffekt *m*	effet sonore *m*	516
Computer *m* / Rechner *m*	calculateur *m*	517
Musikcomputer *m*	ordinateur musical *m*	518
Elektroakustik *f*	électro-acoustique *f*	519
Elektrophon *n*	électrophone *m*	520
Musikelektronik *f*	électronique musicale *f*	521
Eingang *m*	entrée *f*	522
Entzerrer *m*	égalisateur *m*	523
Filter m/n	filtre *m*	524
Bandpaßfilter *m*	filtre passe-bande *m*	525
Frequenz *f*	fréquence *f*	526

	Strumenti elettrici/ elettronici	Electric/electronic musical instruments
527	generatore *m*	generator
528	generatore di suoni sinusoidali *m*	sine-wave generator
529	giradischi *m*	record player
530	grammofono *m*	gramophone (Engl.) / phonograph (Am.)
531	impulso *m*	impulse
532	larghezza di banda *f*	bandwidth
533	limitatore *m*	limiter
534	lineare	linear
535	livello *m*	level
536	lunghezza d'onda *f*	wave-length
537	mellotron *m*	mellotron
538	memorizzazione *f*	storage
539	memorizzazione del suono *f*	sound storage
540	mescolatore di suono *m* / tavolo di missaggio *m*	sound mixer / mixing board
541	microfono *m*	microphone
542	microfono a condensatore *m*	condenser microphone
543	microfono a contatto *m*	contact microphone
544	microfono elettrodinamico *m*	electrodynamic microphone
545	microfono elettromagnetico *m*	electromagnetic microphone
546	microsolco *m*	long-playing record / LP
547	miscelare	to mix
548	mistura *f*	tone mixture / sound mixture
549	musica informatica *f*	computer music
550	nastro magnetico *m*	magnetic tape
551	onda *f*	wave
552	organo elettronico *m*	electronic organ
553	organo Hammond *m*	Hammond organ
554	oscillatore *m*	oscillator
555	oscillazione *f*	oscillation / beat
556	parametro *m*	parameter
557	playback	playback
558	potenziometro *m*	potentiometer
559	produzione del suono *f*	sound production
560	puntina *f*	needle
561	quadrifonia *f*	quadrophony

Elektrische/elektronische Musikinstrumente	Instruments électriques/ électroniques	
Generator *m*	générateur *m*	527
Sinustongenerator *m*	générateur de sons sinussoidaux *m*	528
Plattenspieler *m*	tourne-disques *m*	529
Grammophon *n*	gramophone *m*	530
Impuls *m*	impulsion *f*	531
Bandbreite *f*	largeur de bande *f*	532
Begrenzer *m*	limiteur *m*	533
linear	linéaire	534
Pegel *m*	niveau *m*	535
Wellenlänge *f*	longueur d'onde *f*	536
Mellotron *n*	mélotron *m*	537
Speicherung *f*	mémorisation *f*	538
Klangspeicherung *f*	mémorisation du son *f*	539
Tonmischpult *n* / Mischpult *n*	mélangeur de son *m*	540
Mikrophon *n*	microphone *m*	541
Kondensatormikrophon *n*	microphone à condensateur *m*	542
Kontaktmikrophon *n*	microphone à contact *m*	543
elektrodynamisches Mikrophon *n*	microphone électrodynamique *m*	544
elektromagnetisches Mikrophon *n*	microphone électromagnétique *m*	545
Langspielplatte *f*	microsillon *m*	546
abmischen	mélanger / mixer	547
Tongemisch *n* / Klanggemisch *n*	mixage *m*	548
Computermusik *f*	musique par ordinateur *f*	549
Tonband *n* / Magnetband *n*	bande magnétique *f*	550
Welle *f*	onde *f*	551
elektronische Orgel *f*	orgue électronique *m*	552
Hammond-Orgel *f*	orgue Hammond *m*	553
Oszillator *m* / Schwingungserzeuger *m*	oscillateur *m*	554
Schwingung *f* / Schwebung *f*	oscillation *f* / battement *m*	555
Parameter *m*	paramètre *m*	556
Playback *n*	playback *m* / réenregistrement *m*	557
Potentiometer *n*	potentiomètre *m*	558
Klangerzeugung *f*	production du son *f*	559
Nadel *f* (Grammophon)	aiguille *f* (phono)	560
Quadrophonie *f*	quadrophonie *f*	561

	Strumenti elettrici/ elettronici	Electric/electronic musical instruments
562	quadro di distribuzione *m*	switchboard
563	reazione *f*	feed back
564	regia *f*	studio (transmitting station)
565	registratore *m*	tape-recorder
566	registratori a cassetta *m pl*	cassette recorder
567	registrazione *f*	recording
568	registrazione a più piste *f*	multitrack recording
569	registrazione dal vero *f*	live recording
570	registrazione di dimostrazione *f*	demo tape
571	registrazione radiofonica *f*	radio recording
572	registrazione televisiva *f*	television recording
573	rettangolo *m*	rectangle
574	riduttore di rumore *m*	noise reduction / noise supression
575	riproduzione *f*	reproduction
576	risonanza *f*	resonance
577	rivelatore *m*	pick-up
578	riverbo *m*	reverb
579	rumore *m*	noise
580	scatola dell'altoparlante *f*	speaker cabinet
581	scurire	to cover
582	sequencer *m*	sequencer
583	sfiorare	to scan
584	sincronizzazione *f*	synchronization
585	sintetizzatore *m*	synthesizer
586	sintesi del suono *f*	tone synthesis
587	sound sampler *m* (memorizzazione del suono)	sound sampler
588	spettro *m*	spectrum
589	stereofonia *f*	stereophony / stereo
590	strumenti a tastiera elettronica *m pl*	keyboards
591	strumenti generatori di effetti *m pl*	special effects equipment
592	suono *m*	sound
593	suono sinusoidale *m*	sine tone
594	suono trasduttore *m*	sound transducer

Schalttafel *f*	tableau de distribution *m*	562
Rückkoppelung *f*	réaction *f*	563
Aufnahmestudio *n*	studio *m* / atelier *m*	564
Magnetbandgerät *n* / Tonbandgerät	magnétophone *m*	565
Cassettenrecorder *m*	cassettophone *m*	566
Aufzeichnung *f* / Aufnahme *f*	enregistrement *m*	567
Mehrspurverfahren *n*	enregistrement à pistes multiples *m*	568
Mitschnitt *m* / Live-Aufnahme *f*	enregistrement original *m*	569
Demo-Aufnahme *f* / Demo-Band *n*	enregistrement de démonstration *m*	570
Rundfunkaufnahme *f*	enregistrement radiophonique *m*	571
Fernsehaufnahme	enregistrement télévisé *m*	572
Rechteck *n*	rectangle *m*	573
Rauschunterdrückung *f*	suppression du bruit *f* / amortissement de bruit *m*	574
Wiedergabe *f*	reproduction *f*	575
Resonanz *f* / Nachklang *m*	résonance *f*	576
Tonabnehmer *m*	pick-up *m*	577
Hall *m*	révérbération	578
Rauschen *n* / Geräusch *n*	bruit *m*	579
Lautsprecherbox *f*	haut-parleur en coffret *m*	580
decken	couvrir	581
Sequencer *m*	sequencer *m*	582
abtasten	lire / explorer	583
Synchronisation *f*	synchronisation *f*	584
Synthesizer *m*	synthétiseur *m*	585
Klangsynthese *f*	synthèse électronique *f*	586
Sound Sampler *m* / Naturklangspeicher *m*	soundsampler / enregistrement du son *m*	587
Spektrum *n*	spectre *m*	588
Stereophonie *f* / Raumklang *m*	stéréophonie *f*	589
elektronische Tasteninstrumente *n Pl*	claviers éléctroniques *m pl*	590
Effektgerät *n*	appareils générateurs d'effets *m pl*	591
Schall *m* / Klang *m*	son *m*	592
Sinuston *m*	son sinussoidale *m*	593
Schallwandler *m*	transducteur acoustique *m* / transducteur de son *m*	594

595	supporti a lettura ottica *m pl*	compact disc / CD
596	taglio *m*	cut
597	tecnica digitale *f*	digital techniques
598	telecomando *m*	remote control
599	testina magnetica *f*	magnetic head
600	timbro *m*	tone-colour / timbre
601	trasformatore *m*	transformer
602	trasformazione del suono *f*	sound modulation / sound shaping
603	trasmissione radiofonica *f*	radio transmission
604	trasmissione televisiva *f*	television transmission
605	transistor *m*	transistor
606	trasmissione dal vivo *f*	live broadcast / live transmission
607	triangolo *m*	triangle / triangle-wave (oscillation)
608	uscita *f*	output
609	variazione del suono *f*	sound moderation
610	velocità del nastro *f*	tape speed
611	vibrazione *f*	vibration / wave
612	voltaggio *m*	voltage
613	volume sonoro *m*	loudness / intensity

Cantanti e canto — Singers and singing

614	baritono *m*	baritone
615	basso *m*	bass
616	basso buffo *m*	basso buffo
617	contralto *m*	contralto / alto
618	contraltista *m* / falsettista *m*	countertenor
619	educazione della voce *f* / formazione della voce *f*	vocal training / voice training
620	esercizio vocale *m*	vocal exercise
621	espirare	to exhale
622	estensione vocale *f* / tessitura *f*	range
623	filar la voce	to spin the voice
624	fioritura *f* / gorgia *f*	florid ornaments
625	gorgheggio *m*	warble
626	gutturale	guttural
627	inflessione *f*	inflection
628	innalzare la voce	to raise the voice

Digitalplatte *f* / CD (Abkürzung für Compact Disc)	disque compact *m*	595
Schnitt *m*	coupure *f*	596
Digitaltechnik *f*	technique numérique *f*	597
Fernbedienung *f*	télécommande *f*	598
Magnetkopf *m* / Tonkopf *m*	tête magnétique *f*	599
Klangfarbe *f*	timbre *m*	600
Wandler *m*	transformateur *m*	601
Klangumwandlung *f*	transformation du son *f*	602
Rundfunkübertragung	diffusion radiophonique *f*	603
Fernsehübertragung	diffusion télévisée *f*	604
Transistor *m*	transistor *m*	605
Live-Sendung *f*	émission originale *f*	606
Dreieck *n* (besser: Dreieckschwingung)	triangle *m* / oscillation triangulaire *f*	607
Ausgang *m*	sortie *f*	608
Klangänderung *f*	modification du son *f*	609
Bandgeschwindigkeit *f*	vitesse de la bande *f*	610
Schwingung *f*	vibration *f*	611
Spannung *f*	voltage *m*	612
Schallstärke *f* / Lautstärke *f*	intensité du son *f*	613

Sänger und Gesang — Chanteurs et chant

Bariton *m*	baryton *m*	614
Baß *m*	basse *f*	615
Baß-Buffo *m*	basse bouffe *f*	616
Alt *m* / Altistin *f*	alto *m*	617
Kontratenor *m*	haute-contre *f*	618
Stimmbildung *f*	éducation de la voix *f*	619
Gesangsübung *f*	exercice vocal *m*	620
ausatmen	expirer	621
Stimmumfang *m*	registre *m* / tessiture *f*	622
den Ton ausspinnen	filer le son	623
Verzierung *f*	fioriture *f*	624
Gurgeltriller *m*	roulade *f*	625
kehlig	guttural	626
Tonfall *m* / Stimmfall *m*	inflexion *f*	627
die Stimme heben	lever la voix	628

	Canto e modi di cantare	Singing and singing techniques
629	inspirare	to inhale
630	libretto *m*	libretto
631	messa di (in) voce *f* / impostazione *f*	placing of the voice
632	mezza voce	with half voice
633	mezzosoprano *m*	mezzo soprano
634	muta *f*	mutation
635	muto	dampen / mute
636	nasale	nasal
637	partitura vocale *f*	vocal score
638	portamento	carrying the voice
639	prima donna *f*	leading soprano
640	pronuncia *f*	pronunciation
641	rauco / roco	hoarse / raucous
642	registro *m*	register
643	respiro *m*	breathing pause
644	ribattuta di gola *f*	ribattuta
645	schiarirsi la voce	to clear one's throat
646	scurire	to cover
647	soprano *m*	soprano
648	soprano drammatico *m*	dramatic soprano / high dramatic soprano
649	soprano leggero *m*	coloratura soprano
650	soprano lirico *m*	lyric soprano
651	soprano lirico spinto *m*	young dramatic soprano
652	tenore *m*	tenor
653	tenore drammatico *m* / tenore eroico *m* / tenore di forza *m*	heroic tenor
654	tenore lirico *m*	lyrical tenor
655	a bassa voce	to speak in a low voice
656	a bocca chiusa	humming / with mouth closed

	Canto e modi di cantare	Singing and singing techniques
657	afono	voiceless
658	appoggiare	to support
659	appoggio (sulla maschera) *m*	voice / breath support

einatmen	inspirer	629
Textbuch *n* / Operntext *m*	livret *m* / livret d'opéra *m*	630
Führung der Stimme *f*	pose de la voix *f*	631
mit halber Stimme	à mi-voix	632
Mezzosopran *m*	mezzo-soprano *m*	633
Mutation *f* / Stimmbruch *m*	mue *f*	634
stumm	muet	635
nasal	nasal	636
Gesangspartitur *f*	partition vocale *f*	637
tragend / gleitend	porter la voix	638
erste Sängerin *f*	première chanteuse *f*	639
Aussprache *f*	prononciation *f*	640
heiser / rauh	rauque / enroué	641
Register *m* / Stimmlage *f*	registre *m*	642
Luftpause *f* / Atempause *f*	respiration *f* / soupir *m*	643
Zurückschlag *m* (Verzierung)	ribattuta *f*	644
sich räuspern	s'éclaircir la voix	645
decken	couvrir	646
Sopran *m* / Sopranistin *f*	soprano *m*	647
dramatischer Sopran *m* / hochdramatischer Sopran *m*	soprano dramatique *m*	648
Koloratursopran *m*	soprano léger *m*	649
lyrischer Sopran *m*	soprano lyrique *m*	650
jugendlich-dramatischer Sopran *m*	soprano dramatique lyrique d'agilité *m*	651
Tenor *m*	ténor *m*	652
Heldentenor *m*	ténor dramatique *m* / ténor héroïque *m*	653
lyrischer Tenor *m*	ténor lyrique *m*	654
mit leiser Stimme	à voix basse	655
summen / mit geschlossenem Mund	à bouche fermée	656

Gesang und Gesangsarten — Chant et façons de chanter

stimmlos	aphone	657
stützen	appuyer	658
Atemstütze *f*	appui du souffle *m*	659

	Canto e modi di cantare	Singing and singing techniques
660	arte del canto *f*	art of singing / vocal art
661	associazione corale *f* / società di canto *f*	choral society
662	atono	toneless
663	attacco dolce *m*	soft attack
664	attacco duro *m*	glottal attack
665	attacco sul fiato	aspirated attack
666	a voce piena / spiegata	with full voice
667	bel canto *m*	beautiful singing
668	calare	to sing flat
669	canoro	for singing
670	cantare giusto	to sing in tune
671	canto parlato *m*	speech song
672	castrato *m* / evirato *m*	castrato
673	catena di trilli *f*	chain of trills
674	classi vocali *f pl*	voice type
675	corista *m* + *f*	chorister / choral singer
676	coro *m*	choir / chorus
677	coro della radio *m*	radio choir / radio chorus
678	coro di chiesa *m*	church choir
679	coro di fanciulli *m*	boys' choir
680	coro d'opera *m*	opera chorus
681	coro femminile *m*	women's choir / women's chorus
682	coro maschile *m*	men's choir / men's chorus
683	coro misto *m*	mixed chorus / choir
684	coro parlato *m*	choral speaking
685	coloratura *f*	coloratura
686	corde vocali *f pl*	vocal cords pl
687	crescere	to sing sharp
688	declamazione *f*	declamation
689	direttore del coro *m*	choral conductor / choirmaster
690	dizione *f*	diction
691	falsetto *m*	falsetto
692	libretto *m*	libretto
693	lirica *f*	lyric
694	messa di (in) voce	placing of the voice
695	mutazione *f*	mutation
696	portamento	carrying the voice

Gesangskunst *f*	art vocal *m* / art du chant	660
Gesangverein *m*	sociéte chorale *f*	661
tonlos	atone	662
weicher Einsatz *m*	entrée douce *f*	663
harter Einsatz *m* / Glottinschlag *m*	attaque dure *f* / coup de glotte *m*	664
gehauchter Einsatz *m*	attaque murmurée *f*	665
mit voller Stimme	à pleine voix	666
schöner Gesang *m*	beau chant *m*	667
zu tief singen	chanter trop bas	668
gesanglich	pour le chant	669
rein singen	chanter juste	670
Sprechgesang *m*	chant parlé *m*	671
Kastrat *m*	castrat *m*	672
Trillerkette *f*	série de trilles *m*	673
Stimmgattung *f*	catégories de voix *f pl*	674
Chorsänger *m* / Chorsängerin *f*	choriste *m* + *f*	675
Chor *m*	chœur *m*	676
Rundfunkchor *m*	chœur de radio *m*	677
Kirchenchor *m*	chœur d'église *m*	678
Knabenchor *m*	chœur de garçons *m*	679
Opernchor *m*	chœur d'opéra *m*	680
Frauenchor *m*	chœur de femmes *m*	681
Männerchor *m*	chœur d'hommes *m*	682
gemischter Chor *m*	chœur mixte *m*	683
Sprechchor *m*	chœur parlé *m*	684
Koloratur *f*	colorature *f*	685
Stimmbänder *n Pl*	cordes vocales *f pl*	686
zu hoch singen	chanter trop haut	687
Deklamation *f*	déclamation *f*	688
Chordirigent *m*	chef de chœur *m*	689
Diktion *f* / Vortrag *m*	diction *f*	690
Falsett *n* / Fistelstimme *f*	fausset *m*	691
Operntextbuch *n*	livret d'opéra *m*	692
Lyrik *f*	lyrique *f*	693
Ansatz der Stimme	pose de la voix	694
Stimmbruch *m*	mue *f*	695
tragend	porter la voix	696

697	respiro *m*	breathing pause
698	singhiozzando	sobbing
699	soffio *m*	breath
700	solfeggio *m*	tonic sol-fa
701	solmisazione *f*	solmization
702	sospiro *m*	sigh
703	sostenere	to support
704	soubrette *f*	soubrette
705	stonare	to sing out of tune
706	tecnica vocale *f*	vocal techniques
707	tremolando	tremolando
708	tremolare	to wobble
709	tremolo *m*	tremolo
710	velato	veiled / husky
711	vocale	vocal
712	vocale *f*	vowel
713	vocalizzo *m*	vocalise
714	voce *f*	voice
715	voce aspra *f*	harsh voice
716	voce chiara *f*	clear voice
717	voce cupa *f*	deep voice
718	voce di gola *f*	throat voice
719	voce di petto *f*	chest voice
720	voce di testa *f*	head voice
721	voce femminile *f*	female voice
722	voce granita *f*	solid voice
723	voce infantile *f*	child's voice
724	voce maschile *f*	male voice
725	voci miste *pl*	mixed voices

Atempause *f*	respiration *f*	697
schluchzend	en sanglotant	698
Luftstoß *m*	souffle *m*	699
Solfeggio *n*	solfège *m*	700
Solmisation *f*	solmisation *f*	701
Seufzer *m*	soupir *m*	702
stützen	soutenir	703
Soubrette *f*	soubrette *f*	704
detonieren	détonner	705
Gesangstechnik *f* / Stimmtechnik *f*	technique vocale *f*	706
bebend / tremolierend	en tremblottant	707
tremolieren / wackeln	chevroter	708
Tremolo *n* / Bebung *f*	trémolo *m*	709
verschleiert	voilé	710
vokal / sanglich	vocal	711
Selbstlaut *m* / Vokal *m*	voyelle *f*	712
Vokalise *f*	vocalise *f*	713
Stimme *f*	voix *f*	714
barsche Stimme *f*	voix âpre *f*	715
helle/klare Stimme *f*	voix claire *f*	716
dunkle Stimme *f*	voix grave *f*	717
Kehlstimme *f*	voix de gorge *f*	718
Bruststimme *f*	voix de poitrine *f*	719
Kopfstimme *f*	voix de tête *f*	720
Frauenstimme *f*	voix féminine *f*	721
volle, kräftige Stimme *f*	voix pleine *f*	722
Kinderstimme *f*	voix enfantine *f*	723
Männerstimme *f*	voix masculine *f*	724
gemischte Stimmen *Pl*	voix mixtes *pl*	725

Il linguaggio delle partiture — The language of the scores

Velocità — Velocity

	Le parole con * possono significare al tempo stesso più presto e più forte oppure più lento e più piano	The words marked by * can indicate as well faster and louder as well as slower and softer
726	a beneplacito	as you like
727	a piacere	at one's pleasure
728	a tempo / in tempo / a battuta	in time
729	adagietto	somewhat faster and lighter than Adagio
730	adagino	like adagietto
731	adagio	slow
732	adagissimo	extremely slow
733	ad libitum (L)	at one's pleasure
734	affrettato	hurried
735	allegretto	not as fast as allegro
736	allegrissimo / allegro assai	very fast / very lively
737	allegro	lively / cheerful
738	andante	moving along / walking pace
739	andantino	somewhat quicker or slower than andante
740	animato	animated
741	celeramente	swiftly
742	celere	swift
743	con celerità	with celerity
744	con fretta / in fretta	with haste / in haste
745	con lentezza	with slowness
746	con moto	with movement
747	con precipitazione	hurrying / in haste
748	con prestezza	with speed
749	con qualche licenza	somewhat freely
750	con rapidità	with rapidity
751	con rigore	with rigour
752	con speditezza	with haste
753	con velocità	with velocity
754	corrente	with speed
755	esitando	hesitating

Die Sprache der Partituren / Le langage des partitions

Tempo / Vitesse

Die mit * bezeichneten Wörter können gleichzeitig schneller und lauter oder langsamer und leiser bedeuten

Les mots marquès avec * peuvent signifier en même temps plus vite et plus fort ou plus lent et plus doucement

nach Belieben	à votre gré	726
nach Belieben	librement	727
im Takt / im Zeitmaß	en mesure / au mouvement	728
ziemlich langsam / kürzer und schneller als Adagio	plus court et plus rapide que adagio	729
gemächlich, wie Adagietto	comme adagietto	730
langsam	lent	731
sehr langsam	très lent	732
nach Belieben	à volonté	733
beschleunigt / eilig	pressé	734
weniger bewegt als Allegro	moins rapide que allegro	735
sehr lebhaft	très rapide / très vif	736
lebhaft / heiter	vif	737
gehend / mäßig bewegt	allègre / en allant	738
ein wenig bewegt / schneller oder langsamer als Andante	plus lent ou plus rapide que andante	739
belebt	animé	740
rasch / geschwind	rapidement	741
rasch / geschwind	rapide	742
mit Schnelligkeit	avec rapidité	743
mit Eile	avec hâte	744
mit Langsamkeit	avec lenteur	745
mit Bewegung	avec mouvement	746
mit Hast / mit Eile	avec précipitation	747
mit Schnelligkeit	avec rapidité	748
mit einiger Freiheit	avec quelques licences	749
mit Schnelligkeit	avec rapidité	750
mit Strenge / streng im Takt / mit Geläufigkeit	avec rigueur	751
mit Schnelligkeit	avec promptitude	752
mit Geschwindigkeit	avec vélocité	753
laufen / rennen	courant	754
zögernd	en hésitant	755

	Il Linguaggio delle Partiture: Velocità	The language of the scores: Velocity
756	frettoloso	in a hurry / hasty
757	grave	very slow
758	incalzante	pressing on
759	larghetto	somewhat quicker and lighter than largo
760	largo	broad
761	largo assai	very slow
762	lentamente	slowly
763	lentissimo	very slow
764	lento	slow
765	libero	free
766	l'istesso tempo / lo stesso tempo / medesimo tempo	the same speed
767	moderatamente	moderately
768	moderato	moderate
769	mosso	moving
770	non presto	not fast
771	precipitato / precipitoso	hasty / precipitate
772	prestamente	fast
773	prestissimo	extremely fast
774	presto	fast
775	prontamente	quickly
776	pronto	promptly
777	rapidamente	rapidly
778	rapido	rapid
779	rimettendo	as before
780	riprendendo	picking up again speed / volume
781	rubato	with some freedom / "robbed"
782	senza fretta	without haste
783	senza misura	without measure
784	senza strascicare / senza trascicare	without dragging
785	sollecito	prompt
786	sostenuto	sustained
787	spedito	quick
788	svelto	swift
789	tardo	slow
790	tempo giusto	appropriate speed

Die Sprache der Partituren: Tempo	Le langage des partitions: Vitesse	
eilig	pressé	756
ernst / sehr langsam	grave / très lent	757
drängen / beschleunigen	talonnant	758
kürzer und schneller als Largo / etwas breit	plus court et plus rapide que largo	759
breit	large	760
sehr langsam	très lent	761
langsam	lentement	762
sehr langsam	très lent	763
langsam (langsamer als adagio, schneller als largo)	lent	764
frei / ungezwungen	libre	765
die gleiche Geschwindigkeit / dasselbe Zeitmaß	le même mouvement	766
gemäßigt	modérément	767
gemäßigt	modéré	768
bewegt	mû	769
nicht schnell	pas vite	770
überstürzt	précipité	771
schnell	rapidement	772
sehr schnell	très vite	773
schnell	vite	774
rasch	promptement	775
rasch / schleunig	prompt	776
schnell / schleunig	rapidement	777
schnell / schleunig	rapide	778
zurücksetzend (voriges Zeitmaß)	en remettant	779
wieder aufnehmend	en reprenant	780
„geraubt“ / „gestohlen“	volé / dérobé	781
ohne Eile	sans se presser	782
ohne strenges Zeitmaß	sans mesure	783
ohne zu schleppen	sans traîner	784
schleunig	empressé	785
verhalten / getragen	soutenu	786
rasch / geläufig	prompt	787
geschwind	svelte	788
langsam	lent	789
richtiges Zeitmaß / angemessenes Zeitmaß	temps juste	790

791	tempo primo	original speed
792	tempo rubato	"robbed" time
793	tornando al tempo	returning to the original speed
794	tostamente / tosto	swiftly / swift
795	trainando	dragging
796	veloce	quick
797	velocemente	quickly
798	vivace	vivacious
799	vivacissimo	most vivacious
800	vivamente	lively

Più presto | Faster

801	accelerando	becoming faster
802	accelerato	faster
803	affrettando	hastening
804	animando *	becoming more animated
805	animato	animated / lively
806	avanti	forward
807	avvivando *	enlivening
808	camminando	walking
809	doppio movimento	double the speed
810	frettando	hastening
811	incalzando *	pressing
812	movendo / muovendo	moving
813	più tosto	swifter
814	più veloce	quicker
815	precipitando	hurrying
816	pressando	pushing on
817	pressante	pressing on
818	ravvivando *	reviving
819	ravvivato *	revived
820	rianimando *	reanimating
821	riscaldando *	warming up
822	ristringendo	restricting / drawing together again
823	sempre più animato	always more animated
824	serrando	pressing / getting quicker

Die Sprache der Partituren: Tempo	Le langage des partitions: Vitesse	
erstes Zeitmaß	temps premier	791
„gestohlenes Zeitmaß“ / schwankendes Tempo	temps dérobé	792
zum Zeitmaß zurückkehrend	en revenant au mouvement	793
hurtig	vite	794
schleppend	en traînant	795
rasch	rapide	796
rasch	rapidement	797
lebhaft	vif	798
sehr lebhaft	très vif	799
lebendig	vivement	800

Schneller	Plus vite	
beschleunigend	en accélerant	801
beschleunigt	accéléré	802
eilend	en pressant	803
belebend	en animant	804
belebt / lebhaft	animé	805
vorwärts	en avant	806
belebend	en ranimant	807
gehend	en marchant	808
doppelt so schnell	en doublant le mouvement	809
eilend	en pressant	810
aufholend	en talonnant	811
bewegend	mouvant	812
eiliger	plus vite	813
schneller	plus vite	814
überstürzend	en précipitant	815
drängend	en pressant / pressez	816
drängend	pressant	817
belebend	en ravivant	818
belebt	ravivé	819
wieder belebend	en ranimant	820
erwärmend	en réchauffant	821
enger werdend	en resserrant	822
immer belebter	de plus en plus animé	823
drängend	en serrant	824

825	serrato	hurried
826	sollecitando	urging
827	spedendo	promptly
828	spingendo	pushing
829	stretto	drawn together
830	stringendo	drawing together / tightening
831	urgente	urgent

Più lento — Slower

832	allargando	broadening
833	allentando	loosening
834	calmando *	calming
835	calmandosi*	calming down
836	estenuandosi*	getting exhausted
837	estinguendo *	extinguishing
838	frenando	retarding / "braking"
839	indugiando	delaying
840	largando	broadening / widening
841	lentando	slowing down
842	mancando *	lacking
843	morendo *	dying away
844	prolungando	prolonging
845	raffrenando	holding back
846	rallentando	getting slower / slowing down
847	rallentato	slower
848	rattenendo	holding back
849	rilasciando / rilassando	releasing
850	ritardando	slowing down
851	ritardato	slower
852	ritenendo	holding back
853	ritenuto	held back
854	slargando	broadening
855	slentando *	loosening
856	spirando *	fading away
857	stentando	painstaking
858	stiracchiando	tugging
859	stirando	stretching
860	strascinando / trascinando / trascicando	dragging

gedrängt	serré	825
eilend	en pressant	826
beeilend	promptement	827
stoßend / treibend	en poussant	828
eng / gedrängt	serré	829
zusammendrängend	en serrant	830
dringend	urgent	831

Langsamer | Plus lent

breiter werdend	en élargissant	832
nachlassend	en relâchant	833
beruhigend	en calmant	834
sich besänftigend	en s'apaisant	835
sich erschöpfend	en s'exténuant	836
verlöschend	en éteignant	837
zurückhaltend / „bremsend“	en freinant	838
verzögernd	en s'attardant	839
breiter werdend	en élargissant	840
schleppend	en ralentissant	841
entschwindend	en défaillant	842
sterbend	en mourant	843
verlängernd	en prolongeant	844
bremsend	en freinant	845
langsamer werdend	en ralentissant	846
verlangsamt	ralenti	847
zurückhaltend	en retenant	848
nachlassend	en relâchant	849
verzögernd	en retardant	850
verzögert	retardé	851
zurückhaltend	en retenant	852
zurückgehalten	retenu	853
breiter werdend	en élargissant	854
nachlassend	en relâchant	855
hinsterbend	en expirant	856
schleppend	en peinant	857
zerrend	en tiraillant	858
dehnend	en s'étendant	859
schleppend	en traînant	860

861	svanendo *	vanishing
862	tardando	retarding
863	tirando	drawing / pulling
864	trattenendo / rattenendo	holding back
865	tratto	dragged

Dinamica e peso | Dynamics and weight

866	accentuato	accentuated
867	appoggiando	leaning
868	appoggiato	leaned
869	articolando	articulating
870	articolato	articulated
871	ben ritmato	well rhythmed
872	con tutta la forza	with full force
873	debole	weak
874	distante	distant
875	estinto	extinguished
876	floscio	flabby
877	forte	strong / loud
878	fortissimo	very loud
879	forzando	forcing
880	forzato	forced
881	glissando	sliding
882	legato / ligado	bound / tied
883	lontano	far away
884	marcando	marking
885	marcato	marked
886	mezza voce	half voice
887	mezzo forte	half loud
888	mezzo piano	half soft
889	molto accentuato	very accentuated
890	percosso	struck
891	pianissimo	extremely soft
892	piano	soft
893	più forte possibile	as loud as possible
894	più piano possibile	as soft as possible
895	poggiato	sustained
896	portando	carrying over

entschwindend	en s'estompant / en s'effaçant	861
verzögernd	en retardant	862
ziehend	en tirant	863
zurückhaltend	en retenant	864
geschleppt	traîné	865

Dynamik und Gewicht — Dynamique et poids

betont	accentué / ponctué	866
stützend / betonend	en appuyant	867
gestützt / betont	appuyé	868
artikulierend	en articulant	869
artikuliert	articulé	870
sehr rhythmisch	bien rythmé	871
mit ganzer Kraft	de toutes ses forces	872
schwach	faible	873
entfernt	lointain	874
erlöscht	éteint	875
schlaff	flasque	876
kräftig / stark /laut	fort	877
sehr laut	très fort	878
forcierend / stark betonend	en contraignant	879
forciert / stark betont	contraint	880
gleitend	en glissant	881
gebunden	lié	882
fern / weit	lointain	883
markierend	en marquant	884
markiert	marqué	885
mit halber Stimme	à mi-voix	886
halb laut / mittelstark	mi-fort	887
halb leise / mittelleise	mi-doux	888
sehr betont	très accentué	889
geschlagen	percuté	890
sehr leise	très doucement	891
leise	doucement	892
so laut wie möglich	le plus fort possible	893
so leise wie möglich	le plus doucement possible	894
gestützt / betont	appuyé	895
tragend	en portant	896

897	portato	carried over
898	puntato	dotted / detached
899	risaltato	emphasized
900	ritmico	rhythmical
901	sferzando	whipping
902	sforzato	forced
903	slegato	not slurred
904	smorzato	subdued
905	sottovoce	"under the voice" / in an undertone
906	spento	extinguished
907	staccato	detached
908	tremolato	trembling / tremolo
909	vibrato	vibrato / "vibrated"

Più forte — Louder

910	accrescendo	augmenting
911	alzando	rising
912	ampliando	amplifying
913	aumentando	increasing
914	calcando	compressing
915	crescendo	growing louder
916	rafforzando / rinforzando	strengthening
917	rinforzato	strengthened
918	risvegliando * / risvegliato	re-awakening
919	spiegando	unfolding
920	svegliando *	wakening

Più piano — Softer

921	abbassando	lowering
922	achetandosi * / acquietandosi	becoming calmer
923	addolcendo	softening
924	affievolendo	weakening
925	allontanandosi	receding
926	assottigliando	dwindling
927	attenuando	calming down
928	calando *	becoming softer / waning

getragen	porté	897
punktiert / gestoßen	pointé / détaché	898
hervorgehoben	mis en relief	899
rhythmisch	rythmique	900
peitschend / mit größter Kraft	en cinglant	901
stark hervorgehoben	forcé	902
ungebunden	non lié	903
gedämpft	amorti	904
„unter der Stimme" / mit leiser Stimme	à voix basse / à mi-voix	905
ausgelöscht	éteint	906
abgestoßen	détaché / piqué	907
gebebt	trembloté / trémolo	908
vibriert / gebebt	vibré	909

Lauter | Plus fort

vermehrend / zunehmend	en accroissant	910
erhebend / aufschlagend	en élevant	911
erweiternd	en agrandissant	912
vergrößernd	en augmentant	913
pressend	en comprimant	914
wachsend	en augmentant	915
verstärkend	en renforçant	916
verstärkt	renforcé	917
wieder erweckend	en réveillant	918
entfaltend	en déployant	919
erweckend	en réveillant	920

Leiser | Plus doucement

schwächer werdend	en abaissant	921
sich besänftigend	en s'apaisant	922
sanft werdend	en adoucissant	923
abschwächend	en affaiblissant	924
sich entfernend	en s'éloignant	925
verringernd	en amenuisant	926
abschwächend	en attenuant	927
nachlassend	en faisant descendre	928

	Il Linguaggio delle Partiture: Carattere ed espressione	The language of the scores: Character and expression
929	calante	lowering
930	cedendo *	yielding
931	decrescendo	decreasing
932	diluendo	thinning out / weakening
933	dilungando	moving away
934	diminuendo	diminishing
935	espirando *	expiring
936	estinguendosi *	extinguishing
937	evaporandosi	evaporating
938	indebolendo *	weakening
939	perdendosi *	decreasing to nothing
940	placando	appeasing
941	raddolcendo / raddolcente	sweetening
942	scemando / deficiendo	diminishing
943	sminuendo	diminishing
944	smorzando	subduing
945	spegnendo *	extinguishing
946	stinto	extinguished
947	temperando	moderating
948	togliendo *	taking away

	Carattere ed espressione	Character and expression
949	a ballata	in a ballad style
950	abbandonandosi	abandoning oneself
951	abbandonatamente / abbandono (con)	with abandonment
952	a capriccio	capricious
953	accarezzando / accarezzevolmente	caressing
954	accarezzevole	caressing
955	acceso	fiery
956	accoramento (con)	with grief
957	accorato	sorrowful
958	accuratamente	carefully
959	accuratezza (con)	with care
960	accurato	careful
961	acerbo	harsh
962	addolcendo	sweetening

nachlassend	en descendant	929
nachgebend	en cédant	930
abnehmend	en décroissant	931
verlöschend / auflösend	en diluant	932
entfernend	en s'éloignant	933
abnehmend / vermindernd	en diminuant	934
ausatmend	en expirant	935
verlöschend	en éteignant	936
verdunstend	en s'évaporant	937
schwächer werdend	en affaiblissant	938
sich verlierend	en se perdant	939
beruhigend	en calmant	940
sanfter werdend	en adoucissant	941
abnehmend	en amoindrissant	942
abnehmend	en diminuant	943
verlöschend	en atténuant	944
auslöschend	en éteignant	945
erloschen	éteint	946
mäßigend	en modérant	947
abnehmend	en ôtant	948

Charakter und Ausdruck — Caractère et expression

wie eine Ballade	comme une ballade	949
sich hingebend	en s'abandonnant	950
mit Hingabe	avec abandon	951
launenhaft	capricieusement	952
liebkosend	en caressant	953
liebkosend	caressant	954
feurig	allumé / enflammé	955
mit Betrübnis	attristé	956
betrübt	chagriné	957
sorgfältig	soigneusement	958
mit Sorgfalt	avec exactitude	959
sorgfältig	soigneusement	960
herb	âpre	961
mildernd	en adoucissant	962

	Il Linguaggio delle Partiture: Carattere ed espressione	The language of the scores: Character and expression
963	addolorato	grieved
964	adiratamente	wrathful
965	adirato	angry
966	adorazione (con)	adoringly (with adoration)
967	adornando	adorning
968	adornato	adorned
969	aereo	airy
970	affabile	affable
971	affannato	breathless
972	affanno (con)	with anxiety
973	affannosamente	anxious
974	affannoso	distressed
975	affettato	affected
976	affetto (con)	with affection
977	affettuosamente	affectionately
978	affettuoso	lovingly
979	afflitto	afflicted
980	agevole	easy
981	agevolezza (con)	with ease
982	aggiustamente	very measured
983	aggradevole	agreeable
984	agiatamente	comfortable
985	agile / agilmente	agile
986	agilità (con)	with agility
987	agitato	agitated
988	agitazione (con)	with agitation
989	agreste	rustic
990	alla contadina	like a peasant dance
991	alla maniera di	in the manner of
992	alla marcia	like a march
993	alla militare	militarily
994	alla tedesca	in the style of German dance
995	alla turca	in Turkish style
996	alla zingara	in gipsy style
997	alla zoppa	limping
998	allarmato	alarmed
999	allegramente	briskly
1000	allegrezza (con) / allegria (con)	cheerfully
1001	all'ungherese / all'ongarese	in Hungarian style

schmerzlich	douloureux	963
zornig	coléreusement	964
erzürnt	en colère	965
mit Anbetung	avec adoration	966
zierend	en ornant	967
geziert	orné	968
luftig	aéré	969
leutselig	affable	970
atemlos	essouflé	971
mit Kummer	tourmenté	972
kummervoll	anxieusement	973
bekümmert	essouflé	974
geziert	affecté	975
mit Zuneigung	avec affection	976
mit Affekt / gemütsbewegend	affectueusement	977
gemütsbewegend	affectueux	978
betrübt	affligé	979
leicht	aisé	980
mit Leichtigkeit	avec aisance	981
genau im Takt	très en mesure	982
angenehm	agréable	983
gemächlich / gemütlich	aisément	984
behende	agile / agilement	985
mit Behendigkeit	avec agilité	986
erregt / unruhig	agité	987
mit Erregung	avec agitation	988
ländlich	rustique	989
wie ein Bauerntanz	comme une danse paysanne	990
nach Art der/des	à la manière de	991
wie ein Marsch	dans le caractère d'une marche	992
militärisch	militairement	993
nach deutscher Tanzart	à l'allemande	994
nach türkischer Art (im Stil der Janitscharen-Musik)	à la turque	995
nach Art der Zigeuner	à la tzigane	996
hinkend	boiteux	997
beunruhigt	alarmé	998
fröhlich / flott	allègrement	999
mit Fröhlichkeit	avec allégresse	1000
nach ungarischer Art	à la hongroise	1001

	Il Linguaggio delle Partiture: Carattere ed espressione	The language of the scores: Character and expression
1002	altiero	haughty
1003	amabilità (con)	with amiability
1004	amabile	amiable
1005	amaramente	bitterly
1006	amareggiato	embittered
1007	amarezza (con)	with bitterness
1008	amaro	bitter
1009	amore (con)	with love / lovingly
1010	amorevole	tenderly
1011	amorevolmente / amorosamente	tenderly
1012	ampiezza (con)	with breadth
1013	ampio	broad
1014	anelante	gasping
1015	angelico	angelic
1016	angoscia (con)	with anguish
1017	angosciosamente	with anguish
1018	angoscioso	anguished
1019	anima (con)	with soul / with feeling
1020	animo (con)	with courage
1021	animoso	brave
1022	ansante	panting
1023	ansia (con)	with restlessness
1024	ansietà (con)	with anxiety
1025	ansiosamente	anxiously
1026	ansioso	anxious
1027	apatico	apathetic
1028	appassionatamente	passionately
1029	appassionato / passionato	passionate
1030	appenato	distressed
1031	ardente	ardent
1032	ardentemente	ardently
1033	arditamente	boldly
1034	arditezza (con)	with boldness
1035	ardito	bold
1036	ardore (con)	with ardour
1037	arioso	aria-like
1038	armoniosamente	harmoniously
1039	armonioso	harmonious
1040	arrabbiato	angry

stolz	hautain	1002
mit Liebenswürdigkeit	avec amabilité	1003
liebenswürdig	aimable	1004
in bitterer Weise	amèrement	1005
verbittert	amer	1006
mit Bitterkeit	avec amertume	1007
bitter	amer	1008
mit Liebe	avec amour	1009
liebevoll	doux / tendre	1010
in liebevoller Weise	tendrement	1011
mit Weite / mit Ausdehnung	avec ampleur	1012
weit / ausgedehnt	ample / vaste	1013
keuchend	haletant	1014
engelhaft	angélique	1015
mit Angst	avec angoisse	1016
voller Angst	anxieusement	1017
beängstigend	angoissant	1018
mit Seele	avec âme	1019
mit Mut	avec courage	1020
beherzt	hardi	1021
keuchend	haletant	1022
mit Bangen	avec inquiétude	1023
mit Angst	avec anxieté	1024
bangend	anxieusement	1025
bange	anxieux	1026
apathisch	apathique	1027
leidenschaftlich	passionnément	1028
leidenschaftlich	passionné	1029
bekümmert	peiné	1030
glühend / feurig	ardent	1031
brennend / heiß	ardemment	1032
kühn	hardiment	1033
mit Kühnheit	avec hardiesse	1034
kühn	hardi	1035
mit Glut / mit Eifer	avec ardeur	1036
luftig / gesangvoll	aéré	1037
wohlklingend	harmonieusement	1038
wohlklingend	harmonieux	1039
wütend	enragé	1040

	Il Linguaggio delle Partiture: Carattere ed espressione	The language of the scores: Character and expression
1041	arroganza (con)	with arrogance
1042	artificiale	artificial
1043	arzillo	cheerily
1044	asprezza (con)	bitterly
1045	aspro	rough
1046	audace	audacious
1047	audacemente	audaciously
1048	audacia (con)	with audacity
1049	autoritario	authoritarian
1050	balbettando	stammering
1051	baldanza (con)	with boldness
1052	baldanzoso	bold
1053	barbaro	barbarous
1054	barcollando	staggering
1055	barcollante	tottering
1056	beato	blissful
1057	beffardo	mocking
1058	bellicoso	war-like
1059	bilanciato	balanced
1060	bisbigliando	whispering
1061	bisbigliato	whispered
1062	bizzarro	bizarre
1063	bravura (con)	with skill
1064	brillante	brilliant
1065	brio (con)	with vigour
1066	brioso	lively / spirited
1067	brontolando	grumbling
1068	brusco / bruscamente	brusque
1069	brutale	brutal
1070	burlando	joking
1071	burlescamente	playful
1072	burrascoso	stormy
1073	caldamente	warmly
1074	caldo	warm
1075	calma (con)	calmly
1076	calmo	calm
1077	calore (con)	with warmth
1078	calorosamente / caloroso	heartily
1079	campestre	pastoral / rural

mit Anmaßung	avec arrogance	1041
künstlich	artificiel	1042
munter	guilleret	1043
mit Herbheit	avec âpreté	1044
herb / rauh	âpre	1045
kühn	audacieux	1046
in kühner Weise	audacieusement	1047
mit Kühnheit	avec audace	1048
autoritär	autoritaire	1049
stammelnd	en balbutiant	1050
mit Keckheit	avec assurance	1051
keck	hardi	1052
barbarisch	barbare	1053
wankend	en chancelant	1054
wankend	chancelant	1055
glückselig	bienheureux	1056
spöttisch	railleur	1057
kriegerisch	belliqueux	1058
ausgewogen	balancé	1059
flüsternd	en chuchotant	1060
geflüstert	chuchoté	1061
sonderbar / wunderlich	bizarre	1062
mit Bravour	avec bravoure	1063
glänzend	brillant	1064
voll Lebhaftigkeit / mit Schwung	avec verve	1065
voll Leben	plein d'allant	1066
brummend	grognon	1067
brüsk / barsch	brusque / brusquement	1068
brutal / roh	brutal	1069
scherzend	moqueur	1070
scherzhaft	de façon burlesque	1071
stürmisch	orageux	1072
warm	chaleureusement	1073
warm	chaud	1074
mit Ruhe	avec calme	1075
ruhig	calme	1076
mit Wärme	avec chaleur	1077
herzlich / warm	chaleureusement / chaleureux	1078
ländlich	champêtre	1079

	Il Linguaggio delle Partiture: Carattere ed espressione	The language of the scores: Character and expression
1080	candidamente	candidly
1081	candido	candid
1082	candore (con)	with candour
1083	cantabile	in a singing style
1084	cantando	singing
1085	canzonando	making fun
1086	capricciosamente / capriccioso	capricious / whimsical
1087	carattere (con)	with character
1088	carezzevole	caressing
1089	caricato	charged
1090	carino	nice / lovely
1091	castigatezza (con)	chastely
1092	castigato	chaste / pure
1093	casto	chaste
1094	cavalleresco	chivalrous
1095	celeste / celestiale	heavenly
1096	chiaramente	clearly / distinctly
1097	chiarezza (con)	with clarity
1098	chiaro	clear / distinct
1099	cinetico / motore	kinetic / motor
1100	civettando	coquettish
1101	civetteria (con) / civettuolo	coquettishly
1102	collera (con)	with anger
1103	comico	comical
1104	commodo	comfortably
1105	commosso	moved / touched
1106	commovente	moving
1107	comodamente	comfortably
1108	comodo	at ease
1109	compiacevole	pleasantly / pleasing
1110	concentrato	concentrated
1111	concitato	excited
1112	concitazione (con)	with excitement
1113	consolante	consoling
1114	con somma bravura	with the highest virtuosity
1115	contemplativo	contemplative
1116	contristato	grieved
1117	convulso	convulsive
1118	costante	steady

aufrichtig	candidement	1080
treuherzig	candide	1081
mit Unschuld	avec candeur	1082
gesanglich	chantant	1083
singend	en chantant	1084
spottend	moqueusement	1085
launenhaft / launisch	capricieusement / capricieux	1086
mit Charakter	avec caractère	1087
einschmeichelnd	caressant	1088
überladen	chargé	1089
lieblich	mignon	1090
mit Reinheit	avec pureté	1091
rein	pur	1092
keusch	chaste	1093
ritterlich	chevaleresque	1094
himmlisch	céleste	1095
in klarer Weise	clairement	1096
mit Klarheit	avec clarté	1097
klar / deutlich / hell	clair	1098
motorisch	cinétique / moteur	1099
kokettierend	en coquettant	1100
mit Koketterie	avec coquetterie	1101
mit Zorn	avec colère	1102
komisch	comique	1103
bequem	aisé	1104
gerührt	ému	1105
rührend	émouvant	1106
in bequemer Weise	commodément	1107
sich wohl fühlend	à l'aise	1108
gefällig	complaisant	1109
konzentriert	concentré	1110
aufgeregt	véhément	1111
mit Aufregung	avec véhémence	1112
tröstend	consolant	1113
mit höchster Virtuosität	avec la plus haute virtuosité	1114
beschaulich	contemplatif	1115
betrübt	affligé	1116
zuckend / zitternd	convulsé	1117
beständig	constant	1118

	Il Linguaggio delle Partiture: Carattere ed espressione	The language of the scores: Character and expression
1119	cristallino	crystalline
1120	cullando	rocking
1121	cuore (con)	with heart
1122	cupo	gloomy
1123	cura (con)	with care
1124	danzante / ballabile	dancing
1125	debile / debole	weak
1126	debolezza (con)	with weakness
1127	debolmente	weakly
1128	decisione (con)	decisively
1129	deciso	decided
1130	declamando	declaiming
1131	declamato	declaimed
1132	degno	worthy
1133	deliberatamente	deliberately
1134	delicatamente	delicately
1135	delicatezza (con)	with delicacy
1136	delicato	delicate
1137	delirando	raving
1138	delirante / deliroso	frenzied
1139	delirio (con)	with frenzy
1140	delizia (con)	with delight
1141	deliziosamente	delightfully
1142	demoniaco	demonic
1143	descrittivo	descriptive
1144	desiderio (con)	with desire
1145	desolato	desolate
1146	desto	awake
1147	destrezza (con)	with dexterity
1148	determinato	determined
1149	determinazione (con)	with determination
1150	devoto / divoto	devout
1151	dignità (con)	with dignity
1152	diligenza (con)	with diligence
1153	discrezione (con)	with discretion
1154	disinvolto	unconstrained
1155	disinvoltura (con)	with unconstraint
1156	disordinato	untidy
1157	disperatamente	desperately

kristallklar	cristallin	1119
wiegend	en berçant	1120
mit Herz	avec cœur	1121
düster / gedämpft	sombre	1122
mit Sorgfalt	avec soin	1123
tanzend / tänzerisch	dansant	1124
schwächlich	faible	1125
mit Schwäche	avec faiblesse	1126
in schwacher Weise	faiblement	1127
mit Entschlossenheit	avec décision	1128
entschlossen	décidé	1129
deklamierend	en déclamant	1130
deklamiert	déclamé	1131
würdig	digne	1132
entschlossen	délibérément	1133
in zarter Weise	délicatement	1134
mit Zartheit	avec délicatesse	1135
zartfühlend	délicat	1136
irreredend / rasend	en délirant	1137
irreredend / rasend	délirant	1138
im Delirium / in Raserei	avec délire	1139
mit Wonne / mit Vergnügen	avec délice	1140
in entzückender Weise	délicieusement	1141
dämonisch	démoniaque	1142
beschreibend	descriptif	1143
mit Verlangen	avec désir	1144
trostlos	désolé	1145
wach / aufgeweckt	éveillé	1146
mit Geschicklichkeit	avec adresse	1147
entschlossen	déterminé	1148
mit Entschlossenheit	avec détermination	1149
andächtig	dévot	1150
mit Würde	avec dignité	1151
mit Sorgfalt	avec diligence	1152
mit Diskretion	avec discrétion	1153
unbefangen	désinvolte / d'aplomb	1154
mit Unbefangenheit	avec désinvolture	1155
unordentlich	désordonné	1156
verzweiflungsvoll	désespérément	1157

	Il Linguaggio delle Partiture: Carattere ed espressione	The language of the scores: Character and expression
1158	disperato	desperate
1159	disperazione (con)	with despair
1160	disprezzo (con)	with scorn
1161	distante	distant
1162	disteso	stretched
1163	distinto	distinct
1164	divagando	wandering
1165	doglia (con)	with pain
1166	doglioso	painful
1167	dolce	sweet / soft
1168	dolcemente	gently
1169	dolcezza (con)	with softness
1170	dolcissimo	very soft
1171	dolendo	suffering
1172	dolente	in pain
1173	dolore (con) / duolo (con)	with pain
1174	doloroso	painful
1175	drammatico	dramatic
1176	durezza (con)	with harshness
1177	duro	hard
1178	ebbrezza (con)	with rapture
1179	eccitato	excited
1180	elegantemente	elegantly
1181	eleganza (con)	with elegance
1182	elegiaco	elegiac
1183	elevamento (con) / elevatezza (con)	nobly
1184	emozione (con)	with emotion
1185	energia (con)	with energy
1186	energico	energetic
1187	enfasi (con)	with emphasis
1188	enfatico	emphatic
1189	enigmatico	puzzling
1190	entusiasmo (con)	with enthusiasm
1191	epico	epic
1192	eroico	heroic
1193	erotico	erotic
1194	esaltante	exalting

verzweifelt	désespéré	1158
mit Verzweiflung	avec désespoir	1159
mit Verachtung	avec mépris	1160
entfernt	distant	1161
ausgedehnt	étendu	1162
deutlich	distinct	1163
abschweifend	en divaguant	1164
mit Schmerz	avec douleur	1165
schmerzerfüllt	douloureux	1166
sanft / weich	doux	1167
in sanfter Weise	doucement	1168
mit Sanftheit	avec douceur	1169
sehr sanft	très doux	1170
leidend	en souffrant	1171
schmerzend / klagend	douloureusement	1172
mit Schmerz	avec douleur	1173
schmerzlich	douloureux	1174
dramatisch	dramatique	1175
mit Härte	avec dureté	1176
hart	dur	1177
mit Rausch	avec ivresse	1178
aufgeregt	excité	1179
in eleganter Weise	élégamment	1180
mit Eleganz	avec élégance	1181
elegisch / klagend	élégiaque	1182
mit Erhabenheit	avec élévation	1183
mit Erregung /mit Gemütsbewegung	avec émotion	1184
mit Energie	avec énergie	1185
energisch	énergique	1186
mit Emphase / mit Nachdruck	avec emphase	1187
emphatisch / nachdrücklich	emphatique	1188
rätselhaft	énigmatique	1189
mit Begeisterung	avec enthousiasme	1190
episch	épique	1191
heroisch	héroïque	1192
erotisch	érotique	1193
begeisternd	exaltant	1194

	Il Linguaggio delle Partiture: Carattere ed espressione	The language of the scores: Character and expression
1195	esaltato	exalted
1196	esaltazione (con)	with exaltation
1197	esattezza (con)	with exactitude
1198	esatto	exact
1199	esile	slender
1200	espansione (con)	with expansion
1201	espressione (con)	with expression
1202	espressivo	expressive
1203	estasi (con)	with ecstasy
1204	estatico	ecstatic
1205	estro (con)	with brightness
1206	estroso	whimsical
1207	esultante	exultant
1208	esultanza (con) / esultazione (con)	with exultation
1209	etereo	ethereal
1210	facezia (con)	with jest
1211	falso / traditore	false
1212	fanatico	fanatic
1213	fantasia (con)	with fantasy
1214	fantasioso	fanciful
1215	fantastico	fantastic
1216	farsesco	farcical
1217	fascino (con)	with charm
1218	fastoso	magnificent
1219	fatica (con)	with effort
1220	febbrile	feverish
1221	fermamente	firmly
1222	fermezza (con)	with firmness
1223	fermo	firm / steady
1224	feroce	ferocious
1225	ferocia (con)	with ferocity
1226	fervido	fervid
1227	fervore (con)	with fervour
1228	festeggiante	rejoicing
1229	festivo	festive
1230	festoso	joyful
1231	fiacco	weak / weary
1232	fiducia (con)	with confidence

überschwenglich / begeistert / überspannt	exalté	1195
mit Überschwenglichkeit	avec exaltation	1196
mit Genauigkeit	avec exactitude	1197
genau	exact	1198
schmächtig	grêle	1199
mit Ausdehnung	avec expansion	1200
mit Ausdruck	avec expression	1201
ausdrucksvoll	expressif	1202
mit Verzückung	avec extase	1203
ekstatisch	extatique	1204
mit Eingebung	avec entrain	1205
grillenhaft	fantasque	1206
frohlockend	en exultant	1207
mit Jubel	avec joie	1208
ätherisch	éthéré	1209
mit Spaß	avec facétie	1210
verräterisch / falsch	faux / traître	1211
fanatisch	fanatique	1212
mit Phantasie	avec fantaisie	1213
schwärmerisch	fantasque	1214
phantastisch	fantastique	1215
possenhaft	farceur	1216
mit Zauber	avec charme	1217
prächtig	fastueux	1218
mit Mühe	avec peine	1219
fieberhaft	fébrile	1220
entschlossen	fermement	1221
mit Entschlossenheit	avec fermeté	1222
entschlossen	ferme	1223
wild	féroce	1224
mit Wildheit	avec férocité	1225
inbrünstig	ardent	1226
mit Inbrunst	avec ferveur	1227
feiernd	joyeusement	1228
festlich	air de fête	1229
freudig / festlich	gai / joyeux	1230
schwach / träge	las / mou	1231
mit Vertrauen	avec confiance	1232

	Il Linguaggio delle Partiture: Carattere ed espressione	The language of the scores: Character and expression
1233	fieramente	proudly
1234	fierezza (con)	with pride
1235	fiero	proud
1236	filando	spinning
1237	fine / fino	fine
1238	finezza (con)	with fineness
1239	fioreggiando / ornando	embellishing / decorating
1240	fiorettando	embellishing / decorating
1241	flebile	plaintive / faint
1242	fluidezza (con)	with fluency
1243	fluido	fluent / flowing
1244	focoso / fuocoso	fiery
1245	foga (con)	with ardour
1246	folleggiando	frolicsome
1247	follemente	madly
1248	forza (con)	with force
1249	fosco	gloomy
1250	fragile	fragile
1251	fragoroso	roaring / noisily
1252	francamente	frankly
1253	franchezza (con)	with frankness
1254	freddamente	coldly
1255	freddezza (con)	with coldness
1256	freddo	cold
1257	fremebondo / fremente	quivering
1258	fremito (con)	with thrill
1259	frenetico	frantic / frenzied
1260	freschezza (con)	with freshness
1261	fresco	fresh
1262	frivolo	frivolous
1263	frusciando	rustling
1264	frustato	whipped
1265	fugace	fleeting
1266	fulgido	resplendent
1267	fulminante	fulminating
1268	funebre / funereo	mournful / funereal
1269	fuoco (con)	with fire
1270	furbescamente	cunning
1271	furente / furioso	furious

stolz	fièrement	1233
mit Stolz	avec fierté	1234
stolz	fier	1235
spinnend	en filant	1236
fein	fin	1237
mit Feinheit	avec finesse	1238
verzierend	en fleurissant	1239
verzierend	en ornant	1240
kläglich / wehmütig	plaintif / triste	1241
fließend	avec fluidité	1242
fließend	fluide	1243
feurig	fougeux	1244
mit Eifer	avec fougue	1245
scherzhaft	en folâtrant	1246
närrisch	follement	1247
mit Kraft	avec force	1248
düster	obscur / sombre	1249
zerbrechlich	fragile	1250
tosend	retentissant / éclatant	1251
freimütig	franchement	1252
mit Freimut	avec franchise	1253
kühl	froidement	1254
mit Kälte	avec froideur	1255
kalt	froid	1256
bebend / schnaubend	frémissant	1257
mit Beben / mit Schnauben	avec frémissements	1258
rasend	frénétique	1259
mit Frische	avec fraîcheur	1260
frisch	frais	1261
leichtfertig	frivole	1262
raschelnd	en froufroutant	1263
gepeitscht	fouetté	1264
flüchtig	fugace	1265
glänzend	resplendissant	1266
blitzend / zündend	fulminant	1267
traurig / Trauer…	funèbre	1268
mit Feuer	avec feu	1269
schlauerweise	avec fourberie	1270
wütend / rasend	furieux	1271

	Il Linguaggio delle Partiture: Carattere ed espressione	The language of the scores: Character and expression
1272	furia (con)	with fury
1273	furibondo	furious
1274	furore (con)	with fury
1275	fuso	melted
1276	gagliardo	vigorous
1277	gaiamente	gaily
1278	gaiezza (con)	with gaiety
1279	gaio	gay
1280	galante	gallant
1281	galanteria (con)	with gallantry
1282	galleggiante	floating
1283	garbato / garbo (con)	with grace
1284	gaudio (con)	with happiness
1285	gelido	icy
1286	gemebondo	moaning
1287	generoso	generous
1288	gentilezza (con)	with kindness
1289	gentilmente	kindly
1290	ghiribizzoso	whimsical
1291	gigantesco	gigantic
1292	giocondo	playful
1293	gioia (con)	with joy
1294	gioioso	joyful
1295	gioviale	jovial
1296	giubilante	jubilant
1297	giubilo (con)	with jubilation
1298	giulivo	joyous
1299	goffo	awkward
1300	gracile	delicate
1301	gradevole / gradito	agreeable
1302	grandezza (con)	with grandeur
1303	grandioso	grandiose
1304	grave	heavy
1305	gravità (con)	with gravity
1306	grazia (con)	with grace
1307	grazioso	graceful
1308	grossolano	coarse
1309	grottesco	grotesque
1310	guerresco / guerriero	warlike

mit Wut	avec fureur	1272
rasend	furibond	1273
mit Raserei	avec fureur	1274
schmelzend	fondu	1275
kräftig / munter	gaillard	1276
heiter	gaîment	1277
mit Heiterkeit	avec gaîté	1278
lustig	gai	1279
galant	galant / galamment	1280
mit Galanterie	avec galanterie	1281
treibend	flottant	1282
mit Anmut	avec amabilité	1283
mit Wonne	avec bonheur	1284
eisig / starr	glacial	1285
klagend	gémissant	1286
großmütig	généreux	1287
mit Anmut	avec gentillesse	1288
liebenswürdig	gentiment	1289
launenhaft	capricieux	1290
riesig	gigantesque	1291
fröhlich	gai	1292
mit Freude	avec joie	1293
fröhlich	joyeux	1294
heiter	jovial	1295
jubelnd	jubilant	1296
mit Jubel	avec allégresse	1297
fröhlich	joyeux	1298
plump / linkisch	pataud	1299
schmächtig / zart	frêle	1300
angenehm / lieblich	agréable	1301
mit Größe	avec grandeur	1302
großartig	grandiose	1303
schwer / ernst	pesant	1304
mit Würde	avec gravité	1305
mit Anmut	avec grâce	1306
anmutig	gracieux	1307
grob / derb	grossier	1308
grotesk	grotesque	1309
kriegerisch	guerrier	1310

	Il Linguaggio delle Partiture: Carattere ed espressione	The language of the scores: Character and expression
1311	gusto (con)	with taste
1312	idilliaco	idyllic
1313	ilare	cheerful
1314	illanguidendosi	languishing
1315	impaziente	impatient
1316	impazienza (con)	with impatience
1317	imperioso	imperious
1318	impeto (con)	vehemently
1319	impetuoso	impetuous
1320	implacabile	implacable
1321	implorante	imploring
1322	imponente	impressive
1323	improvvisando	improvising
1324	inafferando	elusive
1325	incantato	charmed
1326	incantevole / incanto (con)	charming
1327	incisivo	incisive
1328	indifferenza (con)	with indifference
1329	indignato	indignantly
1330	indistinto	indistinctly
1331	indolenza (con)	with indolence
1332	inebriante	inebriating
1333	infantile	childish
1334	infernale	infernal
1335	infiammato	inflamed
1336	infocato	burning
1337	infuriato	enraged
1338	ingegnoso	ingenious
1339	ingenuo	ingenuous
1340	innocenza (con)	with innocence
1341	inquietante	disquieting
1342	inquieto	restless
1343	insensibilmente	insensitively
1344	insinuante	ingratiating / stealthily
1345	insistenza (con)	with insistence
1346	insolenza (con)	with insolence
1347	in stile recitativo	recitative-like
1348	intensivo	intense
1349	intenso	intense

mit Geschmack	avec goût	1311
idyllisch	idyllique	1312
heiter	joyeux	1313
schmachtend	en alanguissant	1314
ungeduldig	impatient	1315
mit Ungeduld	avec impatience	1316
gebieterisch	impérieux / impérieusement	1317
mit Ungestüm	avec impétuosité	1318
ungestüm	impétueux / emporté	1319
unerbittlich	implacable	1320
erflehend	implorant	1321
eindrucksvoll	imposant	1322
improvisierend	en improvisant	1323
unfaßbar	sans comprendre / insaisissable	1324
bezaubert	charmé	1325
zauberhaft	enchanteur / incantatoire	1326
einschneidend	incisif	1327
mit Gleichgültigkeit	avec indifférence	1328
entrüstet	indigné	1329
verschwommen	flou	1330
mit Lässigkeit	avec indolence	1331
betörend	énivrant	1332
kindlich	infantile	1333
höllisch	infernal	1334
entzündet	enflammé	1335
glühend	embrasé	1336
rasend	furieux	1337
erfinderisch	ingénieux	1338
naiv	ingénu / naïvement	1339
mit Unschuld	avec innocence	1340
beunruhigend	inquiétant	1341
unruhig	inquiet	1342
gefühllos	insensiblement	1343
einschmeichelnd	insinuant	1344
mit Beharrlichkeit	avec insistance	1345
mit Frechheit	avec insolence	1346
rezitativisch	en style récitatif	1347
intensiv	intensif	1348
intensiv	intense	1349

	Il Linguaggio delle Partiture: Carattere ed espressione	The language of the scores: Character and expression
1350	intimo	intimate
1351	intrepido	intrepid
1352	invettivando	abusive
1353	ira (con)	with rage
1354	iracondo	irascible
1355	irato / iroso	angry
1356	ironia (con)	with irony
1357	ironico	ironical
1358	irrequieto	restless
1359	irresoluto	irresolute
1360	irritante	irritating
1361	irritato	irritated
1362	lacero	lacerated
1363	lacrimando	weeping
1364	lacrimoso / lagrimoso	tearful
1365	lagnoso	plaintive
1366	lamentoso	lamenting
1367	languendo / languidamente / languidezza (con)	languishing
1368	languido	languid
1369	largamente	broadly
1370	lasso / stanco	tired
1371	leggerezza (con)	lightly
1372	leggero / leggiero	light
1373	leggiadro	graceful
1374	lesto	swift
1375	letizia (con)	with happiness
1376	leziosamente	affected
1377	liberamente / libero	freely
1378	lieto	cheerful
1379	lieve	light
1380	limpido	clear
1381	liquido	flowing
1382	liscio	smooth
1383	lucido	lucid
1384	lugubre	gloomy
1385	luminoso	bright
1386	lusingando	alluring
1387	lusingato	flattered
1388	lustro (con)	with lustre

innerst / innig	intime	1350
furchtlos	intrépide	1351
schmähend	invectivant	1352
mit Zorn	avec colère	1353
jähzornig	coléreux	1354
zornig	irrité	1355
mit Ironie	avec ironie	1356
ironisch	ironique	1357
unruhig	inquiet	1358
unentschlossen	irrésolu	1359
aufreizend	irritant	1360
gereizt	irrité	1361
zerrissen	déchiré	1362
weinend	larmoyant	1363
tränenvoll	larmoyant	1364
klagend	plaintif	1365
klagend	plaintif	1366
schmachtend / mit Schmelz	languissamment / avec langueur	1367
schmachtend	languissant / languide	1368
ausgedehnt	largement	1369
müde / ermattet	las / lassé	1370
mit Leichtigkeit	avec légèreté	1371
leger / leicht	léger	1372
anmutig	charmant	1373
flink / behende	leste	1374
mit Glückseligkeit	avec allégresse	1375
geziert	avec affectation	1376
frei	libre / dégagé	1377
heiter	joyeux	1378
leicht / duftig	léger	1379
klar	limpide	1380
flüssig	liquide	1381
glatt / einfach	lisse / plat	1382
klar	lucide	1383
düster	lugubre	1384
leuchtend / hell	lumineux	1385
schmeichelnd	flatteur	1386
geschmeichelt	flatté	1387
mit Glanz	avec lustre	1388

	Il Linguaggio delle Partiture: Carattere ed espressione	The language of the scores: Character and expression
1389	luttuosamente	mournful
1390	maestoso	majestic
1391	maestria (con)	with skill / mastery
1392	magico	magic
1393	malinconia (con)	with melancholy
1394	malinconico / melanconico	melancholic
1395	malizioso	malicious
1396	mansueto	mild / gentle
1397	marcato	marked
1398	marziale	martial
1399	maschio	manly / virile
1400	meditando	meditating
1401	melodico	melodic
1402	melodioso	melodious
1403	mestamente	sadly
1404	mestizia (con)	with sadness
1405	mesto	sad
1406	militarmente	militarily
1407	minacciosamente / minaccioso	threatening / menacing
1408	misteriosamente / misterioso	mysterious
1409	mistico	mystic
1410	mobile	flexible
1411	moderazione (con)	with moderation
1412	molle	soft / flabby
1413	mollezza (con)	weakly
1414	monotono	monotonous
1415	morbidezza (con)	limply
1416	morbido	soft
1417	mordace / mordente	biting
1418	mormorando	murmuring
1419	motteggiando	joking
1420	narrante	narrating
1421	naturalezza (con)	naturally
1422	nebbioso	foggy
1423	nebuloso	nebulous
1424	negligentemente	negligently
1425	nettamente	clearly
1426	netto	clean
1427	nitido	neat / tidy

trauernd / wehklagend	douloureusement	1389
majestätisch	majestueux	1390
mit Meisterschaft	avec maîtrise	1391
magisch	magique	1392
mit Schwermut	avec mélancolie	1393
schwermütig	mélancolique	1394
boshaft / verschmitzt	malicieux	1395
sanft / lieblich	paisible / doux	1396
markiert	marqué	1397
kriegerisch	martial	1398
männlich	viril	1399
sinnend	en méditant	1400
melodisch	mélodieux	1401
melodiös	mélodieux	1402
betrübt	tristement	1403
mit Traurigkeit	avec tristesse	1404
traurig / betrübt	affligé / triste	1405
militärisch	militairement	1406
drohend	menaçant	1407
geheimnisvoll / mysteriös	mystérieusement / mystérieux	1408
mystisch	mystique	1409
beweglich	mobile	1410
mit Mäßigung	avec modération	1411
weich / schlaff	mou	1412
mit Weichheit	avec mollesse	1413
eintönig	monotone	1414
mit Weichheit	avec douceur	1415
weich	doux / velouté	1416
bissig	mordant	1417
murmelnd	en murmurant	1418
scherzend	en badinant	1419
erzählend	en narrant	1420
mit Natürlichkeit	naturellement	1421
neblig / verschwommen	brumeux	1422
nebelhaft / unklar	nébuleux	1423
nachlässig / sorglos	négligemment	1424
rein / klar	clairement	1425
rein / klar	clair / net	1426
klar / scharf	clair	1427

	Il Linguaggio delle Partiture: Carattere ed espressione	The language of the scores: Character and expression
1428	nobilmente	nobly
1429	nobiltà (con)	with nobility
1430	noncuranza (con)	carelessly
1431	nutrito	nourished
1432	nuziale	nuptial
1433	ondeggiante / ondulante	undulating
1434	opaco	opaque / dull
1435	oppresso	oppressed
1436	orgoglioso	proud
1437	orrendo	horrifying
1438	oscuro	dark
1439	osservanza (con) / rispetto (con)	with respect
1440	ostinatezza (con) / ostinazione (con)	obstinately
1441	ostinato / persistente	obstinate
1442	pacatamente	peaceably
1443	pacato	peaceable
1444	paradisiaco	paradisiac
1445	parlando	speaking
1446	passione (con)	with passion
1447	pastorale	pastoral
1448	pastoso	mellow
1449	patetico	poignant / touching
1450	patimento (con)	with pain
1451	paura (con)	with fear
1452	pauroso	fearful
1453	paventato	anxious
1454	pazzamente / pazzescamente	madly / wantonly
1455	penetrante	penetrating
1456	penoso	painful
1457	pensando	thinking
1458	pensieroso / pensoso	pensive
1459	pensosamente	thoughtful
1460	perlato	pearly
1461	perseveranza (con) / costanza (con)	with perseverance
1462	pesante	heavy
1463	pesato	weighted
1464	piacevole	pleasant
1465	piacevolezza (con)	pleasantly

edel	noblement	1428
mit Adel	avec noblesse	1429
mit Sorglosigkeit	avec nonchalance	1430
voll / genährt	plein / nourri	1431
hochzeitlich	nuptial	1432
wogend	en ondoyant / onduleux	1433
undurchsichtig	opaque	1434
unterdrückt	opprimé	1435
stolz	orgueilleux	1436
fürchterlich	horrible	1437
dunkel / trüb	obscur / sombre	1438
mit Hochachtung	avec respect	1439
mit Hartnäckigkeit	avec obstination	1440
hartnäckig	obstiné / persistant	1441
ruhig	paisiblement	1442
ruhig	paisible	1443
paradiesisch	paradisiaque	1444
sprechend / redend	en parlant	1445
mit Leidenschaft	avec passion	1446
hirtenartig	pastoral	1447
voll / geschmeidig	moelleux	1448
pathetisch	pathétique	1449
mit Schmerz	avec douleur	1450
mit Angst	anxieusement	1451
ängstlich	peureux	1452
furchtsam	craintif	1453
wahnsinnig	follement	1454
durchdringend	pénétrant / perçant	1455
mühselig	pénible	1456
denkend	en réfléchissant	1457
gedankenvoll	pensif	1458
nachdenkend	gravement	1459
perlend	perlé	1460
mit Beharrlichkeit	avec persévérance	1461
schwerfällig	pesant	1462
gewogen / bedächtig	pesé	1463
angenehm	agréable	1464
mit Gefälligkeit	avec agrément	1465

1466	piangendo	crying
1467	piangevole	weeping
1468	piccante	sharp / spiky
1469	pietoso	pitying
1470	pio	pious
1471	pittoresco	picturesque
1472	placido	placid
1473	poetico	poetic
1474	pompa (con)	with pomp
1475	pomposo	pompous
1476	ponderoso	ponderous
1477	portamento (con)	with dignity / bearing
1478	posatamente	calm / sedate
1479	posato	sedate
1480	possente	powerful
1481	precisione (con)	with precision
1482	preciso	precise
1483	pregando	praying
1484	profondo	profound
1485	pronunciato / pronunziato	pronounced
1486	provocante	provocative
1487	prudente	prudent
1488	prudenza (con)	with prudence
1489	purezza (con) / purità (con)	with purity
1490	puritano	puritan
1491	puro	pure
1492	quasi una fantasia	almost like a fantasy
1493	quieto	quiet
1494	rabbia (con)	with rage
1495	rabbioso	enraged
1496	raccapriccio (con)	with horror
1497	raccoglimento (con)	with devotion
1498	raccolto	thoughtful
1499	raccontando	narrating
1500	raddolcendo	softening
1501	radioso / raggiante	radiant
1502	raffinatezza (con)	with refinement
1503	rallegrato	pleased / delighted
1504	rassegnato	resigned

weinend	en pleurs	1466
weinend / klagend	larmoyant	1467
scharf	piquant	1468
mitleidig	charitable	1469
fromm / ergeben	pieux	1470
malerisch	pittoresque	1471
friedlich / sanft	paisible	1472
dichterisch	poétique	1473
mit Feierlichkeit	avec pompe	1474
feierlich	pompeux	1475
gewichtig	pondéré	1476
mit Haltung	avec maintien	1477
gesetzt	posément	1478
gesetzt	posé	1479
mächtig	puissant	1480
mit Genauigkeit	avec précision	1481
genau	précis	1482
betend	en priant	1483
tief / tiefgründig	profond	1484
ausgesprochen / vorgetragen	prononcé	1485
herausfordernd	provocant	1486
vorsichtig	prudent	1487
mit Vorsicht	avec prudence	1488
mit Reinheit	avec pureté	1489
puritanisch	puritain	1490
rein / echt	pur	1491
fast wie eine Phantasie	presque comme une fantaisie	1492
ruhig	tranquille	1493
mit Wut	avec rage	1494
wütend / erzürnt	enragé	1495
mit Schaudern	avec horreur	1496
mit Andacht	avec recueillement	1497
gesammelt	recueilli	1498
erzählend	en racontant	1499
besänftigend / sanfter werdend	débonnairement	1500
strahlend	radieux	1501
mit Raffinesse	avec raffinement	1502
erfreut	réjoui	1503
resigniert / ergeben	résigné	1504

	Il Linguaggio delle Partiture: Carattere ed espressione	The language of the scores: Character and expression
1505	rassegnazione (con)	with resignation
1506	recitando	reciting
1507	religioso	religious
1508	respirando / aspiratamente	breathing
1509	ribrezzo (con)	with disgust
1510	ricercatezza (con)	with refinement
1511	ricercato	exquisite
1512	ridente	smiling
1513	ridicolo / ridicolosamente	ridiculous
1514	rigidezza (con)	with rigidity
1515	rigido	rigid
1516	rigoglioso	luxuriant
1517	rigore (con)	with rigour
1518	rigoroso	rigorous
1519	rilassato	relaxed
1520	rimbombante	bombastic / roaring
1521	rimpianto (con)	with regret
1522	rintronante	deafening / resounding
1523	rioso	smiling / gay
1524	risentimento (con)	with resentment
1525	risentito	resentful
1526	risolutezza (con) / risoluzione (con)	with resolution
1527	risoluto	resolute
1528	risonante	resonant
1529	robusto	strong
1530	romantico	romantic
1531	rotondo / tondo	round
1532	rovente	fiery
1533	rude	rough / coarse
1534	rumoroso	noisy
1535	rusticano / rustico	rustic
1536	ruvido	rough
1537	saggiamente	wisely / sagely
1538	salmeggiando	psalmodic
1539	sarcastico	sarcastic
1540	scattante	darting
1541	scherno (con)	with mockery
1542	scherzando	jesting
1543	scherzoso	jesting

mit Ergebung	avec résignation	1505
rezitierend / erzählend	en récitant / en récit	1506
religiös	religieux	1507
atmend	en respirant	1508
mit Abscheu	avec dégoût	1509
mit Geziertheit	avec recherche	1510
gesucht	recherché	1511
heiter / lachend	riant	1512
lächerlich	ridicule	1513
mit Steifheit / mit Strenge	avec raideur	1514
steif / streng	raide / rigide	1515
üppig	exubérant	1516
mit Strenge	avec rigueur	1517
streng	rigoureux	1518
entspannt	détendu	1519
dröhnend	retentissant	1520
mit Bedauern	avec regret	1521
dröhnend	résonnant	1522
fröhlich	gai / rieur	1523
mit Groll	avec rancune	1524
gereizt	avec ressentiment	1525
mit Entschlossenheit	avec résolution	1526
entschlossen	résolu	1527
schallend	résonnant	1528
kräftig	vigoureux	1529
romantisch	romantique	1530
rund / voll	rond	1531
glühend	ardent	1532
rauh	rude	1533
lärmend	bruyant	1534
ländlich	rustique	1535
grob	rugueux / rude	1536
in besonnener Weise	sagement	1537
psalmodierend	en psalmodiant	1538
sarkastisch	sarcastique	1539
losschnellend	bondissant	1540
mit Hohn	avec moquerie	1541
scherzend	en badinant	1542
scherzend	en plaisantant	1543

	Il Linguaggio delle Partiture: Carattere ed espressione	Thc language of the scores: Character and expression
1544	schietto	simple / natural
1545	sciolto	free and easy
1546	sconsolato	disconsolate
1547	scoppiante	bursting
1548	scoramento (con)	with discouragement
1549	scorrendo	flowing
1550	scorrevole	flowing
1551	scuro	dark
1552	sdegno (con)	with disdain
1553	sdegnoso	disdainful
1554	secco	dry
1555	seducente	seductive
1556	selvaggio	wild
1557	semplice	simple
1558	semplicemente	simply
1559	semplicità (con)	with simplicity
1560	sensibilità (con)	with sensitivity
1561	sensibilmente	sensitively
1562	sensuale	sensual
1563	sentimentale	sentimental
1564	sentimento (con)	with feeling
1565	sentito	heart-felt
1566	serafico	seraphic
1567	serenità (con)	with serenity
1568	sereno	serene
1569	serietà (con)	with seriousness
1570	serio	serious
1571	severità (con)	with severity
1572	severo	severe
1573	sfarzo (con)	with pomp
1574	sfarzoso	sumptuous
1575	sfavillante	sparkling
1576	sfidando	defiant
1577	sfogato	elevated / easily
1578	sfoggiando	showing off
1579	sfolgorante	resplendent
1580	sforzando / sforzato	forcing / forced
1581	sfrenato	unbridled
1582	sfumato	shaded

einfach / schlicht	simple / naturel	1544
ungebunden / frei im Vortrag	délié	1545
trostlos	désolé	1546
berstend	éclatant	1547
mit Niedergeschlagenheit	avec accablement	1548
fließend	fluide	1549
fließend	coulant / coulamment	1550
dunkel	sombre	1551
mit Verachtung	avec dédain	1552
verächtlich	dédaigneux	1553
trocken	sec	1554
verführerisch	séduisant	1555
wild	sauvage	1556
einfach	simple	1557
einfach	simplement	1558
mit Einfachheit	avec simplicité	1559
mit Empfindlichkeit	avec sensibilité	1560
empfindlich	sensiblement	1561
sinnlich	sensuel	1562
empfindsam	sentimental	1563
mit Empfindung / mit Gefühl	avec sentiment	1564
empfunden	ressenti	1565
engelhaft	séraphique	1566
mit Heiterkeit	avec sérénité	1567
heiter	serein	1568
mit Ernst	avec gravité	1569
ernst	sérieux	1570
mit Strenge	avec sévérité	1571
streng	sévère	1572
mit Prunk	avec faste	1573
prunkvoll	fastueux	1574
funkelnd	étincelant	1575
herausfordernd	avec défi	1576
erhaben / luftig	élevé / aéré	1577
prahlerisch	ostentatoire	1578
funkelnd	étincelant	1579
mit starkem Ton / mit akzentuiertem Ton	en renforçant / forcé	1580
zügellos	effréné	1581
abgetönt / gehaucht	estompé	1582

	Il Linguaggio delle Partiture: Carattere ed espressione	The language of the scores: Character and expression
1583	sgomento (con)	with dismay
1584	sibillino	mysterious
1585	silenzioso	silent
1586	sincero	sincere
1587	sinistro	sinister
1588	slancio (con)	with verve
1589	smania (con)	with restlessness
1590	smanioso	restless
1591	soave	suave
1592	sobrietà (con)	with sobriety
1593	sognante	dreaming
1594	solenne	solemn
1595	solennità (con)	with solemnity
1596	sommesso	submissive
1597	sonoro	sonorous
1598	sontuoso	sumptuous
1599	sorvolando	flying above
1600	sospirando	sighing
1601	spazioso	spacious
1602	spensierato	without sorrow
1603	spianato	smooth / even
1604	spiegato	spread out
1605	spigliatezza (con)	with ease
1606	spigliato	easy
1607	spirito (con)	with spirit
1608	spiritoso / spirituoso	spirited
1609	spontaneo	spontaneous
1610	squarciato	torn
1611	squillante	shrill
1612	stabile	steady
1613	stanchezza (con)	with weariness
1614	stentato	arduous
1615	steso	stretched
1616	stizzito	angry
1617	strano	odd / strange
1618	stravagante	extravagant
1619	straziante	heart-breaking
1620	strepito (con)	with noise
1621	strepitoso	uproarious

bestürzt	avec désarroi	1583
geheimnisvoll	sybillin	1584
still	silencieux	1585
aufrichtig	sincère	1586
unheimlich	sinistre	1587
mit Schwung	avec élan / envolé	1588
mit Rastlosigkeit	avec frénésie	1589
rastlos	agité / emporté	1590
lieblich	suave	1591
mit Mäßigkeit	avec sobriété	1592
träumend	en rêvant / rêveur	1593
feierlich	solennel	1594
mit Feierlichkeit	avec solennité	1595
unterwürfig	soumis	1596
klangvoll	sonore	1597
prächtig	somptueux	1598
überfliegend	en survolant	1599
seufzend	en soupirant	1600
geräumig	spacieux	1601
leichtsinnig / flott	sans soucis	1602
geebnet / ungekünstelt	aplani	1603
entfaltet	déployé	1604
mit Ungezwungenheit	avec aisance	1605
ungezwungen / geläufig	désinvolte / alerte	1606
mit Geist	avec esprit	1607
geistreich	spirituel	1608
spontan / natürlich	spontané	1609
zerrissen	déchiré	1610
schallend	retentissant	1611
beständig / fest	stable	1612
mit Müdigkeit	avec lassitude	1613
mühevoll	pénible	1614
ausgedehnt	étendu	1615
gereizt	coléreux	1616
seltsam	étrange	1617
extravagant	extravagant	1618
herzzerreißend	déchirant	1619
mit Lärm	avec fracas	1620
lärmend / geräuschvoll	retentissant	1621

1622	stridente	sharp
1623	stridulo	shrill
1624	stupore (con)	with amazement
1625	sublime	sublime
1626	sufficienza (con)	with conceit
1627	superbo	haughty
1628	supplicando / supplichevole	imploring
1629	sussurrando	whispering
1630	sveglio	awake
1631	sviscerato	passionate
1632	tempestosamente / tempestoso	stormy
1633	tenace	tenacious
1634	tenebroso	dark
1635	teneramente	tenderly
1636	tenerezza (con)	with tenderness
1637	tenero	tender
1638	tepidezza (con)	with tepidness / tepidly
1639	tepido / tiepido	tepid / lukewarm
1640	terribile	terrible / dreadful
1641	teso	tense
1642	tetro	gloomy
1643	tiepidamente	tepidly / lukewarmly
1644	timidamente	timidly
1645	timidezza (con)	with timidity
1646	timore (con)	with fear
1647	timorosamente	timorously
1648	tintinnando	tinkling
1649	tonando / tuonando	thundering
1650	tonante	thundering
1651	tormentato	tormented
1652	tormentoso	tormenting
1653	torvo	grim / surly
1654	tragico	tragic
1655	tragicomico	tragi-comic
1656	tranquillità (con)	with calmness
1657	tranquillamente / tranquillo	calm
1658	trasfigurato	transfigured
1659	trasognato	dreamy
1660	trasporto (con)	with animation

kreischend	strident	1622
schrill	perçant	1623
mit Staunen	avec stupeur	1624
erhaben	sublime	1625
mit Selbstgefälligkeit	avec suffisance	1626
stolz	superbe	1627
flehend	en suppliant / suppliant	1628
flüsternd	en susurrant	1629
aufgeweckt	éveillé	1630
innig / leidenschaftlich	profond / passionné	1631
stürmisch	orageusement / tempétueux	1632
hartnäckig / zäh	tenace	1633
finster	ténébreux	1634
zärtlich	tendrement	1635
mit Zärtlichkeit	avec tendresse	1636
zart	tendre	1637
mit Leidenschaftslosigkeit / mit Lauheit	avec tièdeur	1638
lau	tiède	1639
schrecklich	terrible	1640
straff / gespannt	tendu	1641
düster	sombre / lugubre	1642
lau / leidenschaftslos	tièdement	1643
schüchtern	timidement	1644
mit Schüchternheit	avec timidité	1645
mit Furcht	avec crainte	1646
furchtsam	craintivement	1647
klingelnd	en tintinnabulant	1648
donnernd / dröhnend	en tonnant	1649
dröhnend	tonnant	1650
gequält	tourmenté	1651
qualvoll	torturant	1652
grimmig	farouche	1653
tragisch	tragique	1654
tragikomisch	tragi-comique	1655
mit Ruhe	avec tranquillité	1656
ruhig	tranquillement / tranquille	1657
verklärt	transfiguré	1658
träumerisch	rêveur	1659
mit Schwung	avec transport	1660

	Il Linguaggio delle Partiture: Carattere ed espressione	The language of the scores: Character and expression
1661	tramando	conspiring
1662	tremando	trembling
1663	tremendo	tremendous
1664	tremolando	trembling
1665	trionfante	triumphant
1666	triste	sad
1667	tristezza (con)	with sadness
1668	tumultuoso	tumultuous
1669	turbato	disturbed
1670	umile	humble
1671	umore (con)	with humour
1672	umoristico	humorous
1673	uniforme	uniform
1674	un poco rude / rozzo	a little rough
1675	urlando	shouting
1676	vacillando	tottering
1677	vacillante	staggering
1678	vagamente / vago	vague
1679	vaghezza (con)	with charm
1680	valore (con)	with valour
1681	valoroso	valorous
1682	vaneggiando	dreaming
1683	vaporoso	vaporous
1684	veemente	vehement
1685	veemenza (con)	with vehemence
1686	velato	veiled
1687	vellutato	velvety
1688	venerazione (con)	with veneration
1689	venusto	beautiful / graceful
1690	vezzeggiando	caressing
1691	vezzoso	lovely
1692	vibrando / vibrante	vibrant
1693	vigore (con)	with vigour
1694	vigoroso	vigorous
1695	villanesco	rustic
1696	violento	violent
1697	violenza (con)	with violence
1698	virtuosità (con)	with virtuosity
1699	virtuoso	with virtuosity

verschwörend	en conspirant	1661
zitternd	tremblant	1662
schrecklich	horrible	1663
leise zitternd	en tremblottant	1664
triumphierend	triomphal	1665
traurig	triste	1666
mit Traurigkeit	avec tristesse	1667
stürmisch	tumultueux	1668
unruhig / verstört	troublé	1669
demütig	humble	1670
mit Humor	avec humour	1671
humoristisch	humoristique	1672
gleichmäßig	uniforme	1673
etwas rauh / „hanebüchen“	un peu rude / grossier	1674
schreiend	en hurlant	1675
schwankend	en vacillant	1676
schwankend	chancelant	1677
unbestimmt	vaguement / vague	1678
mit Lieblichkeit	avec grâce	1679
mit Tapferkeit / mit Bedeutung	avec bravoure	1680
tapfer	vaillant	1681
träumend	en rêvant	1682
dunstig / verschwommen	vaporeux	1683
ungestüm	véhément	1684
mit Heftigkeit	avec véhémence	1685
verschleiert	voilé	1686
samtartig	velouté	1687
mit Verehrung	avec vénération	1688
anmutig	gracieux	1689
liebkosend	en caressant	1690
lieblich	tendrement	1691
vibrierend	en vibrant / vibrant	1692
mit Kraft	avec vigueur	1693
kräftig	vigoureux	1694
bäuerisch	rustique	1695
gewaltsam / heftig	violent	1696
mit Gewalt	avec violence	1697
mit Virtuosität	avec virtuosité	1698
virtuos	virtuose	1699

1700	vispo	sprightly
1701	vittorioso	victorious
1702	vivacità (con) / vivezza (con)	with liveliness
1703	vivente	alive
1704	vivido	vivid
1705	vivo	alive / lively
1706	voglia (con)	with desire
1707	volando / volante / volteggiando	flying
1708	volubile	fickle
1709	volubilità (con)	with fickleness
1710	voluttuoso	voluptuous
1711	zelante	zealous
1712	zelo (con)	with zeal
1713	zoppo	lame
1714	zufolando	whistling

Diversi | Miscellany

1715	a bassa voce	to speak in a low voice
1716	abbastanza	enough / quite
1717	ab initio (L) / ab inizio	from the beginning
1718	a cappella	unaccompanied vocal music
1719	accompagnando	accompanying
1720	accuratamente	carefully
1721	acuto	shrill
1722	a due	in two
1723	a due volte	twice
1724	a fior di labbro	whispering
1725	al fine	to the end
1726	all'improvvista	improvised
1727	all'ottava	at the octave
1728	alla breve	minim beat
1729	alla coda	to the coda / to the final part
1730	alla corda	on the string
1731	alla meglio	as well as possible
1732	alquanto	some / rather
1733	al rigore di tempo	strictly in time

lebhaft / flink	vif	1700
siegreich	victorieux	1701
mit Lebhaftigkeit	avec vivacité	1702
lebendig	vivant	1703
lebhaft	vigoureux	1704
lebendig / mit Lust	vif	1705
mit Lust	avec envie	1706
fliegend / flüchtig	en volant / volant	1707
unbeständig	volage	1708
mit Unbeständigkeit	avec volubilité	1709
wollüstig	voluptueux	1710
eifrig	zélé	1711
mit Eifer	avec zèle	1712
hinkend	boiteux	1713
pfeifend	en sifflottant	1714

Verschiedenes — Divers

mit leiser Stimme	à voix basse	1715
genug / genügend	assez	1716
von Anfang an	du début	1717
ohne Instrumente / im Kapellstil	sans instruments / style de chapelle	1718
begleitend	en accompagnant	1719
sorgfältig	soigneusement	1720
scharf / hoch	aigu	1721
in zwei / zu zweit	à deux	1722
zweimal	deux fois	1723
fast unvernehmlich	du bout des lèvres	1724
bis zum Ende	à la fin	1725
unvorbereitet	improvisé	1726
in der Oktave	à l'octave	1727
in halben Noten	à la blanche	1728
zum Anhang / bis zum Schlußteil	à la partie finale	1729
an der Saite	à la corde	1730
so gut es geht	le mieux possible	1731
etwas / ziemlich	quelque peu	1732
streng im Takt	rigoureusement en mesure	1733

	Il Linguaggio delle Partiture: Diversi	The language of the scores: Miscellany
1734	al segno	to the sign
1735	al tempo precedente	at the preceding pace
1736	allargato	broadened
1737	alternando	alternating
1738	alternato	alternate
1739	altro	other
1740	anche	too / also
1741	ancora / bis (L)	still / again
1742	aperto	open
1743	appena	scarcely
1744	approssimativo	approximately
1745	assai	enough / rather / very
1746	assieme	together
1747	assolutamente	absolutely / continously
1748	assoluto	absolute
1749	assordante	ear-deafening
1750	attacca	"attack!" / begin / go on
1751	attacca subito	immediate attack
1752	bastante	sufficient / enough
1753	ben / bene	well
1754	bicordo	bichord
1755	breve	short
1756	cadenzale / cadenzante	cadential / cadencing
1757	cambiando / cangiando	changing
1758	che	that / who / which / what
1759	circa	about
1760	coda *f*	"tail" / final part
1761	colla voce	with the voice
1762	colpo *m*	stroke
1763	come	as / how
1764	come prima	as before
1765	come sopra	as above
1766	come stà	as it is
1767	come una cadenza	like a cadenza
1768	cominciando	beginning
1769	con / col / colla / coi / colle	with / with the
1770	concertante	concertante
1771	conciso	concise
1772	contano	count

bis zum Zeichen	au signe	1734
im gleichen Zeitmaß	au même mouvement	1735
verbreitert	élargi	1736
abwechselnd / alternierend	en alternant	1737
abgewechselt	alterné	1738
anderer	autre	1739
auch	aussi	1740
noch / wieder / noch einmal	encore	1741
offen / frei	ouvert	1742
kaum	à peine	1743
annähernd	approximatif	1744
sehr / ziemlich	assez / très / beaucoup	1745
zusammen	ensemble	1746
durchaus	absolument	1747
absolut	absolu	1748
ohrenbetäubend	assourdissant	1749
„falle ein" / beginne	attaque / commence	1750
anknüpfen / anschließen	enchaîner	1751
genügend	suffisant	1752
gut	bien	1753
Doppelgriff	à doubles cordes	1754
kurz	bref	1755
kadenzierend	cadentiel	1756
wechselnd	en changeant	1757
welcher / welche / welches	que	1758
ungefähr	environ	1759
„Schwanz" *m* / Anhang *m* / Schlußteil *m*	„queue" *f* / partie finale *f*	1760
mit der Stimme	avec la voix	1761
Schlag *m* / Stoß *m*	coup *m*	1762
wie	comme	1763
wie vorher	comme avant	1764
wie oben	comme plus haut	1765
wie es dasteht	tel quel	1766
wie eine Kadenz	comme une cadence	1767
anfangend	en commençant	1768
mit / mit dem / - der / - den	avec / avec le / - la / - les	1769
konzertierend / konzertant	concertant	1770
bündig / gedrängt	concis	1771
zählen Sie (bei Pausen)	comptez	1772

	Il Linguaggio delle Partiture: Diversi	The language of the scores: Miscellany
1773	continua	go on
1774	continuo	continuous
1775	contro	against
1776	corto	short
1777	da capo / daccapo / dal principio	from the beginning
1778	da capo al fine	from the beginning to the end
1779	da capo al segno	from the beginning to the sign
1780	dal segno	from the sign
1781	dal segno al fine	from the sign to the end
1782	dappertutto	everywhere
1783	di colpo	suddenly
1784	di molto	much / very
1785	di nuovo	once more / again
1786	di più	more
1787	diverso	different
1788	divisi / diviso	divided
1789	dopo	after / afterwards
1790	doppio	double
1791	durante	during
1792	eccessivamente	excessively
1793	eccetto	except
1794	eguale	equal
1795	enormemente	enormously
1796	equabilmente	equitably
1797	estremamente	extremely
1798	facoltativo	optional
1799	fate vibrare / lasciate vibrare	make vibrate
1800	fine *f*	end
1801	finito	finished
1802	fino al	up to
1803	fino al segno	up to the sign
1804	flautando	like a flute
1805	giù	below
1806	giustamente	suitably
1807	gradatamente / gradualmente	gradually
1808	gran / grande	great / much / big
1809	il più	the most

setzen Sie fort	continuez	1773
ununterbrochen	continu	1774
gegen	contre	1775
kurz	court	1776
von vorne / von Anfang an	du début	1777
wieder von Anfang an bis zum Schluß	du début à la fin	1778
wieder von Anfang an bis zum Zeichen	du début au signe	1779
vom Zeichen	du signe	1780
vom Zeichen bis zum Schluß	du signe à la fin	1781
überall	partout	1782
plötzlich	tout à coup	1783
viel / sehr	beaucoup / très	1784
nochmals	à nouveau	1785
mehr	plus	1786
verschieden	différent	1787
geteilt	divisé	1788
dann / anschließend / nach	après / ensuite	1789
doppelt	double	1790
während	durant / pendant	1791
übermäßig	excessivement	1792
ausgenommen	excepté	1793
gleich	égal	1794
in enormer Weise	énormément	1795
in gleichförmiger Weise / auf dieselbe Art	équitablement	1796
äußerst	extrèmement	1797
wahlfrei / beliebig	facultatif	1798
vibrieren lassen / klingen lassen	laissez vibrer	1799
Schluß *m*	fin *f*	1800
beendet	terminé	1801
bis zu	jusqu'au	1802
bis zum Zeichen	jusqu'au signe	1803
auf Flötenart	à la manière d'une flûte	1804
unten	en bas	1805
angemessen	justement	1806
stufenweise	graduellement	1807
groß / viel	grand / beaucoup	1808
das meiste	le plus	1809

	Il Linguaggio delle Partiture: Diversi	The language of the scores: Miscellany
1810	il più possibile	as much as possible
1811	imitando	imitating
1812	immutato	unchanged
1813	improvvisamente / improvviso	suddenly
1814	in fuori	bring out
1815	in giù	below
1816	in luogo di	in place of
1817	in mancanza di	in the absence of
1818	in rilievo	pointed out
1819	insieme	together
1820	in su	above
1821	istesso	the same
1822	lasciar vibrare	let sound / let vibrate
1823	levate i sordini	remove the mutes
1824	loco (L) / al luogo	sounding as written
1825	lo stesso tempo	at the same pace
1826	lungo	long
1827	luogo *m*	place
1828	ma	but
1829	ma non tanto / ma non troppo	but not too much
1830	massimo	greatest
1831	medesimo	same / the same
1832	meno	less
1833	metà *f*	half
1834	mezzo / mezza	half
1835	mezza forza	half strength
1836	minimo	minimum
1837	misto	mixed
1838	misurato	measured
1839	moltissimo	very much
1840	molto	much / very
1841	moto *m*	motion
1842	multiplo	multiple
1843	muta	change
1844	nascosto	hidden
1845	non	not
1846	non molto	not much / not very
1847	non tanto	not very / not so
1848	non troppo	not too much

so viel wie möglich	le plus possible	1810
nachahmend	en imitant	1811
unverändert	inchangé	1812
plötzlich / unerwartet	soudain / brusquement	1813
außerhalb	en dehors	1814
nach unten / abwärts	en bas	1815
an Stelle von	au lieu de	1816
in Ermangelung von	à défaut de	1817
hervorgehoben	en valeur / relevé	1818
zusammen	ensemble	1819
aufwärts / nach oben / oben	en haut	1820
dasselbe	même (le)	1821
klingen lassen	laisser vibrer / résonner	1822
Dämpfer abnehmen	enlever la sourdine	1823
an seinem Platz (Oktavierung aufgehoben)	à sa place	1824
im gleichen Zeitmaß	au même mouvement	1825
lang	long	1826
Stelle *f*	endroit *m*	1827
aber	mais	1828
aber nicht zu sehr	mais pas trop	1829
größte	maximum	1830
derselbe / dasselbe	la même chose	1831
weniger	moins	1832
Hälfte *f*	moitié *f*	1833
halb	demi / demie	1834
halbe Kraft	demi force	1835
kleinste	minimum	1836
gemischt	mélange	1837
gemessen / im Takt	mesuré	1838
sehr viel	énormément	1839
viel / sehr	très / beaucoup	1840
Bewegung *f*	mouvement *m*	1841
vielfach	multiple	1842
verändere	change	1843
verborgen / versteckt	caché	1844
nicht	ne....pas	1845
nicht viel / nicht sehr	pas beaucoup	1846
nicht zu sehr	pas trop	1847
nicht zuviel	pas trop	1848

	Il Linguaggio delle Partiture: Diversi	The language of the scores: Miscellany
1849	obbligato	obligatory
1850	ogni	every / each
1851	ogni volta	every time
1852	omesso	omitted
1853	ordinario	ordinary
1854	ossia	otherwise / alternatively
1855	ovvero	or
1856	per finire	to end / in order to finish
1857	per l'ultima volta	for the last time
1858	per tutta la durata	for the whole length
1859	però	however
1860	pieno / ampio	full / rich
1861	più	more
1862	piuttosto	rather
1863	poco	little / few
1864	poco a poco	little by little
1865	poco a poco meno	gradually less
1866	poco a poco più	gradually more
1867	poco meno	a little less
1868	poco più	a little more
1869	poi / allora	then
1870	poi segue	then follows
1871	possibile	(as) possible
1872	possibilmente	if possible
1873	precedente	preceding
1874	prima	before
1875	prima che	before
1876	prima di	before
1877	prossimo	next
1878	quanto	as much as
1879	quasi	almost / nearly / as if
1880	repente	sudden
1881	retto	right / correct
1882	rigorosamente	rigorous
1883	ritornando	returning
1884	rotondo / rondo	round
1885	se	if
1886	se bisogna	if necessary
1887	segno *m*	sign / mark

Die Sprache der Partituren: Verschiedenes	Le langage des partitions: Divers	
obligat / verpflichtend	obligé	1849
jede / jeder / jedes	chaque	1850
jedesmal	chaque fois	1851
ausgelassen	omis	1852
gewöhnlich	ordinaire	1853
oder	ou bien	1854
oder / oder auch	ou bien	1855
zum Schluß	pour finir	1856
zum letztenmal	pour la dernière fois	1857
für die ganze Dauer	pendant toute la durée	1858
dennoch	pourtant	1859
mit vollem Ton	plein	1860
mehr	plus	1861
eher	plutôt	1862
wenig	peu	1863
allmählich	peu à peu	1864
allmählich weniger	de moins en moins	1865
allmählich mehr	de plus en plus	1866
etwas weniger	un peu moins	1867
etwas mehr	un peu plus	1868
dann	après	1869
sodann folgt	puis poursuit	1870
möglich	possible	1871
möglichst	si cela est possible	1872
vorhergehend / früher	précédent	1873
früher	avant	1874
bevor	avant que	1875
bevor	avant de	1876
nächste / nächstfolgend	prochain	1877
so viel wie	autant que	1878
fast / beinahe / wie	presque	1879
plötzlich	soudain	1880
richtig / korrekt	juste / droit	1881
in strenger Weise	rigoureusement	1882
zurückkommend	en revenant	1883
rund	rond	1884
wenn / falls	si	1885
wenn nötig	si nécessaire	1886
Zeichen *n*	signe *m*	1887

	Il Linguaggio delle Partiture: Diversi	The language of the scores: Miscellany
1888	segue	it follows
1889	seguite	follow
1890	sempre	always
1891	senza	without
1892	senza cambiare	without changing
1893	senza replica	without repetition
1894	separato	separated
1895	si leva	take away
1896	simile	similar
1897	sin / sino	until
1898	sino al	up to / until the
1899	solito	usual
1900	solo / soli	alone
1901	soltanto	only
1902	sommo	highest
1903	sopra	on / above
1904	sordina *f* / sordino *m*	mute
1905	sotto	under
1906	sovente / spesso	often
1907	spezzato	broken
1908	stesso	same
1909	strettamente	strictly
1910	su / sul / sulla	on / on the
1911	subito	at once / immediately
1912	tace / tacesi / taci	remain silent / be quiet
1913	tacet (L)	silent
1914	tale	such
1915	tantino	a little bit
1916	tanto	so / so much / many
1917	tenendo	holding
1918	tenete	hold
1919	tenuto	held
1920	togliere la sordina	(to) take off the mute
1921	trillato	shaken
1922	triplo	triple
1923	troppo	too much
1924	tutta	all
1925	tutta la forza	all the force

Die Sprache der Partituren: Verschiedenes	Le langage des partitions: Divers	
es folgt	ça suit	1888
folgen	suivez	1889
immer	toujours	1890
ohne	sans	1891
ohne zu wechseln	sans changer	1892
ohne Wiederholung	sans reprise	1893
getrennt	séparé	1894
man nehme weg	on enlève	1895
gleich	semblable	1896
bis / zu	jusque	1897
bis zum	jusqu'au	1898
gewohnt / auf gewohnte Weise	habituel	1899
allein	seul	1900
nur	seulement	1901
höchst	suprême	1902
auf / über / oben	dessus	1903
Dämpfer *m*	sourdine *f*	1904
unter	dessous	1905
oft	souvent	1906
gebrochen	brisé	1907
gleich	même	1908
sehr genau	strictement	1909
auf / auf der / auf die / auf das	sur / sur le / sur la	1910
sofort	immédiatement	1911
schweige / nicht mitwirken / pausiere	tais-toi	1912
schweigen / nicht mitwirken / pausieren	se taire	1913
solch	tel	1914
ein bißchen	un tantinet	1915
so viel / so sehr	tant / autant	1916
haltend	en tenant	1917
halten Sie	tenez	1918
gehalten / ausgehalten	tenu	1919
Dämpfer weg	enlever la sourdine	1920
getrillert	trillé	1921
dreifach	triple	1922
zu viel	trop	1923
die ganze	toute	1924
die ganze Kraft	de toutes ses forces	1925

	Il Linguaggio delle Partiture: Diversi	The language of the scores: Miscellany
1926	tutte / tutti	all / everybody
1927	tutto	all
1928	udibile	audible
1929	uguale	equal
1930	ultimo / ultima	last
1931	una volta	once
1932	unico	only / unique
1933	unito	together
1934	un pochettino / un pochino	a very little
1935	un poco	a little
1936	un poco più	a little more
1937	vago	vague
1938	variabile	variable
1939	variato	varied
1940	vicendevole	alternate
1941	vide (L)	see
1942	viva voce (a)	aloud
1943	volta subito	turn the page immediately
1944	volti	turn
1945	vuoto	empty

Die Sprache der Partituren: Verschiedenes | Le langage des partitions: Divers

Die Sprache der Partituren: Verschiedenes	Le langage des partitions: Divers	
alle	toutes / tous	1926
all / alles / ganz	tout	1927
hörbar	audible	1928
gleich	égal	1929
letzter / letzte	dernier / dernière	1930
einmal	une fois	1931
einzig	unique	1932
einheitlich / zusammen	uni	1933
ein klein wenig	un petit peu	1934
ein wenig / etwas	un peu	1935
ein wenig mehr	un peu plus	1936
unbestimmt	vague	1937
veränderlich	variable	1938
variiert / verändert	varié	1939
abwechselnd	alternativement	1940
siehe	vois	1941
mit lebendiger Stimme	de vive voix	1942
sofort umblättern	tournez aussitôt	1943
blättere um	tournez	1944
leer	vide	1945

	Teoria musicale	Music theory
1946	a forma aperta	through composed
1947	a più voci / a molte parti	in many parts
1948	abbellimento *m*	embellishment
1949	abbellito	embellished
1950	abbreviatura *f* / abbreviazione *f*	abbreviation
1951	accento *m*	stress / accent
1952	accento principale	main accent
1953	accento secondario	secondary accent
1954	acciaccatura *f*	crushed note / short appoggiatura
1955	acciaccatura doppia *f*	slide
1956	accidente *m* / alterazione *f*	accidental
1957	accollatura *f*	brace / bracket
1958	accordo *m*	chord
1959	accordo di passaggio *m*	passing chord
1960	accordo di settima di dominante *m*	dominant seventh chord
1961	accordo perfetto *m*	common chord
1962	accordo spezzato *m*	broken chord
1963	agogica *f*	agogic
1964	alterato	altered
1965	alterazione *f*	alteration
1966	altezza del suono *f*	pitch / pitch level
1967	anacrusi *f* / levata *f*	up-beat / off-beat / anacrusis
1968	analisi *f*	analysis
1969	andamento *m*	fugal episode
1970	antecedente *m*	antecedent
1971	anticipazione *f*	anticipation
1972	appoggiatura *f*	grace-note
1973	appoggiatura doppia *f*	double appoggiatura
1974	armatura di chiave *f*	key signature
1975	armonia *f*	harmony
1976	armonico	harmonic
1977	arpeggio *m*	arpeggio / battery

Musiktheorie — Théorie musicale

durchkomponiert	de forme ouverte	1946
mehrstimmig	à plusieurs voix / à plusieurs parties	1947
Verzierung *f*	ornement *m* / agrément *m* / broderie *f*	1948
verziert	ornementé *f*	1949
Abkürzung *f* / Verkürzung *f*	abréviation *f*	1950
Akzent *m* / Betonung *f* / Schwerpunkt *m*	accent *m*	1951
Hauptbetonung *f*	accent principal *m*	1952
Nebenbetonung *f*	accent secondaire *m*	1953
kurzer Vorschlag *m* / Quetschung *f*	appogiature brève *f* / pincé étouffé *m*	1954
Schleifer *m*	coulé *m*	1955
Versetzungszeichen *n* / Vorzeichen *n*	altération *f* / accident *m*	1956
Klammer *f*	accolade *f*	1957
Akkord *m*	accord *m*	1958
Durchgangsakkord *m*	accord de passage *m*	1959
Dominantseptakkord *m*	accord de septième de dominante *m*	1960
Dreiklang *m*	accord parfait *m*	1961
gebrochener Akkord *m*	accord brisé *m*	1962
Agogik *f*	agogique *f*	1963
verändert / alteriert	altéré	1964
Alteration *f* / Versetzungszeichen *n* / Alterierung *f*	altération *f*	1965
Tonhöhe *f*	hauteur du son *f*	1966
Auftakt *m*	anacrouse *f*	1967
Analyse *f*	analyse *f*	1968
Zwischenspiel *n*	divertissement *m*	1969
Dux *m* / Führer *m*	antécédent *m*	1970
Antizipation *f* / Vorausnahme *f*	anticipation *f*	1971
Vorschlag *m*	appoggiature *f*	1972
Anschlag *m*	appoggiature double *f*	1973
Tonartvorzeichnung *f* / Vorzeichen *n*	armure de la clé *f* / armature *f*	1974
Harmonie *f*	harmonie *f*	1975
harmonisch	harmonique	1976
Arpeggio *n*	arpège *m*	1977

1978	arsi *f*	arsis
1979	ascendente	ascending
1980	atonale	atonal
1981	aumentato / eccedente	raised / augmented
1982	aumentazione *f* / aggravamento *m*	augmentation
1983	a una voce / all'unisono	monophonic / one-part
1984	autentico	authentic
1985	barra *f*	bar-line
1986	basso cifrato *m* / basso numerato *m*	figured bass
1987	basso continuo	through-bass
1988	basso ostinato *m*	ground bass
1989	battuta *f*	beat / bar
1990	battuta composta *f*	compound time
1991	battuta semplice *f*	simple time
1992	bemolle *m*	flat
1993	bequadro *m*	natural
1994	binario	binary
1995	bitonalità *f*	bitonality
1996	bordone *m*	bourdon
1997	cadenza *f*	cadenza / cadence
1998	cadenza evitata *f* / cadenza d'inganno *f*	interrupted cadence / deceptive cadence (Am.)
1999	cadenza finale *f*	final cadenza
2000	cadenza imperfetta *f*	imperfect cadence / half-close
2001	cadenza perfetta *f*	perfect cadence / authentic cadence
2002	cadenza sospesa *f*	delayed cadence
2003	cambiamento di tempo *m* / cambio di misura *m*	change of time / change of meter
2004	cambio di tonalità *m*	key change
2005	canto fermo *m*	cantus firmus
2006	cesura *f*	caesura
2007	chiave *f*	clef
2008	chiave di baritono *f*	baritone clef
2009	chiave di basso *f*	bass clef

Arsis *f* / Hebung *f*	arsis *f*	1978
aufsteigend	ascendant	1979
atonal	atonal	1980
übermäßig / hochalteriert	augmenté	1981
Vergrößerung *f* (der Zeitwerte)	augmentation *f*	1982
einstimmig	à une voix / à l'unisson	1983
authentisch	authentique	1984
Taktstrich *m*	barre *f*	1985
bezifferter Baß *m* / Generalbaß *m*	basse chiffrée *f*	1986
Generalbaß *m*	basse continue *f*	1987
Basso ostinato *m* / Ostinato *m*	basse obstinée *f* / basse contrainte *f*	1988
Schlag *m* / Takt *m* / Taktschlag *m*	mesure *f*	1989
zusammengesetzter Takt *m*	mesure composée *f*	1990
einfacher Takt	mesure simple *f*	1991
B *n* / Erniedrigungszeichen *n*	bémol *m*	1992
Auflösungszeichen *n*	bécarre *m*	1993
zweiteilig	binaire	1994
Bitonalität *f*	bitonalité *f*	1995
Bordun *m*	bourdon *m*	1996
Kadenz *f*	cadence *f*	1997
Trugschluß *m*	cadence interrompue	1998
Schlußkadenz *f*	cadence finale *f*	1999
Halbschluß *m*	cadence suspendue *f* / demi-cadence	2000
authentische Kadenz *f* / vollkommene Kadenz *f* / Ganzschluß *m*	cadence parfaite *f*	2001
aufgehaltene Kadenz *f* / Halbkadenz *f*	cadence suspendue *f* / cadence interrompue *f*	2002
Taktwechsel *m*	changement de mesure *m* / changement de temps *m*	2003
Tonartwechsel *m*	changement de tonalité *m*	2004
Cantus firmus *m*	cantus firmus *m*	2005
Zäsur *f*	césure *f*	2006
Schlüssel *m*	clé *f* / clef *f*	2007
Baritonschlüssel *m*	clé de fa troisième ligne *f*	2008
Baßschlüssel *m*	clé de fa quatrième ligne *f*	2009

2010	chiave di contralto *f*	alto clef
2011	chiave di do *f*	tenor clef
2012	chiave di mezzosoprano *f*	mezzo-soprano clef
2013	chiave di violino *f*	treble clef
2014	chiusa del trillo *f*	termination
2015	cifrare	to figure
2016	cifratura *f*	figuring / figuration
2017	circolo delle quinte *m*	circle of fifths
2018	codetta *f*	tail / flag
2019	comma *m*	comma
2020	conclusione *f*	conclusion
2021	condotta delle parti *f*	linear construction
2022	condotta delle voci *f*	part-writing / voice-leading
2023	congiunto	by step / conjunct
2024	consonanza *f*	consonance
2025	contrappunto *m*	counterpoint
2026	contrappunto fiorito *m* / contrappunto florido *m*	florid counterpoint
2027	controsoggetto *m*	counter subject
2028	contrattempo *m*	syncopation
2029	controcanto *m* / controtema *m*	counter voice / counter part / counter melody
2030	corona *f*	pause / fermata
2031	cromatico	chromatic
2032	cromatismo *m*	chromaticism
2033	dattilo *m*	dactyl
2034	dettato *m*	dictation
2035	dettato musicale *m*	music dictation
2036	diatonico	diatonic
2037	diatonismo *m*	diatonicism
2038	diesis *m*	sharp
2039	diminuito	diminished
2040	diminuzione *f*	diminution
2041	discendente	descending
2042	dissonanza *f*	dissonance
2043	dodecafonia *f*	twelve-tone music
2044	dominante *f*	dominant
2045	dominante di passaggio *f* / dominante secondaria *f*	secondary dominant

Altschlüssel *m*	clé d'ut troisième ligne *f*	2010
Tenorschlüssel *m*	clé d'ut *f*	2011
Mezzosopranschlüssel *m*	clé d'ut seconde ligne *f*	2012
Violinschlüssel *m*	clé de sol *f*	2013
Nachschlag *m*	gruppetto final *m* / terminaison *f*	2014
beziffern	chiffrer	2015
Bezifferung *f*	chiffrage *f*	2016
Quintenzirkel *m*	cycle des quintes *m*	2017
Notenfahne *f* / Fähnchen *n*	crochet *m*	2018
Komma *n*	comma *m*	2019
Schlußsatz *m*	conclusion *f*	2020
Linienführung *f*	construction linéaire *f*	2021
Stimmführung *f*	conduite des voix *f*	2022
schrittweise / stufenweise	conjoint	2023
Konsonanz *f*	consonance *f*	2024
Kontrapunkt *m*	contrepoint *f*	2025
„blühender" Kontrapunkt *m*	contrepoint fleuri *m*	2026
Kontrasubjekt *n* / Gegenthema *n* / Gegensatz *m*	contresujet *m*	2027
Gegenzeit *f* (Betonung auf dem schlechten Taktteil)	contre-temps *m*	2028
Gegenstimme *f*	contre-chant *m*	2029
Fermate *f*	point d'orgue *m*	2030
chromatisch	chromatique	2031
Chromatik *f*	chromatisme *m*	2032
Daktylos *m*	dactyle *m*	2033
Diktat *n*	dictée *f*	2034
Musikdiktat *n*	dictée musicale *f*	2035
diatonisch	diatonique	2036
Diatonik *f*	diatonisme *m*	2037
Kreuz *n* / Erhöhungszeichen *n*	dièse *m*	2038
vermindert	diminué	2039
Verkleinerung *f* (der Notenwerte)	diminution *f*	2040
absteigend	descendant	2041
Dissonanz *f*	dissonance *f*	2042
Zwölftontechnik *f*	dodécaphonisme *m*	2043
Dominante *f*	dominante *f*	2044
Zwischendominante *f*	dominante de passage *f*	2045

2046	doppia acciaccatura *f*	slide
2047	doppia stanghetta *f*	double bar
2048	doppio bemolle *m*	double flat
2049	doppio diesis *m*	double sharp
2050	dorico	dorian
2051	duina *f*	duplet
2052	durata del suono *f*	sound duration
2053	enarmonico	enharmonic
2054	entrata *f*	entry
2055	eolio	aeolian
2056	episodio *m*	episode
2057	esacordo *m*	hexachord
2058	esposizione *f*	exposition
2059	falsa relazione *f*	false relation
2060	falso bordone *m*	faburden / fauxbourdon
2061	figura *f*	figure
2062	figurato	figured
2063	fioritura *f*	embellishment
2064	fondamentale	fundamental
2065	forma *f*	form
2066	forma binaria *f*	binary form
2067	forma ciclica *f*	cyclic form
2068	forma ternaria *f*	ternary form
2069	frase *f*	phrase
2070	fraseggio *m*	phrasing
2071	frigio	phrygian
2072	fugato	in fugal style
2073	funzione *f*	function
2074	gambo *m*	stem
2075	giambo *m*	iamb
2076	giusto	perfect
2077	grado *m*	degree
2078	gruppetto *m* / groppo *m*	turn
2079	gruppo di suoni *m* / gruppo di note *m*	note cluster / tone cluster
2080	hemiolia *f*	hemiola
2081	imitazione *f*	imitation
2082	imperfetto	imperfect
2083	in battere	downbeat
2084	intavolatura *f*	tablature

Schleifer *m*	coulé *m*	2046
Doppelstrich *m*	double barre *f*	2047
Doppel-B *n*	double bémol *m*	2048
Doppelkreuz *n*	double dièse *m*	2049
dorisch	dorien	2050
Duole *f*	duolet *m*	2051
Tonlänge *f* / Tondauer *f*	durée du son *f*	2052
enharmonisch	enharmonique	2053
Einsatz *m*	entrée *f*	2054
äolisch	éolien	2055
Zwischenspiel *n* / Zwischensatz *m*	épisode *m* / couplet *m*	2056
Hexachord *n*	hexacorde *m*	2057
Exposition *f*	exposition *f*	2058
Querstand *m*	fausse relation *f*	2059
Fauxbourdon *m*	faux-bourdon *m*	2060
Figur *f*	figure *f*	2061
figuriert	figuré	2062
„Blume" *f* (Verzierung)	fioriture *f*	2063
wesentlich	fondamental	2064
Form *f* / Gestalt *f*	forme *f*	2065
zweiteilige Form *f*	forme binaire *f*	2066
zyklische Form *f*	forme cyclique *f*	2067
dreiteilige Form *f*	forme ternaire *f*	2068
Phrase *f* / Satz *m*	phrase *f*	2069
Phrasierung	phrasé	2070
phrygisch	phrygien	2071
fugiert	fugué	2072
Funktion *f*	fonction *f*	2073
Notenhals *m*	hampe *f*	2074
Jambus *m*	jambus *m*	2075
rein / genau	juste	2076
Stufe *f* / Schritt *m*	degré *m*	2077
Doppelschlag *m*	doublé *m* / double cadence *f*	2078
Tontraube *f* / Tonballung *f*	groupe de sons *m* / groupe de notes *m*	2079
Hemiole *f*	hemiolios *m*	2080
Imitation *f* / Nachahmung *f*	imitation *f*	2081
unvollkommen	imparfait	2082
abtaktig	frappé	2083
Tabulatur *f* / Abstand *m*	tablature *f*	2084

2085	intervallo *m*	interval
2086	intonazione *f*	intonation / pitch
2087	ionico	ionian
2088	legatura *f*	slur
2089	legatura di fraseggio *f*	phrase mark
2090	legatura di valore *f*	tie
2091	levare	upbeat
2092	lidio	lydian
2093	linea *f*	line
2094	lineare	linear
2095	maggiore	major
2096	mano guidoniana *f*	guidonian hand
2097	mediante *f*	mediant
2098	melodia *f*	melody / tune
2099	melodico	melodic
2100	metrico	metric(al)
2101	metro *m*	metre
2102	mettere il punto di valore	to dot
2103	minore	minor
2104	misolidio	mixolydian
2105	misura *f*	bar / measure / mensuration
2106	modale	modal
2107	modalità *f*	modality
2108	modo *m*	mode / modus
2109	modo ecclesiastico *m*	church mode
2110	modulare	to modulate
2111	modulazione *f*	modulation
2112	modulazione di transizione *f*	temporary modulation
2113	monodia *f* / monofonia *f*	monody / monophony
2114	mordente *m*	mordent / shake
2115	mordente inferiore *m*	mordent
2116	mordente superiore *m*	inverted mordent / mordent with note above
2117	motivo *m*	motif
2118	motivo conduttore *m* / motivo ricorrente *m*	leading motif
2119	moto contrario *m*	contrary motion
2120	moto obliquo *m*	oblique motion
2121	moto retto *m*	parallel motion
2122	movimento *m* / tempo *m*	movement

Intervall *n* / Abstand *m*	intervalle *m*	2085
Intonation *f* / Stimmung *f* / Tongebung *f*	intonation *f*	2086
ionisch	ionien	2087
Bindebogen *m*	liaison *f*	2088
Phrasierungsbogen *m*	signe de liaison du phrasé *m*	2089
Haltebogen *m*	signe de tenue *m*	2090
Aufschlag *m*	levé	2091
lydisch	lydien	2092
Linie *f*	ligne *f*	2093
linear	linéaire	2094
Dur / groß (Intervall)	majeur	2095
Guidonische Hand *f*	main guidonienne *f*	2096
Mediante *f*	médiante *f*	2097
Melodie *f*	mélodie *f*	2098
melodisch	mélodique	2099
metrisch	métrique	2100
Metrum *n*	mètre *m*	2101
punktieren	pointer	2102
Moll / klein (Intervall)	mineur	2103
mixolydisch	mixo-lydien	2104
Takt *m* / Mensur *f* / Metrum *n*	mesure *f*	2105
modal	modal	2106
Modalität *f*	modalité *f*	2107
Tongeschlecht *n* / Modus *m*	mode *m*	2108
Kirchentonart *f*	mode ecclésiastique *m*	2109
modulieren	moduler	2110
Modulation *f*	modulation *f*	2111
Ausweichung *f*	modulation passagère *f*	2112
Monodie *f* / Einstimmigkeit *f*	monodie *f*	2113
Mordent *m*	mordant *m* / battement *m*	2114
Mordent *m*	mordant *m* / pincé *m*	2115
Pralltriller *m* / Schneller *m* / Praller *m*	mordant supérieur *m*	2116
Motiv *n*	motif *m*	2117
Leitmotiv *n*	motif conducteur *m* / idée fixe *f*	2118
Gegenbewegung *f*	mouvement contraire *m*	2119
Seitenbewegung *f*	mouvement oblique *m*	2120
Parallelbewegung *f*	mouvement parallèle *m*	2121
Satz *m*	mouvement *m*	2122

2123	movimento parallelo *m*	parallel movement
2124	musica a quarti di tono *f*	quarter-tone music
2125	neuma *m*	neuma / neume
2126	nota *f*	note
2127	nota ausiliare *f*	auxiliary note
2128	nota cambiata *f*	changing note
2129	nota di passaggio *f*	passing note
2130	nota principale *f*	essential note
2131	notazione *f*	notation
2132	notina *f*	cue note
2133	numero di battute *m*	bar number / measure number
2134	obbligato	obbligato
2135	omofonia *f*	homophony
2136	orchestrazione *f*	orchestration
2137	orizzontale	horizontal
2138	ornamento *m* / adornamento *m*	ornament
2139	parallele nascoste *f pl*	hidden consecutives
2140	parallelo	parallel
2141	parte estrema *f* / voce estrema *f*	outer part
2142	parte inferiore *f* / voce inferiore *f*	lower part / lowest part
2143	parte intermedia *f* / voce intermedia *f*	middle part / inner part
2144	parte melodica *f*	melody part
2145	parte superiore *f* / voce superiore *f*	upper part / top part
2146	passaggio *m*	passage
2147	pausa *f*	rest
2148	pausa generale *f* / vuoto *m*	general pause
2149	pedale d'armonia *m*	pedal point
2150	pentagramma *m*	staff / stave / system
2151	pentafonico	pentatonic
2152	periodo *m*	period
2153	plagale	plagal
2154	policoralità *f* / polifonia policorale *f*	polychoral music
2155	polifonia *f*	polyphony
2156	polimetria *f*	polymetre

Parallelführung *f*	mouvement parallèle *m*	2123
Vierteltonmusik *f*	musique microtonale *f* / musique en quarts de ton *f*	2124
Neumen *f Pl*	neume *f*	2125
Note *f*	note *f*	2126
Nebennote *f*	note secondaire *f*	2127
Wechselnote *f* / Wechselton *m*	cambiata *f* / note changée *f*	2128
Durchgangsnote *f* / Durchgangston *m*	note de passage *f*	2129
Hauptnote *f*	note principale *f*	2130
Notation *f* / Notenschrift *f*	notation *f*	2131
Stichnote *f*	petite note *f*	2132
Taktzahl *f*	nombre de mesures *m*	2133
obligat	obligé	2134
Homophonie *f*	homophonie *f*	2135
Orchestration *f*	orchestration *f*	2136
waagerecht / horizontal	horizontal	2137
Verzierung *f* / Ornament *n*	ornement *m* / broderie *f*	2138
verdeckte Parallelen *f Pl*	parallèles cachées *f pl*	2139
parallel	parallèle	2140
Außenstimme *f*	voix extrême *f* / partie extrême *f*	2141
Unterstimme *f*	voix inférieure *f* / partie inférieure *f*	2142
Mittelstimme *f* / Innenstimme *f*	voix intermédiaire *f* / voix intérieure *f*	2143
Melodiestimme *f*	partie mélodique *f*	2144
Oberstimme *f*	voix supérieure *f* / partie supérieure *f* / partie de dessus *f*	2145
Passage *f* / Durchgang *m*	passage *m*	2146
Pause *f*	pause *f*	2147
Generalpause *f*	pause générale *f*	2148
Orgelpunkt *m*	pédale *f*	2149
Liniensystem *n*	portée *f*	2150
pentatonisch	pentatonique	2151
Periode *f*	période *f*	2152
plagal	plagal	2153
Mehrchörigkeit *f*	pluralité des choeurs *f*	2154
Polyphonie *f* / Mehrstimmigkeit *f*	polyphonie *f*	2155
Polymetrik *f*	polymétrie *f*	2156

2157	poliritmica *f*	polyrhythm
2158	politonalità *f*	polytonality
2159	ponte *m*	bridge
2160	posizione fondamentale *f*	position
2161	posizione lata *f*	open / extended position
2162	posizione stretta *f*	close position
2163	preparazione *f*	preparation
2164	prima frase *f*	first phrase
2165	primo tema *m* / tema principale *m*	main theme
2166	principale	main
2167	progressione *f*	progression
2168	proposta *f*	antecedent
2169	puntato	dotted
2170	punto di valore *m*	dot
2171	punto doppio *m*	double dot
2172	quartina *f*	quadruplet
2173	quintina *f*	quintuplet
2174	raddoppio *m*	doubling
2175	realizzazione *f*	realization
2176	relativo / affine	relative
2177	relazione *f* / affinità *f*	relationship
2178	retrogrado	retrograde
2179	righetta *f*	leger line
2180	rigo *m*	line
2181	ripetizione *f* / ripresa *f*	repetition / repeat
2182	ripresa *f* / riesposizione *f*	repeat / recapitulation / return
2183	risoluzione *f*	resolution
2184	risposta *f* / consequente *m*	answer / consequent
2185	risposta reale *f*	real answer
2186	risposta tonale *f*	tonal answer
2187	ritardo *m*	suspension / retardation
2188	ritmo *m*	rhythm
2189	ritmo lombardo *m*	scotch snap
2190	ritmico	rhythmic
2191	ritornello *m*	refrain
2192	riverso	backwards
2193	rivolto *m* / rovescio *m*	inversion
2194	salmodia *f*	psalmody

Polyrhythmik *f*	polyrythmie *f*	2157
Polytonalität *f*	polytonalité *f*	2158
Überleitung *f*	transition *f*	2159
Grundstellung *f* / Lage *f*	position fondamentale *f*	2160
weite Lage *f*	position large *f*	2161
enge Lage *f*	position serrée *f*	2162
Vorbereitung *f*	préparation *f*	2163
Vordersatz *m*	proposition *f*	2164
Hauptthema *n*	thème principal *m*	2165
Haupt-...	principal	2166
Fortschreitung *f*	progression *f*	2167
Proposta *f*	proposition *f* / antécédent *m*	2168
punktiert	pointé	2169
Punkt *m*	point *m*	2170
Doppelpunkt *m*	double point *m*	2171
Quartole *f*	quartolet *m*	2172
Quintole *f*	quintolet *m*	2173
Verdopplung *f*	redoublement *m*	2174
Aussetzung *f* (eines bezifferten Basses)	réalisation *f*	2175
verwandt / bezüglich (Paralleltonart) *f*	relatif	2176
Verwandtschaft *f*	relation *f*	2177
krebsgängig / rückwärtsgehend	rétrograde	2178
Hilfslinie *f*	ligne supplémentaire *f*	2179
Linie *f*	ligne *f*	2180
Wiederholung *f*	répétition *f* / reprise *f*	2181
Reprise *f* / Wiederkehr *f*	reprise *f* / réexposition *f*	2182
Auflösung *f* (einer Dissonanz)	résolution *f*	2183
Antwort *f* / Comes *m*	réponse *f* / conséquent *f*	2184
reale Antwort *f*	réponse réelle *f*	2185
tonale Antwort *f*	réponse tonale *f*	2186
Verzögerung *f* / Vorhalt *m*	retard *m*	2187
Rhythmus *m*	rythme *m*	2188
lombardischer Rhythmus *m*	rythme lombard *m*	2189
rhythmisch	rythmique	2190
Refrain *m* / Kehrreim *m*	refrain *m*	2191
von rückwärts	à la renverse	2192
Umkehrung *f*	inversion *f*	2193
Psalmodie *f*	psalmodie *f*	2194

2195	scala *f*	scale
2196	scala esatonale *f*	whole-tone scale
2197	secondario	secondary
2198	secondo tema *m* / tema secondario *m*	second theme / secondary subject
2199	segno *m*	mark / sign
2200	segno d'espressione *m*	expression mark
2201	segno dinamico *m*	dynamic sign / dynamic mark
2202	segno di ripetizione *m* / segno di ritornello *m*	repeat sign
2203	semitono *m*	semitone
2204	sensibile *f*	leading note / leading tone
2205	sequenza *f*	sequence
2206	serie *f*	series /row
2207	sesta napolitana *f*	neapolitan sixth
2208	sestina *f*	sextuplet
2209	settima di dominante *f*	dominant seventh
2210	settimina *f*	septuplet
2211	silenzio *m*	rest
2212	sincope *f*	syncopation
2213	sistema tonale *m*	tonal system / tone system
2214	soggetto *m*	subject
2215	solfeggio *m*	tonic sol-fa
2216	solmisazione *f*	solmization
2217	sostituzione enarmonica *f*	enharmonic change
2218	sottodominante *f*	subdominant
2219	sovrapposizione *f*	superimposition
2220	spazio *m*	space
2221	stanghetta *f* / barra *f*	beam / bar-line / ligature
2222	stretta *f*	stretto
2223	stretto *m*	stretto
2224	strumentazione *f*	instrumentation
2225	struttura *f* / costruzione *f*	structure / construction
2226	successione *f*	succession
2227	successioni parallele *f pl*	consecutives
2228	suono *m*	sound
2229	suono fondamentale *m*	fundamental / tonic
2230	suono simpatico *m*	sympathetic tone
2231	suoni armonici *m pl*	harmonics

Tonleiter *f*	gamme *f*	2195
Ganztonleiter *f*	gamme par tons *f*	2196
neben	secondaire	2197
Seitenthema *n*	second thème *m* / thème secondaire *m*	2198
Zeichen *n*	signe *m*	2199
Vortragsbezeichnung *f* / Ausdrucksbezeichnung *f*	signe d'interprétation *m* / signe d'expression *m*	2200
dynamisches Zeichen *n*	signe dynamique *m*	2201
Wiederholungszeichen *n*	signe de répétition *m*	2202
Halbton *m*	demi-ton *m*	2203
Leitton *m*	sensible *f*	2204
Sequenz *f*	sequence *f*	2205
Reihe *f* / Tonreihe *f*	série *f*	2206
neapolitanische Sexte *f*	sixte néapolitaine *f*	2207
Sextole *f*	sextolet *m*	2208
Dominantseptime *f*	septième de dominante *f*	2209
Septole *f*	septolet *m*	2210
Pause *f*	silence *m*	2211
Synkope *f*	syncope *f*	2212
Tonsystem *n*	système tonal *m*	2213
Subjekt *n* / Dux *m*	sujet *m*	2214
Solfeggio *n*	solfège *m*	2215
Solmisation *f*	solmisation *f*	2216
enharmonische Verwechslung *f*	substitution enharmonique *f*	2217
Subdominante *f*	sous-dominante *f*	2218
Schichtung *f*	superposition *f*	2219
Zwischenraum *m*	interligne *m*	2220
Notenbalken *m* / Taktstrich *m*	barre de mesure *f*	2221
schneller Schlußteil *m*	strette *f*	2222
Engführung *f*	strette *f*	2223
Instrumentierung *f*	instrumentation *f*	2224
Aufbau *m* / Struktur *f*	construction *f* / structure *f*	2225
Folge *f*	succession *f*	2226
Parallelen *f Pl*	successions parallèles *f pl*	2227
Klang *m* / Schall *m*	son *m*	2228
Grundton *m* / Tonika *f*	son fondamental *m*	2229
Eigenton *m*	vibration sympathique *f*	2230
Obertöne *m Pl*	sons harmoniques *m pl*	2231

2232	suoni naturali *m pl*	natural notes / natural tones
2233	suoni parziali *m pl*	partials
2234	sviluppo *m* / svolgimento *m*	development
2235	taglio addizionale *m*	leger line
2236	tema *m*	theme
2237	temperamento *m*	equal temperament
2238	tempo *m*	speed / time / pace / metre / tempo
2239	tempo *m*	time signature
2240	tempo binario *m* / tempo pari *m*	duple time
2241	tempo debole *m*	off-beat / weak beat
2242	tempo forte *m*	strong beat / accentuated beat
2243	tempo ternario *m* / tempo dispari *m*	triple time
2244	ternario	ternary
2245	terzina *f*	triplet
2246	tesi *f*	thesis
2247	tetracordo *m*	tetrachord
2248	tonale	tonal
2249	tonalità *f*	tonality
2250	tonalità affine *f*	related key
2251	tonalità relativa *f*	related key
2252	tonica *f*	tonic / key-note
2253	tono *m*	tone / key
2254	tone intero *m*	whole tone
2255	tono naturale *m*	pure tone
2256	tono secondario *m*	neighbour note / auxiliary note
2257	transizione *f*	transition
2258	transporto *m*	transposition
2259	tratto d'unione *m*	cross / beam
2260	triade *f*	triad
2261	trillo *m*	trill / shake
2262	tritono *m*	tritone
2263	unisono *m*	unison
2264	valore *m*	value
2265	valore della nota *m*	note value

Naturtöne *m Pl*	sons ouverts *m pl* / sons naturels *m pl*	2232
Teiltöne *m Pl*	sons partiels *m pl*	2233
Entwicklung *f* / Durchführung *f*	développement *m*	2234
Hilfslinie *f*	ligne supplémentaire *f*	2235
Thema *n*	thème *m*	2236
Temperatur *f* / temperierte Stimmung *f*	tempérament *m*	2237
Zeitmaß *n* / Zählzeit *f*	temps *m* / mesure *f*	2238
Taktart *f*	indication de la mesure *f*	2239
gerader Takt *m*	mesure binaire *f*	2240
schwacher Taktteil *m* / schlechter Taktteil *m*	temps faible *m*	2241
starker Taktteil *m* / schwerer Taktteil *m*	temps fort *m*	2242
ungerader Takt *m*	mesure ternaire *f*	2243
dreiteilig	ternaire	2244
Triole *f*	triolet *m*	2245
Thesis *f* / Senkung *f*	thésis *f*	2246
Tetrachord *m*	tétracorde *m*	2247
tonal	tonal	2248
Tonalität *f* / Tonart *f*	tonalité *f*	2249
verwandte Tonart *f*	tonalité voisine *f*	2250
Paralleltonart *f*	tonalité relative *f*	2251
Tonika *f* / Grundton *m*	tonique *f*	2252
Ton *m* / Tonart *f*	ton *m* / tonalité *f*	2253
Ganzton *m*	ton entier *m*	2254
reiner Ton *m*	ton naturel *m*	2255
Nebenton *m*	ton concomittant *m*	2256
Übergang *m* / Durchgang *m* / Auszeichnung *f*	transition *f*	2257
Transposition *f* / Transponierung *f*	transposition *f*	2258
Notenbalken *m* / Querbalken *m*	barre transversale *f*	2259
Dreiklang *m*	triade *f*	2260
Triller *m*	trille *m* / tremblement *m*	2261
Tritonus *m*	triton *m*	2262
Einklang *m*	unisson *m*	2263
Wert *m*	valeur *f*	2264
Notenwert *m*	valeur de la note *f*	2265

2266	valore della pausa *m*	rest value
2267	veloce passaggio di note *m*	run / passage
2268	verticale	vertical
2269	voce di ripieno *f* / parte di ripieno *f*	filling-in part
2270	voce intermedia *f*	middle part
2271	voce principale *f*	principal part / principal voice
2272	voce superiore *f*	upper part

Note — Notes

2273	Do	C
2274	Do diesis	C sharp
2275	Do bemolle	C flat
2276	Do doppio diesis	C double sharp
2277	Do doppio bemolle	C double flat
2278	Re	D
2279	Re diesis	D sharp
2280	Re bemolle	D flat
2281	Re doppio diesis	D double sharp
2282	Re doppio bemolle	D double flat
2283	Mi	E
2284	Mi diesis	E sharp
2285	Mi bemolle	E flat
2286	Mi doppio diesis	E double sharp
2287	Mi doppio bemolle	E double flat
2288	Fa	F
2289	Fa diesis	F sharp
2290	Fa bemolle	F flat
2291	Fa doppio diesis	F double sharp
2292	Fa doppio bemolle	F double flat
2293	Sol	G
2294	Sol diesis	G sharp
2295	Sol bemolle	G flat
2296	Sol doppio diesis	G double sharp
2297	Sol doppio bemolle	G double flat
2298	La	A
2299	La diesis	A sharp
2300	La bemolle	A flat

Pausenwert *m*	valeur de la pause *f*	2266
Lauf *m*	passage rapide de notes *m*	2267
senkrecht / vertikal	vertical	2268
Füllstimme *f*	voix de remplissage *f* / parties de remplissage *f pl*	2269
Mittelstimme *f*	voix intermédiaire *f*	2270
Hauptstimme *f*	partie principale *f* / voix principale *f*	2271
Oberstimme *f*	voix supérieure *f*	2272

Noten / Notes

C	Do / Ut	2273
Cis	Do dièse	2274
Ces	Do bémol	2275
Cisis	Do double dièse	2276
Ceses	Do double bémol	2277
D	Ré	2278
Dis	Ré dièse	2279
Des	Ré bémol	2280
Disis	Ré double dièse	2281
Deses	Ré double bémol	2282
E	Mi	2283
Eis	Mi dièse	2284
Es	Mi bémol	2285
Eisis	Mi double dièse	2286
Eses	Mi double bémol	2287
F	Fa	2288
Fis	Fa dièse	2289
Fes	Fa bémol	2290
Fisis	Fa double dièse	2291
Feses	Fa double bémol	2292
G	Sol	2293
Gis	Sol dièse	2294
Ges	Sol bémol	2295
Gisis	Sol double dièse	2296
Geses	Sol double bémol	2297
A	La	2298
Ais	La dièse	2299
As	La bémol	2300

2301	La doppio diesis	A double sharp
2302	La doppio bemolle	A double flat
2303	Si	B
2304	Si diesis	B sharp
2305	Si bemolle	B flat
2306	Si doppio diesis	B double sharp
2307	Si doppio bemolle	B double flat

Valori delle note — Value of Notes

2308	intero / semibreve	semibreve (Engl.) / whole note (Am.)
2309	metà / minima	minim (Engl.) / half note (Am.)
2310	quarto / semiminima	crotchet (Engl.) / quarter note (Am.)
2311	ottavo / croma	quaver (Engl.) / eighth note (Am.)
2312	sedicesimo / semicroma	semiquaver (Engl.) / sixteenth note (Am.)
2313	trentaduesimo / biscroma	demisemiquaver (Engl.) / thirty-second note (Am.)
2314	sessantaquattresimo / semibiscroma	hemidemisemiquaver (Engl.) / sixty-fourth note (Am.)
2315	pausa di semibreve	semibreve rest (Engl.) / whole note rest (Am.)
2316	pausa di minima	minim rest (Engl.) / half note rest (Am.)
2317	pausa di semiminima	crotchet rest (Engl.) / quarter note rest (Am.)
2318	pausa di croma	quaver rest (Engl.) / eighth note rest (Am.)
2319	pausa di semicroma	semiquaver rest (Engl.) / sixteenth note rest (Am.)
2320	pausa di biscroma	demisemiquaver rest (Engl.) / thirty-second note rest /Am.)
2321	pausa di semibiscroma	hemidemisemiquaver rest(Engl.)/ sixty-fourth note rest (Am.)

Intervalli — Intervals

2322	unisono	unison
2323	seconda	second

Aisis	La double dièse	2301
Ases	La double bémol	2302
H	Si	2303
His	Si dièse	2304
B	Si bémol	2305
Hisis	Si double dièse	2306
Heses	Si double bémol	2307

Notenwerte | Valeur des notes

Ganze	ronde	2308
Halbe	blanche	2309
Viertel	noire	2310
Achtel	croche	2311
Sechzehntel	double croche	2312
Zweiunddreißigstel	triple croche	2313
Vierundsechzigstel	quadruple croche	2314
ganze Pause	pause	2315
halbe Pause	demi-pause	2316
viertel Pause	soupir	2317
achtel Pause	demi-soupir	2318
sechzehntel Pause	quart de soupir	2319
zweiunddreißigstel Pause	huitième de soupir	2320
vierundsechzigstel Pause	seizième de soupir	2321

Intervalle | Intervalles

Prime	unisson	2322
Sekunde	seconde	2323

2324	terza	third
2325	quarta	fourth
2326	quinta	fifth
2327	sesta	sixth
2328	settima	seventh
2329	ottava	octave
2330	nona	ninth
2331	decima	tenth

Generi e forma — Genres and forms

2332	alba *f*	aubade (song at dawn)
2333	allemanda *f*	allemande / almand
2334	antifona *f*	antiphon
2335	arabesca *f*	arabesque
2336	aria *f*	air / aria
2337	aria concertante *f*	concert aria
2338	aria d'opera *f*	operatic aria
2339	aria di bravura *f*	bravura aria
2340	aria di coloratura *f*	coloratura aria
2341	aria di corte *f*	court song
2342	arietta *f*	short aria
2343	baccanale *f*	bacchanal
2344	bagatella *f*	bagatelle
2345	ballata *f*	ballad
2346	balletto *m*	ballet
2347	balletto di corte *m*	masque
2348	ballo tedesco *m* / danza tedesca *f*	German dance
2349	barcarola *f*	barcarole
2350	bassa danza *f*	basse danse
2351	battaglia *f*	battle
2352	bergamasca *f*	bergamask
2353	bourrée *f*	bourée / buree / borry
2354	brando *m*	branle
2355	brindisi *m* / ditirambo *m*	drinking song
2356	bolero *m*	bolero
2357	burlesca *f*	burlesque
2358	burletta *f*	little jest

Terz	tierce	2324
Quarte	quarte	2325
Quinte	quinte	2326
Sexte	sixte	2327
Septime	septième	2328
Oktave	octave	2329
None	none	2330
Dezime	dixième	2331

Gattungen und Formen / Genres et formes

Tagelied *n*	aube *f* / aubade *f*	2332
Allemande *f*	allemande *f*	2333
Antiphon *f*	antienne *f*	2334
Arabeske *f*	arabesque *f*	2335
Arie *f*	air *m*	2336
Konzertarie *f*	air de concert *m*	2337
Opernarie *f*	air d'opéra *m*	2338
Bravourarie *f*	air de bravoure *m*	2339
Koloraturarie *f*	air avec coloratura *m*	2340
Hoflied *n*	air de cour *m*	2341
kleine Arie *f*	ariette *f*	2342
Bacchanal *n*	bacchanale *f*	2343
Bagatelle *f*	bagatelle *f*	2344
Ballade *f*	ballade *f*	2345
Ballett *n*	ballet *m*	2346
Hoftanz *m*	ballet de cour *m*	2347
deutscher Tanz *m*	danse allemande *f*	2348
Barkarole *f*	barcarolle *f*	2349
Basse danse *f*	basse danse *f*	2350
Schlacht *f*	bataille *f*	2351
Bergamasker Tanz *m*	bergamasque *f*	2352
Bourrée *f*	bourrée *f*	2353
Branle *m*	branle *m* / bransle *m*	2354
Trinklied *n*	chanson à boire *f*	2355
Bolero *m*	boléro *m*	2356
Burleske *f*	burlesque *f*	2357
kleine Posse *f*	petite farce *f*	2358

2359	cabaletta *f*	cabaletta
2360	caccia *f*	hunt
2361	canaria *f*	canary
2362	canone *m*	canon
2363	cantata *f*	cantata
2364	cantata da camera *f*	chamber cantata
2365	cantata da chiesa *f*	church cantata
2366	cantata profana *f*	secular cantata
2367	cantata su un corale *f*	choral cantata
2368	cantico *m*	canticle
2369	cantilena *f*	cantilena
2370	canto carnacialesco *m*	carnival song
2371	canto di lavoro *m*	work song
2372	canto di Natale *m*	Christmas song
2373	canto funebre *m*	dirge
2374	canto gitano *m*	gipsy song
2375	canto goliardico *m*	student song
2376	canto gregoriano *m*	plainsong (Gregorian chant)
2377	canto nuziale *m*	bridal song (wedding song)
2378	canzone *f*	song
2379	canzone della sera *f*	evening song
2380	canzone infantile *f*	nursery song
2381	canzone moderna / canzonetta *f*	song / sung
2382	canzone popolare *f*	folk song
2383	canzonetta *f*	canzonet
2384	capriccio *m*	capriccio
2385	carmagnola *f*	carmagnole
2386	carola *f*	carol
2387	cassazione *f*	cassation
2388	cavatina *f*	cavatina
2389	ciaccona *f*	chaconne
2390	ciclo *m*	cycle
2391	commedia musicale *f*	musical comedy
2392	commedia per musica *f*	comic opera
2393	concerto *m*	concerto
2394	concerto con quattro strumenti solisti *m*	quadruple concerto
2395	concerto doppio *m*	double concerto
2396	concerto per orchestra *m*	concerto for orchestra

Cabaletta *f*	cabalette *f*	2359
Jagd *f*	chasse *f*	2360
Canarie *f*	canarie *f*	2361
Kanon *m*	canon *m*	2362
Kantate *f*	cantate *f*	2363
Kammerkantate *f*	cantate de chambre *f*	2364
Kirchenkantate *f*	cantate d'église *f*	2365
weltliche Kantate *f*	cantate profane *f*	2366
Choralkantate *f*	cantate sur un choral *f*	2367
Gesang *m* / (Kirchen-)Lied *n*	cantique *m*	2368
Kantilene *f*	cantilène *f*	2369
Karnevalslied *n*	chanson de carnaval *f*	2370
Arbeitslied *n*	chant de travail *m*	2371
Weihnachtslied *n*	chant de Noël *m*	2372
Grabgesang *m*	chant funèbre *m*	2373
Zigeunerlied *n*	chant gitan *m*	2374
Studentenlied *n*	chanson d'étudiant *m*	2375
Gregorianischer Choral *m*	plain-chant *m* / chant grégorien *m*	2376
Brautlied *n*	chant nuptial *m*	2377
Lied *n* / Kanzone *f*	chanson *f*	2378
Abendlied *n*	chant du soir *m*	2379
Kinderlied *n*	chanson enfantine *f*	2380
Schlager *m*	chanson à la mode / chansonnette *f*	2381
Volkslied *n*	chanson populaire *f*	2382
Kanzonette *f*	canzonette *f*	2383
Capriccio *n*	caprice *m*	2384
Carmagnole *f*	carmagnole *f*	2385
Carole *f*	carole *f*	2386
Kassation *f*	cassation *f*	2387
Kavatine *f*	cavatine *f*	2388
Chaconne *f*	chaconne *f*	2389
Zyklus *m*	cycle *m*	2390
Musical *n*	comédie musicale *f*	2391
lyrische Komödie *f*	comédie lyrique *f*	2392
Konzert *n*	concerto *m*	2393
Quadrupelkonzert *n*	quadruple concerto *m*	2394
Doppelkonzert *n*	double concerto *m*	2395
Konzert für Orchester *n*	concerto pour orchestre *m*	2396

2397	concerto per organo *m*	organ concerto
2398	concerto per pianoforte *m*	piano concerto
2399	concerto per violino *m*	violin concerto
2400	concerto sacro *m*	sacred concerto
2401	concerto sinfonico *m*	symphony concert
2402	concerto triplo *m*	triple concerto
2403	consolazione *f*	consolation
2404	contraddanza *f*	country dance
2405	corale *m*	choral / chorale
2406	corrente *f*	courante
2407	cotillon *m*	cotillon
2408	czarda(s) *f*	czardas
2409	danza concertante *f*	concert dance
2410	danza delle streghe *f*	witches' dance
2411	danza dei morti *f* / danza macabra *f*	dance of death
2412	danza gitana *f*	gipsy dance
2413	danza popolare *f*	folk dance
2414	danza rustica *f*	peasent dance
2415	danza slava *f*	Slavonic dance
2416	danza spagnola *f*	Spanish dance
2417	danza ungherese *f*	Hungarian dance
2418	decimino *m*	work for ten players
2419	ditirambo *m* / brindisi *m*	drinking song
2420	divertimento *m*	divertimento
2421	dramma lirico *m*	music drama
2422	dramma musicale *m*	music drama
2423	duetto *m*	duet
2424	duo *m*	duet
2425	egloga *f*	eclogue
2426	elegia *f*	elegy
2427	epilogo	epilogue
2428	estampita *f*	estampie
2429	fantasia *f*	fantasia / fancy
2430	farandola *f*	farandole
2431	farsa *f*	farce
2432	finale *m* / ultimo movimento *m*	finale / last movement
2433	foglio d'album *m*	album leaf

Orgelkonzert *n*	concerto pour orgue *m*	2397
Klavierkonzert *n*	concerto pour piano *m*	2398
Violinkonzert *n*	concerto pour violon *m*	2399
geistliches Konzert *n*	concert de musique sacrée *m*	2400
Sinfoniekonzert *n*	concert symphonique *m*	2401
Tripelkonzert *n*	triple concerto *m*	2402
Consolation *f*	consolation *f*	2403
Kontretanz *m*	contredanse *f*	2404
Choral *m*	choral *m*	2405
Courante *f*	courante *f*	2406
Kotillon *m*	cotillon *m*	2407
Csárdás *m*	csardas *f*	2408
konzertanter Tanz *m*	danse concertante *f*	2409
Hexentanz *m*	dance des sorcières *f*	2410
Totentanz *m*	danse macabre *f*	2411
Zigeunertanz *m*	danse gitane *f*	2412
Volkstanz *m*	danse folklorique *f*	2413
Bauerntanz *m*	danse champêtre *f* / danse paysanne *f* / villageoise *f*	2414
slawischer Tanz *m*	danse slave *f*	2415
spanischer Tanz *m*	danse espagnole *f*	2416
ungarischer Tanz *m*	danse hongroise *f*	2417
Dezett *n*	dixtuor *m*	2418
Trinklied *n*	chanson à boire *f* / chanson bacchique *f*	2419
Divertimento *n* / „Unterhaltung" *f*	divertissement *m*	2420
Musikdrama *n*	drame lyrique *m*	2421
Musikdrama *n*	drame musical *m*	2422
Duett *n*	duetto *m*	2423
Duo *n*	duo *m*	2424
Hirtengedicht *n* / Ekloge *f*	églogue *f*	2425
Elegie *f*	élégie *f*	2426
Epilog *m* / Nachspiel *n*	épilogue *m*	2427
Estampie *f*	estampie *f*	2428
Fantasie *f*	fantaisie *f*	2429
Farandole *f*	farandole *f*	2430
Farce *f* / Posse *f*	farce *f*	2431
Schlußstück *n* / Schlußsatz *m*	final *m* / dernier mouvement *m*	2432
Albumblatt *n*	feuille d'album *f*	2433

2434	follia *f*	folia
2435	francese *f*	French dance
2436	fuga *f*	fugue
2437	fughetta *f*	fughetta
2438	furlana *f* / forlana *f*	forlana / furlana
2439	gagliarda *f*	galliard
2440	galanteria *f*	galanteries
2441	galoppo *m*	galop
2442	gavotta *f*	gavotte
2443	giga *f*	jig
2444	girotondo *m*	round dance
2445	gopak *m*	gopak
2446	improvviso *m*	impromptu
2447	inglese *f*	English dance
2448	habanera *f*	habanera
2449	inno *m*	hymn / anthem / hymn of praise
2450	inno nazionale *m*	national anthem
2451	interludio *m*	interlude
2452	intermezzo *m* / intermedio *m*	interlude
2453	intrada *f* / entrata *f*	intrada
2454	introduzione *f*	introduction
2455	invenzione *f*	invention
2456	lai *m*	lay
2457	lamento *m*	lament
2458	lancieri *m pl*	lancers
2459	landa *f*	lands
2460	lavolta *f* / volta *f*	volta
2461	leggenda *f*	legend
2462	litania *f*	litany
2463	madrigale *m*	madrigal
2464	maggiolata *f*	may song
2465	marcia *f*	march
2466	marcia funebre *f*	funeral march
2467	marcia nuziale *f*	wedding march
2468	marcia trionfale *f*	triumphal march
2469	marinesca *f*	sailor-like / naval
2470	mascherata *f*	masque
2471	mattinata *f*	morning music / aubade
2472	mazurca *f*	mazurka
2473	melodramma *m*	melodrama

Folia *f*	folia *f*	2434
Française *f*	française *f*	2435
Fuge *f*	fugue *f*	2436
Fughette *f* / kleine Fuge *f*	fughette *f*	2437
Forlana *f* / Friauler *m*	forlane *f*	2438
Gagliarde *f*	gaillarde *f*	2439
Galanterie *f*	galanteries *f pl*	2440
Galopp *m*	galop *m*	2441
Gavotte *f*	gavotte *f*	2442
Gigue *f*	gigue *f*	2443
Reigen *m*	ronde *f*	2444
Hopak *m*	gopak *m*	2445
Impromptu *n*	impromptu *m*	2446
Anglaise *f*	anglaise *f*	2447
Habanera *f*	habanera *f*	2448
Hymne *f* / Lobgesang *m*	hymne *m*	2449
Nationalhymne *f*	hymne national *m*	2450
Zwischenspiel *n*	entr'acte *m*	2451
Zwischenspiel *n*	intermède *m*	2452
Intrade *f*	entrée *f*	2453
Einleitung *f*	introduction *f*	2454
Invention *f*	invention *f*	2455
Leich *m*	lai *m*	2456
Klage *f*	lamentation *f*	2457
Lancers *m Pl*	lanciers *m pl* / quadrille à la cour *f*	2458
Lande *f*	lande *f*	2459
Volte *f*	volte *f*	2460
Legende *f*	légende *f*	2461
Litanei *f*	litanie *f*	2462
Madrigal *n*	madrigal *m*	2463
Mailied *n*	chant de mai *m*	2464
Marsch *m*	marche *f*	2465
Trauermarsch *m*	marche funèbre *f*	2466
Hochzeitsmarsch *m*	marche nuptiale *f*	2467
Triumphmarsch *m*	marche triomphale	2468
Matelotte *f*	marinière *f* / matelote *f*	2469
Maskenspiel *n*	mascarade *f*	2470
Morgenständchen *n*	aubade *f*	2471
Mazurka *f*	mazurka *f*	2472
Melodram *n* / Melodrama *n*	mélodrame *m*	2473

2474	messa *f*	mass
2475	messa dei defunti *f* / Requiem *m* / messa di (da) Requiem *f*	mass for the dead / requiem mass
2476	minuetto *m*	minuet
2477	mistero *m*	liturgical drama
2478	momento musicale *m*	"musical moment"
2479	monodramma *m*	monodrama
2480	moresca *f*	morris dance
2481	moto perpetuo *m* / perpetuum mobile (L)	perpetual motion
2482	mottetto *m*	motet
2483	nenia *f* / lamento funebre *m*	nenia / funeral lament
2484	ninna nanna *f*	lullaby / cradle song
2485	nonetto *m*	nonet
2486	notturno *m*	nocturne
2487	novelletta *f*	novelette
2488	ode *f*	ode
2489	ochetus *m*	hocket
2490	offertorio *m*	offertory
2491	opera *f*	opera
2492	opera buffa *f*	comic opera
2493	opera comica *f*	comic opera
2494	opera corale *f*	choral work
2495	opera seria *f*	serious opera
2496	operetta *f*	operetta
2497	oratorio *m*	oratorio
2498	ottetto *m*	octet
2499	ouverture *f* / sinfonia *f*	overture
2500	ouverture d'opera *f*	operatic overture
2501	ouverture da concerto *f*	concert overture
2502	parafrasi *f*	paraphrase
2503	parodia *f*	parody
2504	partita *f*	partita
2505	passacaglia *f*	passacaglia
2506	passepied *m*	passepied
2507	passione *f*	passion
2508	pasticcio *m*	pasticcio / pastiche
2509	pastorale *f*	pastoral
2510	pavana *f* / padovana *f*	pavan
2511	perigordino *m*	perigourdine

Messe *f*	messe *f*	2474
Totenmesse *f* / Requiem *n*	messe des morts *f*	2475
Menuett *n*	menuet *m*	2476
liturgisches Drama *n*	drame liturgique *m*	2477
„musikalischer Augenblick" *m* / Moment musical *m*	moment musical *m*	2478
Monodram *n*	monodrame	2479
Moreske *f*	mauresque *f*	2480
durchlaufend bewegt	mouvement perpétuel *m*	2481
Motette *f*	motet *m*	2482
Nänie *f* / Totenklage *f*	nénie *f*	2483
Wiegenlied *n*	berceuse *f*	2484
Nonett *n*	nonet *m*	2485
Notturno *n* / Nachtstück *n*	nocturne *m*	2486
Novellette *f*	novelette *f*	2487
Ode *f*	ode *f*	2488
Hoketus *m*	hoquet *m*	2489
Offertorium *n*	offertoire *m*	2490
Oper *f*	opéra *m*	2491
heitere Oper *f*	opéra bouffe *m*	2492
komische Oper *f*	opéra comique *m*	2493
Chorwerk *n*	oeuvre chorale *f*	2494
ernste Oper *f*	opéra sérieux *m*	2495
Operette *f*	opérette *f*	2496
Oratorium *n*	oratorio *m*	2497
Oktett *n*	octuor *m*	2498
Ouvertüre *f*	ouverture *f*	2499
Opernouvertüre *f*	ouverture d'opéra *f*	2500
Konzertouvertüre *f*	ouverture de concert *f*	2501
Paraphrase *f* / Umspielung *f*	paraphrase *f*	2502
Parodie *f*	parodie *f*	2503
Partita *f*	partita *f*	2504
Passacaglia *f*	passacaille *f*	2505
Passepied *m*	passepied *m*	2506
Passion *f*	passion *f*	2507
Flickoper *f*	pastiche *m*	2508
Pastorale *f* / Hirtenstück *n*	pastorale *f* / pastourelle *f*	2509
Pavane *f*	pavane *f*	2510
Perigourdine *f*	périgourdine *f*	2511

2512	pezzo *m*	piece
2513	pezzo caratteristico *m*	character piece
2514	pezzo da concerto *m*	concert piece
2515	pezzo lirico *m*	lyric piece
2516	poema *f*	poem
2517	poema sinfonico *m*	symphonic poem
2518	polacca *f*	polonaise
2519	polca *f*	polka
2520	postludio *m*	postlude
2521	pot-pourri *m*	pot-pourri / medley / selection
2522	preambulo *m*	preamble
2523	preludio *m*	prelude
2524	prologo *m*	prologue
2525	quadriglia *f*	quadrille
2526	quartetto *m*	quartet
2527	quartetto d'archi *m*	string quartet
2528	quintetto *m*	quintet
2529	quintetto per (di) fiati *m*	wind quintet
2530	quodlibet *m* / messanza *f*	quodlibet
2531	rapsodia *f*	rhapsody
2532	recitativo *m*	recitative
2533	recitativo accompagnato *m*	accompanied recitative
2534	recitativo secco *m*	recitative with continuo accompaniment ("dry")
2535	ricercare *m*	ricercar
2536	rigaudon *m*	rigadoon
2537	ritornello *m*	ritornello
2538	romanza *f*	romance
2539	romanza senza parole *f*	song without words
2540	rondò *m*	rondo
2541	salmo *m*	psalm
2542	sarabanda *f*	sarabande
2543	sardana *f*	sardana
2544	scherzino *m* / scherzetto *m*	little scherzo
2545	scozzese *f*	Scottish dance
2546	serenata *f*	serenade
2547	sestetto *m*	sextet
2548	settiminio *m*	septet
2549	siciliana *f*	siciliana
2550	sinfonia *f*	symphony
2551	sinfonia concertante *f*	sinfonia concertante

Stück *n*	pièce *f*	2512
Charakterstück *n*	pièce de charactère *f*	2513
Konzertstück *n*	morceau de concert *m*	2514
Lyrisches Stück *n*	pièce lyrique *f*	2515
Poema *n* / Gedicht *n*	poème *m*	2516
sinfonische Dichtung *f*	poème symphonique *m*	2517
Polonaise *f*	polonaise *f*	2518
Polka *f*	polka *f*	2519
Nachspiel *n*	postlude *m*	2520
Potpourri *n*	pot-pourri *m*	2521
Präambel *f*	préambule *m*	2522
Präludium *n* / Vorspiel *n*	prélude *m*	2523
Prolog *m*	prologue *m*	2524
Quadrille *f*	quadrille *f*	2525
Quartett *n*	quatuor *m*	2526
Streichquartett *n*	quatuor à cordes *m*	2527
Quintett *n*	quintette *m*	2528
Bläserquintett *n*	quintette à vent *m*	2529
Quodlibet *n*	quodlibet *m* / fricassée *f*	2530
Rhapsodie *f*	rhapsodie *f*	2531
Rezitativ *n*	récitatif *m*	2532
begleitetes Rezitativ *n*	récitatif accompagné *m*	2533
Rezitativ nur mit Continuo („trocken“) *n*	récitatif seulement avec continuo (“sec”) *m*	2534
Ricercar *n*	ricercare *m*	2535
Rigaudon *m*	rigaudon *m*	2536
Ritornell *n*	ritournelle *f*	2537
Romanze *f*	romance *f*	2538
Lied ohne Worte *n*	romance sans paroles *f*	2539
Rondo *n*	rondo *m* / rondeau *m*	2540
Psalm *m*	psaume *m*	2541
Sarabande *f*	sarabande *f*	2542
Sardane *f*	sardane *f*	2543
kleines Scherzo *n*	petit scherzo *m*	2544
Schottischer *m*	écossaise *f*	2545
Ständchen *n*	sérénade *f*	2546
Sextett *n*	sextuor *m*	2547
Septett *n*	septuor *m*	2548
Siziliano	sicilienne *f*	2549
Sinfonie *f*	symphonie *f*	2550
Konzertante Sinfonie *f*	symphonie concertante *f*	2551

2552	sogno *m*	dream
2553	sonata *f*	sonata
2554	sonata da camera *f*	chamber sonata
2555	sonata da chiesa *f*	church sonata
2556	sonata per pianoforte *f*	piano sonata
2557	sonatina *f*	sonatina
2558	stanza *f*	stanza
2559	studio da concerto	concert study
2560	studio *m*	study
2561	suite *f*	suite
2562	suite francese *f*	French suite
2563	suite inglese *f*	English suite
2564	tarantella *f*	tarantella
2565	tema con variazioni *m*	theme with variations
2566	tenzone *m*	tenson
2567	terzetto *m*	trio
2568	tirolese *f*	tyrolienne
2569	toccata *f*	toccata
2570	tortiglione *m*	tourdion
2571	tragedia lirica *f*	lyric tragedy
2572	umoresca *f*	humoresque
2573	valzer *m*	waltz
2574	valzer viennese *m*	Viennese waltz
2575	variazione *f*	variation
2576	versetto *m*	verset
2577	vespri *m pl*	vespers
2578	villanella *f* / villanesca *f* /	villanella
2579	volta *f*	volta
2580	zingaresca *f*	gipsy dance

Träumerei *f* / Traum *m*	rêverie *f* / rêve *m*	2552
Sonate *f*	sonate *f*	2553
Kammersonate *f*	sonate de chambre *f*	2554
Kirchensonate *f*	sonate d'église *f*	2555
Klaviersonate *f*	sonate pour piano *f*	2556
Sonatine *f*	sonatine *f*	2557
Stanza *f*	stance *f*	2558
Konzertetüde *f*	étude concertante *f* / étude de concert *f*	2559
Etüde *f*	étude *f*	2560
Suite *f*	suite *f*	2561
Französische Suite *f*	suite française *f*	2562
Englische Suite *f*	suite anglaise *f*	2563
Tarantella *f*	tarentelle *f*	2564
Thema mit Variationen *n*	thème avec variations *m*	2565
Tenzone *f*	tenson *m*	2566
Terzett *n*	trio *m*	2567
Tiroler Lied *n*	tyrolienne *f*	2568
Toccata *f*	toccate *f*	2569
Tourdion *m*	tordion *m*	2570
Lyrische Tragödie *f*	tragédie lyrique *f*	2571
Humoreske *f*	humoresque *f*	2572
Walzer *m*	valse *f*	2573
Wienerwalzer *m*	valse viennoise *f*	2574
Variation *f* / Veränderung *f*	variation *f*	2575
Versett *n*	verset *m*	2576
Vesper *f*	vêpres *f pl*	2577
Villanella *f*	villanesque *f*	2578
Volta *f*	volte *f*	2579
Zigeunertanz *m* / Zigeunerlied *n*	tzigane *f*	2580

Generi e forma

Le seguenti composizioni musicali portano lo stesso nome in tutte le lingue.

Genres and forms

The following compositions bear the same term in all languages.

Alborada
Alegrias
Arioso
Aragonaise
Ayre
Baborák
Badinage
Badinerie
Batuque
Bergerette
Bluette
Brunette
Bulerias
Cachucha
Calata
Cancan
Cantigas
Catch
Cebell
Chiarantana
Cinquepace
Colinda
Concertino
Concerto grosso
Contrás
Corrido
Cueca
Cumbia
Danzón
Diferencia
Doina
Double
Dumka
Duo
Extravaganza
Fado
Fandango
Farruca
Flamenco
Frottola
Furiant
Giustiniana
Glee
Greghesca
Guajira
Guaracha
Habanera
Halling
Hey
Highland fling
Hora
Hornpipe
Hupfauf
Jabadao
Jabo
Jacara
Jaleo
Jarabe
Jota
Koleda
Kolo
Kujawiak
Ländler
Lied
Loure
Lesginka
Malagueña
Manfredina
Monferrina
Muñeira

Die folgenden musikalischen Kompositionen tragen in allen Sprachen den gleichen Namen.

Les compositions musicales suivantes portent le même nom dans toutes les langues.

Murciana
Musette
Oberek
Obertas
Ode
Palotas
Partita
Passamezzo
Pastourelle
Penillion
Périgourdine
Piva
Polo
Polska
Redowa
Reel
Rejdovak
Réjouissance
Requiem
Rheinländer
Rispetto
Romanesca
Ronda
Rondeau
Rondeña
Rueda
Ruggiero
Saeta
Sainete
Saltarello
Scherzo
Schuhplattler
Sevillana
Shanty
Sinfonietta
Singspiel
Soleà
Solfeggetto
Springtanz
Stornello
Strambotto
Strathspey
Styrienne
Suite
Tambourin
Tiento
Tirana
Toccata
Tombeau
Tonadilla
Tourbillon
Trepak
Tresca
Trescone
Trezza
Trio
Trotto
Varsovienne
Vaudeville
Veneziana
Villancico
Villotta
Virelai
Volutary
Zamacueco
Zapateado
Zarzuela
Zortzico

Il linguaggio di ogni giorno / Every day language

Verbi / Verbs

2581	abbassare	to lower
2582	abbassare l'intonatura / abbassare l'accordatura	to tune down
2583	abbellire	to embellish
2584	abbreviare	to shorten
2585	accelerare	to accelerate
2586	accentuare	to stress
2587	accompagnare	to accompany
2588	accordare	to tune
2589	adattare	to adapt
2590	affrettare	to hasten
2591	aggiungere	to add
2592	allargare	to widen
2593	allontanarsi	to go away
2594	allungare	to lengthen
2595	alterare	to alter
2596	alternare	to alternate
2597	alzare	to raise
2598	alzare l'intonatura / alzare l'intonazione	to tune up
2599	ampliare	to enlarge
2600	animare	to animate
2601	annunciare	to announce
2602	applaudire	to applaud
2603	appoggiare	to lean
2604	aprire	to open
2605	armonizzare	to harmonize
2606	arpeggiare	to play arpeggios
2607	arrangiare	to arrange
2608	articolare	to articulate
2609	ascoltare	to listen
2610	aspettare	to wait
2611	attaccare / incominciare	to attack / to begin
2612	aumentare	to augment
2613	balbettare	to stammer
2614	ballare	to dance

Die tägliche Sprache | Le langage de tous les jours

Verben | Verbes

senken / erniedrigen	baisser /abaisser	2581
herabstimmen	baisser l'accord / baisser l'intonation	2582
verschönern	embellir	2583
abkürzen	abréger	2584
beschleunigen	accélérer	2585
betonen	accentuer	2586
begleiten	accompagner	2587
einstimmen / stimmen	accorder	2588
bearbeiten	adapter	2589
beeilen	hâter	2590
hinzufügen	ajouter	2591
erweitern	élargir	2592
sich entfernen	s'éloigner	2593
verlängern	allonger	2594
verändern	altérer	2595
alternieren / abwechseln	alterner	2596
erhöhen	hausser	2597
heraufstimmen	monter l'intonation / monter l'accord	2598
erweitern	agrandir	2599
beleben	animer	2600
ankündigen	annoncer	2601
klatschen	applaudir	2602
lehnen	appuyer	2603
öffnen	ouvrir	2604
harmonisieren	harmoniser	2605
arpeggieren	arpéger	2606
arrangieren / einrichten / bearbeiten	arranger	2607
deutlich aussprechen	articuler	2608
zuhören / anhören	écouter	2609
warten	attendre	2610
anspielen (ein Stück)	attaquer / commencer	2611
vergrößern	augmenter	2612
stottern	balbutier	2613
tanzen	danser	2614

	Il linguaggio di ogni giorno: Verbi	Every day language: Verbs
2615	battere	to beat
2616	battere il tempo	to beat time
2617	bisbigliare	to whisper
2618	borbottare	to mumble
2619	brontolare	to grumble
2620	bussare	to knock
2621	buttare	to throw
2622	cadere	to fall down
2623	calare	to let down
2624	calmare	to calm
2625	cambiare	to change
2626	cancellare	to erase
2627	cantare	to sing
2628	cantare a prima vista	to sing at sight / to sight-sing
2629	canticchiare	to hum
2630	capire	to understand
2631	cedere	to give in
2632	cercare	to seek / to look for
2633	cessare	to cease
2634	chiaccherare	to chat
2635	chiudere	to shut / to close
2636	cifrare	to figure
2637	commuovere	to move
2638	comporre	to compose
2639	concentrarsi	to concentrate
2640	contare	to count
2641	continuare	to continue
2642	copiare	to copy
2643	coprire	to cover
2644	correggere	to correct
2645	creare	to create
2646	crescere	to grow
2647	criticare	to criticize
2648	dare dei concerti	to give concerts
2649	declamare	to declaim
2650	dedicare	to dedicate
2651	descrivere	to describe
2652	diminuire	to diminish
2653	dirigere	to conduct

schlagen	battre	2615
Takt schlagen	battre la mesure	2616
flüstern	chuchoter	2617
murmeln	grommeler	2618
brummen	grogner	2619
klopfen	frapper	2620
werfen	jeter	2621
fallen	tomber	2622
sinken / herablassen	faire descendre	2623
beruhigen	calmer	2624
wechseln	changer	2625
auslöschen	effacer	2626
singen	chanter	2627
vom Blatt singen	déchiffrer / chanter à vue	2628
trällern	chantonner / fredonner	2629
verstehen	comprendre	2630
nachgeben / nachlassen	céder	2631
suchen	chercher	2632
aufhören	cesser	2633
plaudern	bavarder	2634
schließen	fermer	2635
beziffern	chiffrer	2636
rühren	émouvoir	2637
komponieren	composer	2638
sich konzentrieren	se concentrer	2639
zählen	compter	2640
fortsetzen	continuer	2641
kopieren / abschreiben	copier	2642
bedecken	couvrir	2643
verbessern / korrigieren	corriger	2644
erschaffen	créer	2645
wachsen	croître / grandir	2646
tadeln	critiquer	2647
konzertieren	donner des concerts	2648
deklamieren	déclamer	2649
widmen	dédier	2650
beschreiben	décrire	2651
vermindern / abnehmen	diminuer	2652
dirigieren	diriger	2653

2654	distendersi	to relax
2655	dividere	to divide
2656	elaborare	to elaborate
2657	elogiare	to praise
2658	entrare	to enter / to appear
2659	entrare in scena	to appear on stage
2660	eseguire	to perform
2661	esercitare	to practise
2662	esordire	to make one's début
2663	espirare	to breathe out
2664	esprimere	to express
2665	esultare	to exult
2666	felicitare	to congratulate
2667	fermare	to stop
2668	festeggiare	to celebrate
2669	finire	to finish
2670	fischiare	to whistle
2671	forzare	to force
2672	fraseggiare	to phrase
2673	frenare	to hold back / brake
2674	gemere	to moan
2675	graduare	to shade / to gradate
2676	grattare	to scratch
2677	gridare	to shout
2678	imitare	to imitate
2679	improvvisare	to improvise
2680	incominciare	to begin
2681	incrociare	to cross
2682	indicare	to indicate
2683	insegnare	to teach
2684	interpretare	to interpret / to perform
2685	interrompere	to interrupt
2686	inspirare	to inhale
2687	intonare	to intone / to strike up
2688	introdurre	to introduce
2689	invertire	to invert
2690	legare	to tie / to slur
2691	leggere	to read
2692	levare	to raise

entspannen	se détendre	2654
teilen	diviser	2655
ausarbeiten	élaborer	2656
loben	louer	2657
eintreten / auftreten	entrer	2658
auftreten	entrer en scène	2659
ausführen	exécuter	2660
üben	exercer	2661
debütieren	débuter	2662
ausatmen	expirer	2663
ausdrücken	exprimer	2664
jubeln	exulter	2665
beglückwünschen / gratulieren	féliciter	2666
abbrechen / anhalten	arrêter	2667
feiern	fêter	2668
enden	finir	2669
pfeifen	siffler	2670
forcieren	forcer	2671
phrasieren	phraser	2672
bremsen	freiner	2673
stöhnen	gémir	2674
abstufen	nuancer / graduer	2675
kratzen	gratter	2676
schreien	crier	2677
imitieren / nachahmen	imiter	2678
improvisieren / extemporieren	improviser	2679
anfangen	commencer	2680
kreuzen	croiser	2681
zeigen	indiquer	2682
lehren	enseigner	2683
interpretieren	interpréter	2684
unterbrechen	interrompre	2685
einatmen	inspirer	2686
anstimmen	entonner	2687
einführen / einleiten	introduire	2688
umkehren	inverser	2689
binden	lier	2690
lesen	lire	2691
aufheben	lever	2692

	Il linguaggio di ogni giorno: Verbi	Every day language: Verbs
2693	marcare	to mark
2694	martellare	to hammer
2695	mettere	to put
2696	mettere in scena	to stage
2697	migliorare	to improve
2698	misurare	to measure
2699	moderare	to moderate
2700	modificare	to alter
2701	mostrare	to show
2702	muovere	to move
2703	mutare	to change
2704	orchestrare	to orchestrate
2705	parlare	to speak / to talk
2706	pensare	to think
2707	perfezionarsi	to improve
2708	plagiare	to plagiarize
2709	portare	to carry / to fetch
2710	posare	to lay down
2711	precipitare	to precipitate / to hurry / to hasten
2712	pregare	to beg / to pray
2713	preludiare	to prelude
2714	prendere	to take
2715	preparare	to prepare
2716	presentare	to present
2717	progredire	to progress
2718	prolungare	to prolong
2719	pronunciare	to pronounce
2720	proporre	to propose
2721	provare	to try
2722	raccontare	to tell
2723	raccorciare	to shorten
2724	raddoppiare	to double
2725	raggruppare	to group
2726	rallentare	to slow down
2727	recitare	to recite
2728	registrare	to record
2729	respirare	to breathe
2730	richiamare	to recall
2731	ricominciare	to recommence

markieren	marquer	2693
hämmern	marteler	2694
setzen / legen / stellen	mettre	2695
inszenieren	mettre en scène	2696
verbessern	améliorer	2697
messen	mesurer	2698
mäßigen	modérer	2699
abändern	modifier	2700
zeigen	montrer	2701
bewegen	mouvoir / remuer	2702
ändern	changer	2703
orchestrieren	orchestrer	2704
sprechen	parler	2705
denken	penser	2706
sich vervollkommnen	se perfectionner	2707
abschreiben / plagiieren	plagier	2708
tragen / bringen	porter	2709
niederlegen	poser	2710
überstürzen	précipiter	2711
bitten / beten	prier	2712
präludieren	préluder	2713
nehmen	prendre	2714
vorbereiten	préparer	2715
vorstellen	présenter	2716
fortschreiten	progresser	2717
verlängern	prolonger	2718
aussprechen	prononcer	2719
vorschlagen	proposer	2720
probieren	essayer	2721
erzählen	raconter	2722
verkürzen	réduire / raccourcir	2723
verdoppeln	doubler	2724
zusammenstellen	grouper	2725
verlangsamen	ralentir	2726
vortragen	réciter	2727
aufnehmen	enregistrer	2728
atmen	respirer	2729
zurückrufen	rappeler	2730
wieder beginnen	recommencer	2731

2732	ricordarsi	to remember
2733	ridere	to laugh
2734	riflettere	to think over
2735	rilassare / rilassarsi	to relax
2736	rimbalzare	to bounce
2737	rimbombare	to resound
2738	rinforzare	to reinforce
2739	rinviare	to adjourn / to put off
2740	ripetere	to rehearse / to repeat
2741	riprendere / ricominciare	to retake
2742	risolvere	to resolve
2743	rispondere	to answer
2744	risuonare	to replay
2745	ritardare	to delay
2746	ritenere	to hold back
2747	ritmare	to emphasize the rhythm
2748	rovesciare	to upset / to overturn
2749	saltare	to jump
2750	saltare al posto di un'altro	to understudy / to take over a part
2751	schiarirsi la gola	to clear one's throat
2752	scrivere	to write
2753	scrivere delle note / scrivere della musica	to notate
2754	seguire	to follow
2755	semplificare	to simplify
2756	sentire	to feel / to hear
2757	separare	to separate
2758	sfiorare	to touch lightly
2759	singhiozzare	to sob
2760	smettere	to stop
2761	smorzare	to subdue
2762	soffiare	to blow
2763	sognare	to dream
2764	sopprimere	to suppress
2765	sorridere	to smile
2766	sospirare	to sigh
2767	sostenere	to sustain
2768	sostituire	to substitute
2769	spegnere	to extinguish

sich erinnern	se souvenir	2732
lachen	rire	2733
nachdenken	réfléchir	2734
lockern / entspannen	se relaxer / relâcher	2735
zurückprallen	rebondir	2736
dröhnen	retentir	2737
verstärken	renforcer	2738
verschieben	renvoyer / ajourner	2739
proben / wiederholen	répéter	2740
wieder anfangen / aufnehmen	reprendre / recommencer	2741
auflösen	résoudre	2742
antworten	répondre	2743
erneut spielen	rejouer	2744
verzögern	retarder	2745
zurückhalten	retenir	2746
rhythmisieren	rhythmer	2747
umkehren	renverser	2748
springen / überspringen	sauter	2749
einspringen	remplacer au pied levé	2750
sich räuspern	s'éclaircir la voix	2751
schreiben	écrire	2752
notieren	noter	2753
folgen	suivre	2754
vereinfachen	simplifier	2755
hören / fühlen	sentir	2756
trennen	séparer	2757
streifen	effleurer	2758
schluchzen	sangloter	2759
aufhören	cesser	2760
dämpfen	atténuer	2761
blasen	souffler	2762
träumen	rêver	2763
aufheben	supprimer	2764
lächeln	sourir	2765
seufzen	soupirer	2766
stützen	soutenir	2767
ersetzen	substituer	2768
auslöschen	éteindre	2769

	Il linguaggio di ogni giorno: Piccola raccolta di parole	Every day language: A small collection of words
2770	spiegare	to explain
2771	spingere	to push
2772	staccare	to undo
2773	stonare	to be out of tune / to waver in pitch
2774	strappare	to tear
2775	strascicare	to drag
2776	strimpellare	to strum
2777	strumentare	to score
2778	studiare	to study
2779	suddividere	to subdivide
2780	suggerire	to prompt
2781	suonare	to play
2782	suonare a memoria	to play by heart
2783	suonare a prima vista	to play at sight / to sight-read
2784	tacere	to be silent
2785	tagliare	to cut
2786	tenere	to keep / to hold
2787	tenere il tempo	to keep time
2788	terminare	to end
2789	tirare	to pull
2790	togliere	to take away
2791	tornare	to return
2792	trascinare	to drag
2793	trattare	to treat
2794	tremare	to tremble
2795	trovare	to find
2796	udire	to hear
2797	unire	to connect
2798	urlare	to yell
2799	variare	to vary
2800	vibrare	to vibrate
2801	voltare	to turn

	Piccola raccolta di parole	A small collection of words
2802	abbonamento *m*	subscription
2803	abilità *f*	dexterity

erklären	expliquer	2770
stoßen	pousser	2771
abstoßen / lostrennen	détacher	2772
detonieren	détonner	2773
reißen	arracher	2774
schleppen	traîner	2775
klimpern	tapoter	2776
instrumentieren	instrumenter	2777
studieren / lernen	étudier	2778
unterteilen	subdiviser	2779
vorsagen / soufflieren	souffler	2780
spielen	jouer	2781
auswendig spielen	jouer par cœur	2782
vom Blatt spielen	déchiffrer / jouer à vue	2783
schweigen	se taire	2784
schneiden	couper	2785
halten	tenir	2786
Takt halten	garder la mesure	2787
beendigen	terminer	2788
ziehen	tirer	2789
wegnehmen	enlever	2790
zurückkommen	revenir	2791
schleppen	traîner	2792
behandeln	traiter	2793
zittern	trembler	2794
finden	trouver	2795
hören	entendre	2796
verbinden	unir	2797
heulen	hurler	2798
ändern / wechseln	varier	2799
vibrieren / schwingen / erklingen	vibrer	2800
umblättern / wenden	tourner	2801

Kleine Wörtersammlung / Petite collection de mots

Abonnement *n*	abonnement *m*	2802
Fertigkeit *f*	dextérité *f*	2803

	Il linguaggio di ogni giorno: Piccola raccolta di parole	Every day language: A small collection of words
2804	accademia di musica *f*	music school / college
2805	abbondante	abundant
2806	abbozzo *m*	draft
2807	abile	able
2808	accessori *m pl*	accessories / props
2809	accentuazione *f*	accentuation
2810	accompagnamento *m*	accompaniment
2811	accordato	tuned
2812	accordatura *f*	tuning
2813	acustica *f*	acoustics
2814	acustica ambientale *f*	ambience / acoustics
2815	addio!	farewell!
2816	adesso	now
2817	agenzia di concerti *f*	concert agency
2818	a la maniera di	in the manner of
2819	allievo *m* / allieva *f* / alunno *m* / alunna *f*	pupil
2820	almeno	at least
2821	altezza *f*	height / pitch
2822	alto	high
2823	amante della musica *m + f*	music lover
2824	a mente / a memoria	by heart
2825	ancora una volta / un'altra volta	once more / again
2826	annotazione *f*	annotation
2827	antico	antique
2828	antologia *f*	anthology
2829	apice *m* / punto culminante *m*	climax / apex
2830	apparecchi imitanti voci animali *m pl*	animal sound-effects
2831	applauso *m*	applause
2832	approssimativo	approximate
2833	archi *m pl*	string section
2834	armonia *f*	harmony
2835	arrangiamento *m*	arrangement / adaptation
2836	arte *f*	art
2837	artificiale	artificial
2838	artista *m + f*	artist

Musikhochschule *f* / Musikakademie *f*	école supérieure de musique *f*	2804
reichlich	abondant	2805
Entwurf *m*	ébauche *m*	2806
geschickt	habile	2807
Requisiten *n Pl*	accessoires *m pl*	2808
Betonung *f*	accentuation *f*	2809
Begleitung *f*	accompagnement *m*	2810
gestimmt	accordé	2811
Stimmung (eines Instrumentes) *f*	accordage *m*	2812
Akustik *f*	acoustique *f*	2813
Raumakustik *f*	acoustique ambiante *f* / acoustique d'un local *f*	2814
Lebe wohl!	adieu!	2815
jetzt	maintenant	2816
Konzertagentur *f*	agence de concerts	2817
nach Art von	à la manière de	2818
Schüler *m* / Schülerin *f*	élève *m* + *f*	2819
wenigstens	au moins	2820
Höhe *f*	hauteur *f*	2821
hoch	haut	2822
Musikliebhaber *m* / Musikliebhaberin *f*	amateur de musique *m*	2823
auswendig	par cœur	2824
noch einmal	encore une fois	2825
Anmerkung *f* / Notiz *f*	annotation *f* / notice *f*	2826
altertümlich	antique	2827
Sammelwerk *n*	anthologie *f*	2828
Höhepunkt *m*	point culminant *m*	2829
Tierstimmeneffekte *m Pl*	effects d'animaux *m pl*	2830
Beifall *m*	applaudissement *m*	2831
annähernd	approximatif	2832
Streicher *m Pl*	cordes *f pl*	2833
Harmonie *f*	harmonie *f*	2834
Arrangement *n* / Bearbeitung *f*	arrangement *m* / adaptation *f*	2835
Kunst *f*	art *m*	2836
gekünstelt / künstlich	artificiel	2837
Künstler *m* / Künstlerin *f*	artiste *m* + *f*	2838

	Il linguaggio di ogni giorno: Piccola raccolta di parole	Every day language: A small collection of words
2839	ascoltatore *m* / ascoltatrice *f*	listener
2840	ascolto *m*	hearing
2841	attacco *m*	cue
2842	attenzione *f*	attention
2843	atto *m*	act
2844	attore *m*	actor
2845	attrice *f*	actress
2846	audizione *f*	audition
2847	autore *m*	author
2848	azione *f*	action
2849	bacchetta *f*	stick / baton
2850	ballabile	in dance style
2851	ballerino *m*	dancer
2852	ballerina *f*	ballerina
2853	ballo *m* / danza *f*	dance
2854	ballo di società *m* / ballo di sala *m*	ballroom dance
2855	ballo popolare *m* / danza popolare *f* / danza folcloristica *f*	folk dance
2856	bambino prodigio *m*	infant prodigy
2857	banda *f* / fanfara *f*	brass band / wind band
2858	banda di ottoni *f*	brass band
2859	banda militare *f*	military band
2860	barocco *m*	baroque
2861	basso	low / bass
2862	basta!	that's enough
2863	bellezza *f*	beauty
2864	bello / bella	beautiful
2865	biglietto *m*	ticket
2866	biglietto in omaggio *m*	complimentary ticket
2867	bis (L)	encore
2868	botteghino *m* / biglietteria *f*	box office
2869	brano *m*	piece
2870	bravissimo!	very good!
2871	cacofonia *f*	cacophony
2872	cambiamento *m*	change
2873	camerino *m*	green-room
2874	capolavoro *m*	masterpiece
2875	cappella *f*	chapel

Hörer *m* / Hörerin *f*	auditeur *m* / auditrice *f*	2839
Gehör *n*	écoute *m*	2840
Einsatz *m*	entrée *f*	2841
Aufmerksamkeit *f*	attention *f*	2842
Akt *m*	acte *m*	2843
Schauspieler *m* / Darsteller *m*	acteur *m*	2844
Schauspielerin *f* / Darstellerin *f*	actrice *f*	2845
Probespiel *n*	audition *f* / essai *m*	2846
Autor *m*	auteur *m*	2847
Handlung *f*	action *f*	2848
Taktstock *m*	baguette *f*	2849
tänzerisch / tanzmäßig	dansant	2850
Tänzer *m*	danseur de ballet *m*	2851
Tänzerin *f*	danseuse de ballet *f* / ballerina *f*	2852
Tanz *m*	danse *f*	2853
Gesellschaftstanz *m*	danse de societé *f* / danse de salon *f*	2854
Volkstanz *m*	danse populaire *f* / danse folkloristique *f*	2855
Wunderkind *n*	enfant prodige *m*	2856
Blasmusik *f* / Fanfare *f*	fanfare *f* / corps de musique *m*	2857
Blechblasorchester *n*	fanfare de cuivres *f*	2858
Militärkapelle *f*	harmonie *f*	2859
Barock *m*	baroque *m*	2860
niedrig / tief	bas	2861
genug!	assez!	2862
Schönheit *f*	beauté *f*	2863
schön	beau / belle	2864
Eintrittskarte *f*	billet *m*	2865
Freikarte *f*	billet de faveur *m* / billet gratuit *m*	2866
noch einmal! / Zugabe! *f*	encore!	2867
Theaterkasse *f* / Konzertkasse *f*	bureau de location *m*	2868
Stück *n*	morceau *m* / pièce *f*	2869
sehr gut!	très bien!	2870
Kakophonie *f* / Mißklang *m*	cacophonie *f*	2871
Abwechslung *f* / Änderung *f*	changement *m*	2872
Künstlerzimmer *n*	foyer des artistes *m*	2873
Meisterwerk *n*	chef-d'œuvre *m*	2874
Kapelle *f*	chapelle *f*	2875

2876	caratteristico	characteristic
2877	carnevale *m*	carnival
2878	carta da musica *f*	manuscript paper
2879	cartellone *m*	poster / bill
2880	casa editrice di musica *f*	music publishing firm
2881	catalogo *m*	catalogue / catalog
2882	celebre	famous / celebrated
2883	centro uditivo *m*	listening centre
2884	chiesa *f*	church
2885	chiuso	closed
2886	ciclo *m*	cycle
2887	cielo *m*	sky
2888	citazione *f*	quotation
2889	classico	classic
2890	classicismo *m*	classicism
2891	collaborazione *f*	collaboration
2892	collezione *f* / raccolta *f*	collection
2893	colore *m* / colorito *m* / timbro *m*	tone-colour / timbre / colour
2894	colto	cultivated
2895	commedia *f*	comedy
2896	comparsa *m + f* / figurante *m + f*	bit player / extra
2897	complesso *m*	ensemble
2898	completamente	completely
2899	completo	complete
2900	composizione *f*	composition
2901	comprimario *m*	supporting role
2902	comune	common
2903	concerto *m*	concert / recital
2904	concerto privato *m*	house concert / private concert
2905	concerto sinfonico *m*	symphony concert
2906	concorso musicale *m*	musical competition / musical contest
2907	conservatorio *m*	conservatoire / conservatory
2908	consonante *f*	consonant
2909	contenuto *m*	contents
2910	continuità *f*	continuity

charakteristisch	caractéristique	2876
Karneval *m* / Fastnacht *f* / Fasching *m*	carnaval *m*	2877
Notenpapier *n*	papier à musique *m*	2878
Plakat *n* / Spielplan *m*	affiche *f*	2879
Musikverlag *m*	maison d'édition musicale *f*	2880
Verzeichnis *n*	catalogue *m*	2881
berühmt	célèbre	2882
Hörzentrum *n*	centre auditif *m*	2883
Kirche *f*	église *f*	2884
geschlossen	fermé	2885
Zyklus *m*	cycle *m*	2886
Himmel *m*	ciel *m*	2887
Zitat *n*	citation *f*	2888
klassisch	classique	2889
Klassik *f*	classicisme *m*	2890
Mitwirkung *f*	collaboration *f*	2891
Sammlung *f*	collection *f* / recueil *m*	2892
Klangfarbe *f* / Tonfarbe *f* / Farbe *f*	timbre *m* / couleur *f*	2893
gebildet	cultivé	2894
Komödie *f*	comédie *f*	2895
Komparse *m* / Komparsin *f* / Statist *m* / Statistin *f*	figurant *m* / figurante *f*	2896
Ensemble *n*	ensemble *m*	2897
in vollständiger Weise	complètement	2898
vollständig	complet	2899
Komposition *f* / Vertonung *f*	composition *f*	2900
Nebenrolle *f*	rôle secondaire *m*	2901
gemeinsam	commun	2902
Konzert *n*	concert *m* / récital *m*	2903
Hauskonzert *n*	concert privé *m*	2904
Sinfoniekonzert *n*	concert symphonique *m*	2905
Musikwettbewerb *m*	concours de musique *m* / compétition musicale *f* / concours musical *m*	2906
Konservatorium *n*	conservatoire *m*	2907
Konsonant *m*	consonne *f*	2908
Inhalt *m*	contenu *m*	2909
Kontinuität *f*	continuité *f*	2910

	Il linguaggio di ogni giorno: Piccola raccolta di parole	Every day language: A small collection of words
2911	contrario *m*	contrary
2912	contrasto *m*	contrast
2913	contratto *m*	contract
2914	coreografia *f*	choreography
2915	corpo di ballo *m*	chorps de ballet
2916	corretto	correct
2917	costume *m*	costume
2918	creativo	creative
2919	critica *f*	criticism
2920	debutto *m* / esordio *m*	début
2921	dedica *f*	dedication
2922	dialogo *m*	dialogue
2923	diapason *m*	tuning fork
2924	diapason à fiato *m*	pitch pipe
2925	diapason da camera *m*	concert pitch
2926	difetto *m*	fault
2927	differenza *f*	difference
2928	difficile	difficult
2929	difficoltà *f*	difficulty
2930	dilettante *m*	dilettante / amateur
2931	dinamica *f*	dynamics
2932	direttore d'orchestra *m*	conductor
2933	direzione *f*	management
2934	diritti d'autore *m pl*	royalties
2935	diritti d'esecuzione *m pl*	performing rights
2936	diritto d'autore *m*	copyright
2937	discoteca *f*	discotheque
2938	discreto	discreet
2939	disposizione dell'orchestra *f*	orchestral layout
2940	distanza *f*	distance
2941	distribuzione *f*	cast
2942	diteggiatura *f*	fingering
2943	divertente	funny / amusing
2944	dramma *m*	drama
2945	dottrina dell'armonia *f* / trattato d'armonia *m*	theory of harmony
2946	durata *f*	duration
2947	eccellente	excellent
2948	eco *m*	echo

Gegenteil *n*	contraire *m*	2911
Kontrast *m*	contraste *m*	2912
Vertrag *m*	contrat *m*	2913
Choreographie *f*	chorégraphie *f*	2914
Balletkorps *n*	corps de ballet *m*	2915
korrekt	correct	2916
Kostüm *n*	costume *m*	2917
schöpferisch	créatif	2918
Kritik *f*	critique *f*	2919
Debüt *n*	début *m*	2920
Widmung *f*	dédicace *f*	2921
Dialog *m*	dialogue *m*	2922
Stimmgabel *f*	diapason à branches *m*	2923
Stimmpfeife *f*	diapason à bouche *m*	2924
Kammerton *m*	diapason de chambre *m*	2925
Fehler *m*	défaut *m*	2926
Unterschied *m*	différence *f*	2927
schwierig	difficile	2928
Schwierigkeit *f*	difficulté *f*	2929
Dilettant *m* / Liebhaber *m*	dilettante *m* / amateur *m*	2930
Dynamik *f*	dynamique *f*	2931
Dirigent *m* / Kapellmeister *m*	chef d'orchestre *m*	2932
Direktion *f* / Leitung	direction *f*	2933
Tantiemen *f Pl*	droits d'auteur *m pl* / tantièmes *m pl*	2934
Aufführungsrecht *n*	droits d'execution *m pl*	2935
Urheberrecht *n*	droit d'auteur *m*	2936
Diskothek *f*	discothèque *f*	2937
ziemlich gut / diskret	passable / discret	2938
Orchesteranordnung *f*	disposition de l'orchestre *f*	2939
Abstand *m*	distance *f*	2940
Besetzung *f*	distribution *f*	2941
Fingersatz *m* / Applikatur *f*	doigté *m*	2942
unterhaltend	divertissant	2943
Drama *n*	drame *m*	2944
Harmonielehre *f*	harmonie *f* / traité d'harmonie *m*	2945
Dauer *f* / Spieldauer *f*	durée *f*	2946
ausgezeichnet	excellent	2947
Echo *n*	écho *m*	2948

	Il linguaggio di ogni giorno: Piccola raccolta di parole	Every day language: A small collection of words
2949	edizione *f*	edition / issue
2950	edizione completa *f*	complete edition
2951	educazione dell'orecchio *f*	aural training
2952	effetto *m*	effect / result
2953	efficace	effective
2954	eguaglianza *f*	equality
2955	entrata *f*	entrance
2956	epoca *f*	epoch / era
2957	esaurito / completo	sold out
2958	esecuzione *f*	performance
2959	esempio *m*	example
2960	esercizio *m*	exercise
2961	esercizio per le dita *m*	finger exercise
2962	esordiente *m + f* / principiante *m + f*	beginner
2963	esposizione *f*	exhibition
2964	espressionismo *m*	expressionism
2965	estensione *f*	range / extension
2966	estetica *f*	aesthetics
2967	estratto *m*	excerpt
2968	eterno	eternal
2969	eufonia	euphony
2970	euritmia *f*	eurhythmics
2971	facile	easy
2972	facilità *f*	facility
2973	falso	wrong
2974	famoso	famous
2975	favola *f* / fiaba *f*	fairy tale / fable
2976	fedele all'originale	faithful to the original
2977	felice	happy
2978	festa *f*	holiday / festival / party
2979	festival musicale *m*	music festival
2980	fiasco *m*	failure / flop
2981	fiati *m pl*	wind section
2982	fiato *m*	breath
2983	figurazione *f*	figuration
2984	filarmonica / filarmonico	philharmonic
2985	filo *m*	thread / wire
2986	finale *m*	finale

Ausgabe *f* / Auflage *f*	édition *f* / tirage *m*	2949
Gesamtausgabe *f*	édition complète *f*	2950
Gehörbildung *f*	éducation de l'oreille *f*	2951
Effekt *m* / Wirkung *f* / Eindruck *m*	effet *m*	2952
wirkungsvoll	efficace	2953
Gleichheit *f*	égalité *f*	2954
Eingang *m* / Eintritt *m*	entrée *f*	2955
Epoche *f* / Zeitabschnitt *m*	époque *f*	2956
ausverkauft / vergriffen	épuisé / complet	2957
Ausführung *f* / Vortrag *m*	exécution *f*	2958
Beispiel *n*	exemple *m*	2959
Übung *f*	exercice *m*	2960
Fingerübung *f*	exercise pour les doigts *m*	2961
Anfänger *m* / Anfängerin *f*	débutant *m* / débutante *f*	2962
Ausstellung *f*	exposition *f*	2963
Expressionismus *m*	expressionisme *m*	2964
Umfang *m* / Raum *m*	étendue *f*	2965
Ästhetik *f*	esthétique *f*	2966
Ausschnitt *m* / Auszug *m*	extrait *m*	2967
ewig	éternel	2968
Euphonie *f* / Wohlklang *m*	euphonie *f*	2969
Eurhythmie *f*	eurythmie *f*	2970
leicht	facile	2971
Leichtigkeit *f*	facilité *f*	2972
falsch	faux	2973
berühmt	célèbre	2974
Fabel *f* / Märchen *n*	fable *f* / conte *m*	2975
werkgetreu	fidèle à l'original	2976
glücklich	heureux	2977
Fest *n*	fête *f*	2978
Musikfest(spiel) *n*	festival de musique *m*	2979
Mißerfolg *m* / Durchfall *m*	échec *m* / four *m*	2980
Bläser *m Pl*	vents *m pl*	2981
Atem *m*	souffle *m*	2982
Figuration *f* / Figurierung *f*	figuration *f*	2983
philharmonisch	philharmonique	2984
Faden *m* / Garn *n* / Draht *m*	fil *m*	2985
Schlußstück *n* / Schlußsatz *m*	final *m*	2986

	Il linguaggio di ogni giorno: Piccola raccolta di parole	Every day language: A small collection of words
2987	finto	false
2988	foglio *m*	sheet
2989	fioco	husky
2990	folclore *m*	folklore
2991	fonetica *f*	phonetics
2992	formato *m*	format
2993	forza *f* / intensità sonora *f*	loudness / strength of tone / intensity
2994	fossa dell'orchestra *f*	orchestra box / orchestral pit
2995	frammento *m*	fragment
2996	fraseggio *m*	phrasing
2997	gala *f*	gala
2998	galleria *f* / loggione *m*	balcony / gallery
2999	genere *m*	genre
3000	geniale	ingenious
3001	genio *m*	genius
3002	girotondo *m*	round dance
3003	graduazione *f*	gradation
3004	gratis / gratuito	free / gratuitous
3005	gregoriano	Gregorian
3006	gutturale	guttural
3007	idea *f*	idea
3008	ideale	ideal
3009	illuminazione *f*	lighting
3010	immagine sonora *f*	sound picture
3011	impercettibile	imperceptible
3012	importante	important
3013	impossibile	impossible
3014	impreciso / inesatto	inaccurate / inexact
3015	impreparato	unprepared
3016	impressionismo *m*	impressionism
3017	improvvisazione *f*	improvisation
3018	in bocca al lupo	good luck / break a leg
3019	inalterato	unchanged
3020	inatteso	unexpected
3021	incerto	uncertain
3022	inchino *m*	bow / curtsey
3023	incompleto	incomplete

falsch	faux	2987
Papierblatt *n* / Bogen *m*	feuille *f*	2988
heiser	enroué	2989
Folklore *f*	folklore *m*	2990
Phonetik *f* / Lautkunde *f*	phonétique	2991
Format *n*	format *m*	2992
Tonstärke *f*	intensité du son *f* / puissance *f*	2993
Orchestergraben *m*	fosse d'orchestre *f*	2994
Fragment *n* / Bruchstück *n*	fragment *m*	2995
Phrasierung *f*	phrase *m*	2996
Gala *f*	gala *m*	2997
Galerie *f*	galerie *f* / poulailler *m* / paradis *m*	2998
Gattung *f*	genre *m*	2999
genial	génial	3000
Genius *m* / Genie *n*	génie *m*	3001
Reigen *m*	ronde *f*	3002
Abstufung *f*	graduation *f*	3003
gratis / unentgeltlich	gratuit	3004
gregorianisch	grégorien	3005
kehlig	guttural	3006
ideal / Idee *f*	idée *f*	3007
vollkommen	idéal	3008
Beleuchtung *f*	éclairage *m*	3009
Klangbild *n*	image sonore *f*	3010
unmerklich	imperceptible	3011
wichtig	important	3012
unmöglich	impossible	3013
ungenau	imprécis / inexact	3014
unvorbereitet	non préparé	3015
Impressionismus *m*	impressionisme *m*	3016
Improvisation *f*	improvisation *f*	3017
Hals- und Beinbruch / toi, toi, toi	trois fois merde	3018
unverändert	inchangé	3019
unerwartet	inattendu	3020
unsicher	incertain	3021
Verbeugung *f* / Verneigung *f*	révérence *f*	3022
unvollständig	incomplet	3023

3024	indeciso	undecided
3025	indicazione metronomica *f*	metronome mark(ing)
3026	indipendenza *f*	independence
3027	ineseguibile	unplayable
3028	inferiore	lower / inferior
3029	ingresso *m*	ticket / entry
3030	inizio *m*	beginning
3031	integrale *f*	complete works
3032	interpretazione *f*	interpretation
3033	interprete *m* + *f*	performer / interpreter
3034	interruzione *f*	interruption
3035	intervallo *m* / pausa *f*	interval / intermission
3036	intesa *f*	agreement / entente
3037	intuizione *f*	intuition
3038	invariabile	invariable
3039	irregolare	irregular
3040	ispirazione *f*	inspiration
3041	larghezza *f*	width / breadth
3042	leggio *m*	music stand
3043	legni *m pl* / strumentini *m pl*	woodwind
3044	legno *m*	wood
3045	lettera *f*	letter
3046	lezione *f*	lesson
3047	lezione collettiva *f*	group lesson
3048	modello *m*	model / pattern
3049	moderno	modern
3050	motivo conduttore *m*	leit-motif
3051	movimento *m*	movement
3052	musa *f*	muse
3053	musica *f*	music
3054	musica aleatoria / musica di sottofondo *f*	aleatoric music
3055	musica antica *f*	ancient music
3056	musica a programma *f*	programme music
3057	musica a quarti di tono *f*	quarter-tone music
3058	musica assoluta *f*	absolute music
3059	musica concreta *f*	musique concrète
3060	musica contemporanea *f*	contemporary music
3061	musica corale *f*	choral music

unentschieden / unbestimmt	indécis	3024
Metronomangabe *f*	indication métronomique *f*	3025
Unabhängigkeit *f*	indépendance *f*	3026
unausführbar	inexécutable	3027
niedriger / unter	inférieur	3028
Eintritt *m* / Billett *n*	entrée *f*	3029
Anfang *m*	début *m* / commencement *m*	3030
Gesamtwerk *n*	l'œuvre intégrale *f*	3031
Interpretation *f* / Gestaltung *f* / Deutung *f*	interprétation *f*	3032
Interpret *m* / Ausführender *m*	interprète *m* + *f*	3033
Unterbrechung *f*	interruption *f*	3034
Pause *f* / Intervall *n*	entracte *m* / pause *f*	3035
Einklang *m* / Übereinstimmung *f*	entente *f*	3036
Eingebung *f*	intuition *f*	3037
unveränderlich	invariable	3038
unregelmäßig	irrégulier	3039
Inspiration *f* / Einfall *m*	inspiration *f*	3040
Breite *f*	largeur *f*	3041
Notenpult *n* / Notenständer *m*	lutrin *m* / pupitre *m*	3042
Holzbläser *m Pl*	bois *m pl*	3043
Holz *n*	bois *m*	3044
Buchstabe *m* / Brief *m*	lettre *f*	3045
Lektion *f* / Unterricht *m*	leçon *f*	3046
Gruppenunterricht *m*	cours collectif *m*	3047
Muster *n* / Vorbild *n*	modèle *m*	3048
modern	moderne	3049
Leitmotiv *n*	motif conducteur *m*	3050
Bewegung *f* / Satz *m*	mouvement	3051
Muse *f*	muse *f*	3052
Musik *f*	musique *f*	3053
aleatorische Musik *f*	musique aléatoire *f* / musique d'ambiance *f*	3054
alte Musik *f*	musique ancienne *f*	3055
Programmusik *f*	musique à programme *f*	3056
Vierteltonmusik *f*	musique en quarts de ton *f*	3057
absolute Musik *f*	musique pure *f*	3058
konkrete Musik *f*	musique concrète *f*	3059
zeitgenössische Musik *f*	musique contemporaine *f*	3060
Chormusik *f*	musique chorale *f*	3061

	Il linguaggio di ogni giorno: Piccola raccolta di parole	Every day language: A small collection of words
3062	musica d'ambiente *f*	mood music
3063	musica d'avantguardia *f*	avantgarde music
3064	musica da ballo *f*	dance music
3065	musica da caccia *f*	hunting music
3066	musica da camera *f*	chamber music
3067	musica da chiesa *f*	church music
3068	musica da consumo *f* / musica d'uso *f*	functional music
3069	musica da salotto *f*	salon music
3070	musica da tavola *f*	table music
3071	musica dell'avvenire *f*	music of the future
3072	musica descrittiva *f*	descriptive music
3073	musica di corte *f*	court music
3074	musica di fondo *f*	background music
3075	musica di gatti *f*	cater wauling
3076	musica della Passione *f*	passion music
3077	musica di Natale *f*	Christmas music
3078	musica di scena *f* / musica scenica *f*	incidental music
3079	musica dodecafonica *f*	dodecaphonic music / twelve-tone music
3080	musica drammatica *f*	dramatic music
3081	musica elettronica *f*	electronic music
3082	musica esotica *f*	exotic music
3083	musica familiare *f* / musica domestica *f*	domestic music
3084	musica funebre *f*	funeral music
3085	musica leggera *f*	light music / popular music
3086	musica lirica *f*	operatic music
3087	musica liturgica *f*	church music
3088	musica meccanica *f*	mechanical music
3089	musica militaire *f*	military music
3090	musica orchestrale *f*	orchestral music
3091	musica per balletto *f*	ballet music
3092	musica per banda *f*	wind music / band music
3093	musica per coro *f*	choral music
3094	musica per film *f*	film music
3095	musica per la scuola *f*	school music
3096	musica per strumenti a fiato *f*	wind music

Stimmungsmusik *f*	musique d'ambiance	3062
avantgardistische Musik *f*	musique d'avant-garde *f*	3063
Tanzmusik *f*	musique de danse *f*	3064
Jagdmusik *f*	musique de chasse *f*	3065
Kammermusik *f*	musique de chambre *f*	3066
Kirchenmusik *f*	musique d'église *f*	3067
Gebrauchsmusik *f*	musique d'usage *f*	3068
Salonmusik *f*	musique de salon *f*	3069
Tafelmusik *f*	musique de table *f*	3070
Zukunftsmusik *f*	musique d'avenir *f*	3071
Programmusik *f*	musique descriptive *f*	3072
Hofmusik *f*	musique de cour *f*	3073
Hintergrundmusik *f*	musique de fond *f*	3074
Katzenmusik *f*	charivari *m*	3075
Passionsmusik *f*	musique de la Passion *f*	3076
Weihnachtsmusik *f*	musique de Noël *f*	3077
Bühnenmusik *f*	musique de scène *f*	3078
Dodekaphonie *f* / Zwölftonmusik *f*	dodécaphonie *f* / musique dodécaphonique *f*	3079
dramatische Musik *f*	musique dramatique *f*	3080
elektronische Musik *f*	musique électronique *f*	3081
exotische Musik *f*	musique exotique *f*	3082
Hausmusik *f*	musique domestique *f*	3083
Trauermusik *f*	musique funèbre *f*	3084
leichte Musik *f* / Unterhaltungsmusik *f*	musique légère *f*	3085
Opernmusik *f*	musique lyrique *f*	3086
Kirchenmusik *f*	musique liturgique	3087
mechanische Musik *f*	musique méchanique *f*	3088
Militärmusik *f*	musique militaire *f*	3089
Orchestermusik *f*	musique d'orchestre *f*	3090
Ballettmusik *f*	musique de ballet *f*	3091
Blasmusik *f* / Harmoniemusik *f*	musique pour harmonie *f*	3092
Chormusik *f*	musique chorale *f*	3093
Filmmusik *f*	musique de film *f*	3094
Schulmusik *f*	musique scolaire *f*	3095
Blasmusik *f*	musique pour instruments à vent *f*	3096

	Il linguaggio di ogni giorno: Piccola raccolta di parole	Every day language: A small collection of words
3097	musica pop *f*	pop music
3098	musica popolare *f* / musica folcloristica *f*	folk music / popular music
3099	musica profana *f*	secular music
3100	musica puntillistica *f*	pointillist music
3101	musica pura *f*	absolute music
3102	musica religiosa *f*	religious music
3103	musica rinascimentale *f*	renaissance music
3104	musica sacra *f*	sacred music
3105	musica seria *f*	serious music
3106	musica seriale *f*	serial music
3107	musica sinfonica *f*	symphonic music
3108	musica sperimentale *f*	experimental music
3109	musica strumentale *f*	instrumental music
3110	musica tzigana *f*	gipsy music
3111	musica turca *f*	Turkish music
3112	musica vocale *f*	vocal music
3113	musicale	musical
3114	musicalità *f*	musicality
3115	musicista di professione *m* + *f*	professional musician
3116	musicologia *f*	musicology
3117	musicoterapia *f*	music therapy
3118	muto	dumb / mute
3119	narratore *m*	narrator
3120	nasale	nasal
3121	naturale	natural
3122	noioso	boring
3123	nota falsa *f* / stecca *f*	wrong note
3124	numero *m*	number
3125	nuova versione *f*	new version
3126	nuovo	new
3127	onorario *m*	fee / salary
3128	opera *f* / opus (L)	work
3129	orchestra *f*	orchestra
3130	orchestra da ballo *f*	dance band
3131	orchestra da camera *f*	chamber orchestra
3132	orchestra d'archi *f*	string orchestra
3133	orchestra d'opera *f*	opera orchestra
3134	orchestra della radio *f*	radio orchestra

Popmusik *f*	musique pop *f*	3097
Volksmusik *f* / volkstümliche Musik *f*	musique folklorique *f* / musique populaire *f*	3098
weltliche Musik *f*	musique profane *f*	3099
punktuelle Musik *f*	pointillisme musical *m*	3100
absolute Musik *f*	musique pure *f*	3101
geistliche Musik *f*	musique religieuse *f*	3102
Renaissancemusik *f*	musique de la renaissance *f*	3103
Kirchenmusik *f*	musique sacrée *f*	3104
ernste Musik *f* / E-Musik *f*	musique sérieuse *f*	3105
serielle Musik *f*	musique sérielle *f*	3106
Orchestermusik *f*	musique symphonique *f*	3107
Experimentalmusik *f*	musique expérimentale *f*	3108
Instrumentalmusik *f*	musique instrumentale *f*	3109
Zigeunermusik *f*	musique tzigane *f*	3110
Janitscharenmusik *f*	musique turque *f*	3111
Vokalmusik *f*	musique vocale *f*	3112
musikalisch	musical	3113
Musikalität *f*	musicalité *f*	3114
Berufsmusiker *m* / Berufsmusikerin *f*	musicien professionel *m* + *f*	3115
Musikwissenschaft *f*	musicologie *f*	3116
Musiktherapie *f*	musicothérapie *f*	3117
stumm	muet	3118
Sprecher *m*	récitant *m*	3119
nasal	nasal	3120
natürlich	naturel	3121
langweilig	ennuyeux	3122
falsche Note *f* / Mißton *m*	fausse note *f* / canard *m*	3123
Nummer *f* / Zahl *f*	numéro *m*	3124
Neufassung *f*	nouvelle version *f*	3125
neu	neuf	3126
Gage *f*	cachet *m*	3127
Werk *n*	œuvre *f*	3128
Orchester *n*	orchestre *m*	3129
Tanzorchester *n*	orchestre de danse *m*	3130
Kammerorchester *n*	orchestre de chambre *m*	3131
Streichorchester *n*	orchestre à cordes *m*	3132
Opernorchester *n*	orchestre d'opéra *m*	3133
Rundfunkorchester *n*	orchestre de la radio *m*	3134

3135	orchestra da salotto *f*	salon orchestra
3136	orchestra sinfonica *f*	symphony orchestra
3137	orchestrazione *f*	orchestration
3138	ordine *m*	order
3139	orecchio assoluto *m*	absolute pitch / perfect pitch
3140	organico (strumentale) *m*	instrumentation / ensemble
3141	organologia *f*	organology
3142	originale	original
3143	ottoni *m pl*	brass
3144	pagina *f*	page
3145	palco *m*	box
3146	palcoscenico *m*	stage
3147	pantomima *f*	pantomime
3148	parodia *f*	parody
3149	parola *f*	word
3150	parrucca *f*	wig
3151	parte *f* / ruolo *m*	part / role
3152	partitura *f*	score
3153	partitura per il direttore *f*	full score
3154	partitura tascabile *f*	pocket score / miniature score
3155	passaggio *m* / passo *m*	passage
3156	passo *m*	step
3157	paura dinanzi al pubblico *f*	stage fright
3158	pedagogia *f*	pedagogy
3159	percettibile	perceptible
3160	perfetto	perfect
3161	perfezione *f*	perfection
3162	pezzo imposto *m*	compulsory piece
3163	perpetuo	perpetual
3164	pieno	full
3165	pietà	pity / mercy
3166	plagio *m*	plagiarism
3167	platea *f*	stalls
3168	podio *m*	rostrum
3169	popolare	popular
3170	posizione *f*	position
3171	posto *m*	place
3172	postumo	posthumous

Salonorchester *n*	orchestre de salon *m*	3135
Sinfonieorchester *n*	orchestre symphonique *m*	3136
Orchestrierung *f*	orchestration *f*	3137
Ordnung *f* / Reihenfolge *f*	ordre *m*	3138
absolutes Gehör *n*	oreille absolue *f*	3139
Besetzung *f*	distribution *f*	3140
Musikinstrumentenkunde *f*	organologie *f*	3141
original	original	3142
Blechblasinstrumente *n Pl*	cuivres *m pl*	3143
Seite *f* / Blatt *n*	page *f*	3144
Loge *f*	loge *f*	3145
Bühne *f*	scène *f*	3146
Pantomime *f*	pantomime *f*	3147
Parodie *f*	parodie *f*	3148
Wort *n*	parole *f*	3149
Perücke *f*	perruque *f*	3150
Partie *f* / Rolle *f*	partie *f* / rôle *m*	3151
Partitur *f*	partition *f*	3152
Dirigierpartitur *f*	partition de direction *f*	3153
Taschenpartitur *f*	partition de poche *f*	3154
Passage *f* / Stelle *f* / Tonfolge *f*	passage *m* / trait *m*	3155
Schritt *m*	pas *m*	3156
Lampenfieber *n*	trac *m*	3157
Pädagogik *f*	pédagogie *f*	3158
wahrnehmbar / hörbar	perceptible	3159
perfekt / vollkommen	parfait	3160
Vollendung *f*	perfection *f*	3161
Pflichtstück *m*	morceau imposé *m*	3162
fortwährend	perpétuel	3163
voll	plein	3164
Mitleid *n* / Barmherzigkeit *f*	pitiè *f*	3165
Plagiat *n*	plagiat *m*	3166
Parkett *n*	fauteuils d'orchestre *m pl* / parterre *m*	3167
Podium *n*	podium *m* / estrade *f*	3168
volkstümlich / populär	populaire	3169
Lage *f* / Stellung *f*	position *f*	3170
Stelle *f* / Ort *m*	place *f* / endroit *m*	3171
hinterlassen / nachgelassen	posthume	3172

	Il linguaggio di ogni giorno: Piccola raccolta di parole	Every day language: A small collection of words
3173	prassi d'esecuzione *f* / pratica d'esecuzione *f*	performing practice
3174	pratico	practical
3175	prefazione *f*	preface
3176	preghiera *f*	prayer
3177	preparato	prepared
3178	presenza *f*	presence
3179	prima *f*	first night
3180	prima esecuzione *f*	first performance
3181	prima esecuzione mondiale *f*	world première
3182	prima edizione *f*	first edition
3183	prima vista	at sight
3184	prima volta	first time
3185	primitivo	primitive
3186	primo violino *m* / spalla *f*	leader / principal
3187	principio *m* / inizio *m*	beginning
3188	profano	profane / secular
3189	professore *m* / professoressa *f*	teacher / professor
3190	programma *m*	programme / playbill
3191	progresso *m*	progress
3192	prolungamento *f*	prolongation
3193	promotore *m*	promoter
3194	proporzione *f*	proportion
3195	prossima volta *f*	next time
3196	prova *f* / ripetizione *f*	rehearsal / coaching
3197	prova generale *f*	final rehearsal / dress rehearsal
3198	provvisorio	provisional / temporary
3199	prudenza *f*	prudence
3200	pseudonimo *m*	pseudonym / pen-name
3201	pubblico *m*	audience / public
3202	pulito	clean
3203	punta *f*	point
3204	puntina *f*	needle
3205	quadro musicale *m* / immagine musicale *f*	tone painting / musical imagery
3206	quattro mani (a)	for four hands
3207	quinte *f pl*	wings
3208	raccolta *f*	collection

Aufführungspraxis *f*	pratique de l'exécution *f*	3173
praktisch	pratique	3174
Vorwort *n* / Einleitung *f*	préface *f*	3175
Gebet *n*	prière *f*	3176
präpariert / vorbereitet	préparé	3177
Ausstrahlung *f*	rayonnement *m*	3178
Premiere *f* / erste Vorstellung *f*	première *f*	3179
Uraufführung *f*	première représentation *f*	3180
Welterstaufführung *f*	première exécution mondiale *f*	3181
Erstdruck *m*	première édition *f*	3182
vom Blatt	à vue / déchiffrage *m*	3183
erstes Mal	première fois	3184
urtümlich	primitif	3185
Konzertmeister *m* / Primarius *m*	premier violon solo *m* / chef de pupitre *m*	3186
Anfang *m* / Prinzip *n*	début *m* / principe *m*	3187
profan / weltlich	profane	3188
Lehrerin *f* / Lehrer *m* / Professor *m* / Professorin *f*	professeur *m* + *f* / instituteur *m* / institutrice *f*	3189
Programm *n*	programme *m*	3190
Fortschritt *m*	progrès *m*	3191
Verlängerung *f*	prolongation *f*	3192
Veranstalter *m*	promoteur *m*	3193
Verhältnis *n*	proportion *f*	3194
nächstes Mal	prochaine fois *f*	3195
Probe *f* / Korrepetition *f*	répétition *f*	3196
Generalprobe *f*	répétition générale *f*	3197
provisorisch	provisoire	3198
Vorsicht *f*	prudence *f*	3199
Pseudonym *n* / Künstlername *m*	pseudonyme *m*	3200
Publikum *n* / öffentlich	public *m*	3201
sauber / rein	propre	3202
Kopf *m* / Spitze *f*	pointe *f*	3203
Nadel *f* (Grammophon)	aiguille *f*	3204
Tonmalerei *f*	image musicale *f* / peinture sonore *f*	3205
vierhändig	quatre mains (à)	3206
Kulisse *f*	coulisses *f pl*	3207
Sammlung *f*	recueil *m*	3208

3209	raccolta di canzoni *f* / canzoniere *m*	songbook
3210	radiodiffusione *f*	broadcasting
3211	rappresentazione *f* / recita *f*	performance
3212	realtà *f*	reality
3213	regia *f*	stage direction
3214	registrazione *f*	recording
3215	registro *m*	register
3216	regola *f*	rule
3217	regolare	regular
3218	repertorio *m* / avviso teatrale *m* / programma *m*	repertory / repertoire playbill
3219	replica *f*	repeat performance
3220	respirazione *f* / respiro	breathing
3221	retro	back / backwards
3222	retroscena *m*	backstage
3223	revisione *f*	revision
3224	ribalta *f*	footlights
3225	ridotto *m*	foyer / lobby
3226	riduzione *f* / adattamento *m*	reduction
3227	riflettore *m*	spotlight / reflector
3228	rima *f*	rhyme
3229	Rinascimento *m*	Renaissance
3230	rinviato	postponed
3231	rimbombo *m*	echo effect
3232	riposo *m*	rest
3233	risonanza *f*	resonance
3234	ripieno *m* / violino di fila *m*	ripieno violinist
3235	ritornello *m*	refrain
3236	rituale	ritual
3237	riverberazione *f*	reverberation
3238	rivista *f*	magazine / review
3239	romanticismo *m*	romanticism
3240	rotto	broken
3241	ruolo *m* / parte *f*	role / part
3242	ruolo principale *m*	main part
3243	rumoroso	noisy

Liedersammlung *f*	recueil de chansons *m*	3209
Rundfunk *m*	radiodiffusion *f*	3210
Aufführung *f* / Darbietung *f* / Vorstellung *f*	représentation *f*	3211
Realität *f*	réalité *f*	3212
Regie *f*	régie *f*	3213
Aufnahme *f*	enregistrement *m*	3214
Stimmlage *f*	registre *m*	3215
Regel *f*	règle *f*	3216
regelmäßig	régulier	3217
Repertoire *n* / Spielplan *m*	répertoire *m* / affiche *f*	3218
Wiederholung *f*	reprise *f* / réplique *f*	3219
Atmung *f*	respiration *f*	3220
rückwärts	en arrière	3221
Hinterbühne *f*	coulisses *f pl*	3222
Revision *f*	révision *f*	3223
Rampenlicht *n*	rampe *f*	3224
Foyer *n*	foyer *m*	3225
Reduktion *f* / Bearbeitung *f* / Übertragung *f*	réduction *f* / arrangement *m*	3226
Scheinwerfer *m*	projecteur *m*	3227
Reim *m*	rime *f*	3228
Rennaissance *f*	Renaissance *f*	3229
verschoben	renvoyé	3230
Halleffekt *m*	effet d'écho	3231
Ruhe *f*	repos *m*	3232
Resonanz *f*	résonance *f*	3233
Ripienist *m* / Tuttigeiger *m*	ripièniste *m*	3234
Refrain *m* / Kehrreim *m* / Wiederkehr *f*	refrain *m*	3235
rituell	rituel	3236
Nachhall *m* / Zurückstrahlung *f*	révérbération *f*	3237
Revue *f* / Zeitschrift *f*	revue *f*	3238
Romantik *f*	romantisme *m*	3239
gebrochen / zerbrochen	cassé	3240
Rolle *f* / Partie *f*	rôle *m* / partie *f*	3241
Hauptrolle *f*	rôle principal *m*	3242
geräuschvoll / lärmend	bruyant	3243

3244	saggio *m* / audizione *m*	concert / audition
3245	sala da ballo *f*	ball room
3246	sala da concerto *f*	concerthall
3247	salto *m*	jump / leap / skip
3248	santo	saint / holy
3249	sbagliato	wrong
3250	sbaglio *m* / errore *m*	mistake / error
3251	scambio *m*	exchange
3252	scatola *f*	box
3253	scelta *f*	choice / selection
3254	scena *f* / palcoscenico *m*	scene / stage
3255	scenario *m*	scenery / set
3256	scenografia *f*	scenography
3257	scherzo *m*	joke
3258	schizzo *m* / abbozzo *m*	sketch
3259	scordato	out of tune
3260	scorretto	incorrect
3261	scrittura *f* / contratto *m*	engagement / contract
3262	scrupoloso	scrupulous
3263	scuola *f*	school
3264	scuola di balletto *f*	ballet school
3265	scuola di coro *f*	choir school
3266	scuola di musica *f*	music school
3267	scuola viennese *f*	Viennese school
3268	segnale d'intervallo *m*	interval sign
3269	seguito *m*	continuation
3270	semplificato	simplified
3271	senso *m*	sense
3272	sillaba *f*	syllable
3273	silenzio *m*	silence
3274	simbolo *m*	symbol
3275	simultaneo	simultaneous
3276	siparietto *m*	act curtain
3277	sipario *m* / telone *m*	curtain
3278	soffio *m*	breath / puff
3279	solista *m* + *f*	soloist
3280	solo	alone
3281	sonorità *f*	sonority
3282	sopratutto	above all

Vorspiel *n* / Probespiel *n*	essai *m* / audition *f*	3244
Ballsaal *m*	salle de danse	3245
Konzertsaal *m*	salle de concert *f*	3246
Sprung *m*	saut *m*	3247
heilig	saint	3248
falsch	faux	3249
Fehler *m* / Irrtum *m*	faute *f* / erreur *f*	3250
Tausch *m*	échange *m*	3251
Schachtel *f*	boîte *f*	3252
Wahl *f* / Auswahl *f*	choix *m*	3253
Bühne *f* / Szene *f*	scène *f*	3254
Bühnenbild *n* / Drehbuch *n*	scénario *m* / décor *m*	3255
Bühnenmalerei *f*	l'art du décor *m*	3256
Scherz *m*	plaisanterie *f*	3257
Entwurf *m* / Skizze *f*	esquisse *f* / ébauche *f*	3258
verstimmt	désaccordé	3259
unkorrekt	incorrect	3260
Engagement *n* / Vertrag *m*	engagement *m* / contrat *m*	3261
peinlich genau	scrupuleux	3262
Schule *f*	école *f*	3263
Ballettschule *f*	école de ballet *f*	3264
Chorschule *f*	maîtrise *f*	3265
Musikschule *f*	école de musique *f*	3266
Wiener Schule *f*	école viennoise *f*	3267
Pausenzeichen *n*	signal d'entracte *m*	3268
Fortsetzung *f*	suite *f*	3269
vereinfacht	simplifié	3270
Sinn *m*	sens *m*	3271
Silbe *f*	syllabe *f*	3272
Schweigen *n*	silence *m*	3273
Symbol *n*	symbole *m*	3274
gleichzeitig	simultané	3275
Aktvorhang *m*	rideau d'avant-scène *m*	3276
Vorhang *m*	rideau *m*	3277
Blasen *n* / Luftstoß *m*	souffle *m*	3278
Solist *m* / Solistin *f*	soliste *m* + *f*	3279
allein	seul	3280
Klangfülle *f*	sonorité *f*	3281
überhaupt / vor allem	surtout	3282

	Il linguaggio di ogni giorno: Piccola raccolta di parole	Every day language: A small collection of words
3283	sordo	deaf
3284	sorpresa *f*	surprise
3285	sospiro *m*	sigh
3286	sotto la direzione di ...	under the direction of ...
3287	spartito *m*	score
3288	speciale	special
3289	speranza *f*	hope
3290	spesso	often
3291	spettacolo *m*	performance / show
3292	spia *f*	peep-hole
3293	squillo *m*	ring
3294	stagione *f*	season
3295	stagione concertistica *f*	concert season
3296	stagione teatrale *f*	season
3297	stampa *f*	press
3298	stampa musicale *f*	musical press
3299	stecca *f*	false note
3300	stato d'anima *m* / atmosfera *f*	mood
3301	stella *f*	star
3302	stile *m*	style
3303	stonato / scordato	out of tune / mistuned
3304	storia della musica *f*	history of music
3305	storico	historical
3306	strapuntino *m*	folding seat
3307	strofa *f*	stanza / strophe
3308	strumentale	instrumental
3309	strumentazione *f*	instrumentation
3310	strumentazione variabile *f*	alternative scoring
3311	strumento *m*	instrument
3312	strumento accompagnatore *m*	accompanying instrument
3313	strumenti ad arco *m pl*	bowed stringed instruments
3314	strumenti a corda *m pl*	stringed instruments
3315	strumenti a fiato *m pl*	wind instruments
3316	strumenti a fiato di legno *m pl* / i legni *m pl*	woodwind instruments
3317	strumenti a fiato di ottone *m pl* / gli ottoni *m pl*	brass instruments
3318	strumenti a percussione *m*	percussion instruments
3319	strumenti a pizzico *m pl*	plucked instruments

taub	sourd	3283
Überraschung *f*	surprise *f*	3284
Seufzer *m*	soupir *m*	3285
unter der Leitung von ...	sous la direction de ...	3286
Partitur *f*	partition *f*	3287
spezial	spécial	3288
Hoffnung *f*	espoir *m*	3289
oft	souvent	3290
Vorstellung *f* / Schauspiel *n*	spectacle *m*	3291
Guckloch *n*	judas *m*	3292
Schall *m*	sonnerie *f*	3293
Saison *f* / Jahreszeit *f*	saison *f*	3294
Konzertsaison *f*	saison de concerts *f*	3295
Spielzeit *f*	saison théâtrale *f*	3296
Presse *f*	presse *f*	3297
Notendruck *m*	typographie musicale *f*	3298
Mißton *m*	fausse note *f*	3299
Stimmung *f*	climat *m* / atmosphère *f*	3300
Stern *m*	étoile *f*	3301
Stil *m*	style *m*	3302
verstimmt	désaccordé	3303
Musikgeschichte *f*	histoire de la musique *f*	3304
historisch	historique	3305
Klappsitz *m*	strapontin *m*	3306
Strophe *f*	strophe *f*	3307
instrumental	instrumental	3308
Instrumentation *f*	instrumentation *f*	3309
variable Besetzung *f*	instrumentation variable *f*	3310
Instrument *n*	instrument *m*	3311
Begleitinstrument *n*	instrument accompagnateur *m*	3312
Streichinstrumente *n Pl*	cordes *f pl*	3313
Saiteninstrumente *n Pl*	instruments à cordes *m pl*	3314
Blasinstrumente *n Pl*	instruments à vent *m pl*	3315
Holzblasinstrumente *n Pl*	les bois *m pl*	3316
Blechblasinstrumente *n Pl*	les cuivres *m pl*	3317
Schlaginstrumente *n Pl*	instruments à percussion *m pl*	3318
Zupfinstrumente *n Pl*	instruments à cordes pincées *m pl*	3319

3320	strumenti a tastiera *m pl*	keyboard instruments
3321	strumenti traspositori *m pl*	transposing instruments
3322	strumento a tastiera *m*	keyboard instrument
3323	strumento di fondamento *m* / strumento di basso continuo *m*	continuo instrument
3324	strumento melodico *m*	melodic instrument
3325	strumento ritmico *m*	rhythmic instrument
3326	strumento solistico *m*	solo instrument
3327	successo *m*	success / hit
3328	suono *m*	sound / note
3329	superfluo	superfluous
3330	superiore	superior / upper
3331	supplemento *m*	supplement
3332	taglio *m*	cut
3333	talento *m*	talent
3334	teatrale	theatrical
3335	teatro *m*	theatre
3336	tecnica *f*	technique
3337	tecnica delle dita *f*	finger action
3338	tecnica della respirazione *f*	breath control
3339	televisione *f*	television
3340	temperamento *m*	temperament
3341	tensione *f*	tension
3342	teoria musicale *f*	theory of music
3343	teoria degli affetti *f*	theory of emotional expression
3344	tessitura *f*	range
3345	testo *m*	text
3346	tetralogia *f*	tetralogy
3347	tip-tap *m*	tap dance / step dance
3348	traduzione *f*	translation
3349	tragedia *f*	tragedy
3350	trama *f*	action / plot
3351	trascrizione *f*	transcription
3352	trasmissione *f*	broadcast / telecast
3353	trasposizione *f*	transposition
3354	travestimento *m*	disguise

Tasteninstrumente *n Pl*	instruments à clavier *m pl*	3320
transponierende Instrumente *n Pl*	instruments transpositeurs *m pl*	3321
Tasteninstrument *n*	instrument à clavier *m*	3322
Generalbaßinstrument *n*	instrument jouant la partie de basse *m*	3323
Melodieinstrument *n*	instrument mélodique *m*	3324
Rhythmusinstrument *n*	instrument rythmique *m*	3325
Soloinstrument *n*	instrument solo *m* / instrument soliste *m*	3326
Erfolg *m* / Schlager *m*	succès *m* / tube *m*	3327
Klang *m*	son *m*	3328
überflüssig	superflu	3329
über / höher /ober	supérieur	3330
Ergänzung *f*	supplément *m*	3331
Schnitt *m*	coupure *f*	3332
Begabung *f*	talent *m*	3333
theatralisch	théâtral	3334
Theater *n*	théâtre *m*	3335
Technik *f*	technique *f*	3336
Fingertechnik *f*	technique des doigts *f*	3337
Atemtechnik *f* / Atembehandlung *f*	contrôle du souffle *m*	3338
Fernsehen *n*	télévision *f*	3339
Temperatur *f* / Temperament *n*	tempérament *m*	3340
Spannung *f*	tension *f*	3341
Musiktheorie *f*	théorie musicale *f*	3342
Affekttheorie / Affektenlehre *f*	théorie de l'expression des émotions *f*	3343
Lage *f* / Ausdehnung *f*	étendue *f*	3344
Text *m*	texte *m*	3345
Tetralogie *f*	tétralogie *f*	3346
Steptanz *m*	claquettes *f pl*	3347
Übersetzung *f*	traduction *f*	3348
Tragödie *f*	tragédie *f*	3349
Handlung *f*	action *f*	3350
Transkription *f* / Übertragung *f*	transcription *f*	3351
Sendung *f*	émission *f*	3352
Transponierung *f*	transposition *f*	3353
Verkleidung *f*	déguisement *m*	3354

3355	tuono *m*	thunder
3356	udito *m*	hearing
3357	ultima volta	last time
3358	un'altra volta	another time
3359	unione *f*	union
3360	unitamente	at the same time
3361	uscita *f*	exit
3362	usignolo *m*	nightingale
3363	variante	varying
3364	varietà *f*	variety
3365	varietà *f*	music hall
3366	velocità *f*	velocity / speed
3367	vento *m*	wind
3368	veramente	really
3369	verismo *m*	verismo / realism
3370	versione *f*	version
3371	versione originale *f*	original version
3372	verso *m*	verse / line
3373	vibrazione *f*	vibration
3374	vicino	near / close
3375	vista *f*	sight
3376	vite *f*	screw
3377	vocale *f*	vocal / vowel
3378	volume *m*	volume
3379	volume del suono *m*	volume of sound
3380	zingaro *m* / zingara *f*	gipsy
3381	zoppo	lame

Il corpo umano — The human body

3382	anca *f*	haunch / hip
3383	articolazione *f*	joint
3384	avambraccio *m*	forearm
3385	bocca *f*	mouth
3386	braccio *m*	arm
3387	capelli *m pl*	hair
3388	collo *m*	neck
3389	cuore *m*	heart

Donner *m*	tonnerre *m*	3355
Gehör *n*	ouïe *f*	3356
letztes Mal	dernière fois	3357
ein anderes Mal	une autre fois	3358
Eintracht *f*	union *f*	3359
zusammen	en même temps	3360
Ausgang *m*	sortie *f*	3361
Nachtigall *f*	rossignol *m*	3362
abwechselnd	variable	3363
Vielfältigkeit *f*	variété *f*	3364
Varieté *n*	variété *m* / café-concert *m*	3365
Geschwindigkeit *f*	vélocité *f* / vitesse *f*	3366
Wind *m*	vent *m*	3367
wirklich	vraiment	3368
Verismo *m* / Verismus *m*	vérisme *m*	3369
Version *f* / Fassung *f*	version *f*	3370
Urtext *m*	version originale *f*	3371
Vers *m*	vers *m*	3372
Schwingung *f*	vibration *f*	3373
nahe	près	3374
Sicht *f*	vue *f*	3375
Schraube *f*	vis *f*	3376
Vokal *m* / Selbstlaut *m*	vocal *f* / voyelle *f*	3377
Lautstärke *f* / Band (Buch) *m*	volume *m*	3378
Klangfülle *f*	volume du son *m*	3379
Zigeuner *m* / Zigeunerin *f*	bohémien *m* /-ne *f* / tzigane *m* + *f*	3380
hinkend	boiteux	3381

Der menschliche Körper — Le corps humain

Hüfte *f*	hanche *f*	3382
Gelenk *n*	articulation *f*	3383
Unterarm *m*	avant-bras *m*	3384
Mund *m*	bouche *f*	3385
Arm *m* / Oberarm *m*	bras *m*	3386
Haare *n Pl*	cheveux *m pl*	3387
Hals *m*	cou *m*	3388
Herz *n*	coeur *m*	3389

	Il linguaggio di ogni giorno: Il corpo humano	Every day language: The human body
3390	denti *m pl*	teeth
3391	diaframma *m*	diaphragm
3392	dito *m*	finger
3393	dorso della mano *m*	back of the hand
3394	faccia *f*	face
3395	falange *f*	phalanx
3396	faringe *f*	pharynx
3397	fronte *f*	forehead
3398	gamba *f*	leg
3399	ginocchio *m*	knee
3400	gola *f*	throat
3401	gomito *m*	elbow
3402	guancia *f*	cheek
3403	indice *m*	forefinger
3404	labbro *m*	lip
3405	laringe *f*	larynx
3406	lingua *f*	tongue
3407	mano *f*	hand
3408	mascella *f*	jaw
3409	mento *m*	chin
3410	mignolo *m*	little finger
3411	muscolo *m*	muscle
3412	naso *m*	nose
3413	nervo *m*	nerve
3414	nuca *f*	nape of the neck
3415	occhio *m*	eye
3416	orecchio *m*	ear
3417	osso *m*	bone
3418	palato *m*	palate
3419	palmo della mano *m*	palm of the hand
3420	pancia *f*	tummy
3421	petto *m*	breast
3422	piede *m*	foot
3423	pollice *m*	thumb
3424	polmoni *m pl*	lungs
3425	polpastrello *m*	fingertips
3426	polso *m*	pulse
3427	polso *m*	wrist
3428	sangue *m*	blood

Zähne *m Pl*	dents *f pl*	3390
Zwerchfell *n*	diaphragme *m*	3391
Finger *m*	doigt *m*	3392
Handrücken *m*	dos de la main *m*	3393
Gesicht *n*	visage *m* / figure *f*	3394
Fingerglied *n* / Fingerknochen *m*	phalange *f*	3395
Rachenhöhle *f*	pharynx *m*	3396
Stirn *f*	front *m*	3397
Bein *n*	jambe *f*	3398
Knie *n*	genou *m*	3399
Kehle *f* / Rachen *m*	gorge *f*	3400
Ellbogen *m*	coude *m*	3401
Wange *f*	joue *f*	3402
Zeigefinger *m*	index *m*	3403
Lippe *f*	lèvre *f*	3404
Kehlkopf *m*	larynx *m*	3405
Zunge *f*	langue *f*	3406
Hand *f*	main *f*	3407
Kiefer *m* / Kinnlade *f*	mâchoire *f*	3408
Kinn *n*	menton *m*	3409
Kleiner Finger *m*	petit doigt *m*	3410
Muskel *m*	muscle *m*	3411
Nase *f*	nez *m*	3412
Nerv *m*	nerf *m*	3413
Genick *n* / Nacken *m*	nuque *f*	3414
Auge *n*	oeil *m*	3415
Ohr *n*	oreille *f*	3416
Knochen *m*	os *m*	3417
Gaumen *m*	palais *m*	3418
Handfläche *f*	paume de la main *f*	3419
Bauch *m*	ventre *m*	3420
Brust *f*	poitrine *f*	3421
Fuß *m*	pied *m*	3422
Daumen *m*	pouce *m*	3423
Lungen *f Pl*	poumons *m pl*	3424
Fingerkuppe *f*	bout du doigt *m*	3425
Puls *m*	pouls *m*	3426
Handgelenk *n*	poignet *m*	3427
Blut *n*	sang *m*	3428

3429	schiena *f* / dorso *m*	back
3430	sedere *m*	backside
3431	spalla *f*	shoulder
3432	stomaco *m*	stomach
3433	tallone *m*	heel
3434	testa *f*	head
3435	torace *m*	thorax
3436	trachea *f*	windpipe
3437	unghia *f*	nail
3438	vena *f*	vein

I mestieri — The professions

3439	accompagnatore	accompanist
3440	accordatore	tuner
3441	arpista	harpist
3442	arrangiatore	arranger
3443	artista	artist
3444	attore	actor
3445	ballerino	dancer
3446	batterista	drummer
3447	cantante	singer / vocalist
3448	chitarrista	guitarist
3449	clarinettista	clarinettist / clarinetist
3450	clavicembalista	harpsichordist
3451	compositore	composer
3452	concertista	concert artist
3453	contrabbassista	double bass player / bass player
3454	copista	copyist
3455	coreografo	choreographer
3456	coreologo	choreologist
3457	corista	chorus singer / chorister
3458	cornista	horn player
3459	direttore d'orchestra	conductor
3460	fagottista	bassoonist
3461	flautista	flutist / flautist
3462	incisore	engraver
3463	insegnante	teacher
3464	liutaio	violin maker

Rücken *m*	dos *m*	3429
Gesäß *n*	derrière *m*	3430
Schulter *f* / Achsel *f*	épaule *f*	3431
Magen *m*	estomac *m*	3432
Ferse *f*	talon *m*	3433
Kopf *m*	tête *f*	3434
Brustkorb *m*	thorax *m*	3435
Luftröhre *f*	trachée *f*	3436
Nagel *m*	ongle *m*	3437
Ader *f*	veine *f*	3438

Die Berufe — Les métiers

Begleiter	accompagnateur	3439
Stimmer	accordeur	3440
Harfenist	harpiste	3441
Bearbeiter	arrangeur	3442
Künstler	artiste	3443
Schauspieler	acteur / comédien	3444
Tänzer	danseur	3445
Schlagzeuger	batteur	3446
Sänger	chanteur	3447
Gitarrist	guitariste	3448
Klarinettist	clarinettiste	3449
Cembalist	claveciniste	3450
Komponist	compositeur	3451
Konzertgeber	concertiste	3452
Kontrabassist	contrebassiste	3453
Kopist	copiste	3454
Choreograph	chorégraphe	3455
Choreologe	chorélogue	3456
Chorsänger	choriste	3457
Hornist	corniste	3458
Dirigent / Kapellmeister	chef d'orchestre	3459
Fagottist	basson	3460
Flötist	flûtiste	3461
Stecher	graveur	3462
Lehrer	professeur / instituteur	3463
Geigenbauer	luthier	3464

	Il linguaggio di ogni giorno: I mestieri	Every day language: The professions
3465	maestro di ballo	ballet master
3466	musicista	musician
3467	musicologo	musicologist
3468	oboista	oboist
3469	organista	organist
3470	pianista	pianist
3471	professore d'orchestra	orchestralist
3472	primo violino di spalla	concertmaster / leader / principal
3473	regista	director
3474	ripetitore / maestro sostituto	coach
3475	sassofonista	saxophonist
3476	solista	soloist
3477	suggeritore	prompter
3478	tecnico del suono	sound engineer
3479	timpanista	timpanist
3480	tromba	trumpeter
3481	trombone	trombonist
3482	violinista	violinist
3483	violista	violist
3484	violoncellista / cellista	cellist

Ballettmeister	maître de ballet	3465
Musiker	musicien	3466
Musikwissenschaftler	musicologue	3467
Oboist	hautboiste	3468
Organist	organiste	3469
Pianist	pianiste	3470
Orchestermusiker	musicien d'orchestre	3471
Konzertmeister	premier violon solo	3472
Regisseur / Spielleiter	régisseur	3473
Korrepetitor	répétiteur	3474
Saxophonist	saxophoniste	3475
Solist	soliste	3476
Souffleur	souffleur	3477
Tonmeister	ingénieur du son	3478
Pauker	timbalier	3479
Trompeter	trompette	3480
Posaunist	trombone	3481
Geiger	violiniste	3482
Bratschist	altiste	3483
Cellist	violoncelliste	3484

	Termes français	Termini francesi
3485	à peine ralenti	appena rallentato
3486	à toute vitesse	a tutta velocità
3487	animez progressivement	animate progressivamente
3488	attaques profondes	attacchi profondi
3489	au dessous du mouvement	più lento del tempo primo
3490	aussi légèrement que possible	il più leggermente possibile
3491	avec beaucoup d'entrain	con molto brio
3492	avec de brusques oppositions d'extrême violence et de passionnée douceur	con repentinee opposizioni di dolcezza violenta e di dolcezza appassionata
3493	avec plus d'abandon	con più abbandono
3494	avec la même humeur du début	con lo stesso stato d'animo dell'inizio
3495	avec un doux flottement	dolcemente fluente
3496	avec un profond ennui	con una noia profonda
3497	avec une douceur cachée	con una dolcezza nascosta
3498	avec une élégance grave et lente	con una lenta e grave eleganza
3499	avec une émotion naissante	con una emozione nascente
3500	avec une étrangeté subite	con una repentinea stranezza
3501	avec une expression intense	con un'espressione intensa
3502	avec une fausse douceur	con una falsa dolcezza
3503	avec une grâce capricieuse	con una grazia capricciosa
3504	avec une grâce dolente	con una grazia dolente
3505	avec une grande douceur	con una grande dolcezza
3506	avec une grande émotion	con una grande emozione
3507	avec une joie de plus en plus tumultueuse	con una gioia sempre più tumultuosa
3508	avec une joie voilée	con una gioia velata
3509	avec une légèreté fantasque mais précise	con una leggerezza fantasiosa ma precisa
3510	avec une passion naissante	con una passione nascente
3511	avec une volupté dormante	con una voluttà dormente
3512	baigné de pédales	bagnato di pedali
3513	beaucoup de pédale en la changeant très souvent	molto pedale, cambiandolo spessissimo
3514	bien égal	molto uguale
3515	changer souvent (la pédale)	cambiare spesso (il pedale)
3516	claquement doux et mouillé	un colpetto dolce e bagnato

French specialist terms / Französische Fachausdrücke

French specialist terms	Französische Fachausdrücke	
hardly slower	kaum verlangsamt	3485
very quickly	mit größter Geschwindigkeit	3486
animate progressively	nach und nach beleben	3487
deep touch	tiefe Anschläge	3488
in a slower tempo	in langsamerem Zeitmaß	3489
as lightly as possible	so leicht wie möglich	3490
with much liveliness	mit viel Munterkeit	3491
with sudden contrasts of extreme violence and passionate	mit Gegensätzen äußerster Heftigkeit und leidenschaftlicher Sanftheit	3492
with more abandon	mit mehr Hingebung	3493
with the same mood as at the beginning	mit der gleichen Stimmung wie am Anfang	3494
smoothly flowing	sanft fließend	3495
with profound boredom	mit einer tiefen Langeweile	3496
with hidden gentleness	mit verborgener Sanftheit	3497
with a dignified and slow elegance	mit einer würdevollen und langsamen Eleganz	3498
with growing emotion	mit aufkommender Erregung	3499
with sudden strangeness	mit plötzlicher Seltsamkeit	3500
with an intense expression	mit einem intensiven Ausdruck	3501
with false sweetness	mit falscher Sanftmut	3502
with capricious grace	mit launischer Anmut	3503
with plaintive grace	mit kläglicher Anmut	3504
with great tenderness	mit großer Zartheit	3505
with a great emotion	mit großer Gemütsbewegung	3506
with ever-increasing tumultuous joy	mit immer stürmischerer Freude	3507
with restrained joy	mit verhaltener Freude	3508
with an odd lightness but precise	mit wunderlicher Leichtigkeit aber präzise	3509
with growing passion	mit aufkommender Leidenschaft	3510
with sleepy voluptuousness	mit schläfriger Wollust	3511
full of pedals	mit sehr viel Pedal	3512
much pedal, very often changing	viel Pedal, sehr oft wechselnd	3513
very even	sehr gleichmäßig	3514
change often (the pedal)	oft wechselnd (das Pedal)	3515
damp and gentle tapping	feuchtes und sanftes Klatschen	3516

	Termes français	Termini francesi
3517	comme de loin	come da lontano
3518	comme des souffles frais	come dei zeffiri freschi
3519	comme un fond de paysage	come lo sfondo di un paesaggio
3520	comme une causerie	come una conversazione
3521	comme un cri	come un grido
3522	comme une buée irisée	come un leggero vapore iridato
3523	comme un murmure confus	come un mormorio confuso
3524	comme une ombre mouvante	come un'ombra movente
3525	comme un regret	come un rimpianto
3526	comme un lointain tumulte	come un tumulto lontano
3527	comme une sonnerie de cors	come uno squillo di corni
3528	d'un air songeur et triste	in maniera sognante e triste
3529	commencer un peu en dessous du mouvement	incominciare un poco sotto il tempo
3530	d'un bout à l'autre	da capo fino in fondo
3531	d'un petit pas égal	d'un piccolo passo uguale
3532	d'un rhythme las	con un ritmo stanco (lasso)
3533	d'un rhythme libre	il ritmo libero
3534	d'un seul doigt	con un dito solo
3535	d'une sonorité pleine	con una sonorità piena
3536	dans le style d'une sarabande	nello stile di una sarabanda
3537	dans un goût burlesque	in modo burlesco
3538	dans un halo de pédales	in un alone di pedali
3539	dans un murmure	in un mormorio
3540	dans un sentiment intime	con un sentimento intimo
3541	dans une sonorité claire	con una sonorità chiara
3542	d'une voix vivante	a viva voce
3543	dans une sonorité harmonieuse et lointaine	con una sonorità armoniosa e distante
3544	de plus en plus brouillé	sempre più confuso
3545	de plus loin	da più lontano
3546	de très loin	da molto lontano
3547	doucement contenu	dolcemente rattenuto
3548	doucement timbré	dolcemente sonoro
3549	durant tout le morceau	durante tutto il pezzo
3550	en animant toujours davantage	sempre più animando
3551	en demi-teinte	in mezza tinta
3552	en diminuant graduellement	diminuendo gradualmente

as from far away	wie aus der Ferne	3517
like a fresh breeze	wie ein frischer Frühlingswind	3518
like the background	wie ein Landschaftshintergrund	3519
like a chat	wie ein Geplauder	3520
like a cry	wie ein Schrei	3521
like a rainbow-coloured mist	wie ein regenbogenfarbiger Dunst	3522
like a confusing murmur	wie ein verworrenes Gemurmel	3523
like a moving shadow	wie ein gleitender Schatten	3524
like a regret	wie ein Bedauern	3525
like tumult from far away	wie ein Tumult aus der Ferne	3526
like a sound of horns	wie ein Klang von Hörnern	3527
wistfully and sad	träumerisch und traurig	3528
start in a little slower tempo	in einem etwas langsameren Zeitmaß beginnend	3529
from the beginning to the end	vom Anfang bis zum Schluß	3530
in little, even pace	mit einem kleinen, gleichmäßigen Schritt	3531
in a tired rhythm	mit müdem Rhythmus	3532
in a free rhythm	in freiem Rhythmus	3533
with only one finger	nur mit einem Finger	3534
with a full sound	mit einem vollen Klang	3535
in the style of a sarabande	im Stil einer Sarabande	3536
in a burlesque style	in burlesker Weise	3537
with a gentle touch of pedals	mit einem Hauch von Pedal	3538
in a murmur	in einem Gemurmel	3539
with intimate feeling	mit innigem Gefühl	3540
with a clear sound	mit einem hellen Klang	3541
with lively voice	mit lebendiger Stimme	3542
with a harmonious sound from far away	mit einem harmonischen Klang aus der Ferne	3543
more and more confused	immer trüber	3544
from further away	von weiter her	3545
from very far away	von sehr weit her	3546
gently restrained	sanft zurückgehalten	3547
with a gentle timbre	mit einer sanften Klangfarbe	3548
during the whole piece	während des ganzen Stücks	3549
more and more animated	mehr und mehr belebend	3550
with light colour	mit halber (schwacher) Färbung	3551
gradually becoming softer	schrittweise leiser werden	3552

	Termes français	Termini francesi
3553	en donnant à la basse une sonorité cristalline et dégagée	dando al basso una sonorità cristallina e disinvolta
3554	en général sans nuances	generalmente senza dinamica
3555	en se rapprochant	avvicinandosi
3556	enveloppé de pédales	avvolto di pedale
3557	frapper les accords sans lourdeur	suonare gli accordi senza pesantezza
3558	gardez la pédale	tenete il pedale
3559	intimement doux	intimamente dolce
3560	jamais assez	mai abbastanza
3561	joyeusement animé	allegramente animato
3562	joyeux et emporté	gioioso ed impetuoso
3563	jusqu'à la fin en se perdant	perdendosi fino al fine
3564	la ligne d'en haut	la voce superiore in fuori
3565	la mesure précédente	la battuta precedente
3566	la moitié moins vite	la metà meno svelto
3567	le chant un peu en dehors	il canto un poco in fuori
3568	le reste	il resto
3569	le thème en dehors	il tema in rilievo
3570	les arpèges serrés	gli arpeggi stretti
3571	les petites notes doivent être frappées sur le temps	le notine in battere
3572	lâchez	allentate
3573	laissez vibrer	lasciate vibrare
3574	librement déclamé	liberamente declamato
3575	marquez le thème	marcate il tema
3576	mettre beaucoup de pédale	mettere molto pedale
3577	pédale à chaque accord	pedale ad ogni accordo
3578	pédale à chaque mesure	pedale ad ogni battuta
3579	pédale forte sur chaque temps	il pedale destro su ogni battuta
3580	petite reprise	piccola ripresa
3581	plus lent qu'au début	più lento del principio
3582	plus pénétrant	più penetrante
3583	plutôt lent	piuttosto lento
3584	point trop vite	non troppo presto
3585	presque plus rien	quasi più niente
3586	profondément expressif	profondamente espressivo
3587	rallentissez beaucoup	rallentato molto

giving the bass a crystalline and unconstrained timbre	dem Baß einen kristallinen und ungezwungenen Klang gebend	3553
generally without shading	im allgemeinen ohne Abstufungen	3554
approaching	sich nähernd	3555
enveloped by pedals	in Pedalklang gehüllt	3556
sound in unison without any weight	die Akkorde ohne Schwere anschlagen	3557
keep the pedal down	das Pedal halten	3558
intimately gentle	verinnerlicht sanft	3559
never enough	nie genug	3560
joyfully animated	freudig belebt	3561
gaily and impetuously	fröhlich und ungestüm	3562
allowing to die out	sich bis zum Schluß verlierend	3563
the upper voice stressed	die obere Stimme hervorgehoben	3564
the preceding measure	der vorhergehende Takt	3565
half the speed	halb so schnell	3566
the melody a little stressed	die Melodie etwas hervorgehoben	3567
the rest	der Rest	3568
the theme stressed	das Thema hervorgehoben	3569
the arpeggios hurried	die Arpeggien gedrängt	3570
the small notes on the beat	die kleinen Noten auf den Schlag	3571
let slacken	nachlassen	3572
let vibrate	lassen Sie vibrieren	3573
freely recited / declaimed	frei deklamiert	3574
mark the theme	das Thema markieren	3575
use plenty of pedal	viel Pedal nehmen	3576
pedal on each chord	Pedal auf jedem Akkord	3577
pedal on each measure	Pedal auf jedem Takt	3578
sustaining pedal on each time	rechtes Pedal auf jede Taktzeit	3579
short reprise	kleine Reprise	3580
more slowly than at the beginning	langsamer als am Anfang	3581
more penetrating	durchdringender	3582
rather slowly	eher langsam	3583
not too fast	nicht zu schnell	3584
almost nothing anymore	beinahe nichts mehr	3585
with deep expression	mit tiefem Ausdruck	3586
slow down a lot	verlangsamen Sie sehr	3587

3588	reprendre sans refrapper	riprendere senza ribattere
3589	respectez scrupuleusement ce doigté	rispettate scrupolosamente questa ditteggiatura
3590	revenez au premier mouvement	tornate al tempo primo
3591	revenir au tempo initial	tornare al tempo iniziale
3592	rêveusement lent	lento sognante
3593	richement coloré	riccamento colorito
3594	sans accentuation	senza accenti
3595	sans aucun	senza nessun
3596	sans aucune accentuation	senza nessuna accentuazione
3597	sans changer	senza cambiare
3598	sans décomposer	senza decomporre
3599	sans dureté	senza durezza
3600	sans expression	senza espressione
3601	sans hâte	senza fretta
3602	sans interrompre	senza interrompere
3603	sans lourdeur	senza pesantezza
3604	sans nuances	senza dinamica
3605	sans presser ni ralentir	senza accelerare ne rallentare
3606	sans sécheresse	senza secchezza
3607	sans traîner	senza strascicare
3608	sensiblement plus...	sensibilimente più…
3609	sourdement agité	cupamente agitato
3610	sourdine durant toute la pièce	la sordina durante tutto il pezzo
3611	sortant de la brume	uscendo dalla foschia/nebbia
3612	tout à fait	del tutto
3613	très allant	con molto brio
3614	très calme	molto calmo
3615	très chaleureux	molto caloroso
3616	très décidé	molto deciso
3617	très effilé	molto sottile
3618	très fondu	molto fuso
3619	très franc	molto schietto
3620	très intense	molto intenso
3621	très lointain	molto lontano
3622	uniformément articulé	uniformemente articolato
3623	un peu appuyé	un poco appoggiato

take back without touching again	nochmals niederdrücken, ohne anzuschlagen	3588
follow this fingering exactly	peinlich genau diesen Fingersatz beachten	3589
go back to the first tempo	zum ersten Zeitmaß zurückkehren	3590
come back to the initial tempo	zum Anfangszeitmaß zurückkehren	3591
dreamily slow	träumerisch langsam	3592
richly coloured	reichlich gefärbt	3593
without accentuation	ohne Betonung	3594
without any	ohne jegliche	3595
without any accentuation	ohne jegliche Betonung	3596
without changing	ohne zu wechseln	3597
without decomposing	ohne den Takt zu zerlegen	3598
without hardness	ohne Härte	3599
without expression	ohne Ausdruck	3600
without haste	ohne Eile	3601
without interrupting	ohne zu unterbrechen	3602
without heaviness	ohne Schwerfälligkeit	3603
no differences in the dynamics	ohne Unterschied in der Dynamik	3604
neither hurry nor slow down	weder eilen noch verlangsamen	3605
without dryness	ohne Trockenheit	3606
without dragging	ohne zu schleppen	3607
considerably more...	beträchtlich mehr...	3608
gloomily agitated	dumpf bewegt	3609
soft pedal throughout the whole piece	Dämpfer während des ganzen Stücks	3610
appearing out of the fog	aus dem Nebel auftauchend	3611
entirely	ganz und gar	3612
very lively	sehr vorwärtsstrebend	3613
very calm	sehr ruhig	3614
very cordial	sehr herzlich	3615
very decided	sehr bestimmt	3616
very slender	sehr schmächtig	3617
very melted	sehr verschmolzen	3618
very sincere	sehr aufrichtig	3619
very intense	sehr intensiv	3620
very distant	sehr entfernt	3621
evenly articulated	gleichmäßig artikuliert	3622
somewhat supported	etwas gestützt	3623

3624	un peu élargi	un poco allargato
3625	un peu en dehors	un poco in fuori
3626	un peu en valeur	un poco in risalto
3627	un peu languissant	un poco languido
3628	un peu plus lent qu'au début	un poco più lento dell'in*izio*
3629	un peu plus à l'aise	un poco più comodo
3630	un peu plus intense	un poco più intenso
3631	un peu plus las	un poco più lasso
3632	un peu plus vif	un poco più vivo
3633	un tant-soit-peu	pochissimo, appena

somewhat enlarged	etwas ausgedehnt	3624
somewhat stressed	etwas herausgehoben	3625
somewhat stressed	etwas hervorgehoben	3626
somewhat languishing	etwas schmachtend	3627
somewhat slower than at the beginning	etwas langsamer als am Anfang	3628
somewhat comfortably	etwas gemächlich	3629
somewhat more	etwas intensiver	3630
somewhat more tired	etwas überdrüssiger (müder)	3631
somewhat more lively	etwas lebendiger	3632
only just	ganz wenig	3633

	English and American specialist terms	Terminologia inglese ed americana
3634	all along	tutto il tempo
3635	along	lungo
3636	as fast as possible	il più presto possibile
3637	a shade slower	una sfumatura più lento
3638	as if coming from a distance	come da lontano
3639	at a brisk pace	tempo animato
3640	awkwardly	maldestramente
3641	back to first speed / back to pattern	tornando al tempo
3642	back to refrain	tornando al ritornello
3643	becoming ferocious	diventando selvaggio
3644	boisterously	tempestoso
3645	boldly	deciso
3646	bouncy	rimbalzante
3647	brassy	come degli ottoni
3648	brightly	brillantemente
3649	bring out the melody	far risaltare la melodia
3650	bubbly	spumante
3651	bumpily	sobbalzando
3652	buzz along	sempre ronzando
3653	calmly	tranquillamente
3654	casually	casualmente
3655	cheeky	sfacciato
3656	cheerily	allegramente
3657	choppily	mutevole
3658	chug along	sciolto / rilassato
3659	clap hands	battere le mani
3660	clashing	rumoroso
3661	comfortably	comodamente
3662	crisp	vivo / frizzante
3663	cussedly	ostinato
3664	daubtuky	delicatamente
3665	dazzling	abbagliante / radioso
3666	devised	improvvisato / escogitato
3667	doggedly	ostinato
3668	dragging	trascinato
3669	driving tempo	andando

Englische und amerikanische Fachausdrücke	Terminologie anglais et américaine	
die ganze Zeit	tout le temps	3634
entlang	le long	3635
so schnell wie möglich	aussi vite que possible	3636
eine Nuance langsamer	une nuance plus lent	3637
wie aus weiter Ferne	comme au lointain	3638
in forscher Gangart	d'un mouvement animé	3639
ungeschickt	maladroitement	3640
zurück zum Anfangstempo	en retournant au mouvement	3641
zurück zum Refrain	revenez au refrain	3642
wild werdend	en devenant sauvage	3643
stürmisch	tempétueux	3644
bestimmt	décidé	3645
hüpfend	bondissant	3646
wie Blechinstrumente	comme des cuivres	3647
glanzvoll / strahlend	brillamment	3648
Melodie hervorheben	faire ressortir la mélodie	3649
sprudelnd	pétillant	3650
holprig	en sautant	3651
dahinsummend	en bourdonnant sans arrêt	3652
ruhig	calmement	3653
gelegentlich	par hasard	3654
frech / schalkhaft	effronté	3655
munter	allègrement	3656
wechselhaft	changeant	3657
lässig gehend	relaxé	3658
in die Hände schlagen	battre des mains	3659
lärmend	bruyant	3660
bequem	commodément	3661
frisch	pétillant	3662
stur	obstiné	3663
zierlich	délicatement	3664
glänzend	radieux	3665
improvisiert	improvisé	3666
hartnäckig	obstiné	3667
schleppend	traînant	3668
vorantreibendes Tempo	en allant	3669

	English and American specialist terms	Terminologia inglese ed americana
3670	drowsily	sonnolento
3671	dryly	seccamente
3672	early	presto
3673	ecstatic	estatico
3674	eloquently	eloquentemente
3675	energetic	energico
3676	evenly	in modo uguale
3677	explosive	esplosivo
3678	fade out	svanire
3679	fading	perdendosi
3680	fair	bello
3681	fairly	abbastanza
3682	final ending	parte finale
3683	flexibly	flessibile
3684	frenchy	alla francese
3685	full of pep	pieno di vitalità
3686	gaily	gaiamente
3687	gaily moving	movendo allegramente
3688	gay but strict	gioioso ma preciso
3689	gentle	garbato
3690	gently flowing	dolcemente scorrevole
3691	gliding	scorrevole
3692	gossipy	pettegolo
3693	gradually picking up speed	accelerando poco a poco
3694	groovy	vitale
3695	hammer it out	molto chiaro e martellato
3696	handclapping	battendo le mani
3697	happily	felicemente
3698	heavily	pesantemente
3699	"homespun style"	stile "casalingo"
3700	hungrily	affamato
3701	in a grand manner	con grandezza
3702	in an easy going manner	in maniera comoda
3703	in a pensive mood	pensieroso
3704	in a song-like manner	come una canzone
3705	in a steady pace	d'un passo uguale
3706	in a straightforward manner	avanzando in modo deciso
3707	jogging along	correndo leggermente

Englische und amerikanische Fachausdrücke	Terminologie anglaise et américaine	
verschlafen	d'un air endormi	3670
trocken	sèchement	3671
früh	tôt	3672
ekstatisch	extatique	3673
redegewandt	éloquement	3674
energisch	énergique	3675
gleichmäßig	de façon égale	3676
explosiv	explosif	3677
ausklingen / ausblenden	expirer	3678
ausklingend	en se perdant	3679
schön / hell	beau	3680
ziemlich	assez	3681
Schlußteil	partie finale	3682
flexibel	flexible	3683
kokett	à la française	3684
pfiffig	plein de vitalité	3685
fröhlich / frech	gaîment	3686
fröhlich bewegend	joyeusement animé	3687
lustig aber genau	joyeux mais exact	3688
sanft	affable	3689
sanft dahinfließend	en s'écoulant doucement	3690
gleitend	alerte	3691
geschwätzig	bavard	3692
allmählich schneller werdend	en accélerant peu à peu	3693
fit / vital	en pleine forme	3694
sehr scharf hervorheben	très clair et martelé	3695
in die Hände klatschen	en battant des mains	3696
glücklich	heureux	3697
schwer	lourdement	3698
„hausgemacht" / schlicht	style "maison"	3699
hungrig	affamé	3700
elegant / großzügig	avec beaucoup d'envergure	3701
auf unbeschwerte Art	de façon décontractée	3702
in einer nachdenklichen Stimmung	d'humeur pensive	3703
wie ein Lied	comme une chanson	3704
mit gleichmäßigem Schritt	d'une allure égale	3705
ganz vorwärts gehen	en avançant d'une façon décidée	3706
locker dahinlaufend	en courant légèrement	3707

	English and American specialist terms	Terminologia inglese ed americana
3708	jokingly	scherzando
3709	jolly	ameno
3710	jumping	saltando
3711	just a little faster	solo un poco più presto
3712	just a little slower	solo un poco più lento
3713	keep moving	sempre mosso
3714	langorously	languidamente
3715	lazily	pigramente
3716	left hand loud	la mano sinistra forte
3717	leisurely	comodamente
3718	let it ring	lasciare risuonare
3719	lightly	leggermente
3720	like a hymn	come un inno
3721	like a prayer	come una preghiera
3722	lilting	cantando melodiosamente
3723	lively jumping	saltando gioiosamente
3724	lumbering	pesantemente
3725	mechanically	meccanicamente
3726	meditatively	meditativo
3727	menacingly	minacciosamente
3728	mighty	potente
3729	moaning	gemendo
3730	moderately fast	moderatamente rapido
3731	moody	lunatico
3732	mournfully	tristemente
3733	moving along	sempre movendo
3734	nervously	nervosamente
3735	no speed limit	senza limite di velocità
3736	notice the expression	osservate i segni dinamici
3737	optional ending	fine facoltativa
3738	pattern (rhythm)	modello (ritmo)
3739	patterned	misurato
3740	perky	sgargiante
3741	picking up	riprendendo
3742	plodding	faticosamente
3743	pound it out	fare risaltare

Englische und amerikanische Fachausdrücke	Terminologie anglaise et américaine	
spaßend / scherzend	en plaisantant	3708
vergnügt	jovial	3709
springend	en sautant	3710
nur ein wenig schneller	seulement un peu plus vite	3711
nur ein wenig langsamer	seulement un peu plus lent	3712
immer weiter bewegen	toujours en mouvement	3713
schmachtend	langoureusement	3714
träge	nonchalant	3715
linke Hand laut	la main gauche appuyée	3716
genüßlich / mit „Feierabend-stimmung“	decontracté	3717
laß es klingen	laisser résonner	3718
leicht	légèrement	3719
wie eine Hymne	comme un hymne	3720
wie ein Gebet	comme une prière	3721
melodiös singend	en chantant mélodieusement	3722
lebhaft hüpfend	en sautant joyeusement	3723
schwerfällig	pesant	3724
mechanisch	mécaniquement	3725
besinnlich	méditatif	3726
drohend	de façon menaçante	3727
mächtig	puissant	3728
stöhnend	en gémissant	3729
mäßig schnell	modérément rapide	3730
launisch	lunatique	3731
trauervoll	tristement	3732
durchgehend bewegend	en mouvement continu	3733
unruhig / nervös	nerveusement	3734
ohne Geschwindigkeits-beschränkung	sans limitation de vitesse	3735
beachte die Ausdrucksvermerke	observez les nuances	3736
möglicher (freigestellter) Schluß	fin facultative	3737
Muster (Rhythmus)	modèle (rythme)	3738
gegliedert / gemessen	mesuré	3739
herausgeputzt	pimpant	3740
aufnehmend	en reprenant	3741
dahinschleppend	lourdement / traînant	3742
hervorhebend / heftig anschlagend	mettre en évidence	3743

	English and American specialist terms	Terminologia inglese ed americana
3744	pressing forward	accelerando
3745	quick four	tempo veloce a quattro
3746	quietly moving	andando tranquillamente
3747	quite	piuttosto
3748	real	vero
3749	reflective	riflessivo
3750	relaxed	rilassato
3751	restrained waltz tempo	ritmo di valzer ritenuto
3752	reverently	riverente
3753	rhythmically	ritmicamente
3754	right hand soft	la mano destra leggera
3755	rippling	mormorando / gorgogliando
3756	rolling along	ondulando tutto il tempo
3757	rolling motion	movimento ondulante
3758	sedately	posatamente
3759	seadreamy	sognante / "sogno marittimo"
3760	shimmering	crepuscolare
3761	shuffling	come un shuffle
3762	skip	salto / balzo
3763	slinky	furtivamente
3764	slow doo-wop tempo	tempo lento di "scat"
3765	slowly but moving	lentamente però andando
3766	snappish	beffardo
3767	snappy	carino
3768	soft pedal	una corda dal principio alla fine
3769	solidly	solidamente
3770	somewhat	alquanto
3771	somewhat hurrying	un poco affrettando
3772	sophisticated	sofisticato
3773	spirited	vivace / animato
3774	spooky	spiritato
3775	sprightly	brioso
3776	stamp out	estinguendo
3777	stately tempo	maestoso
3778	steadily	fermamente
3779	steady walking	camminando regolarmente
3780	stealthy	furtivo
3781	steaming	a tutto vapore

vorwärtstreibend	en poussant de l'avant	3744
schneller Vierertakt	mouvement rapide à quatre temps	3745
ruhig gehend	en allant tranquillement	3746
ziemlich	plutôt	3747
wirklich / echt	vrai	3748
nachdenklich	réfléchi	3749
entspannt	decontracté	3750
zurückgehaltenes Walzertempo	rythme de valse retenu	3751
ehrwürdig	révérent	3752
rhythmisch	rythmiquement	3753
rechte Hand leise	la main droite légère	3754
murmelnd	en murmurant / gargouillant	3755
daherwälzend	en ondulant tout le long	3756
rollende Bewegung	mouvement ondulant	3757
gesetzt	posément	3758
träumerisch / „wie ein Meerestraum“	rêveur / “rêve maritime”	3759
schimmernd / flimmernd	crépusculaire	3760
wie ein „Shuffle“	comme un shuffle	3761
Sprung	saut / bond	3762
verstohlen	furtivement	3763
langsames „scat“-Tempo	tempo lent de “scat”	3764
langsam aber mit Bewegung	lentement mais avec allant	3765
schnippisch	narquois	3766
gefällig	plaisant	3767
durchweg gedämpft	pédale douce du début à la fin	3768
fest / solide	solidement	3769
ein wenig	quelque peu	3770
etwas eilend	légèrement pressant	3771
mit ironischer Spitzfindigkeit	sophistiqué	3772
lebhaft	animé	3773
spukhaft	hanté	3774
spritzig	vif	3775
verlöschend	en éteignant	3776
imposant	majestueux	3777
stetig	fermement	3778
regelmäßig gehend	en marchant régulièrement	3779
verstohlen	furtif	3780
mit Volldampf	à toute vapeur	3781

	English and American specialist terms	Terminologia inglese ed americana
3782	straight	diritto
3783	strained	teso
3784	strict	preciso
3785	stroll along	passeggiando
3786	strong and forceful	forte e potente
3787	strut	pavoneggiandosi
3788	strutting tempo	con andatura solenne
3789	subtle	sottile / astuto
3790	swaying	oscillando
3791	swinging	dondolandosi
3792	swishing	sibilando
3793	take time	prendete tempo
3794	tempo "disturb the neighbours"	tempo "disturba i vicini"
3795	the curtain rises	si alza il sipario
3796	the top voice	la voce superiore
3797	throughout	dal principio alla fine
3798	to interlude	all'interludio
3799	very rhythmically	ben ritmato
3800	waddling	ondeggiando / scodinzolando
3801	weeping willow	salice piangente
3802	well contrasted	ben contrastato
3803	whispering	mormorando
3804	whistfully	meditabondo
3805	with a back beat	accento sul tempo debole
3806	with a clear tone	con un suono chiaro
3807	with a fling	rilassato
3808	with a full rich tone	con una sonorità ricca e piena
3809	with a gentle motion	tranquillamente mosso
3810	with a Glenn Miller flavour	con un profumo di Glenn Miller
3811	with ambition	con ambizione
3812	with an easy flow	scorrendo leggermente
3813	with a steady insistence	con grande insistenza
3814	with a singing tone	con un suono cantabile
3815	with a springing touch	con un tocco saltellante
3816	with a steady pulse	con un impulso ritmico regolare
3817	with a warm expression	con un'espressione intensa
3818	with bad humor	di cattivo umore

Englische und amerikanische Fachausdrücke	Terminologie anglaise et américaine	
gerade	droit	3782
angespannt	tendu	3783
strikt	rigoureux	3784
dahinschlendern	en se promenant	3785
stark und kräftig	fort et puissant	3786
einherstolzierend	en se pavanant	3787
feierlich	d'allure solennel	3788
subtil	subtil	3789
schwankend	en oscillant	3790
schwingend	en se balançant	3791
schwirrend	en sibilant	3792
sich Zeit lassen	prenez votre temps	3793
Tempo„störe die Nachbarn"	tempo "dérange les voisins"	3794
der Vorhand geht auf	le rideau se lève	3795
die obere Stimme	la voix supérieure	3796
durchweg	du début à la fin	3797
ins Zwischenspiel	à l'interlude	3798
sehr rhythmisch	très rythmique	3799
watschelnd	en dandinant	3800
Trauerweide	saule pleureur	3801
mit starkem Gegensatz	bien contrasté	3802
flüsternd	en murmurant	3803
nachdenklich	d'un air songeur	3804
Betonung auf der schwachen Taktzeit	les accents sur les temps faibles	3805
mit einem klaren Ton	avec un ton clair	3806
lässig hingeworfen	décontracté	3807
mit einem vollen, reichen Ton	avec une sonorité riche et pleine	3808
mit sanfter Bewegung	avec un mouvement calme	3809
mit einem Hauch von Glenn Miller	avec un parfum de Glenn Miller	3810
ehrgeizig	avec ambition	3811
leichtfließend	en s'écoulant légèrement	3812
mit gleichmäßiger Hart-näckigkeit	avec une grande insistance	3813
mit einem singenden Klang	d'un ton chantant	3814
mit einem hüpfenden Anschlag	avec un toucher sautillant	3815
mit einem gleichmäßigen Puls	avec une pulsation réguliére	3816
mit einem warmen Ausdruck	avec une intense expression	3817
mit schlechter Laune	de mauvaise humeur	3818

	English and American specialist terms	Terminologia inglese ed americana
3819	with dash	con slancio
3820	with deep feeling	con profonda espressione
3821	with drive	con impulso
3822	with dry humour	con un'umore secco
3823	with feeling	con sentimento
3824	with firm step	d'un passo deciso
3825	with full tone	con un suono pieno
3826	with good humour	di buon umore
3827	with great expression	con grande espressione
3828	with great warmth	con grande calore
3829	with imagination	con immaginazione
3830	with inflections of plainsong	con delle inflessioni di canto gregoriano
3831	with movement	con moto
3832	with much precision	molto preciso
3833	with pity	con pietà
3834	with quiete dignity	con una tranquilla dignità
3835	with regained strength	con recuperata forza
3836	with simple tenderness	con semplice tenerezza
3837	with sincere sympathy	con sincera simpatia
3838	with spiritual feeling	con sentimento spirituale
3839	with sport	giocoso
3840	with steady heavy motion	pesante e regolare
3841	with sure rhythm	con un ritmo sicuro

	Jazz, Rock, Pop	Jazz, Rock, Pop
3842	all-star band	complesso jazz / formato da musicisti noti
3843	background	sottofondo
3844	backline	sezione ritmica
3845	backline	gli strumenti e gli accessori sulla scena
3846	band	complesso jazz o rock
3847	bandleader	il capo del complesso
3848	barrelhouse piano style	pianoforte con suono metallico
3849	beat 1960	"colpo"; stile musicale
3850	Bebop 1940	stile di jazz

mit Schwung	avec élan	3819
sehr gefühlvoll	avec une profonde expression	3820
mit Schwung / intensiv rhythmisch	avec de l'entrain	3821
mit trockenem Humor	avec un humour sec	3822
mit Gefühl	avec sentiment	3823
mit festem Schritt	d'un pas décidé	3824
mit vollem Klang	avec un son plein	3825
mit guter Laune	de bonne humeur	3826
sehr ausdrucksvoll	avec une grande expression	3827
mit viel Wärme	avec beaucoup de chaleur	3828
mit Phantasie	avec imagination	3829
mit gregorianischen Schattierungen	avec des nuances de plain-chant	3830
mit Bewegung	avec allant	3831
sehr genau	avec beaucoup de précision	3832
mitleidig	avec pitié	3833
mit stiller Würde	avec une tranquille dignité	3834
mit neuer Kraft	avec une vigueur retrouvée	3835
mit einfacher Zärtlichkeit	avec simple tendressse	3836
mit herzlicher Sympathie	avec sincère sympathie	3837
mit spirituellem Gefühl	avec un sentiment spirituel	3838
mit Spaß	avec enjouement	3839
mit stetiger, heftiger Bewegung	pesant et régulier	3840
mit sicherem Rhythmus	avec un rythme sur	3841

Jazz, Rock, Pop | Jazz, Rock, Pop

Jazzensemble aus berühmten Musikern	formation de jazz avec des musiciens connus	3842
Hintergrund	musique de fond	3843
Rhythmusgruppe	section rythmique	3844
gesamtes Instrumentarium auf der Bühne	les instruments et les accessoires sur la scène	3845
Musikgruppe Jazz oder Rock	formation de jazz ou de rock	3846
Leiter einer Musikgruppe	chef de l'ensemble	3847
Klavierstil mit metallischem Anschlag	piano avec un son métallique	3848
„Schlag"; Musikrichtung	"coup"; style de musique	3849
Jazzstil	style de jazz	3850

	English and American specialist terms	Terminologia inglese ed americana
3851	Big Band	grande complesso
3852	blues ending	finale di Blues
3853	Blues 1912	una delle forme principali del jazz (12 battute)
3854	Boogie-Woogie 1928	stile pianistico (12 battute)
3855	bounce	ritmo rimbalzante
3856	break	interruzione e pausa
3857	bridge	ponte
3858	call and response	principio: appello e risposta
3859	chorus	ritornello (32 battute)
3860	combo	piccolo complesso
3861	comeback	il ritorno
3862	commercial	commerciale
3863	cool jazz 1948	jazz "freddo"
3864	country blues 1850	blues autentico
3865	country music	musica campestre
3866	creative music 1970	sostituisce la parola jazz
3867	crooner	cantante con voce sentimentale
3868	cue	gesto o segno per attacca
3869	dirty tones	suoni "sporchi" / strascicati
3870	disco music 1975	musica in voga nelle discoteche
3871	Dixieland 1920	jazz suonato dai bianchi
3872	double time / duple time	tempo doppio
3873	drive	impulso
3874	featuring	nel ruolo principale
3875	feeling	sentimento
3876	folk-rock 1965	fusione dei due generi
3877	freejazz 1960	jazz "libero"
3878	funk 1970/1950	stile di jazz, in seguito di Pop
3879	fusion 1970	fusione di generi o culture differenti nella musica pop
3880	gimmick	un trucco
3881	Gospelsong 1930	canto religioso dei neri (Vangelo)
3882	growl	cantare e soffiare al tempo stesso
3883	hard rock 1970	rock "duro"
3884	head arrangement	improvvisazione "concordata"

Englische und amerikanische Fachausdrücke	Terminologie anglaise et américaine	
große Musikgruppe	grande formation	3851
Blues-Schlußwendung	final de Blues	3852
eine der Hauptformen des Jazz (12 Takte)	une des principales formes du jazz (12 mesures)	3853
pianistischer Stil (12 Takte)	style pianistique (12 mesures)	3854
hüpfender Rhythmus	rythme rebondissant	3855
Unterbrechung und Pause	interruption et pause	3856
Überleitung	pont / passage	3857
Ruf-Antwort-Prinzip	principe: appel-réponse	3858
Grundmelodie; Refrain (32 Takte)	refrain (32 mesures)	3859
kleine Musikgruppe	petit ensemble	3860
Wiederkehr	le retour	3861
kommerziell	commercial	3862
„kühler" Jazz	jazz "froid"	3863
authentischer Blues	blues authentique	3864
ländliche Musik	musique champêtre	3865
ersetzt das Wort Jazz	remplace le mot jazz	3866
Sänger mit sanfter Stimme	chanteur avec voix sentimentale	3867
Hinweis für Einsatz	geste ou signe pour attaque	3868
„dreckige" Töne, schleifend	sons "sales", traînants	3869
Musik für Diskotheken	musique en vogue dans les discothèques	3870
Jazz, von Weißen gespielt	jazz joué par les blancs	3871
Verdopplung des Tempos	tempo double	3872
Schwung / Antrieb	impulsion	3873
in der Hauptrolle	dans le rôle principal	3874
Gefühl	sentiment	3875
Fusion der zwei Stile	fusion des deux genres	3876
„freier" Jazz	jazz "libre"	3877
Jazzstil, später Popstil	style de jazz, ensuite de Pop	3878
in der Popmusik Verschmelzung verschiedener Kulturen	fusion de cultures ou genres différents de musique pop	3879
ein Kniff	un truc	3880
religiöser Gesang der Schwarzen (Evangelium)	chant religieux des noirs (Evangile)	3881
singen und blasen gleichzeitig	chanter et souffler en même temps	3882
„harter" Rock	rock "dur"	3883
verabredete Improvisation	improvisation "décidée"	3884

	English and American specialist terms	Terminologia inglese ed americana
3885	headline	la melodia o il testo che rimane nella memoria
3886	heavy metal 1970	hard rock
3887	Hillbilly 1900	musica campestre eseguita dai bianchi negli S.U.
3888	hit	un grande successo
3889	hitparade	la parata dei successi
3890	hit-song	canzonetta a successo
3891	Honky Tonk music 1900	musica eseguita nelle bettole
3892	hot 1925	uno dei primi jazz
3893	hot jazz 1925	jazz "caldo" tradizionale
3894	house rent party / skiffle	festa privata con musica
3895	Intro	2, 4 o 8 battute d'introduzione
3896	Jam Session	concerto spontaneo, improvvisato
3897	Jazz 1880	forma musicale afroamericana
3898	Jubilee	musica afroamericana religiosa
3899	juke box / music box	juke-box
3900	jungle style 1920	stile "giungla"
3901	latin american music	musica sudamericana
3902	lead	melodia principale
3903	light show	l'illuminazione dello spettacolo
3904	live	dal vivo
3905	locked hands style / block chords	melodia suonata parallelamente con le due mani
3906	loft jazz / midwest jazz	jazz non commerciale, praticato negli scantinati
3907	long playing / LP	microsolco
3908	mainstream 1940	jazz moderato
3909	marching band / street band	antiche bande americane
3910	medium	tempo moderato
3911	musical	commedia musicale
3912	music hall	varietà
3913	negro spiritual	musica religiosa dei neri americani
3914	New Orleans / Old time jazz 1900	prima forma del jazz
3915	New Wave 1975	altra forma di Rock

Englische und amerikanische Fachausdrücke	Terminologie anglaise et américaine	
der „Aufhänger“, Musik und Text	la mélodie ou le texte qui restent dans la mémoire	3885
harter Rock	hard rock	3886
ländliche Volksmusik der Weißen in den USA	musique champêtre produite par des blancs aux E.U.	3887
großer Erfolg	un grand succès, un tube	3888
Schlagerparade	la parade des succès	3889
erfolgreicher Schlager	chanson à succès	3890
Musik aus den Kneipen	musique exécutée dans une gargote	3891
einer der frühesten Jazzstile	un des premiers jazz	3892
„heißer“ Jazz, traditionell	jazz “chaud” traditionnel	3893
Privatfest mit Musik	fête privée avec de la musique	3894
2, 4 oder 8 Takte Einleitung (Kurzform für Introduktion)	2, 4 ou 8 mesures d’introduction	3895
Zusammentreffen zum Improvisieren	concert spontané, bœuf	3896
Afroamerikanische Musikform	forme musicale afroaméricaine	3897
Afroamerikanische geistliche Musik	musique afroaméricaine religieuse	3898
Musikbox / Musikautomat	jukebox	3899
„Urwald“-Stil, Dschungelstil	style “jungle”	3900
lateinamerikanische Musik	musique sudaméricaine	3901
führende Melodie	mélodie principale	3902
Konzertlichtgestaltung	l’éclairage du spectacle	3903
Direktübertragung	sur le vif	3904
auf dem Klavier Melodie mit beiden Händen parallel spielen	mélodie jouée parallèlement avec les deux mains au piano	3905
nicht vermarktete Musik, in Kellern gespielt	jazz non commercial, pratiqué dans les cantines	3906
Langspielplatte	microsillon	3907
gemäßigter Jazz	jazz modéré	3908
frühere USA-Marschmusik	anciennes fanfares américaines	3909
mittleres Tempo	tempo modéré	3910
musikalische Komödie	comédie musicale	3911
Varieté	variété / café-concert	3912
geistliche Musik der Farbigen	musique religieuse des noirs	3913
erste Form des schwarzen Jazz	première forme de jazz	3914
andere Art von Rock	autre forme de Rock	3915

	English and American specialist terms	Terminologia inglese ed americana
3916	off beat	l'accento sui tempi deboli / contrattempo
3917	off pitch / off key	fuori dal tono giusto
3918	on beat	l'accento in battere
3919	paradiddle	figura ritmica per il batterista
3920	pop music 1960	sintesi tra la canzone e il Rock
3921	play party	serata danzante cantata ma senza strumenti
3922	power	potenza
3923	progressive jazz 1945	sviluppo del "Big band"
3924	Punk Rock	musica di stile provocativo
3925	Ragtime 1870	stile pianistico
3926	Reggae 1965	forma musicale giamaicana
3927	revival	ripresa, rinascita
3928	rhythm section	sezione ritmica
3929	Rhythm and Blues 1940	stile di jazz
3930	riff	brevi motivi ripetuti
3931	rim shot	tecnica particolare di percussione
3932	Rock 1965	continuazione del Rock'n Roll e del beat
3933	Rockabilly 1950	origine del Rock'n Roll
3934	scat	canto sillabato
3935	section	sezione
3936	shout 1930	stile vocale "urlato"
3937	shuffle	motivo ritmico
3938	ska 1950	forma ritmica
3939	smear	tipo di portamento
3940	soft rock 1970	rock morbido
3941	soul 1950	"anima", musica pop afroamericana
3942	sound	sonorità
3943	square dance	ballo popolare in uso negli S.U.
3944	standard	pezzo di repertorio
3945	steel bands	piccoli complessi a percussione

Englische und amerikanische Fachausdrücke	Terminologie anglaise et américaine	
Betonung auf dem schwachen Schlag	l'accent sur les temps faibles	3916
weg von der exakten Tonhöhe	à côté du ton exact	3917
Betonung auf dem starken Schlag	l'accent sur les temps forts	3918
rhythmisches Element für den Schlagzeuger	élément rytmique pour le batteur	3919
Synthese zwischen Schlager und Rock	synthèse entre la chanson et le rock	3920
Tanzabend gesungen, aber ohne Instrumente	soirée dansante chantée, mais sans instruments	3921
Kraft, Stärke	puissance	3922
Erweiterung der „Big Band"	développement du "Big Band"	3923
Punk, provokativer Musikstil	musique provocative, choquante	3924
Klavierstil (4/4)	style pianistique	3925
Musikform aus Jamaika	forme musicale de la Jamaique	3926
Wiederaufleben	reprise, renaissance	3927
Rhythmusgruppe	section rythmique	3928
Jazzstil	style de jazz	3929
kleine wiederholte Figuren	brefs motifs répétés	3930
Trommelschlag besonderer Art (auf den Rand)	technique particulière de percussion	3931
Nachfolger des Rock'n Roll, Fortsetzung von Rock'n Roll und Beat	continuation du Rock'n Roll et de la musique beat	3932
frühe Spielart des Rock'n Roll	origine du Rock'n Roll	3933
Silbengesang	syllabes chantées	3934
Gruppe	section	3935
„schreiender" Vokalstil	style vocal "hurlé"	3936
Rhythmusfigur	motif rythmique	3937
Rhythmische Form	forme rythmique	3938
Verschleifen der Töne	genre de "portamento"	3939
„sanfter" Rock	rock doux	3940
„Seele", schwarze Popmusik	"âme", musique pop des noirs	3941
Klang	sonorité	3942
berühmter Volkstanz aus den USA	danse populaire répandue aux E.U.	3943
bekanntes, älteres Stück	morceau de répertoire	3944
kleine Perkussionsensembles	petits ensembles à percussion	3945

	English and American specialist terms	Terminologia inglese ed americana
3946	stomp	forma ritmica
3947	straight	esecuzione fedele all'originale
3948	sweet music	musica dolce
3949	swing 1930	stile di jazz
3950	syncopated music	musica sincopata
3951	Tag / ending	coda; alcune battute aggiunte
3952	talkbox	scatola parlante
3953	third stream 1950	sintesi tra il jazz e la musica contemporanea
3954	timing	senso del tempo
3955	titlesong	titolo della canzone
3956	Top-dance / step dance	tip-tap
3957	two beat	accenti uguali su uno e tre
3958	uptempo	tempo molto veloce
3959	verse	strofa
3960	walking bass	un motivo "camminante" al basso
3961	West Coast jazz 1950	jazz "bianco" in California
3962	work songs	canti degli schiavi al lavoro

The following dances bear the same term in all languages.

Le seguenti danze portano lo stesso nome in tutte le lingue.

Baion
Bamba
Batucada
Beguine
Big apple
Black bottom
Boogie-woogie
Bossa nova
Boston
Bounce
Break dance
Cakewalk
Calipso
Carioca
Cha-cha-cha

Charleston
Conga
Dirty dance
English waltz
Foxtrot
Guaracha
Highlife
Hully Gully
Hustle
Java
Jitterbug
Jive
Kasatschock
Lambada
Lambeth walk

Englische und amerikanische Fachausdrücke	Terminologie anglaise et américaine	
rhythmische Form	forme rythmique	3946
originalgetreu musizieren	execution fidèle à l'original	3947
sanfte Musik	musique douce	3948
Jazzstil	style de jazz	3949
synkopierte Musik	musique syncopée	3950
Schlußwendung	mesures finales ajoutées	3951
Sprechkasten (E-Gitarre)	boîte parlante (guitare éléctronique)	3952
Synthese von Jazz und neuer Musik	synthèse entre le jazz et la musique contemporaine	3953
richtiges Zeitgefühl	sens du temps	3954
Hauptmusikstück	titre de la chanson	3955
Steptanz	claquettes	3956
gleich starke Betonung auf eins und drei	accents égaux sur un et trois	3957
sehr rasches Tempo	mouvement très rapide	3958
Strophe	couplet	3959
laufende Baßfigur	motif "allant" à la basse	3960
„Weißer" Jazz in Kalifornien	jazz "blanc" en Californie	3961
Arbeitslieder der Sklaven	chant des esclaves au travail	3962

Die folgenden Tänze tragen in allen Sprachen den gleichen Namen.

Les danses suivants portent le même nom dans toutes les langues.

Letkiss
Lindy-Hop
Machiche
Madison
Mambo
Merengue
Milonga
Musette
Onestep
Pachanga
Pasodoble
Quickstep
Ramble
Ranchera
Raspa
Rock'n'Roll
Rumba
Salsa
Samba
Shake
Shimmy
Sirtaki
Slowfox
Slop
Surf
Tango
Twist
Twostep
Valse hésitation

Indice alfabetico
Index
Register
Index

A (D) + (E) 2298
a ballata (I) 949
a bassa voce (I) 655
a bassa voce (I) 1715
a battuta (I) 728
a beneplacito (I) 726
a bocca chiusa (I) 656
à bouche fermée (F) 656
a cappella (I) 1718
a capriccio (I) 952
à défaut de (F) 1817
à deux (F) 1722
à deux claviers manuels (F) 466
A double flat (E) 2302
A double sharp (E) 2301
à doubles cordes (F) 1754
a due (I) 1722
a due manuali (I) 466
a due volte (I) 1723
a fior di labbro (I) 1724
A flat (E) 2300
a forma aperta (I) 1946
à l'aise (F) 1108
à l'allemande (F) 994
à l'octave (F) 1727
à l'unisson (F) 1983
à la blanche (F) 1728
à la corde (F) 82
à la corde (F) 1730
à la fin (F) 1725
à la hausse (F) 84
à la hongroise (F) 1001
a la maniera di (I) 2818
à la manière d'une flûte (F) 1804
à la manière de (F) 991
à la manière de (F) 2818
à la partie finale (F) 1729
à la renverse (F) 2192
à la turque (F) 995
à la tzigane (F) 996
a little (E) 1935
a little bit (E) 1915
a little less (E) 1867
a little more (E) 1868
a little more (E) 1936
a little rough (E) 1674
a memoria (I) 2824
a mente (I) 2824
à mi-voix (F) 632
à mi-voix (F) 886
à mi-voix (F) 905
a molte parti (I) 1947
à nouveau (F) 1785
à peine (F) 1743
à peine ralenti (F) 3485
a piacere (I) 727
a più voci (I) 1947
à pleine voix (F) 666
à plusieurs parties (F) 1947
à plusieurs voix (F) 1947
à quatre mains (F) 467
a quattro mani (I) 467
à sa place (F) 1824
a shade slower (E) 3637
A sharp (E) 2299
a tempo (I) 728
à toute vitesse (F) 3486
à un (seul) clavier manuel (F) 469
a un manuale (I) 469
a una voce (I) 1983
à une voix (F) 1983
a very little (E) 1934
a voce piena (I) 666
à voix basse (F) 655
à voix basse (F) 905
à voix basse (F) 1715
à volonté (F) 733
à votre gré (F) 726
à vue (F) 3183
ab initio (L) 1717
ab inizio (I) 1717
abaisser (F) 2581
abändern (D) 2700
abandoning oneself (E) 950
abbandonandosi (I) 950
abbandonatamente (I) 951
abbandono (con) (I) 951
abbassando (I) 921

abbassare (I) 2581
abbassare l'accordatura (I) 2582
abbassare l'intonatura (I) 2582
abbastanza (I) 1716
abbellimento (I) 1948
abbellire (I) 2583
abbellito (I) 1949
abbonamento (I) 2802
abbondante (I) 2805
abbozzo (I) 2806
abbozzo (I) 3258
abbrechen (D) 2667
abbreviare (I) 2584
abbreviation (E) 1950
abbreviatura (I) 1950
abbreviazione (I) 1950
abdämpfen (D) 400
Abendlied (D) 2379
aber (D) 1828
aber nicht zu sehr (D) 1829
abgesetzt (D) 114
abgestoßen (D) 481
abgestoßen (D) 907
abgetönt (D) 1582
abgewechselt (D) 1738
abile (I) 2807
abilità (I) 2803
abkürzen (D) 2584
Abkürzung (D) 1950
able (E) 2807
abmischen (D) 547
abnehmen (D) 2652
abnehmend (D) 931
abnehmend (D) 934
abnehmend (D) 942
abnehmend (D) 943
abnehmend (D) 948
abondant (F) 2805
Abonnement (D) 2802
abonnement (F) 2802
about (E) 1759
above (E) 1820
above (E) 1903
above all (E) 3282
abprallendes Staccato (D) 109
abréger (F) 2584
abréviation (F) 1950
abschreiben (D) 2642
abschreiben (D) 2708
abschwächend (D) 924
abschwächend (D) 927
abschweifend (D) 1164
absolu (F) 1748
absolument (F) 1747
absolut (D) 1748
absolute (E) 1748
absolute music (E) 3058
absolute Musik (D) 3058
absolute music (E) 3101
absolute Musik (D) 3101
absolute pitch (E) 3139
absolutely (E) 1747
absolutes Gehör (D) 3139
Abstand (D) 2084
Abstand (D) 2085
Abstand (D) 2940
absteigend (D) 2041
abstoßen (D) 2772
Abstrakte (D) 464
Abstrich (D) 86
abstufen (D) 2675
Abstufung (D) 3003
abtaktig (D) 2083
abtasten (D) 583
abundant (E) 2805
abusive (E) 1352
abwärts (D) 1815
abwechseln (D) 2596
abwechselnd (D) 1737
abwechselnd (D) 1940
abwechselnd (D) 3363
Abwechslung (D) 2872
accademia di musica (I) 2804
accarezzando (I) 953
accarezzevole (I) 954
accarezzevolmente (I) 953
accelerando (I) 801
accelerare (I) 2585

accelerato (I) 802
accéléré (F) 802
accélérer (F) 2585
accent (E) 1951
accent (F) 1951
accent principal (F) 1952
accent secondaire (F) 1953
accento (I) 1951
accento principale (I) 1952
accento secondario (I) 1953
accentuare (I) 2586
accentuated (E) 866
accentuated beat (E) 2242
accentuation (E) 2809
accentuation (F) 2809
accentuato (I) 866
accentuazione (I) 2809
accentué (F) 866
accentuer (F) 2586
acceso (I) 955
accessoires (F) 2808
accessori (I) 2808
accessories (E) 2808
acciaccatura (I) 1954
acciaccatura doppia (I) 1955
accident (F) 1956
accidental (E) 1956
accidente (I) 1956
accolade (F) 1957
accollatura (I) 1957
accompagnamento (I) 2810
accompagnando (I) 1719
accompagnare (I) 2587
accompagnateur (F) 3439
accompagnatore (I) 3439
accompagnement (F) 2810
accompagner (F) 2587
accompanied recitative (E) 2533
accompaniment (E) 2810
accompanist (E) 3439
accompanying (E) 1719
accompanying instrument (E) 3312
accoppiamento (I) 419
accoramento (con) (I) 956
accorato (I) 957
accord (F) 1958
accord brisé (F) 1962
accord de passage (F) 1959
accord de septième de dominante (F) 1960
accord parfait (F) 1961
accordage (F) 2812
accordare (I) 2588
accordato (I) 2811
accordatore (I) 3440
accordatura (I) 2812
accordé (F) 2811
accordéon (F) 406
accordéon à boutons (F) 407
accordéon à clavier (F) 408
accorder (F) 2588
accordeur (F) 3440
accordion (E) 406
accordo (I) 1958
accordo di passaggio (I) 1959
accordo di settima di dominante (I) 1960
accordo perfetto (I) 1961
accordo spezzato (I) 1962
accouplement (F) 419
accrescendo (I) 910
accuratamente (I) 958
accuratamente (I) 1720
accuratezza (con) (I) 959
accurato (I) 960
acerbo (I) 961
achetandosi (I) 922
Achse (D) 448
Achsel (D) 3431
Achtel (D) 2311
achtel Pause (D) 2318
acoustics (E) 2813
acoustics (E) 2814
acoustique (F) 2813
acoustique ambiante (F) 2814
acoustique d'un local (F) 2814
acquietandosi (I) 922
act (E) 2843

act curtain (E) 3276
acte (F) 2843
acteur (F) 2844
acteur (F) 3444
action (E) 442
action (E) 462
action (E) 483
action (E) 2848
action (E) 3350
action (F) 2848
action (F) 3350
action d'octavier (F) 252
actor (E) 2844
actor (E) 3444
actress (E) 2845
actrice (F) 2845
acustica (I) 2813
acustica ambientale (I) 2814
acuto (I) 1721
ad libitum (L) 733
adagietto (I) 729
adagino (I) 730
adagio (I) 731
adagissimo (I) 732
adaptation (E) 2835
adaptation (F) 2835
adapter (F) 2589
adattamento (I) 3226
adattare (I) 2589
addio! (I) 2815
addolcendo (I) 923
addolcendo (I) 962
addolorato (I) 963
Ader (D) 59
Ader (D) 3438
adesso (I) 2816
adieu! (F) 2815
adiratamente (I) 964
adirato (I) 965
adorazione (con) (I) 966
adoringly (with adoration) (E) 966
adornamento (I) 2138
adornando (I) 967
adornato (I) 968
adorned (E) 968
adorning (E) 967
aeolian (E) 2055
aéré (F) 969
aéré (F) 1037
aéré (F) 1577
aereo (I) 969
aesthetics (E) 2966
affabile (I) 970
affable (E) 970
affable (F) 970
affannato (I) 971
affanno (con) (I) 972
affannosamente (I) 973
affannoso (I) 974
affecté (F) 975
affected (E) 975
affected (E) 1376
affectionately (E) 977
affectueusement (F) 977
affectueux (F) 978
Affektenlehre (D) 3343
Affekttheorie (D) 3343
affettato (I) 975
affetto (con) (I) 976
affettuosamente (I) 977
affettuoso (I) 978
affiche (F) 2879
affiche (F) 3218
affievolendo (I) 924
affine (I) 2176
affinità (I) 2177
afflicted (E) 979
affligé (F) 979
affligé (F) 1116
affligé (F) 1405
afflitto (I) 979
affrettando (I) 803
affrettare (I) 2590
affrettato (I) 734
afono (I) 657
after (E) 1789
afterwards (E) 1789
again (E) 1741

again (E) 1785
again (E) 2825
against (E) 1775
agence de concerts (F) 2817
agenzia di concerti (I) 2817
agevole (I) 980
agevolezza (con) (I) 981
aggiungere (I) 2591
aggiustamente (I) 982
aggradevole (I) 983
aggravamento (I) 1982
agiatamente (I) 984
agile (E) 985
agile (F) 985
agile (I) 985
agilement (F) 985
agilità (con) (I) 986
agilmente (I) 985
agitated (E) 987
agitato (I) 987
agitazione (con) (I) 988
agité (F) 987
agité (F) 1590
agogic (E) 1963
agogica (I) 1963
Agogik (D) 1963
agogique (F) 1963
agrandir (F) 2599
agréable (F) 983
agréable (F) 1301
agréable (F) 1464
agreeable (E) 983
agreeable (E) 1301
agreement (E) 3036
agrément (F) 1948
agreste (I) 989
aigu (F) 1721
aiguille (F) 3204
aiguille (phono) (F) 560
aimable (F) 1004
air (E) 2336
air (F) 2336
air avec coloratura (F) 2340
air d'opéra (F) 2338
air de bravoure (F) 2339
air de concert (F) 2337
air de cour (F) 2341
air de fête (F) 1229
air-passage (E) 207
airy (E) 969
Ais (D) 2299
aisé (F) 980
aisé (F) 1104
aisément (F) 984
Aisis (D) 2301
ajourner (F) 2739
ajouter (F) 2591
Akkord (D) 1958
Akkordeon (D) 406
Akkordzither (D) 4
Akt (D) 2843
Aktvorhang (D) 3276
Akustik (D) 2813
Akzent (D) 1951
al centro (I) 384
al fine (I) 1725
al luogo (I) 1824
al rigore di tempo (I) 1733
al segno (I) 1734
al tallone (I) 84
al tempo precedente (I) 1735
alarmé (F) 998
alarmed (E) 998
alba (I) 2332
album leaf (E) 2433
Albumblatt (D) 2433
aleatoric music (E) 3054
aleatorische Musik (D) 3054
alerte (F) 1606
aletta (I) 241
aliquot string (E) 50
Aliquotsaite (D) 50
alive (E) 1703
alive (E) 1705
all (E) 1924
all (E) 1926
all (E) 1927
all (D) 1927

all along (E) 3634
all the force (E) 1925
all'improvvista (I) 1726
all'ongarese (I) 1001
all'ottava (I) 1727
all'ungherese (I) 1001
all'unisono (I) 1983
all-star band (E) 3842
alla breve (I) 1728
alla coda (I) 1729
alla contadina (I) 990
alla corda (I) 82
alla corda (I) 1730
alla maniera di (I) 991
alla marcia (I) 992
alla meglio (I) 1731
alla militare (I) 993
alla punta d'arco (I) 83
alla tedesca (I) 994
alla turca (I) 995
alla zingara (I) 996
alla zoppa (I) 997
allargando (I) 832
allargare (I) 2592
allargato (I) 1736
allarmato (I) 998
alle (D) 1926
allegramente (I) 999
allègre (F) 737
allègrement (F) 999
allegretto (I) 735
allegrezza (con) (I) 1000
allegria (con) (I) 1000
allegrissimo (I) 736
allegro (I) 737
allegro assai (I) 736
allein (D) 1900
allein (D) 3280
allemanda (I) 2333
allemande (E) 2333
Allemande (D) 2333
allemande (F) 2333
allentando (I) 833
alles (D) 1927
allieva (I) 2819
allievo (I) 2819
allmählich (D) 1864
allmählich mehr (D) 1866
allmählich weniger (D) 1865
allonger (F) 2594
allontanandosi (I) 925
allontanarsi (I) 2593
allora (I) 1869
allumé (F) 955
allungare (I) 2594
alluring (E) 1386
almand (E) 2333
almeno (I) 2820
almglocken (E) 257
almglocken (F) 257
Almglocken (D) 257
almgloken (I) 257
almost (E) 1879
almost like a fantasy (E) 1492
alone (E) 1900
alone (E) 3280
along (E) 3635
alors (F) 2819
aloud (E) 1942
Alpenhorn (E) 139
Alphorn (E) 139
Alphorn (D) 139
alquanto (I) 1732
also (E) 1740
Alt (D) 617
Altblockflöte (D) 154
alte Musik (D) 3055
alterare (I) 2595
altération (F) 1956
alteration (E) 1965
altération (F) 1965
Alteration (D) 1965
alterato (I) 1964
alterazione (I) 1956
alterazione (I) 1965
altéré (F) 1964
altered (E) 1964
altérer (F) 2595

alteriert (D) 1964
Alterierung (D) 1965
alternando (I) 1737
alternare (I) 2596
alternate (E) 1738
alternate (E) 1940
alternating (E) 1737
alternative scoring (E) 3310
alternatively (E) 1854
alternativement (F) 1940
alternato (I) 1738
alterné (F) 1738
alterner (F) 2596
alternieren (D) 2596
alternierend (D) 1737
altertümlich (D) 2827
altezza (I) 2821
altezza del suono (I) 1966
Altflöte (D) 151
altiero (I) 1002
altiste (F) 3483
Altistin (D) 617
Altklarinette (D) 132
alto (F) 28
alto (F) 617
alto (E) 617
alto (I) 2822
alto clarinet (E) 132
alto clef (E) 2010
alto recorder (E) 154
alto saxophone (E) 174
altoparlante (I) 494
altro (I) 1739
Altsaxophon (D) 174
Altschlüssel (D) 2010
alunna (I) 2819
alunno (I) 2819
always (E) 1890
always more animated (E) 823
alzando (I) 911
alzare (I) 2597
alzare l'intonatura (I) 2598
alzare l'intonazione (I) 2598
am Frosch (D) 84
am Rand (D) 398
am Steg (D) 119
amabile (I) 1004
amabilità (con) (I) 1003
amante della musica (I) 2823
amaramente (I) 1005
amareggiato (I) 1006
amarezza (con) (I) 1007
amaro (I) 1008
amateur (E) 2930
amateur (F) 2930
amateur de musique (F) 2823
ambience (E) 2814
Amboß (D) 299
âme (F) 33
améliorer (F) 2697
amer (F) 1006
amer (F) 1008
amèrement (F) 1005
amiable (E) 1004
amore (con) (I) 1009
amorevole (I) 1010
amorevolmente (I) 1011
amorosamente (I) 1011
amorti (F) 904
amortissement de bruit (F) 574
ampiezza (I) 495
ampiezza (con) (I) 1012
ampio (I) 1013
ampio (I) 1860
ample (F) 1013
ampliando (I) 912
ampliare (I) 2599
amplificateur (F) 496
amplificatore (I) 496
amplifier (E) 496
amplifying (E) 912
amplitude (E) 495
Amplitude (D) 495
amplitude (F) 495
amusing (E) 2943
an der Bogenspitze (D) 83
an der Saite (D) 1730
an seinem Platz (D) 1824

an Stelle von (D) 1816
anacrouse (F) 1967
anacrusi (I) 1967
anacrusis (E) 1967
analisi (I) 1968
Analyse (D) 1968
analyse (F) 1968
analysis (E) 1968
anca (I) 3382
anche (F) 197
anche (F) 216
anche (I) 1740
anche battante (F) 198
anche double (F) 199
ancia (I) 197
ancia battente (I) 198
ancia doppia (I) 199
ancient music (E) 3055
ancora (I) 1741
ancora una volta (I) 2825
andächtig (D) 1150
andamento (I) 1969
andante (I) 738
andantino (I) 739
anderer (D) 1739
ändern (D) 2703
ändern (D) 2799
Änderung (D) 2872
anelante (I) 1014
anello (I) 200
anello del pollice (I) 201
Anfang (D) 3030
Anfang (D) 3187
anfangen (D) 2680
anfangend (D) 1768
Anfänger (D) 2962
Anfängerin (D) 2962
angelic (E) 1015
angelico (I) 1015
angélique (F) 1015
angemessen (D) 1806
angemessenes Zeitmaß (D) 790
angenehm (D) 983
angenehm (D) 1301
angenehm (D) 1464
Anglaise (D) 2447
anglaise (F) 2447
angoissant (F) 1018
angoscia (con) (I) 1016
angosciosamente (I) 1017
angoscioso (I) 1018
angry (E) 965
angry (E) 1040
angry (E) 1355
angry (E) 1616
ängstlich (D) 1452
anguished (E) 1018
anhalten (D) 2667
Anhang (D) 1760
anhören (D) 2609
anima (I) 33
anima (I) 420
anima (con) (I) 1019
animal sound-effects (E) 2830
animando (I) 804
animare (I) 2600
animated (E) 740
animated (E) 805
animato (I) 740
animato (I) 805
animé (F) 740
animé (F) 805
animer (F) 2600
animez progressivement (F) 3487
animo (con) (I) 1020
animoso (I) 1021
anknüpfen (D) 1751
ankündigen (D) 2601
Anmerkung (D) 2826
anmutig (D) 1307
anmutig (D) 1373
anmutig (D) 1689
annähernd (D) 1744
annähernd (D) 2832
anneau (F) 200
anneau du pouce (F) 201
annoncer (F) 2601
annotation (E) 2826

annotation (F) 2826
annotazione (I) 2826
annuler (F) 502
annullare (I) 502
annunciare (I) 2601
another time (E) 3358
ansante (I) 1022
Ansatz der Stimme (D) 694
Ansatz (D) 215
Ansatz (D) 251
Anschlag (D) 483
Anschlag (D) 1973
anschließen (D) 1751
anschließend (D) 1789
ansia (con) (I) 1023
ansietà (con) (I) 1024
ansiosamente (I) 1025
ansioso (I) 1026
anspielen (ein Stück) (D) 2611
Ansprache (D) 100
anstimmen (D) 2687
Anstoß (D) 243
Anstrich (D) 87
answer (E) 2184
antecedent (E) 1970
antécédent (F) 1970
antecedent (E) 2168
antécédent (F) 2168
antecedente (I) 1970
anthem (E) 2449
anthologie (F) 2828
anthology (E) 2828
anticipation (E) 1971
anticipation (F) 1971
anticipazione (I) 1971
antico (I) 2827
antienne (F) 2334
antifona (I) 2334
antike Cymbeln (D) 284
antiphon (E) 2334
Antiphon (D) 2334
antique (E) 2827
antique (F) 2827
antique cymbals (E) 284
Antizipation (D) 1971
antologia (I) 2828
Antwort (D) 2184
antworten (D) 2743
anvil (E) 299
anxieusement (F) 973
anxieusement (F) 1017
anxieusement (F) 1025
anxieusement (F) 1451
anxieux (F) 1026
anxious (E) 973
anxious (E) 1026
anxious (E) 1453
anxiously (E) 1025
äolisch (D) 2055
apathetic (E) 1027
apathique (F) 1027
apathisch (D) 1027
apatico (I) 1027
aperto (I) 1742
apertura (I) 202
aperture (E) 202
apex (E) 2829
aphone (F) 657
apice (I) 2829
aplani (F) 1603
apparecchi imitanti voci animali (I) 2830
appareils générateurs d'effets (F) 591
appassionatamente (I) 1028
appassionato (I) 1029
appeasing (E) 940
appeau (F) 320
appena (I) 1743
appenato (I) 1030
applaudir (F) 2602
applaudire (I) 2602
applaudissement (F) 2831
applause (E) 2831
applauso (I) 2831
Applikatur (D) 2942
appoggiando (I) 867
appoggiare (I) 2603

appoggiare (I) 658
appoggiato (I) 868
appoggiatura (I) 1972
appoggiatura doppia (I) 1973
appoggiature (F) 1972
appoggiature brève (F) 1954
appoggiature double (F) 1973
appoggio (sulla maschera) (I) 659
appropriate speed (E) 790
approssimativo (I) 1744
approssimativo (I) 2832
approximate (E) 2832
approximately (E) 1744
approximatif (F) 1744
approximatif (F) 2832
appui du souffle (F) 659
appuyé (F) 868
appuyé (F) 895
appuyer (F) 658
appuyer (F) 2603
âpre (F) 961
âpre (F) 1045
après (F) 1789
après (F) 1869
aprire (I) 2604
arabesca (I) 2335
Arabeske (D) 2335
arabesque (E) 2335
arabesque (F) 2335
Arbeitslied (D) 2371
arcata (I) 85
arcata in giù (I) 86
arcata in su (I) 87
archeggiamento (I) 88
archet (F) 34
archetto (I) 34
archi (I) 2833
archiluth (F) 1
archlute (E) 1
arciliuto (I) 1
arco (I) 34
ardemment (F) 1032
ardent (E) 1031
ardent (F) 1031
ardent (F) 1226
ardent (F) 1532
ardente (I) 1031
ardentemente (I) 1032
ardently (E) 1032
arditamente (I) 1033
arditezza (con) (I) 1034
ardito (I) 1035
ardore (con) (I) 1036
arduous (E) 1614
aria (I) 2336
aria (E) 2336
aria concertante (I) 2337
aria d'opera (I) 2338
aria di bravura (I) 2339
aria di coloratura (I) 2340
aria di corte (I) 2341
aria-like (E) 1037
Arie (D) 2336
arietta (I) 2342
ariette (F) 2342
arioso (I) 1037
arm (E) 3386
Arm (D) 3386
armatura di chiave (I) 1974
armature (F) 1974
armonia (I) 1975
armonia (I) 2834
armonica (I) 258
armonica a bocca (I) 123
armonica a vetro (I) 258
armonico (I) 1976
armonio (I) 401
armoniosamente (I) 1038
armonioso (I) 1039
armonizzare (I) 2605
armure de la clé (F) 1974
arpa (I) 2
arpa a doppio movimento (I) 3
arpégé (F) 468
arpège (F) 1977
arpéger (F) 2606
arpeggiare (I) 2606
arpeggiated (E) 468

arpeggiato (I) 468
arpeggieren (D) 2606
arpeggiert (D) 468
arpeggio (E) 1977
arpeggio (I) 1977
Arpeggio (D) 1977
arpista (I) 3441
arrabbiato (I) 1040
arraché (F) 116
arracher (F) 2774
arrangement (E) 2835
arrangement (F) 2835
Arrangement (D) 2835
arrangement (F) 3226
arranger (F) 2607
arranger (E) 3442
arrangeur (F) 3442
arrangiamento (I) 2835
arrangiare (I) 2607
arrangiatore (I) 3442
arrangieren (D) 2607
arrêter (F) 2667
arroganza (con) (I) 1041
arsi (I) 1978
arsis (E) 1978
arsis (F) 1978
Arsis (D) 1978
art (E) 2836
art (F) 2836
art du chant (F) 660
art of singing (E) 660
art vocal (F) 660
arte (I) 2836
arte del canto (I) 660
articolando (I) 869
articolare (I) 2608
articolato (I) 870
articolazione (I) 3383
articulated (E) 870
articulating (E) 869
articulation (F) 3383
articulation double (F) 250
articulé (F) 870
articuler (F) 2608
artificial (E) 1042
artificial (E) 2837
artificiale (I) 1042
artificiale (I) 2837
artificiel (F) 1042
artificiel (F) 2837
artikulierend (D) 869
artikuliert (D) 870
artist (E) 2838
artist (E) 3443
artista (I) 2838
artista (I) 3443
artiste (F) 2838
artiste (F) 3443
arzillo (I) 1043
as (E) 1763
As (D) 2300
as above (E) 1765
as before (E) 1764
as before (E) 779
as fast as possible (E) 3636
as if (E) 1879
as if coming from a distance (E) 3638
as it is (E) 1766
as loud as possible (E) 893
as much as (E) 1878
as much as possible (E) 1810
as possible (E) 1871
as soft as possible (E) 894
as well as possible (E) 1731
as you like (E) 726
ascendant (F) 1979
ascendente (I) 1979
ascending (E) 1979
ascoltare (I) 2609
ascoltatore (I) 2839
ascoltatrice (I) 2839
ascolto (I) 2840
Ases (D) 2302
aspettare (I) 2610
aspiratamente (I) 1508
aspirated attack (E) 665
asprezza (con) (I) 1044

aspro (I)	1045	atonal (D)	1980
assai (I)	1745	atonal (E)	1980
asse per lavare (I)	259	atonal (F)	1980
assez (F)	1716	atonale (I)	1980
assez (F)	1745	atone (F)	662
assez! (F)	2862	atono (I)	662
assieme (I)	1746	attacca (I)	1750
associazione corale (I)	661	attacca subito (I)	1751
assolutamente (I)	1747	attaccare (I)	2611
assoluto (I)	1748	attacco (I)	243
assordante (I)	1749	attacco (I)	483
assottigliando (I)	926	attacco (I)	2841
assourdissant (F)	1749	attacco dolce (I)	663
Ästhetik (D)	2966	attacco duro (I)	664
astuccio (I)	35	attacco sul fiato (I)	665
at a brisk pace (E)	3639	attack (E)	243
at ease (E)	1108	attack! (E)	1750
at least (E)	2820	attack with the tongue (E)	246
at once (E)	1911	attaque (F)	243
at one's pleasure (E)	727	attaque (F)	483
at one's pleasure (E)	733	attaque (F)	1750
at sight (E)	3183	attaque dure (F)	664
at the edge (E)	398	attaque murmurée (F)	665
at the frog (E)	84	attaquer (F)	2611
at the heel (E)	84	attaques profondes (F)	3488
at the octave (E)	1727	attendre (F)	2610
at the point (E)	83	attention (E)	2842
at the preceding pace (E)	1735	attention (F)	2842
at the same pace (E)	1825	attenuando (I)	927
at the same time (E)	3360	atténuer (F)	2761
atelier (F)	564	attenzione (I)	2842
Atem (D)	2982	atto (I)	2843
Atembehandlung (D)	3338	attore (I)	2844
atemlos (D)	971	attore (I)	3444
Atempause (D)	643	attrezzature ritmiche (I)	497
Atempause (D)	697	attrice (I)	2845
Atemstütze (D)	659	attristé (F)	956
Atemtechnik (D)	3338	au centre frappé (F)	384
ätherisch (D)	1209	au dessous du mouvement (F)	3489
atmen (D)	2729	au lieu de (F)	1816
atmend (D)	1508	au même mouvement (F)	1735
atmosfera (I)	3300	au même mouvement (F)	1825
atmosphère (F)	3300	au moins (F)	2820
Atmung (D)	3220	au mouvement (F)	728

au signe (F) 1734
au talon (F) 84
aubade (F) 2332
aubade (F) 2471
aubade (E) 2471
aubade (song at dawn) (E) 2332
aube (F) 2332
auch (D) 1740
audace (I) 1046
audacemente (I) 1047
audacia (con) (I) 1048
audacieusement (F) 1047
audacieux (F) 1046
audacious (E) 1046
audaciously (E) 1047
audible (E) 1928
audible (F) 1928
audience (E) 3201
auditeur (F) 2839
audition (E) 2846
audition (F) 2846
audition (E) 3244
audition (F) 3244
auditrice (F) 2839
audizione (I) 2846
audizione (I) 3244
auf (D) 1903
auf (D) 1910
auf das (D) 1910
auf der (D) 1910
auf der Saite (D) 82
auf die (D) 1910
auf dieselbe Art (D) 1796
auf Flötenart (D) 1804
auf gewohnte Weise (D) 1899
Aufbau (D) 2225
Aufführung (D) 3211
Aufführungspraxis (D) 3173
Aufführungsrecht (D) 2935
aufgehaltene Kadenz (D) 2002
aufgeregt (D) 1111
aufgeregt (D) 1179
aufgeweckt (D) 1146
aufgeweckt (D) 1630
aufheben (D) 2692
aufheben (D) 2764
aufholend (D) 811
aufhören (D) 2633
aufhören (D) 2760
Auflage (D) 2949
auflösen (D) 2742
auflösend (D) 932
Auflösung (einer Dissonanz) (D) 2183
Auflösungszeichen (D) 1993
Aufmerksamkeit (D) 2842
Aufnahme (D) 567
Aufnahme (D) 3214
Aufnahmestudio (D) 564
aufnehmen (D) 2728
aufnehmen (D) 2741
aufreizend (D) 1360
aufrichtig (D) 1080
aufrichtig (D) 1586
Aufsatz (D) 219
Aufsatzbogen (D) 226
Aufschlag (D) 2091
aufschlagend (D) 911
aufschlagendes Rohrblatt (D) 198
Aufschnitt (D) 202
aufsteigend (D) 1979
Aufstrich (D) 87
Auftakt (D) 1967
auftreten (D) 2658
auftreten (D) 2659
aufwärts (D) 1820
Aufzeichnung (D) 567
Auge (D) 3415
augmentation (E) 1982
augmentation (F) 1982
augmenté (F) 1981
augmented (E) 1981
augmenter (F) 2612
augmenting (E) 910
aumentando (I) 913
aumentare (I) 2612
aumentato (I) 1981
aumentazione (I) 1982

aural training (E) 2951
ausarbeiten (D) 2656
ausatmen (D) 621
ausatmen (D) 2663
ausatmend (D) 935
Ausdehnung (D) 3344
ausdrücken (D) 2664
Ausdrucksbezeichnung (D) 2200
ausdrucksvoll (D) 1202
ausführen (D) 2660
Ausführender (D) 3033
Ausführung (D) 2958
Ausgabe (D) 2949
Ausgang (D) 608
Ausgang (D) 3361
ausgedehnt (D) 1013
ausgedehnt (D) 1162
ausgedehnt (D) 1369
ausgedehnt (D) 1615
ausgehalten (D) 1919
ausgelassen (D) 1852
ausgelöscht (D) 906
ausgenommen (D) 1793
ausgesprochen (D) 1485
ausgewogen (D) 1059
ausgezeichnet (D) 2947
auslöschen (D) 2626
auslöschen (D) 2769
auslöschend (D) 945
Auslöser (D) 452
Ausschnitt (D) 2967
ausschwingen (D) 98
Aussetzung (eines bezifferten Basses) (D) 2175
aussi (F) 1740
aussi légèrement que possible (F) 3490
Aussprache (D) 640
aussprechen (D) 2719
Ausstellung (D) 2963
Ausstrahlung (D) 3178
ausverkauft (D) 2957
Auswahl (D) 3253
Ausweichung (D) 2112
auswendig (D) 2824
auswendig spielen (D) 2782
Auszeichnung (D) 2257
Auszug (D) 2967
Außenstimme (D) 2141
außerhalb (D) 1814
äußerst (D) 1797
autant (F) 1916
autant que (F) 1878
autentico (I) 1984
auteur (F) 2847
authentic (E) 1984
authentic cadence (E) 2001
authentique (F) 1984
authentisch (D) 1984
authentische Kadenz (D) 2001
author (E) 2847
authoritarian (E) 1049
autoarpa (I) 4
autoharp (E) 4
Autor (D) 2847
autore (I) 2847
autoritaire (F) 1049
autoritär (D) 1049
autoritario (I) 1049
autre (F) 1739
auxiliary note (E) 2127
auxiliary note (E) 2256
avambraccio (I) 3384
avant (F) 1874
avant de (F) 1876
avant que (F) 1875
avant-bras (F) 3384
avantgarde music (E) 3063
avantgardistische Musik (D) 3063
avanti (I) 806
avec (F) 1769
avec abandon (F) 951
avec accablement (F) 1548
avec adoration (F) 966
avec adresse (F) 1147
avec affectation (F) 1376
avec affection (F) 976
avec agilité (F) 986

avec agitation (F) 988
avec agrément (F) 1465
avec aisance (F) 1605
avec aisance (F) 981
avec allégresse (F) 1000
avec allégresse (F) 1297
avec allégresse (F) 1375
avec amabilité (F) 1003
avec amabilité (F) 1283
avec âme (F) 1019
avec amertume (F) 1007
avec amour (F) 1009
avec ampleur (F) 1012
avec angoisse (F) 1016
avec anxieté (F) 1024
avec âpreté (F) 1044
avec ardeur (F) 1036
avec arrogance (F) 1041
avec assurance (F) 1051
avec audace (F) 1048
avec beaucoup d'entrain (F) 3491
avec bonheur (F) 1284
avec bravoure (F) 1063
avec bravoure (F) 1680
avec calme (F) 1075
avec candeur (F) 1082
avec caractère (F) 1087
avec chaleur (F) 1077
avec charme (F) 1217
avec clarté (F) 1097
avec colère (F) 1102
avec colère (F) 1353
avec confiance (F) 1232
avec coquetterie (F) 1101
avec courage (F) 1020
avec cœur (F) 1121
avec crainte (F) 1646
avec de brusques oppositions d'extrême violence et de passionnée douleur (F) 3492
avec décision (F) 1128
avec dédain (F) 1552
avec défi (F) 1576
avec dégoût (F) 1509
avec délicatesse (F) 1135
avec délice (F) 1140
avec délire (F) 1139
avec désarroi (F) 1583
avec désespoir (F) 1159
avec désinvolture (F) 1155
avec désir (F) 1144
avec détermination (F) 1149
avec deux baguettes (F) 388
avec dignité (F) 1151
avec diligence (F) 1152
avec discrétion (F) 1153
avec douceur (F) 1169
avec douceur (F) 1415
avec douleur (F) 1165
avec douleur (F) 1173
avec douleur (F) 1450
avec dureté (F) 1176
avec élan (F) 1588
avec élégance (F) 1181
avec élévation (F) 1183
avec émotion (F) 1184
avec emphase (F) 1187
avec énergie (F) 1185
avec enthousiasme (F) 1190
avec entrain (F) 1205
avec envie (F) 1706
avec esprit (F) 1607
avec exactitude (F) 959
avec exactitude (F) 1197
avec exaltation (F) 1196
avec expansion (F) 1200
avec expression (F) 1201
avec extase (F) 1203
avec facétie (F) 1210
avec faiblesse (F) 1126
avec fantaisie (F) 1213
avec faste (F) 1573
avec fermeté (F) 1222
avec férocité (F) 1225
avec ferveur (F) 1227
avec feu (F) 1269
avec fierté (F) 1234
avec finesse (F) 1238

avec fluidité (F) 1242
avec force (F) 1248
avec fougue (F) 1245
avec fourberie (F) 1270
avec fracas (F) 1620
avec fraîcheur (F) 1260
avec franchise (F) 1253
avec frémissements (F) 1258
avec frénésie (F) 1589
avec froideur (F) 1255
avec fureur (F) 1272
avec fureur (F) 1274
avec gaîté (F) 1278
avec galanterie (F) 1281
avec gentillesse (F) 1288
avec goût (F) 1311
avec grâce (F) 1306
avec grâce (F) 1679
avec grandeur (F) 1302
avec gravité (F) 1305
avec gravité (F) 1569
avec hardiesse (F) 1034
avec hâte (F) 744
avec horreur (F) 1496
avec humour (F) 1671
avec impatience (F) 1316
avec impétuosité (F) 1318
avec indifférence (F) 1328
avec indolence (F) 1331
avec innocence (F) 1340
avec inquiétude (F) 1023
avec insistance (F) 1345
avec insolence (F) 1346
avec ironie (F) 1356
avec ivresse (F) 1178
avec joie (F) 1208
avec joie (F) 1293
avec l'archet (F) 94
avec la main (F) 389
avec la même humeur du début (F) 3494
avec la plus haute virtuosité (F) 1114
avec la pointe de l'archet (F) 83
avec la voix (F) 1761
avec langueur (F) 1367
avec lassitude (F) 1613
avec le - la - les (F) 1769
avec le bois (F) 95
avec légèreté (F) 1371
avec lenteur (F) 745
avec lustre (F) 1388
avec maintien (F) 1477
avec maîtrise (F) 1391
avec mélancolie (F) 1393
avec mépris (F) 1160
avec modération (F) 1411
avec mollesse (F) 1413
avec moquerie (F) 1541
avec mouvement (F) 746
avec noblesse (F) 1429
avec nonchalance (F) 1430
avec obstination (F) 1440
avec passion (F) 1446
avec peine (F) 1219
avec persévérance (F) 1461
avec plus d'abandon (F) 3493
avec pompe (F) 1474
avec précipitation (F) 747
avec précision (F) 1481
avec promptitude (F) 752
avec prudence (F) 1488
avec pureté (F) 1091
avec pureté (F) 1489
avec quelques licences (F) 749
avec raffinement (F) 1502
avec rage (F) 1494
avec raideur (F) 1514
avec rancune (F) 1524
avec rapidité (F) 743
avec rapidité (F) 748
avec rapidité (F) 750
avec recherche (F) 1510
avec recueillement (F) 1497
avec regret (F) 1521
avec résignation (F) 1505
avec résolution (F) 1526
avec respect (F) 1439

avec ressentiment (F) 1525
avec rigueur (F) 751
avec rigueur (F) 1517
avec sensibilité (F) 1560
avec sentiment (F) 1564
avec sérénité (F) 1567
avec sévérité (F) 1571
avec sillets (F) 75
avec simplicité (F) 1559
avec sobriété (F) 1592
avec soin (F) 1123
avec solennité (F) 1595
avec sourdine (F) 96
avec sourdine (F) 470
avec stupeur (F) 1624
avec suffisance (F) 1626
avec tendresse (F) 1636
avec tièdeur (F) 1638
avec timidité (F) 1645
avec tranquillité (F) 1656
avec transport (F) 1660
avec tristesse (F) 1404
avec tristesse (F) 1667
avec un doux flottement (F) 3495
avec un profond ennui (F) 3496
avec une douceur cachée (F) 3497
avec une élégance grave et lente (F) 3498
avec une émotion naissante (F) 3499
avec une étrangeté subite (F) 3500
avec une expression intense (F) 3501
avec une fausse douceur (F) 3502
avec une grâce capricieuse (F) 3503
avec une grâce dolente (F) 3504
avec une grande douceur (F) 3505
avec une grande émotion (F) 3506
avec une joie de plus en plus tumultueuse (F) 3507
avec une joie voilée (F) 3508
avec une légèreté fantasque mais précise (F) 3509
avec une passion naissante (F) 3510
avec une volupté dormante (F) 3511
avec véhémence (F) 1112
avec véhémence (F) 1685
avec vélocité (F) 753
avec vénération (F) 1688
avec verve (F) 1065
avec vigueur (F) 1693
avec violence (F) 1697
avec virtuosité (F) 1698
avec vivacité (F) 1702
avec volubilité (F) 1709
avec zèle (F) 1712
avviso teatrale (I) 3218
avvivando (I) 807
awake (E) 1146
awake (E) 1630
awkward (E) 1299
awkwardly (E) 3640
axe (F) 448
azione (I) 2848
B (D) 1992
B (E) 2303
B (D) 2305
B double flat (E) 2307
B double sharp (E) 2306
B flat (E) 2305
B sharp (E) 2304
baby grand (E) 415
baccanale (I) 2343
bacchanal (E) 2343
Bacchanal (D) 2343
bacchanale (F) 2343
bacchetta (I) 355
bacchetta (I) 2849
bacchetta da tamburo (I) 356
bacchetta di cuoio (I) 357
bacchetta di feltro (I) 358
bacchetta di legno (I) 359
bacchetta di spugna (I) 360
bacchetta imbottita (I) 361
bacchetta per piatti (I) 362

bacchetta per timpani (I) 363
bacchette (I) 286
back (E) 60
back (E) 3221
back (E) 3429
back of the hand (E) 3393
back to first speed back to pattern (E) 3641
back to refrain (E) 3642
background (E) 3843
background music (E) 3074
backline (E) 3844
backline (E) 3845
backside (E) 3430
backstage (E) 3222
backwards (E) 2192
backwards (E) 3221
bagatella (I) 2344
bagatelle (E) 2344
Bagatelle (D) 2344
bagatelle (F) 2344
bagpipe (E) 168
bagpipe (E) 195
baguette (F) 355
baguette (F) 2849
baguette d'éponge (F) 360
baguette de bois (F) 359
baguette de cuir (F) 357
baguette de cymbales (F) 362
baguette de feutre (F) 358
baguette de tambour (F) 356
baguette de timbales (F) 363
baguette rembourrée (F) 361
baguettes de percussion (F) 286
baguettes entrechoquées (F) 286
baigné de pédales (F) 3512
baisser (F) 2581
baisser l'accord (F) 2582
baisser l'intonation (F) 2582
balai de jazz (F) 330
balais (F) 381
balalaica (I) 5
balalaika (E) + (F) 5
Balalaika (D) 5
balancé (F) 1059
balanced (E) 1059
balancement (F) 487
balbettando (I) 1050
balbettare (I) 2613
balbutier (F) 2613
balcony (E) 2998
baldanza (con) (I) 1051
baldanzoso (I) 1052
Balg (D) 439
ball room (E) 3245
ballabile (I) 1124
ballabile (I) 2850
ballad (E) 2345
Ballade (D) 2345
ballade (F) 2345
ballare (I) 2614
ballata (I) 2345
ballerina (E) 2852
ballerina (F) 2852
ballerina (I) 2852
ballerino (I) 2851
ballerino (I) 3445
ballet (E) 2346
ballet (F) 2346
ballet de cour (F) 2347
ballet master (E) 3465
ballet music (E) 3091
ballet school (E) 3264
Ballett (D) 2346
Ballettkorps (D) 2915
Ballettmeister (D) 3465
Ballettmusik (D) 3091
balletto (I) 2346
balletto di corte (I) 2347
Ballettschule (D) 3264
ballo (I) 2853
ballo di sala (I) 2854
ballo di società (I) 2854
ballo popolare (I) 2855
ballo tedesco (I) 2348
ballroom dance (E) 2854
Ballsaal (D) 3245
balzato (I) 89

balzato (I) 102
balzellato (I) 90
balzellato (I) 111
bambino prodigio (I) 2856
bamboo brasilene (E) 350
bamboo scraper (E) 319
bambou brésilien (F) 350
Bambusraspel (D) 319
Bambusschüttelrohr (D) 350
band (E) 3846
Band (Buch) (D) 3378
band music (E) 3092
banda (I) 2857
banda di frequenza (I) 498
banda di ottoni (I) 2858
banda militare (I) 2859
Bandbreite (D) 532
bande de fréquences (F) 498
bande magnétique (F) 550
Bandgeschwindigkeit (D) 610
bandleader (E) 3847
bandoneon (E) 402
bandonéon (F) 402
bandoneon (I) 402
Bandoneon (D) 402
bandpass filter (E) 525
Bandpaßfilter (D) 525
bandwidth (E) 532
bange (D) 1026
bangend (D) 1025
banjo (E) 6
banjo (F) 6
banjo (I) 6
Banjo (D) 6
banquette (F) 454
bar (E) 1989
bar (E) 2105
bar number (E) 2133
bar-line (E) 1985
bar-line (E) 2221
barbare (F) 1053
barbarisch (D) 1053
barbaro (I) 1053
barbarous (E) 1053
barcarola (I) 2349
barcarole (E) 2349
barcarolle (F) 2349
barcollando (I) 1054
barcollante (I) 1055
baril (F) 203
barillet (F) 203
barilotto (I) 203
Bariton (D) 614
baritone (E) 125
baritone (E) 614
baritone clef (E) 2008
baritone saxophone (E) 172
Baritonhorn (D) 125
baritono (I) 614
Baritonsaxophon (D) 172
Baritonschlüssel (D) 2008
Barkarole (D) 2349
Barmherzigkeit (D) 3165
barocco (I) 2860
Barock (D) 2860
baroque (E) 2860
baroque (F) 2860
barra (I) 1985
barra (I) 2221
barre (F) 39
barre (F) 41
barré (E) 91
barré (F) 91
barré (I) 91
barré (Quergriff bei Gitarre/Laute) (D) 91
barre (F) 1985
barre de mesure (F) 2221
barre transversale (F) 2259
barrel organ (E) 409
barrel socket (E) 203
barrel-organ (E) 491
barrelhouse piano style (E) 3848
barrette (F) 239
barsch (D) 1068
barsche Stimme (D) 715
baryton (F) 614
bas (F) 2861

bass (E) 615
bass (E) 2861
bass clarinet (E) 130
bass clef (E) 2009
bass drum (E) 297
bass drum pedal (E) 375
bass flute (E) 151
bass player (E) 3453
bass recorder (E) 153
bass saxophone (E) 173
bass string (E) 45
bass trumpet (E) 181
bass tuba (E) 192
bass-bar (E) 41
bassa danza (I) 2350
basse (F) 615
basse bouffe (F) 616
basse chiffrée (F) 1986
basse continue (F) 1987
basse contrainte (F) 1988
basse danse (E) 2350
Basse danse (D) 2350
basse danse (F) 2350
basse obstinée (F) 1988
bassethorn (E) 140
Bassetthorn (D) 140
bassin (F) 236
basso (I) 615
basso (I) 2861
basso buffo (E) 616
basso buffo (I) 616
basso cifrato (I) 1986
basso continuo (I) 1987
basso numerato (I) 1986
basso ostinato (I) 1988
Basso ostinato (D) 1988
basson (F) 147
basson (F) 3460
bassoon (E) 147
bassoonist (E) 3460
basta! (I) 2862
bastante (I) 1752
Baß (D) 615
Baß-Buffo (D) 616
Baßbalken (D) 41
Baßblockflöte (D) 153
Baßklarinette (D) 130
Baßsaxophon (D) 173
Baßschlüssel (D) 2009
Baßtrompete (D) 181
Baßtuba (D) 126
Baßtuba (D) 192
bataille (F) 2351
baton (E) 2849
battaglia (I) 2351
battaglio (I) 364
battant (F) 364
battement (F) 385
battement (F) 500
battement (F) 555
battement (F) 2114
battente (I) 364
battere (I) 2615
battere il tempo (I) 2616
batteria (I) 260
batteria elettronica (I) 499
batterie (F) 260
batterista (I) 3446
battery (E) 1977
batteur (F) 325
batteur (F) 3446
battimento (I) 500
battitoia (I) 365
battle (E) 2351
battre (F) 2615
battre la mesure (F) 2616
battuta (I) 1989
battuta composta (I) 1990
battuta semplice (I) 1991
Bauch (D) 3420
bäuerisch (D) 1695
Bauerntanz (D) 2414
bavarder (F) 2634
be quiet (E) 1912
beam (E) 2221
beam (E) 2259
beängstigend (D) 1018
bearbeiten (D) 2589

bearbeiten (D) 2607
Bearbeiter (D) 3442
Bearbeitung (D) 2835
Bearbeitung (D) 3226
bearing (E) 1477
beat (E) 385
beat (E) 500
beat (E) 555
beat (E) 1989
beat 1960 (E) 3849
beater (E) 355
beating reed (E) 198
beato (I) 1056
beau (F) 2864
beau chant (F) 667
beaucoup (F) 1745
beaucoup (F) 1784
beaucoup (F) 1808
beaucoup (F) 1840
beaucoup de pédale en la changeant très souvent (F) 3513
beauté (F) 2863
beautiful (E) 1689
beautiful (E) 2864
beautiful singing (E) 667
beauty (E) 2863
bebend (D) 707
bebend (D) 1257
Bebop 1940 (E) 3850
Bebung (D) 487
Bebung (D) 709
bec (F) 204
bec (F) 449
bécarre (F) 1993
becco (I) 204
Becken (D) 311
Beckenschlegel (D) 362
becoming calmer (E) 922
becoming faster (E) 801
becoming ferocious (E) 3643
becoming more animated (E) 804
becoming softer (E) 928
bedächtig (D) 1463
bedecken (D) 2643
bedeckt (D) 390
beeilen (D) 2590
beeilend (D) 827
beendet (D) 1801
beendigên (D) 2788
beffardo (I) 1057
before (E) 1874
before (E) 1875
before (E) 1876
Begabung (D) 3333
begeisternd (D) 1194
begeistert (D) 1195
begin (E) 1750
beginne (D) 1750
beginner (E) 2962
beginning (E) 1768
beginning (E) 3030
beginning (E) 3187
begleiten (D) 2587
begleitend (D) 1719
Begleiter (D) 3439
begleitetes Rezitativ (D) 2533
Begleitinstrument (D) 3312
Begleitung (D) 2810
beglückwünschen (D) 2666
Begrenzer (D) 533
behandeln (D) 2793
behende (D) 985
behende (D) 1374
beherzt (D) 1021
Beifall (D) 2831
Bein (D) 3398
beinahe (D) 1879
Beispiel (D) 2959
bekümmert (D) 974
bekümmert (D) 1030
bel canto (I) 667
beleben (D) 2600
belebend (D) 804
belebend (D) 807
belebend (D) 818
belebt (D) 740
belebt (D) 805
belebt (D) 819

Beleuchtung (D) 3009
beliebig (D) 1798
bell (E) 206
bell (E) 219
bell (E) 264
bell down (E) 254
bell in the air (E) 244
bell stroke (E) 386
bell tree (E) 308
bell up (E) 244
bella (I) 2864
belle (F) 2864
bellezza (I) 2863
bellicoso (I) 1058
belliqueux (F) 1058
bello (I) 2864
bellows (E) 439
belly (E) 78
below (E) 1805
below (E) 1815
bémol (F) 1992
bemolle (I) 1992
ben (I) 1753
ben ritmato (I) 871
bene (I) 1753
Benzinfaß (D) 339
bequadro (I) 1993
bequem (D) 1104
berceuse (F) 2484
bergamasca (I) 2352
bergamask (E) 2352
Bergamasker Tanz (D) 2352
bergamasque (F) 2352
berstend (D) 1547
Berufsmusiker (D) 3115
Berufsmusikerin (D) 3115
beruhigen (D) 2624
beruhigend (D) 834
beruhigend (D) 940
berühmt (D) 2882
berühmt (D) 2974
besänftigend (D) 1500
beschaulich (D) 1115
beschleunigen (D) 758
beschleunigen (D) 2585
beschleunigend (D) 801
beschleunigt (D) 734
beschleunigt (D) 802
beschreiben (D) 2651
beschreibend (D) 1143
Besen (D) 381
Besetzung (D) 2941
Besetzung (D) 3140
beständig (D) 1118
beständig (D) 1612
bestürzt (D) 1583
beten (D) 2712
betend (D) 1483
betonen (D) 2586
betonend (D) 867
betont (D) 866
betont (D) 868
betont (D) 895
Betonung (D) 1951
Betonung (D) 2809
betörend (D) 1332
betrübt (D) 957
betrübt (D) 979
betrübt (D) 1116
betrübt (D) 1403
betrübt (D) 1405
beunruhigend (D) 1341
beunruhigt (D) 998
bevor (D) 1875
bevor (D) 1876
bewegen (D) 2702
bewegend (D) 812
beweglich (D) 1410
bewegt (D) 769
Bewegung (D) 1841
Bewegung (D) 3051
bezaubert (D) 1325
beziffern (D) 2015
beziffern (D) 2636
bezifferter Baß (D) 1986
Bezifferung (D) 2016
bezüglich (Parallel-
tonart) (D) 2176

bichord (E) 1754
bicordo (I) 99
bicordo (I) 1754
bien (F) 1753
bien égal (F) 3514
bien rythmé (F) 871
bienheureux (F) 1056
big (E) 1808
Big Band (E) 3851
big drum (E) 297
biglietteria (I) 2868
biglietto (I) 2865
biglietto in omaggio (I) 2866
bilancia (I) 421
bilanciato (I) 1059
bill (E) 2879
billet (F) 2865
Billett (D) 3029
billet de faveur (F) 2866
billet gratuit (F) 2866
binaire (F) 1994
binario (I) 1994
binary (E) 1994
binary form (E) 2066
Bindebogen (D) 2088
binden (D) 2690
biniou (F) 168
bird pipe (E) 320
Birne (D) 203
bis (L) 1741
bis (D) 1897
bis (L) 2867
bis zu (D) 1802
bis zum (D) 1898
bis zum Ende (D) 1725
bis zum Schlußteil (D) 1729
bis zum Zeichen (D) 1734
bis zum Zeichen (D) 1803
bisbigliando (I) 1060
bisbigliando (arpa) (I) 92
bisbigliare (I) 2617
bisbigliato (I) 1061
bischero (I) 36
biscroma (I) 2313
biseau (F) 202
biseau (F) 420
bissig (D) 1417
bit player (E) 2896
biting (E) 1417
bitonalità (I) 1995
Bitonalität (D) 1995
bitonalité (F) 1995
bitonality (E) 1995
bitten (D) 2712
bitter (D) 1008
bitter (E) 1008
bitterly (E) 1005
bitterly (E) 1044
bizarre (E) 1062
bizarre (F) 1062
bizzarro (I) 1062
blanche (F) 2309
blasen (D) 2762
Blasen (D) 3278
Bläser (D) 2981
Bläserquintett (D) 2529
Blasinstrumente (D) 3315
Blasmusik (D) 2857
Blasmusik (D) 3092
Blasmusik (D) 3096
Blatt (D) 3144
blättere um (D) 1944
Blechblasinstrumente (D) 3317
Blechblasorchester (D) 2858
Blechinstrumente (D) 3143
blissful (E) 1056
blitzend (D) 1267
bloc de bois (F) 261
block (E) 420
block chords (E) 3906
block cinese (I) 261
Blockflöte (D) 158
blood (E) 3428
blühender Kontrapunkt (D) 2026
Blues 1912 (E) 3853
blues ending (E) 3852
Blume (Verzierung) (D) 2063
Blut (D) 3428

bocal (F) 208
bocca (I) 3385
bocchino (I) 205
Boden (D) 60
body (E) 369
Bogen (D) 34
Bogen (D) 228
Bogen (D) 2988
Bogenführung (D) 85
Bogenhaare (D) 55
Bogenstrich (D) 85
bohémien m/-ne (F) 3380
Bohrung (D) 436
bois (F) 3043
bois (F) 3044
boisterously (E) 3644
boîte (F) 3252
boîte à musique (F) 488
boîte expressive (F) 428
boiteux (F) 997
boiteux (F) 1713
boiteux (F) 3381
bold (E) 1035
bold (E) 1052
boldly (E) 1033
boldly (E) 3645
bolero (E) 2356
Bolero (D) 2356
boléro (F) 2356
bolero (I) 2356
bombarda (I) 124
bombarde (E) 124
bombarde (F) 124
bombardino (I) 125
bombardon (E) 126
bombardon (F) 126
Bombardon (D) 126
bombardone (I) 126
bombastic (E) 1520
Bomhard (D) 124
bondi (F) 89
bondissant (F) 1540
bone (E) 3417
bones (E) 342
bongo (I) + (E) 262
Bongo (D) 262
Bongotrommel (D) 262
bonnet (F) 206
Boogie-Woogie 1928 (E) 3854
borbottare (I) 2618
bord (F) 374
bordone (I) 1996
bordoniera (I) 366
Bordun (D) 1996
Bordunsaite (D) 49
bore (E) 436
boring (E) 3122
borry (E) 2353
boshaft (D) 1395
botteghino (I) 2868
bottone (I) 37
bottone (I) 422
bottoni dei registri (I) 423
bouché (F) 245
bouche (F) 3385
bounce (E) 3855
bouncing (E) 89
bouncing (E) 90
bouncing (E) 111
bouncy (E) 3646
bound (E) 473
bound (E) 882
bourdon (E) 1996
bourdon (F) 1996
bourée (E) 2353
Bourrée (D) 2353
bourrée (F) 2353
bourrée (I) 2353
bout du doigt (F) 3425
bouton (F) 37
bouton (F) 422
boutons de registres (F) 423
bow (E) 34
bow (E) 3022
bowed stringed instruments (E) 3313
bowing (E) 85
bowing (E) 115

box (E)	3145
box (E)	3252
box office (E)	2868
boys' choir (E)	679
braccio (I)	3386
brace (E)	1957
bracket (E)	1957
brake (E)	2673
braking (E)	838
brando (I)	2354
branle (E)	2354
Branle (D)	2354
branle (F)	2354
brano (I)	2869
bransle (F)	2354
bras (F)	3386
brass (E)	3143
brass band (E)	2858
brass band (E)	2857
brass instruments (E)	3317
brassy (E)	3647
brassy overblowing (E)	252
Bratsche (D)	28
Bratschist (D)	3483
Brautlied (D)	2377
brave (E)	1021
bravissimo! (I)	2870
Bravourarie (D)	2339
bravura (con) (I)	1063
bravura aria (E)	2339
breadth (E)	3041
break (E)	3856
break a leg (E)	3018
breast (E)	3421
breath (E)	699
breath (E)	2982
breath (E)	3278
breath control (E)	3338
breath support (E)	659
breathing (E)	1508
breathing (E)	3220
breathing pause (E)	643
breathing pause (E)	697
breathless (E)	971
bref (F)	1755
breit (D)	760
Breite (D)	3041
breiter werdend (D)	832
breiter werdend (D)	840
breiter werdend (D)	854
bremsen (D)	2673
bremsend (D)	838
bremsend (D)	845
brennend (D)	1032
Brettchenklapper (D)	342
breve (I)	1755
bridal song (wedding song) (E)	2377
bridge (E)	65
bridge (E)	2159
bridge (E)	3857
Brief (D)	3045
bright (E)	1385
brightly (E)	3648
brillant (F)	1064
brillante (I)	1064
Brille (D)	200
brilliant (E)	1064
brindisi (I)	2355
brindisi (I)	2419
bring out (E)	1814
bring out the melody (E)	3649
bringen (D)	2709
brio (con) (I)	1065
brioso (I)	1066
brisé (F)	1907
briskly (E)	999
broad (E)	760
broad (E)	1013
broadcast (E)	3352
broadcasting (E)	3210
broadened (E)	1736
broadening (E)	832
broadening (E)	840
broadening (E)	854
broadly (E)	1369
broderie (F)	1948
broderie (F)	2138

broken (E) 1907
broken (E) 3240
broken chord (E) 1962
brontolando (I) 1067
brontolare (I) 2619
brosse (F) 330
Bruchstück (D) 2995
bruit (F) 579
brumeux (F) 1422
Brummeisen (D) 323
brummen (D) 2619
brummend (D) 1067
Brummtopf (D) 280
bruscamente (I) 1068
brusco (I) 1068
brüsk (D) 1068
brusque (E) 1068
brusque (F) 1068
brusquement (F) 1068
brusquement (F) 1813
Brust (D) 3421
Brustkorb (D) 3435
Bruststimme (D) 719
brutal (E) 1069
brutal (F) 1069
brutal (D) 1069
brutale (I) 1069
bruyant (F) 1534
bruyant (F) 3243
bubbly (E) 3650
Buchstabe (D) 3045
Bügelhorn (D) 160
bugle à pistons (F) 160
bugle (F) 138
Bühne (D) 3146
Bühne (D) 3254
Bühnenbild (D) 3255
Bühnenmalerei (D) 3256
Bühnenmusik (D) 3078
bull roarer (E) 301
bumpily (E) 3651
Bund (D) 77
bündig (D) 1771
bureau de location (F) 2868
buree (E) 2353
burlando (I) 1070
burlesca (I) 2357
burlescamente (I) 1071
Burleske (D) 2357
burlesque (E) 2357
burlesque (F) 2357
burletta (I) 2358
burning (E) 1336
burrascoso (I) 1072
bursting (E) 1547
bussare (I) 2620
but (E) 1828
but not too much (E) 1829
butt (E) 228
buttare (I) 2621
button accordion (E) 407
buzz along (E) 3652
by heart (E) 2824
by step (E) 2023
C (D) 2273
C (E) 2273
C double flat (E) 2277
C double sharp (E) 2276
C flat (E) 2275
C sharp (E) 2274
ça suit (F) 1888
cabaca (E) 263
cabaletta (E) 2359
Cabaletta (D) 2359
cabaletta (I) 2359
cabalette (F) 2359
Cabaza (D) 263
cabaza (I) 263
caccavella (I) 280
caccia (I) 2360
caché (F) 1844
cachet (F) 3127
cacofonia (I) 2871
cacophonie (F) 2871
cacophony (E) 2871
cadence (E) 1997
cadence (F) 1997
cadence finale (F) 1999

cadence interrompue (F) 1998
cadence interrompue (F) 2002
cadence parfaite (F) 2001
cadence suspendue (F) 2000
cadence suspendue (F) 2002
cadencing (E) 1756
cadential (E) 1756
cadentiel (F) 1756
cadenza (I) 1997
cadenza (E) 1997
cadenza d'inganno (I) 1998
cadenza evitata (I) 1998
cadenza finale (I) 1999
cadenza imperfetta (I) 2000
cadenza perfetta (I) 2001
cadenza sospesa (I) 2002
cadenzale (I) 1756
cadenzante (I) 1756
cadere (I) 2622
cadre (F) 368
cadre (F) 461
caesura (E) 2006
café-concert (F) 3365
caisse (F) 274
caisse claire (F) 340
caisse de résonance (F) 40
caisse roulante (F) 275
calando (I) 928
calante (I) 929
calare (I) 668
calare (I) 2623
calcando (I) 914
calculateur (F) 517
caldaia (I) 367
caldamente (I) 1073
caldo (I) 1074
calebasse (F) 263
call and response (E) 3858
calm (E) 1076
calm (E) 1478
calm (E) 1657
calma (con) (I) 1075
calmando (I) 834
calmandosi (I) 835
calmare (I) 2624
calme (F) 1076
calmer (F) 2624
calming (E) 834
calming down (E) 835
calming down (E) 927
calmly (E) 1075
calmly (E) 3653
calmo (I) 1076
calore (con) (I) 1077
calorosamente (I) 1078
caloroso (I) 1078
cambiamento (I) 2872
cambiamento di posizione (I) 93
cambiamento di tempo (I) 2003
cambiando (I) 1757
cambiare (I) 2625
cambiata (F) 2128
cambio di misura (I) 2003
cambio di tonalità (I) 2004
camera d'aria (I) 207
camerino (I) 2873
camminando (I) 808
campana (I) 206
campana (I) 264
campanaccio (I) 265
campane doriche (I) 266
campane in alto (I) 244
campane tubolari (I) 267
campanella (I) 269
campanelli (I) 268
campanelli a tastiera (I) 271
campanelli della messa (I) 270
campanello (I) 269
campestre (I) 1079
canal pour l'air (F) 207
canale (I) 424
canale (I) 501
canard (F) 3123
canaria (I) 2361
Canarie (D) 2361
canarie (F) 2361
canary (E) 2361
cancellare (I) 2626

cancellare (I) 502
candid (E) 1081
candidamente (I) 1080
candide (F) 1081
candidement (F) 1080
candidly (E) 1080
candido (I) 1081
candore (con) (I) 1082
cangiando (I) 1757
canna ad ancia (I) 426
canna (I) 425
canna labiale (I) 427
canne de tambour major (F) 371
canon (E) 2362
canon (F) 2362
canone (I) 2362
canoro (I) 669
cantabile (I) 1083
cantando (I) 1084
cantante (I) 3447
cantare (I) 2627
cantare a prima vista (I) 2628
cantare giusto (I) 670
cantata (I) 2363
cantata (E) 2363
cantata da camera (I) 2364
cantata da chiesa (I) 2365
cantata profana (I) 2366
cantata su un corale (I) 2367
cantate (F) 2363
cantate d'église (F) 2365
cantate de chambre (F) 2364
cantate profane (F) 2366
cantate sur un choral (F) 2367
canticchiare (I) 2629
canticle (E) 2368
cantico (I) 2368
cantilena (E) 2369
cantilena (I) 2369
cantilène (F) 2369
cantino (I) 38
cantique (F) 2368
canto carnacialesco (I) 2370
canto di lavoro (I) 2371
canto di Natale (I) 2372
canto fermo (I) 2005
canto funebre (I) 2373
canto gitano (I) 2374
canto goliardico (I) 2375
canto gregoriano (I) 2376
canto nuziale (I) 2377
canto parlato (I) 671
cantus firmus (E) 2005
Cantus firmus (D) 2005
cantus firmus (F) 2005
canzonando (I) 1085
canzone (I) 2378
canzone della sera (I) 2379
canzone infantile (I) 2380
canzone moderna (I) 2381
canzone popolare (I) 2382
canzonet (E) 2383
canzonetta (I) 2381
canzonetta (I) 2383
canzonette (F) 2383
canzoniere (I) 3209
capelli (I) 3387
capire (I) 2630
capodaste (F) 39
capolavoro (I) 2874
capotasto (I) 39
capotasto (E) 39
cappella (I) 2875
cappello cinese (I) 308
capriccio (E) 2384
capriccio (I) 2384
Capriccio (D) 2384
capricciosamente (I) 1086
capriccioso (I) 1086
caprice (F) 2384
capricieusement (F) 952
capricieusement (F) 1086
capricieux (F) 1086
capricieux (F) 1290
capricious (E) 952
capricious (E) 1086
capsula (I) 208
capsule (F) 208

caractéristique (F) 2876
carattere (con) (I) 1087
caratteristico (I) 2876
cardboard mute (E) 231
careful (E) 960
carefully (E) 958
carefully (E) 1720
carelessly (E) 1430
caressant (F) 954
caressant (F) 1088
caressing (E) 953
caressing (E) 954
caressing (E) 1088
caressing (E) 1690
carezzevole (I) 1088
caricato (I) 1089
cariglione (I) 492
carillon (I) 272
carillon (E) 272
carillon (F) 272
carillon (E) 273
carillon (I) 488
carillon à clavier (F) 273
carillon a tastiera (I) 273
carino (I) 1090
carmagnola (I) 2385
carmagnole (E) 2385
Carmagnole (D) 2385
carmagnole (F) 2385
carnaval (F) 2877
carnevale (I) 2877
carnival (E) 2877
carnival song (E) 2370
carol (E) 2386
carola (I) 2386
Carole (D) 2386
carole (F) 2386
carried over (E) 897
carrying over (E) 896
carrying the voice (E) 638
carrying the voice (E) 696
carta da musica (I) 2878
cartellone (I) 2879
cartridge (E) 511
casa editrice di musica (I) 2880
case (E) 35
case (E) 238
casque d'écoute (F) 508
cassa (I) 274
cassa armonica (I) 40
cassa chiara (I) 275
cassa chiara (I) 340
cassa di risonanza (I) 40
cassa espressiva (I) 428
cassa rullante (I) 275
cassation (E) 2387
cassation (F) 2387
cassazione (I) 2387
cassé (F) 3240
cassette recorder (E) 566
Cassettenrecorder (D) 566
cassettophone (F) 566
cast (E) 2941
castagnette (I) 276
castagnette con manico (I) 277
castagnette di metallo (I) 278
castagnette spagnole (I) 279
castagnettes (F) 276
castagnettes à manches (F) 277
castagnettes de métal (F) 278
castagnettes espagnoles (F) 279
castanets (E) 276
castigatezza (con) (I) 1091
castigato (I) 1092
casto (I) 1093
castrat (F) 672
castrato (E) 672
castrato (I) 672
casually (E) 3654
catalog (E) 2881
catalogo (I) 2881
catalogue (E) 2881
catalogue (F) 2881
catégories de voix (F) 674
catena (I) 41
catena di trilli (I) 673
catene (I) 281
cater wauling (E) 3075

cavalleresco (I) 1094
cavatina (I) 2388
cavatina (E) 2388
cavatine (F) 2388
cavigliere (I) 42
CD (E) 595
CD (Abkürzung für Compact Disc) (D) 595
cedendo (I) 930
céder (F) 2631
cedere (I) 2631
celebrated (E) 2882
celebre (I) 2882
célèbre (F) 2882
célèbre (F) 2974
celeramente (I) 741
celere (I) 742
celesta (E) 403
Celesta (D) 403
celesta (I) 403
célesta (F) 403
céleste (F) 1095
celeste (I) 1095
celestiale (I) 1095
Cellist (D) 3484
cellist (E) 3484
cellista (I) 3484
Cembalist (D) 3450
Cembalo (D) 404
cennamella (I) 127
centre auditif (F) 2883
centre pin (E) 448
centro uditivo (I) 2883
cercare (I) 2632
cerchio (I) 368
cervelas (F) 169
Ces (D) 2275
Ceses (D) 2277
cessare (I) 2633
cesser (F) 2633
cesser (F) 2760
cesser de vibrer (F) 98
cesura (I) 2006
césure (F) 2006
cetra (I) 7
cetra da tavolo (I) 8
chaconne (E) 2389
Chaconne (D) 2389
chaconne (F) 2389
chagriné (F) 957
chain of trills (E) 673
chaîne (F) 501
chaînes (F) 281
chains (E) 281
chaleureusement (F) 1073
chaleureusement (F) 1078
chaleureux (F) 1078
chalumeau (F) 127
chalumeau (F) 196
chamber cantata (E) 2364
chamber music (E) 3066
chamber orchestra (E) 3131
chamber sonata (E) 2554
champêtre (F) 1079
chancelant (F) 1055
chancelant (F) 1677
change (E) 1843
change (F) 1843
change (E) 2872
change of finger (E) 480
change of meter (E) 2003
change of time (E) 2003
changement (F) 2872
changement de mesure (F) 2003
changement de position (F) 93
changement de temps (F) 2003
changement de tonalité (F) 2004
changer (F) 2625
changer (F) 2703
changer souvent (la pédale) (F) 3515
changing (E) 1757
changing note (E) 2128
channel (E) 424
channel (E) 501
chanson (F) 2378

chanson à boire (F) 2355
chanson à boire (F) 2419
chanson à la mode (F) 2381
chanson bacchique (F) 2419
chanson d'étudiant (F) 2375
chanson de carnaval (F) 2370
chanson enfantine (F) 2380
chanson populaire (F) 2382
chansonnette (F) 2381
chant de mai (F) 2464
chant de Noël (F) 2372
chant de travail (F) 2371
chant du soir (F) 2379
chant funèbre (F) 2373
chant gitan (F) 2374
chant grégorien (F) 2376
chant nuptial (F) 2377
chant parlé (F) 671
chantant (F) 1083
chanter (F) 2627
chanter à vue (F) 2628
chanter juste (F) 670
chanter trop bas (F) 668
chanter trop haut (F) 687
chanterelle (F) 38
chanteur (F) 3447
chantonner (F) 2629
chapeau chinois (F) 308
chapel (E) 2875
chapelle (F) 2875
chaque (F) 1850
chaque fois (F) 1851
character piece (E) 2513
characteristic (E) 2876
charakteristisch (D) 2876
Charakterstück (D) 2513
chargé (F) 1089
charged (E) 1089
charitable (F) 1469
charivari (F) 3075
charleston (I) 282
charleston cymbal (E) 315
charleston cymbal (E) 377
Charleston-Becken (D) 315
Charleston-Becken (D) 377
Charlestonmaschine (D) 282
charmant (F) 1373
charmé (F) 1325
charmed (E) 1325
charming (E) 1326
chasse (F) 2360
chaste (E) 1092
chaste (E) 1093
chaste (F) 1093
chastely (E) 1091
chaud (F) 1074
che (I) 1758
cheek (E) 3402
cheeky (E) 3655
cheerful (E) 737
cheerful (E) 1313
cheerful (E) 1378
cheerfully (E) 1000
cheerily (E) 1043
cheerily (E) 3656
chef d'orchestre (F) 2932
chef d'orchestre (F) 3459
chef de chœur (F) 689
chef de pupitre (F) 3186
chef-d'œuvre (F) 2874
chercher (F) 2632
chest voice (E) 719
chevaleresque (F) 1094
chevalet (F) 65
cheveux (F) 3387
cheville (F) 36
chevillier (F) 42
chevroter (F) 708
chiaccherare (I) 2634
chiaramente (I) 1096
chiarezza (con) (I) 1097
chiaro (I) 1098
chiave (I) 209
chiave (I) 2007
chiave dell'acqua (I) 210
chiave di baritono (I) 2008
chiave di basso (I) 2009
chiave di contralto (I) 2010

chiave di do (I) 2011
chiave di mezzosoprano (I) 2012
chiave di violino (I) 2013
chiesa (I) 2884
chiffrage (F) 2016
chiffrer (F) 2015
chiffrer (F) 2636
child's voice (E) 723
childish (E) 1333
chin (E) 3409
chin-rest (E) 62
Chinese block (E) 261
Chinese cymbals (E) 313
chinesische Becken (D) 313
chiocciola (I) 68
chitarra (I) 10
chitarra battente (I) 11
chitarra elettrica (I) 503
chitarra hawaiana (I) 12
chitarra jazz (I) 11
chitarrista (I) 3448
chiudere (I) 2635
chiusa del trillo (I) 2014
chiuso (I) 245
chiuso (I) 2885
chivalrous (E) 1094
chocalho (E) 283
chocallo (I) 283
chocolo (E) 283
chocolo (F) 283
Chocolo (D) 283
choeur (F) 54
choice (E) 3253
choir (E) 676
choir (E) 683
choir school (E) 3265
choirmaster (E) 689
choix (F) 3253
choppily (E) 3657
Chor (D) 676
choral (E) 2405
Choral (D) 2405
choral (F) 2405
choral cantata (E) 2367
choral conductor (E) 689
choral music (E) 3061
choral music (E) 3093
choral singer (E) 675
choral society (E) 661
choral speaking (E) 684
choral work (E) 2494
chorale (E) 2405
Choralkantate (D) 2367
chord (E) 1958
Chordirigent (D) 689
chorégraphe (F) 3455
chorégraphie (F) 2914
chorélogue (F) 3456
Choreograph (D) 3455
choreographer (E) 3455
Choreographie (D) 2914
choreography (E) 2914
Choreologe (D) 3456
choreologist (E) 3456
choriste (F) 675
choriste (F) 3457
chorister (E) 675
chorister (E) 3457
Chormusik (D) 3061
Chormusik (D) 3093
chorps de ballet (E) 2915
Chorsänger (D) 675
Chorsänger (D) 3457
Chorsängerin (D) 675
Chorschule (D) 3265
chorus (E) 676
chorus (E) 3859
chorus singer (E) 3457
Chorwerk (D) 2494
chœur (F) 676
chœur d'église (F) 678
chœur d'hommes (F) 682
chœur d'opéra (F) 680
chœur de femmes (F) 681
chœur de garçons (F) 679
chœur de radio (F) 677
chœur mixte (F) 683
chœur parlé (F) 684

Christmas music (E) 3077
Christmas song (E) 2372
chromatic (E) 2031
chromatic timpano (E) 346
chromaticism (E) 2032
Chromatik (D) 2032
chromatique (F) 2031
chromatisch (D) 2031
chromatische Pauke (D) 346
chromatisme (F) 2032
Chrotta (D) 16
chrotta (F) 16
chuchoté (F) 1061
chuchoter (F) 2617
chug along (E) 3658
church (E) 2884
church cantata (E) 2365
church choir (E) 678
church mode (E) 2109
church music (E) 3067
church music (E) 3087
church sonata (E) 2555
ciaccona (I) 2389
ciaramella (I) 127
ciclo (I) 2390
ciclo (I) 2886
ciel (F) 2887
cielo (I) 2887
cifrare (I) 2015
cifrare (I) 2636
cifratura (I) 2016
cilindro (I) 429
cilindro rotativo (I) 211
cimbali (I) 284
cimbalini (I) 285
cimbalom (E) 9
cimbalom (I) 9
cinelle (I) 311
cinetico (I) 1099
cinétique (F) 1099
circa (I) 1759
circle of fifths (E) 2017
circolo delle quinte (I) 2017
Cis (D) 2274
Cisis (D) 2276
Cister (D) 7
cistre (F) 7
citation (F) 2888
citazione (I) 2888
cithare (F) 8
cithare d'amateur (F) 4
cittern (E) 7
civettando (I) 1100
civetteria (con) (I) 1101
civettuolo (I) 1101
clair (F) 1098
clair (F) 1426
clair (F) 1427
clairement (F) 1096
clairement (F) 1425
clap hands (E) 3659
clapper (E) 329
clapper (E) 364
claquement doux et
mouillé (F) 3516
claquettes (F) 3347
clarinet (E) 128
clarinetist (E) 3449
clarinette (F) 128
clarinette alto (F) 132
clarinette basse (F) 130
clarinette contrebasse (F) 131
clarinettist (E) 3449
clarinettista (I) 3449
clarinettiste (F) 3449
clarinetto (I) 128
clarinetto basso (I) 130
clarinetto contrabbasso (I) 131
clarinetto contralto (I) 132
clarinetto piccolo (I) 129
clashing (E) 3660
classi vocali (I) 674
classic (E) 2889
classicism (E) 2890
classicisme (F) 2890
classicismo (I) 2890
classico (I) 2889
classique (F) 2889

clavecin (F) 404
claveciniste (F) 3450
claves (E) 286
claves (F) 286
claves (I) 286
clavicembalista (I) 3450
clavicembalo (I) 404
clavichord (E) 405
clavicorde (F) 405
clavicordo (I) 405
clavier (F) 458
claviers éléctroniques (F) 590
clé (F) 209
clé (F) 2007
clé d'eau (F) 210
clé d'ut (F) 2011
clé d'ut seconde ligne (F) 2012
clé d'ut troisième ligne (F) 2010
clé de fa quatrième ligne (F) 2009
clé de fa troisième ligne (F) 2008
clé de sol (F) 2013
clean (E) 1426
clean (E) 3202
clear (E) 1098
clear (E) 1380
clear voice (E) 716
clearly (E) 1096
clearly (E) 1425
clef (E) 2007
clef (F) 2007
climat (F) 3300
climax (E) 2829
cloche (F) 264
cloche de vache (F) 265
cloches doriennes (F) 266
cloches tubulaires (F) 267
clochette (F) 269
clochettes pour la messe (F) 270
close (E) 3374
close position (E) 2162
close to the bridge (E) 119
closed (E) 2885
coach (E) 3474
coaching (E) 3196
coarse (E) 1308
coarse (E) 1533
coda (I) 1760
codetta (I) 2018
coeur (F) 3389
coi (I) 1769
col (I) 1769
col legno (I) 95
colachon (F) 13
colascione (E) 13
Colascione (D) 13
colascione (I) 13
cold (E) 1256
coldly (E) 1254
coléreusement (F) 964
coléreux (F) 1354
coléreux (F) 1616
coll'arco (I) 94
colla (I) 1769
colla punta d'arco, -di arco/
-dell'arco (I) 83
colla voce (I) 1761
collaboration (E) 2891
collaboration (F) 2891
collaborazione (I) 2891
colle (I) 1769
collection (E) 2892
collection (F) 2892
collection (E) 3208
college (E) 2804
collera (con) (I) 1102
collezione (I) 2892
collo (I) 3388
colofonia (I) 43
colonna sonora (I) 504
colonne sonore (F) 504
colophane (F) 43
coloratura (I) 685
coloratura (E) 685
coloratura aria (E) 2340
coloratura soprano (E) 649
colorature (F) 685
colore (I) 2893
colorito (I) 2893

colour (E) 2893
colpo (I) 385
colpo (I) 1762
colpo d'arco (I) 85
colpo del battaglio (I) 386
colpo di lingua (I) 246
colpo di lingua semplice (I) 247
colpo di tamburo (I) 387
colto (I) 2894
comando del suono (I) 505
combo (E) 3860
come (I) 1763
come prima (I) 1764
come sopra (I) 1765
come stà (I) 1766
come una cadenza (I) 1767
comeback (E) 3861
comédie (F) 2895
comédie lyrique (F) 2392
comédie musicale (F) 2391
comédien (F) 3444
comedy (E) 2895
Comes (D) 2184
comfortable (E) 984
comfortably (E) 1104
comfortably (E) 1107
comfortably (E) 3661
comic opera (E) 2392
comic opera (E) 2492
comic opera (E) 2493
comical (E) 1103
comico (I) 1103
cominciando (I) 1768
comique (F) 1103
comma (E) 2019
comma (F) 2019
comma (I) 2019
commande du son (F) 505
comme (F) 1763
comme adagietto (F) 730
comme avant (F) 1764
comme de loin (F) 3517
comme des souffles frais (F) 3518
comme plus haut (F) 1765
comme un cri (F) 3521
comme un fond de paysage (F) 3519
comme un lointain tumulte (F) 3526
comme un murmure confus (F) 3523
comme un regret (F) 3525
comme une ballade (F) 949
comme une buée irisée (F) 3522
comme une cadence (F) 1767
comme une causerie (F) 3520
comme une danse paysanne (F) 990
comme une ombre mouvante (F) 3524
comme une sonnerie de cors (F) 3527
commedia (I) 2895
commedia musicale (I) 2391
commedia per musica (I) 2392
commence (F) 1750
commencement (F) 3030
commencer (F) 2611
commencer (F) 2680
commencer un peu en dessous du mouvement (F) 3529
commercial (E) 3862
commodément (F) 1107
commodo (I) 1104
common (E) 2902
common chord (E) 1961
commosso (I) 1105
commovente (I) 1106
commun (F) 2902
commuovere (I) 2637
comodamente (I) 1107
comodo (I) 1108
compact disc (E) 595
comparsa (I) 2896
compétition musicale (F) 2906
compiacevole (I) 1109
complaisant (F) 1109
complesso (I) 2897

complet (F) 2899
complet (F) 2957
completamente (I) 2898
complete (E) 2899
complete edition (E) 2950
complete works (E) 3031
completely (E) 2898
complètement (F) 2898
completo (I) 2899
completo (I) 2957
complimentary ticket (E) 2866
comporre (I) 2638
composer (F) 2638
composer (E) 3451
compositeur (F) 3451
composition (E) 2900
composition (F) 2900
compositore (I) 3451
composizione (I) 2900
compound time (E) 1990
comprendre (F) 2630
compresseur (F) 506
compressing (E) 914
compressor (E) 506
compressore (I) 506
comprimario (I) 2901
compter (F) 2640
comptez (F) 1772
compulsory piece (E) 3162
computer (E) 517
Computer (D) 517
computer music (E) 549
Computermusik (D) 549
comune (I) 2902
con (I) 1769
con celerità (I) 743
con due bacchette (I) 388
con fretta (I) 744
con la mano (I) 389
con lentezza (I) 745
con moto (I) 746
con precipitazione (I) 747
con prestezza (I) 748
con qualche licenza (I) 749
con rapidità (I) 750
con rigore (I) 751
con somma bravura (I) 1114
con sordina (I) 470
con sordina (I) 96
con sordino (I) 96
con speditezza (I) 752
con tutta la forza (I) 872
con velocità (I) 753
concentrarsi (I) 2639
concentrated (E) 1110
concentrato (I) 1110
concentré (F) 1110
concert (E) 2903
concert (F) 2903
concert (E) 3244
concert agency (E) 2817
concert aria (E) 2337
concert artist (E) 3452
concert dance (E) 2409
concert de musique sacrée (F) 2400
concert overture (E) 2501
concert piece (E) 2514
concert pitch (E) 2925
concert privé (F) 2904
concert season (E) 3295
concert study (E) 2559
concert symphonique (F) 2401
concert symphonique (F) 2905
concertant (F) 1770
concertante (E) 1770
concertante (I) 1770
concerthall (E) 3246
concertista (I) 3452
concertiste (F) 3452
concertmaster (E) 3472
concerto (E) 2393
concerto (F) 2393
concerto (I) 2393
concerto (I) 2903
concerto con quattro strumenti solisti (I) 2394
concerto doppio (I) 2395

concerto for orchestra (E) 2396
concerto per orchestra (I) 2396
concerto per organo (I) 2397
concerto per pianoforte (I) 2398
concerto per violino (I) 2399
concerto pour orchestre (F) 2396
concerto pour orgue (F) 2397
concerto pour piano (F) 2398
concerto pour violon (F) 2399
concerto privato (I) 2904
concerto sacro (I) 2400
concerto sinfonico (I) 2401
concerto sinfonico (I) 2905
concerto triplo (I) 2402
concis (F) 1771
concise (E) 1771
conciso (I) 1771
concitato (I) 1111
concitazione (con) (I) 1112
conclusion (E) 2020
conclusion (F) 2020
conclusione (I) 2020
concorso musicale (I) 2906
concours de musique (F) 2906
concours musical (F) 2906
condenser microphone (E) 542
condotta delle parti (I) 2021
condotta delle voci (I) 2022
conductor (E) 2932
conductor (E) 3459
conduite des voix (F) 2022
conga (E) 287
Conga (D) 287
conga (F) 287
conga (I) 287
congiunto (I) 2023
conjoint (F) 2023
conjunct (E) 2023
consecutives (E) 2227
consequent (E) 2184
conséquent (F) 2184
consequente (I) 2184
conservatoire (E) 2907
conservatoire (F) 2907
conservatorio (I) 2907
conservatory (E) 2907
consolant (F) 1113
consolante (I) 1113
consolation (E) 2403
Consolation (D) 2403
consolation (F) 2403
consolazione (I) 2403
console (F) 56
console (E) 430
console (F) 430
consoling (E) 1113
consolle (I) 430
consonance (E) 2024
consonance (F) 2024
consonant (E) 2908
consonante (I) 2908
consonanza (I) 2024
consonne (F) 2908
conspiring (E) 1661
constant (F) 1118
construction (E) 2225
construction (F) 2225
construction linéaire (F) 2021
contact microphone (E) 543
contano (I) 1772
contare (I) 2640
conte (F) 2975
contemplatif (F) 1115
contemplative (E) 1115
contemplativo (I) 1115
contemporary music (E) 3060
contents (E) 2909
contenu (F) 2909
contenuto (I) 2909
continously (E) 1747
continu (F) 1774
continua (I) 1773
continuare (I) 2641
continuation (E) 3269
continuer (F) 2641
continuez (F) 1773
continuità (I) 2910
continuité (F) 2910

continuity (E) 2910
continuo (I) 1774
continuo instrument (E) 3323
continuous (E) 1774
contrabass trombone (E) 188
contrabassoon (E) 133
contrabbassista (I) 3453
contrabbasso (I) 14
contrabbasso a pizzico (I) 15
contract (E) 2913
contract (E) 3261
contraddanza (I) 2404
contrafagotto (I) 133
contraint (F) 880
contraire (F) 2911
contraltista (I) 618
contralto (E) 617
contralto (I) 617
contrappunto (I) 2025
contrappunto fiorito (I) 2026
contrappunto florido (I) 2026
contrario (I) 2911
contrary (E) 2911
contrary motion (E) 2119
contrast (E) 2912
contraste (F) 2912
contrasto (I) 2912
contrat (F) 2913
contrat (F) 3261
contrattempo (I) 2028
contratto (I) 2913
contratto (I) 3261
contre (F) 1775
contre-chant (F) 2029
contre-temps (F) 2028
contrebasse (F) 14
contrebasse à pistons (F) 192
contrebasse à pistons (F) 193
contrebasse jouée sans archet (F) 15
contrebassiste (F) 3453
contrebasson (F) 133
contredanse (F) 2404
contrepoint (F) 2025
contrepoint fleuri (F) 2026
contresujet (F) 2027
contristato (I) 1116
contro (I) 1775
controcanto (I) 2029
contrôle du souffle (F) 3338
controsoggetto (I) 2027
controtema (I) 2029
convulsé (F) 1117
convulsive (E) 1117
convulso (I) 1117
cool jazz 1948 (E) 3863
coperchio (I) 431
coperto (I) 390
copiare (I) 2642
copier (F) 2642
copista (I) 3454
copiste (F) 3454
copri-ancia (I) 208
coprire (I) 400
coprire (I) 2643
copyist (E) 3454
copyright (E) 2936
coquettish (E) 1100
coquettishly (E) 1101
coquille (F) 68
cor (F) 137
cor anglais (E) 142
cor anglais (F) 142
cor de basset (F) 140
cor de chasse (F) 138
cor de postillion (F) 141
cor de vache (F) 143
cor des Alpes (F) 139
corale (I) 2405
corda (I) 44
corda d'acciaio (I) 47
corda del sol (I) 45
corda di bordone (I) 49
corda di budello (I) 46
corda di metallo (I) 48
corda di risonanza (I) 50
corda melodica (I) 51
corda simpatica (I) 52

corda vuota (I) 97
corde (F) 44
corde à vide (F) 97
corde d'acier (F) 47
corde de boyau (F) 46
corde de résonance (F) 50
corde hors manche (F) 49
corde incrociate (I) 432
corde mélodique (F) 51
corde métallique (F) 48
corde sympathique (F) 52
corde vocali (I) 686
cordes (F) 2833
cordes (F) 3313
cordes croisées (F) 432
cordes vocales (F) 686
cordier (F) 53
cordiera (I) 53
coreografia (I) 2914
coreografo (I) 3455
coreologo (I) 3456
corista (I) 675
corista (I) 3457
cornamusa (I) 168
cornemuse (F) 168
cornet (E) 134
cornet (F) 134
cornet (E) 135
cornet à bouquin (F) 136
cornet à pistons (F) 135
cornett (E) 136
cornetta (I) 134
cornetta a pistoni (I) 135
cornetto (I) 136
cornista (I) 3458
corniste (F) 3458
corno (I) 137
corno da caccia (I) 138
corno da nebbia (I) 288
corno delle Alpi (I) 139
corno di bassetto (I) 140
corno di postiglione (I) 141
corno di toro (I) 143
corno inglese (I) 142
coro (I) 54
coro (I) 676
coro d'opera (I) 680
coro della radio (I) 677
coro di chiesa (I) 678
coro di fanciulli (I) 679
coro femminile (I) 681
coro maschile (I) 682
coro misto (I) 683
coro parlato (I) 684
corona (I) 2030
corpo di ballo (I) 2915
corps (F) 240
corps de ballet (F) 2915
corps de musique (F) 2857
corps de rechange (F) 226
corps supérieur (F) 237
correct (E) 1881
correct (E) 2916
correct (F) 2916
correggere (I) 2644
corrente (I) 754
corrente (I) 2406
corretto (I) 2916
correttore di tonalità (I) 507
corriger (F) 2644
corto (I) 1776
costante (I) 1118
costanza (con) (I) 1461
costruzione (I) 2225
costume (E) 2917
costume (F) 2917
costume (I) 2917
cotillon (E) 2407
cotillon (F) 2407
cotillon (I) 2407
cou (F) 3388
coucou (F) 289
coude (F) 3401
coulamment (F) 1550
coulant (F) 1550
coulé (F) 1955
coulé (F) 2046
couleur (F) 2893

coulisse (F) 224
coulisse (F) 238
coulisses (F) 3207
coulisses (F) 3222
count (E) 1772
counter melody (E) 2029
counter part (E) 2029
counter subject (E) 2027
counter voice (E) 2029
counter-hoop (E) 368
counterpoint (E) 2025
countertenor (E) 618
country blues 1850 (E) 3864
country dance (E) 2404
country music (E) 3865
coup (F) 385
coup (F) 1762
coup d'archet (F) 85
coup de cloche (F) 386
coup de glotte (F) 664
coup de langue (F) 246
coup de langue simple (F) 247
coup de tambour (F) 387
couper (F) 2785
coupler (E) 419
couplet (F) 2056
coupure (F) 596
coupure (F) 3332
courant (F) 754
courante (E) 2406
Courante (D) 2406
courante (F) 2406
courbe inférieure (F) 80
courbe supérieure (F) 79
cours collectif (F) 3047
course (E) 54
court (F) 1776
court music (E) 3073
court song (E) 2341
coussin (F) 73
coussinet (F) 433
couvercle (F) 431
couvert (F) 390
couvrir (F) 581
couvrir (F) 646
couvrir (F) 2643
cow horn (E) 143
cowbell (E) 265
cradle song (E) 2484
craintif (F) 1453
craintivement (F) 1647
crapaud (F) 415
creare (I) 2645
créatif (F) 2918
creative (E) 2918
creative music 1970 (E) 3866
creativo (I) 2918
crécelle (F) 317
crécelle (F) 329
créer (F) 2645
crescendo (I) 915
crescere (I) 687
crescere (I) 2646
crier (F) 2677
crini dell'arco (I) 55
crins de l'archet (F) 55
crisp (E) 3662
cristallin (F) 1119
cristallino (I) 1119
critica (I) 2919
criticare (I) 2647
criticism (E) 2919
critique (F) 2919
critiquer (F) 2647
croche (F) 2311
crochet (F) 2018
croiser (F) 2681
croître (F) 2646
croma (I) 2311
cromatico (I) 2031
cromatismo (I) 2032
cromorne (F) 144
cromorno (I) 144
crook (E) 226
crooner (E) 3867
cross (E) 2259
cross fingering (E) 213
cross-fingering (E) 249

cross-stay (E) 239
cross-strung (E) 432
crossing hands (E) 474
crotales (E) 285
Crotales (D) 285
crotales (F) 285
crotchet (E) 2310
crotchet rest (E) 2317
crotta (I) 16
crowd (E) 16
crumhorn (E) 144
crushed note (E) 1954
crying (E) 1466
crystalline (E) 1119
csardas (F) 2408
Csárdás (D) 2408
cuckoo (E) 289
cuculo (I) 289
cue (E) 2841
cue (E) 3868
cue note (E) 2132
cuffia (I) 508
cuica (E) 290
Cuica (D) 290
cuica (F) 290
cuica (I) 290
cuivrer (F) 252
cuivres (F) 3143
culasse (F) 228
cullando (I) 1120
cultivated (E) 2894
cultivé (F) 2894
cunning (E) 1270
cuore (con) (I) 1121
cuore (I) 3389
cup (E) 212
cup (E) 236
cupo (I) 1122
cura (con) (I) 1123
curtain (E) 3277
curtsey (E) 3022
curva della meccanica (I) 56
cuscinetto (I) 212
cuscinetto (I) 433
cushion (E) 433
cussedly (E) 3663
cut (E) 596
cut (E) 3332
cuvette (F) 81
cycle (E) 2390
cycle (F) 2390
cycle (F) 2886
cycle (E) 2886
cycle des quintes (F) 2017
cyclic form (E) 2067
cylindre (F) 223
cylindre (F) 429
cylindre à rotation (F) 211
Cymbal (D) 9
cymbal stick (E) 362
cymbale charleston (F) 315
cymbale charleston (F) 377
cymbale suspendue (F) 316
cymbale suspendue (F) 378
cymbales (F) 311
cymbales antiques (F) 284
cymbales chinoises (F) 313
cymbales digitales (F) 285
cymbales sur tiges (F) 312
cymbales turques (F) 314
cymbals (E) 311
cymbalum (F) 9
czarda(s) (I) 2408
czardas (E) 2408
D (D) 2278
D (E) 2278
D double flat (E) 2282
D double sharp (E) 2281
D flat (E) 2280
D sharp (E) 2279
d'aplomb (F) 1154
d'un air songeur et triste (F) 3528
d'un bout à l'autre (F) 3530
d'un petit pas égal (F) 3531
d'un rhythme las (F) 3532
d'un rhythme libre (F) 3533
d'un seul doigt (F) 3534
d'une sonorité pleine (F) 3535

d'une voix vivante (F) 3542
da capo (I) 1777
da capo al fine (I) 1778
da capo al segno (I) 1779
daccapo (I) 1777
dactyl (E) 2033
dactyle (F) 2033
Daktylos (D) 2033
dal principio (I) 1777
dal segno (I) 1780
dal segno al fine (I) 1781
dämonisch (D) 1142
dampen (E) 635
damper (E) 380
damper (E) 455
dämpfen (D) 103
dämpfen (D) 400
dämpfen (D) 2761
Dämpfer (D) 72
Dämpfer (D) 380
Dämpfer (D) 445
Dämpfer (D) 455
Dämpfer (D) 1904
Dämpfer ab (D) 255
Dämpfer abnehmen (D) 1823
Dämpfer auf (D) 253
Dämpfer weg (D) 255
Dämpfer weg (D) 1920
damping pedal (E) 445
dance (E) 2853
dance band (E) 3130
dance des sorcières (F) 2410
dance music (E) 3064
dance of death (E) 2411
dancer (E) 2851
dancer (E) 3445
dancing (E) 1124
dann (D) 1789
dann (D) 1869
dann (D) 2819
dans le caractère d'une marche (F) 992
dans le style d'une sarabande (F) 3536
dans un goût burlesque (F) 3537
dans un halo de pédales (F) 3538
dans un murmure (F) 3539
dans un sentiment intime (F) 3540
dans une sonorité claire (F) 3541
dans une sonorité harmonieuse et lointaine (F) 3543
dansant (F) 1124
dansant (F) 2850
danse (F) 2853
danse allemande (F) 2348
danse champêtre (F) 2414
danse concertante (F) 2409
danse de salon (F) 2854
danse de societé (F) 2854
danse espagnole (F) 2416
danse folklorique (F) 2413
danse folkloristique (F) 2855
danse gitane (F) 2412
danse hongroise (F) 2417
danse macabre (F) 2411
danse paysanne (F) 2414
danse populaire (F) 2855
danse slave (F) 2415
danser (F) 2614
danseur (F) 3445
danseur de ballet (F) 2851
danseuse de ballet (F) 2852
danza (I) 2853
danza concertante (I) 2409
danza dei morti (I) 2411
danza delle streghe (I) 2410
danza folcloristica (I) 2855
danza gitana (I) 2412
danza macabra (I) 2411
danza popolare (I) 2413
danza popolare (I) 2855
danza rustica (I) 2414
danza slava (I) 2415
danza spagnola (I) 2416
danza tedesca (I) 2348
danza ungherese (I) 2417
danzante (I) 1124
dappertutto (I) 1782

Darbietung (D) 3211
dare dei concerti (I) 2648
dark (E) 1438
dark (E) 1551
dark (E) 1634
Darmsaite (D) 46
Darsteller (D) 2844
Darstellerin (D) 2845
darting (E) 1540
das meiste (D) 1809
dasselbe (D) 1821
dasselbe (D) 1831
dasselbe Zeitmaß (D) 766
dattilo (I) 2033
daubtuky (E) 3664
Dauer (D) 2946
Daumen (D) 3423
Daumenring (D) 201
Daumenuntersatz (D) 477
dazzling (E) 3665
de façon burlesque (F) 1071
de forme ouverte (F) 1946
de moins en moins (F) 1865
de plus en plus (F) 1866
de plus en plus animé (F) 823
de plus en plus brouillé (F) 3544
de plus loin (F) 3545
de toutes ses forces (F) 1925
de toutes ses forces (F) 872
de très loin (F) 3546
de vive voix (F) 1942
de / à la pointe (F) 83
deaf (E) 3283
deafening (E) 1522
debile (I) 1125
debole (I) 873
debole (I) 1125
debolezza (con) (I) 1126
debolmente (I) 1127
débonnairement (F) 1500
début (E) 2920
Debüt (D) 2920
début (F) 2920
début (F) 3030
début (F) 3187
débutant (F) 2962
débutante (F) 2962
débuter (F) 2662
debütieren (D) 2662
debutto (I) 2920
deceptive cadence (E) 1998
déchiffrage (F) 3183
déchiffrer (F) 2628
déchiffrer (F) 2783
déchirant (F) 1619
déchiré (F) 1362
déchiré (F) 1610
decibel (E) 509
décibel (F) 509
decibel (I) 509
décidé (F) 1129
decided (E) 1129
decima (I) 2331
decimino (I) 2418
decisione (con) (I) 1128
decisively (E) 1128
deciso (I) 1129
Decke (D) 78
Deckel (D) 212
Deckel (D) 431
decken (D) 581
decken (D) 646
declaimed (E) 1131
declaiming (E) 1130
declamando (I) 1130
declamare (I) 2649
declamation (E) 688
déclamation (F) 688
declamato (I) 1131
declamazione (I) 688
déclamé (F) 1131
déclamer (F) 2649
décor (F) 3255
decorating (E) 1239
decorating (E) 1240
découvert (F) 395
decreasing (E) 931
decreasing to nothing (E) 939

decrescendo (I) 931
décrire (F) 2651
dédaigneux (F) 1553
dedica (I) 2921
dédicace (F) 2921
dedicare (I) 2650
dedication (E) 2921
dédier (F) 2650
deep voice (E) 717
défaut (F) 2926
defiant (E) 1576
deficiendo (I) 942
dégagé (F) 1377
degno (I) 1132
degré (F) 2077
degree (E) 2077
déguisement (F) 3354
dehnend (D) 859
Deklamation (D) 688
deklamieren (D) 2649
deklamierend (D) 1130
deklamiert (D) 1131
delayed cadence (E) 2002
delaying (E) 839
deliberatamente (I) 1133
deliberately (E) 1133
délibérément (F) 1133
délicat (F) 1136
delicatamente (I) 1134
delicate (E) 1136
delicate (E) 1300
delicately (E) 1134
délicatement (F) 1134
delicatezza (con) (I) 1135
delicato (I) 1136
délicieusement (F) 1141
délié (F) 1545
delighted (E) 1503
delightfully (E) 1141
delirando (I) 1137
délirant (F) 1138
delirante (I) 1138
delirio (con) (I) 1139
deliroso (I) 1138
delizia (con) (I) 1140
deliziosamente (I) 1141
demi (F) 1834
demi force (F) 1835
demi-cadence (F) 2000
demi-pause (F) 2316
demi-soupir (F) 2318
demi-ton (F) 2203
demie (F) 1834
demisemiquaver (E) 2313
demisemiquaver rest (E) 2320
demo tape (E) 570
Demo-Aufnahme (D) 570
Demo-Band (D) 570
demoniaco (I) 1142
démoniaque (F) 1142
demonic (E) 1142
demütig (D) 1670
den Ton ausspinnen (D) 623
denken (D) 2706
denkend (D) 1457
dennoch (D) 1859
dent de scie (F) 510
dente di sega (I) 510
denti (I) 3390
dents (F) 3390
déployé (F) 1604
derb (D) 1308
dernier (F) 1930
dernier mouvement (F) 2432
dernière (F) 1930
dernière fois (F) 3357
dérobé (F) 781
derrière (F) 3430
derselbe (D) 1831
Des (D) 2280
désaccordé (F) 3259
désaccordé (F) 3303
descant recorder (E) 156
descendant (F) 2041
descending (E) 2041
descriptif (F) 1143
descriptive (E) 1143
descriptive music (E) 3072

descrittivo (I) 1143
descrivere (I) 2651
Deses (D) 2282
désespéré (F) 1158
désespérément (F) 1157
desiderio (con) (I) 1144
désinvolte (F) 1154
désinvolte (F) 1606
desolate (E) 1145
desolato (I) 1145
désolé (F) 1145
désolé (F) 1546
désordonné (F) 1156
desperate (E) 1158
desperately (E) 1157
dessous (F) 1905
dessus (F) 1903
desto (I) 1146
destrezza (con) (I) 1147
détaché (F) 114
détaché (F) 481
détaché (F) 898
détaché (F) 907
detached (E) 114
detached (E) 481
detached (E) 898
detached (E) 907
detached staccato (E) 115
détacher (F) 2772
détendu (F) 1519
determinato (I) 1148
determinazione (con) (I) 1149
déterminé (F) 1148
determined (E) 1148
detonieren (D) 705
detonieren (D) 2773
détonner (F) 705
détonner (F) 2773
dettato (I) 2034
dettato musicale (I) 2035
deutlich (D) 1098
deutlich (D) 1163
deutlich aussprechen (D) 2608
deutlich getrennt (D) 115
deutscher Tanz (D) 2348
Deutung (D) 3032
deux cordes (F) 472
deux fois (F) 1723
development (E) 2234
développement (F) 2234
devised (E) 3666
dévot (F) 1150
devoto (I) 1150
devout (E) 1150
dextérité (F) 2803
dexterity (E) 2803
Dezett (D) 2418
Dezibel (D) 509
Dezime (D) 2331
di colpo (I) 1783
di molto (I) 1784
di nuovo (I) 1785
di più (I) 1786
diaframma (I) 511
diaframma (I) 3391
Dialog (D) 2922
dialogo (I) 2922
dialogue (E) + (F) 2922
diapason (I) 2923
diapason à bouche (F) 2924
diapason à branches (F) 2923
diapason à fiato (I) 2924
diapason da camera (I) 2925
diapason de chambre (F) 2925
diaphragm (E) 3391
diaphragme (F) 511
diaphragme (F) 3391
diatonic (E) 2036
diatonicism (E) 2037
diatonico (I) 2036
Diatonik (D) 2037
diatonique (F) 2036
diatonisch (D) 2036
diatonisme (F) 2037
diatonismo (I) 2037
dichterisch (D) 1473
dictation (E) 2034
dictée (F) 2034

dictée musicale (F) 2035
diction (E) 690
diction (F) 690
die ganze (D) 1924
die ganze Kraft (D) 1925
die gleiche Geschwindigkeit (D) 766
die Stimme heben (D) 628
dièse (F) 2038
diesis (I) 2038
difetto (I) 2926
difference (E) 2927
différence (F) 2927
different (E) 1787
différent (F) 1787
differenza (I) 2927
difficile (F) 2928
difficile (I) 2928
difficoltà (I) 2929
difficult (E) 2928
difficulté (F) 2929
difficulty (E) 2929
diffusion radiophonique (F) 603
diffusion télévisée (F) 604
digital (D) 512
digital (E) 512
digital techniques (E) 597
digitale (I) 512
Digitalplatte (D) 595
Digitaltechnik (D) 597
digne (F) 1132
dignità (con) (I) 1151
Diktat (D) 2034
Diktion (D) 690
Dilettant (D) 2930
dilettante (E) 2930
dilettante (I) 2930
dilettante (F) 2930
diligenza (con) (I) 1152
diluendo (I) 932
dilungando (I) 933
diminished (E) 2039
diminishing (E) 934
diminishing (E) 942
diminishing (E) 943
diminué (F) 2039
diminuendo (I) 934
diminuer (F) 2652
diminuire (I) 2652
diminuito (I) 2039
diminution (E) 2040
diminution (F) 2040
diminuzione (I) 2040
dinamica (I) 2931
direction (F) 2933
director (E) 3473
Direktion (D) 2933
direttore d'orchestra (I) 3459
direttore d'orchestra (I) 2932
direttore del coro (I) 689
direzione (I) 2933
dirge (E) 2373
Dirigent (D) 2932
Dirigent (D) 3459
diriger (F) 2653
dirigere (I) 2653
dirigieren (D) 2653
Dirigierpartitur (D) 3153
diritti d'autore (I) 2934
diritti d'esecuzione (I) 2935
diritto d'autore (I) 2936
dirty tones (E) 3869
Dis (D) 2279
discendente (I) 2041
disco (I) 513
disco music 1975 (E) 3870
disconsolate (E) 1546
discoteca (I) 2937
discotheque (E) 2937
discothèque (F) 2937
discreet (E) 2938
discret (F) 2938
discreto (I) 2938
discrezione (con) (I) 1153
disdainful (E) 1553
disguise (E) 3354
disinvolto (I) 1154
disinvoltura (con) (I) 1155

Disis (D) 2281
Diskothek (D) 2937
diskret (D) 2938
disordinato (I) 1156
disperatamente (I) 1157
disperato (I) 1158
disperazione (con) (I) 1159
disperdere (I) 98
Disposition (D) 471
disposition (F) 471
disposition de l'orchestre (F) 2939
disposizione (I) 471
disposizione
dell'orchestra (I) 2939
disprezzo (con) (I) 1160
disque (F) 513
disque compact (F) 595
disquieting (E) 1341
dissonance (E) 2042
dissonance (F) 2042
Dissonanz (D) 2042
dissonanza (I) 2042
distance (E) 2940
distance (F) 2940
distant (E) 874
distant (E) 1161
distant (F) 1161
distante (I) 874
distante (I) 1161
distanza (I) 2940
distendersi (I) 2654
disteso (I) 1162
distinct (E) 1098
distinct (E) 1163
distinct (F) 1163
distinctly (E) 1096
distinto (I) 1163
distorsion (F) 514
distorsione (I) 514
distortion (E) 514
distressed (E) 974
distressed (E) 1030
distribution (F) 2941
distribution (F) 3140
distribuzione (I) 2941
disturbed (E) 1669
diteggiatura (I) 2942
ditirambo (I) 2355
ditirambo (I) 2419
dito (I) 3392
divagando (I) 1164
diverso (I) 1787
divertente (I) 2943
divertimento (E) 2420
divertimento (I) 2420
Divertimento (D) 2420
divertissant (F) 2943
divertissement (F) 1969
divertissement (F) 2420
divided (E) 1788
dividere (I) 2655
divisé (F) 1788
diviser (F) 2655
divisi (I) 1788
diviso (I) 1788
divoto (I) 1150
Dixieland 1920 (E) 3871
dixième (F) 2331
dixtuor (F) 2418
dizione (I) 690
Do (I) 2273
Do (F) 2273
Do bémol (F) 2275
Do bemolle (I) 2275
Do dièse (F) 2274
Do diesis (I) 2274
Do doppio bemolle (I) 2277
Do doppio diesis (I) 2276
Do double bémol (F) 2277
Do double dièse (F) 2276
Docke (D) 451
dodecafonia (I) 2043
dodecaphonic music (E) 3079
dodécaphonie (F) 3079
dodécaphonisme (F) 2043
Dodekaphonie (D) 3079
doggedly (E) 3667
doglia (con) (I) 1165

doglioso (I) 1166
doigt (F) 3392
doigté (F) 2942
doigté fourché (F) 249
doigté fourchu (F) 213
dolce (I) 1167
dolcemente (I) 1168
dolcezza (con) (I) 1169
dolcissimo (I) 1170
dolendo (I) 1171
dolente (I) 1172
dolore (con) (I) 1173
doloroso (I) 1174
domestic music (E) 3083
dominant (E) 2044
dominant seventh (E) 2209
dominant seventh chord (E) 1960
Dominante (D) 2044
dominante (F) 2044
dominante (I) 2044
dominante de passage (F) 2045
dominante di passaggio (I) 2045
dominante secondaria (I) 2045
Dominantseptakkord (D) 1960
Dominantseptime (D) 2209
Donner (D) 3355
donner des concerts (F) 2648
Donnermaschine (D) 303
donnernd (D) 1649
dopo (I) 1789
Doppel-B (D) 2048
Doppelgriff (D) 1754
Doppelgriff (D) 99
Doppelkegeldämpfer (D) 230
Doppelkonzert (D) 2395
Doppelkreuz (D) 2049
Doppelloch (D) 228
Doppelpedalharfe (D) 3
Doppelpunkt (D) 2171
Doppelrohrblatt (D) 199
Doppelschlag (D) 2078
Doppelstrich (D) 2047
doppelt (D) 1790
doppelt so schnell (D) 809
doppelte Auslösung (D) 434
Doppelzunge (D) 199
Doppelzunge (D) 248
doppia acciaccatura (I) 2046
doppia corda (I) 99
doppia stanghetta (I) 2047
doppio (I) 1790
doppio bemolle (I) 2048
doppio colpo di lingua (I) 248
doppio diesis (I) 2049
doppio movimento (I) 809
doppio scappamento (I) 434
dorian (E) 2050
Dorian bells (E) 266
dorico (I) 2050
dorien (F) 2050
dorisch (D) 2050
dorische Glocken (D) 266
dorso (I) 3429
dorso della mano (I) 3393
dos (F) 3429
dos de la main (F) 3393
dot (E) 2170
dotted (E) 898
dotted (E) 2169
dottrina dell'armonia (I) 2945
double (E) 1790
double (F) 1790
doublé (F) 2078
double action harp (E) 3
double appoggiatura (E) 1973
double articulation (F) 248
double bar (E) 2047
double barre (F) 2047
double bass (E) 14
double bass clarinet (E) 131
double bass player (E) 3453
double bassoon (E) 133
double bémol (F) 2048
double cadence (F) 2078
double concerto (E) 2395
double concerto (F) 2395
double corde (F) 99
double croche (F) 2312

double dièse (F) 2049
double dot (E) 2171
double échappement (F) 434
double flat (E) 2048
double joint (E) 228
double manual (E) 466
double mute (E) 230
double point (F) 2171
double reed (E) 199
double sharp (E) 2049
double stop (E) 99
double the speed (E) 809
double time (E) 3872
double tonguing (E) 248
double-bass saxhorn (E) 193
double-bass trombone (E) 188
doublehopper (E) 434
doubler (F) 2724
doubling (E) 2174
douçaine (F) 145
doucement (F) 1168
doucement (F) 892
doucement contenu (F) 3547
doucement timbré (F) 3548
douloureusement (F) 1172
douloureusement (F) 1389
douloureux (F) 963
douloureux (F) 1166
douloureux (F) 1174
doux (F) 1010
doux (F) 1167
doux (F) 1396
doux (F) 1416
down-bow (E) 86
downbeat (E) 2083
draft (E) 2806
dragged (E) 865
dragging (E) 795
dragging (E) 860
dragging (E) 3668
Draht (D) 2985
drama (E) 2944
Drama (D) 2944
dramatic (E) 1175
dramatic music (E) 3080
dramatic soprano (E) 648
dramatique (F) 1175
dramatisch (D) 1175
dramatische Musik (D) 3080
dramatischer Sopran (D) 648
drame (F) 2944
drame liturgique (F) 2477
drame lyrique (F) 2421
drame musical (F) 2422
dramma (I) 2944
dramma lirico (I) 2421
dramma musicale (I) 2422
drammatico (I) 1175
drängen (D) 758
drängend (D) 816
drängend (D) 817
drängend (D) 824
draw-stops (E) 423
drawing (E) 863
drawing together (E) 830
drawing together
again (E) 822
drawn together (E) 829
dreadful (E) 1640
dream (E) 2552
dreaming (E) 1593
dreaming (E) 1682
dreamy (E) 1659
Drehbuch (D) 3255
Drehleier (D) 17
Drehorgel (D) 409
Drehorgel (D) 491
Drehventil (D) 211
drei Saiten (D) 485
Dreieck(schwingung) (D) 607
dreifach (D) 1922
Dreiklang (D) 1961
Dreiklang (D) 2260
dreiteilig (D) 2244
dreiteilige Form (D) 2068
dress rehearsal (E) 3197
dringend (D) 831
drinking song (E) 2355

drinking song (E) 2419
drive (E) 3873
driving tempo (E) 3669
drohend (D) 1407
dröhnen (D) 2737
dröhnend (D) 1520
dröhnend (D) 1522
dröhnend (D) 1649
dröhnend (D) 1650
droit (F) 1881
droit d'auteur (F) 2936
droits d'auteur (F) 2934
droits d'execution (F) 2935
drone string (E) 49
drowsily (E) 3670
drum (E) 274
drum (E) 335
drum major's baton (E) 371
drum roll (E) 393
drum roll (E) 394
drum stick (E) 356
drumbeat (E) 387
drumhead (E) 365
drumhead (E) 373
drummer (E) 3446
drums (E) 260
dry (E) 1554
dryly (E) 3671
du bout des lèvres (F) 1724
du début (F) 1717
du début (F) 1777
du début à la fin (F) 1778
du début au signe (F) 1779
du signe (F) 1780
du signe à la fin (F) 1781
Dudelsack (D) 168
due corde (I) 472
duet (E) 2423
duet (E) 2424
Duett (D) 2423
duetto (F) 2423
duetto (I) 2423
duftig (D) 1379
duina (I) 2051
dulcian (E) 145
dulciana (I) 145
dulcimer (E) 24
dull (E) 1434
Dulzian (D) 145
dumb (E) 3118
dunkel (D) 1438
dunkel (D) 1551
dunkle Stimme (D) 717
dunstig (D) 1683
duo (F) 2424
duo (I) 2424
Duo (D) 2424
Duole (D) 2051
duolet (F) 2051
duolo (con) (I) 1173
duple time (E) 2240
duple time (E) 3872
duplet (E) 2051
dur (F) 1177
Dur (D) 2095
durant (F) 1791
durant tout le morceau (F) 3549
durante (I) 1791
durata (I) 2946
durata del suono (I) 2052
duration (E) 2946
durchaus (D) 1747
durchdringend (D) 1455
Durchfall (D) 2980
Durchführung (D) 2234
Durchgang (D) 2146
Durchgang (D) 2257
Durchgangsakkord (D) 1959
Durchgangsnote (D) 2129
Durchgangston (D) 2129
durchkomponiert (D) 1946
durchlaufend bewegt (D) 2481
durée (F) 2946
durée du son (F) 2052
durezza (con) (I) 1176
during (E) 1791
duro (I) 1177
düster (D) 1122

düster (D) 1249
düster (D) 1384
düster (D) 1642
Dux (D) 1970
Dux (D) 2214
dwindling (E) 926
dying away (E) 843
dynamic mark (E) 2201
dynamic sign (E) 2201
dynamics (E) 2931
Dynamik (D) 2931
dynamique (F) 2931
dynamisches Zeichen (D) 2201
E (D) 2283
E (E) 2283
E double flat (E) 2287
E double sharp (E) 2286
E flat (E) 2285
E sharp (E) 2284
E-Musik (D) 3105
each (E) 1850
ear (E) 3416
ear-deafening (E) 1749
early (E) 3672
easily (E) 1577
easy (E) 980
easy (E) 1606
easy (E) 2971
ébauche (F) 2806
ébauche (F) 3258
ebbrezza (con) (I) 1178
eccedente (I) 1981
eccellente (I) 2947
eccessivamente (I) 1792
eccetto (I) 1793
eccitato (I) 1179
échange (F) 3251
échappement (F) 452
échec (F) 2980
echo (E) 515
Echo (D) 515
écho (F) 515
echo (E) 2948
écho (F) 2948
Echo (D) 2948
echo effect (E) 3231
echt (D) 1491
éclairage (F) 3009
éclatant (F) 1251
éclatant (F) 1547
éclisse (F) 58
eclogue (E) 2425
eco (I) 515
eco (I) 2948
école (F) 3263
école de ballet (F) 3264
école de musique (F) 3266
école supérieure de
musique (F) 2804
école viennoise (F) 3267
écossaise (F) 2545
écoute (F) 2840
écouter (F) 2609
écrire (F) 2752
ecstatic (E) 1204
ecstatic (E) 3673
edel (D) 1428
edge (E) 374
edition (E) 2949
édition (F) 2949
édition complète (F) 2950
edizione (I) 2949
edizione completa (I) 2950
éducation de l'oreille (F) 2951
éducation de la voix (F) 619
educazione dell'orecchio (I) 2951
educazione della voce (I) 619
effacer (F) 502
effacer (F) 2626
effe (I) 57
effect (E) 2952
effective (E) 2953
effects d'animaux (F) 2830
Effekt (D) 2952
Effektgerät (D) 591
effet (F) 2952
effet d'écho (F) 3231
effet sonore (F) 516

effetto (I) 2952
effetto sonoro (I) 516
efficace (I) + (F) 2953
effleurer (F) 2758
effréné (F) 1581
égal (F) 1794
égal (F) 1929
égalisateur (F) 523
égalité (F) 2954
église (F) 2884
egloga (I) 2425
églogue (F) 2425
eguaglianza (I) 2954
eguale (I) 1794
eher (D) 1862
eifrig (D) 1711
Eigenton (D) 2230
eighth note (E) 2311
eighth note rest (E) 2318
eilend (D) 803
eilend (D) 810
eilend (D) 826
eilig (D) 734
eilig (D) 756
eiliger (D) 813
ein anderes Mal (D) 3358
ein bißchen (D) 1915
ein klein wenig (D) 1934
ein wenig (D) 1935
ein wenig bewegt (D) 739
ein wenig mehr (D) 1936
einatmen (D) 629
einatmen (D) 2686
Eindruck (D) 2952
eindrucksvoll (D) 1322
eine Saite (D) 486
einfach (D) 1382
einfach (D) 1544
einfach (D) 1557
einfach (D) 1558
einfacher Takt (D) 1991
einfacher Zungestoß (D) 247
Einfall (D) 3040
einführen (D) 2688
Eingang (D) 522
Eingang (D) 2955
Eingebung (D) 3037
einheitlich (D) 1933
Einklang (D) 2263
Einklang (D) 3036
Einlage (D) 59
einleiten (D) 2688
Einleitung (D) 2454
Einleitung (D) 3175
einmal (D) 1931
einmanualig (D) 469
einrichten (D) 2607
Einsatz (D) 2054
Einsatz (D) 2841
einschmeichelnd (D) 1088
einschmeichelnd (D) 1344
einschneidend (D) 1327
einspringen (D) 2750
einstimmen (D) 2588
einstimmig (D) 1983
Einstimmigkeit (D) 2113
eintönig (D) 1414
Eintracht (D) 3359
eintreten (D) 2658
Eintritt (D) 2955
Eintritt (D) 3029
Eintrittskarte (D) 2865
einzig (D) 1932
Eis (D) 2284
eisig (D) 1285
Eisis (D) 2286
Ekloge (D) 2425
ekstatisch (D) 1204
elaborare (I) 2656
elaboratore (I) 517
elaboratore musicale (I) 518
élaborer (F) 2656
élargi (F) 1736
élargir (F) 2592
elbow (E) 3401
electric guitar (E) 503
électro-acoustique (F) 519
electroacoustics (E) 519

electrodynamic microphone (E) 544
electromagnetic microphone (E) 545
electronic drums (E) 499
electronic music (E) 3081
electronic organ (E) 552
électronique musicale (F) 521
électrophone (F) 520
electrophone (E) 520
electrophonic instrument (E) 520
élégamment (F) 1180
elegantemente (I) 1180
elegantly (E) 1180
eleganza (con) (I) 1181
elegia (I) 2426
elegiac (E) 1182
elegiaco (I) 1182
élégiaque (F) 1182
Elegie (D) 2426
élégie (F) 2426
elegisch (D) 1182
elegy (E) 2426
Elektroakustik (D) 519
elektrodynamisches Mikrophon (D) 544
Elektrogitarre (D) 503
elektromagnetisches Mikrophon (D) 545
elektronische Musik (D) 3081
elektronische Orgel (D) 552
elektronische Tasteninstrumente (D) 590
elektronisches Schlagzeug (D) 499
Elektrophon (D) 520
elettroacustica (I) 519
elettrofono (I) 520
elettronica musicale (I) 521
elevamento (con) (I) 1183
elevated (E) 1577
elevatezza (con) (I) 1183
élevé (F) 1577
élève (F) 2819
elicon (I) 146
Ellbogen (D) 3401
elogiare (I) 2657
eloquently (E) 3674
elusive (E) 1324
embellir (F) 2583
embellished (E) 1949
embellishing (E) 1239
embellishing (E) 1240
embellishment (E) 1948
embellishment (E) 2063
embittered (E) 1006
embouchure (F) 205
embouchure (F) 215
embouchure (E) 215
embouchure (E) 251
embouchure (F) 251
Embouchure (D) 251
embrasé (F) 1336
émission (F) 100
émission (F) 3352
émission originale (F) 606
emissione (I) 100
émouvant (F) 1106
émouvoir (F) 2637
emozione (con) (I) 1184
empfindlich (D) 1561
empfindsam (D) 1563
empfunden (D) 1565
emphasized (E) 899
emphatic (E) 1188
emphatique (F) 1188
emphatisch (D) 1188
emporté (F) 1319
emporté (F) 1590
empressé (F) 785
empty (E) 1945
empty string (E) 97
ému (F) 1105
en abaissant (F) 921
en accélerant (F) 801
en accompagnant (F) 1719
en accroissant (F) 910
en adoucissant (F) 923

en adoucissant (F) 941
en adoucissant (F) 962
en affaiblissant (F) 924
en affaiblissant (F) 938
en agrandissant (F) 912
en alanguissant (F) 1314
en allant (F) 738
en alternant (F) 1737
en amenuisant (F) 926
en amoindrissant (F) 942
en animant (F) 804
en animant toujours davantage (F) 3550
en appuyant (F) 867
en arrière (F) 3221
en articulant (F) 869
en attenuant (F) 927
en atténuant (F) 944
en augmentant (F) 913
en augmentant (F) 915
en avant (F) 806
en badinant (F) 1419
en badinant (F) 1542
en balbutiant (F) 1050
en bas (F) 1805
en bas (F) 1815
en berçant (F) 1120
en calmant (F) 834
en calmant (F) 940
en caressant (F) 953
en caressant (F) 1690
en cédant (F) 930
en chancelant (F) 1054
en changeant (F) 1757
en chantant (F) 1084
en chuchotant (F) 1060
en cinglant (F) 901
en colère (F) 965
en commençant (F) 1768
en comprimant (F) 914
en conspirant (F) 1661
en contraignant (F) 879
en coquettant (F) 1100
en déclamant (F) 1130
en décroissant (F) 931
en défaillant (F) 842
en dehors (F) 1814
en délirant (F) 1137
en demi-teinte (F) 3551
en déployant (F) 919
en descendant (F) 929
en diluant (F) 932
en diminuant (F) 934
en diminuant (F) 943
en diminuant graduellement (F) 3552
en divaguant (F) 1164
en donnant à la basse une sonorité cristalline et dégagée (F) 3553
en doublant le mouvement (F) 809
en élargissant (F) 832
en élargissant (F) 840
en élargissant (F) 854
en élevant (F) 911
en éteignant (F) 837
en éteignant (F) 936
en éteignant (F) 945
en expirant (F) 856
en expirant (F) 935
en exultant (F) 1207
en faisant descendre (F) 928
en filant (F) 1236
en fleurissant (F) 1239
en folâtrant (F) 1246
en freinant (F) 838
en freinant (F) 845
en frôlant (F) 117
en froufroutant (F) 1263
en général sans nuances (F) 3554
en glissant (F) 881
en haut (F) 1820
en hésitant (F) 755
en hurlant (F) 1675
en imitant (F) 1811
en improvisant (F) 1323
en marchant (F) 808
en marquant (F) 884

en méditant (F) 1400
en même temps (F) 3360
en mesure (F) 728
en modérant (F) 947
en mourant (F) 843
en murmurant (F) 1418
en narrant (F) 1420
en ondoyant (F) 1433
en ornant (F) 967
en ornant (F) 1240
en ôtant (F) 948
en parlant (F) 1445
en peinant (F) 857
en plaisantant (F) 1543
en pleurs (F) 1466
en portant (F) 896
en poussant (F) 828
en précipitant (F) 815
en pressant (F) 803
en pressant (F) 810
en pressant (F) 816
en pressant (F) 826
en priant (F) 1483
en prolongeant (F) 844
en psalmodiant (F) 1538
en racontant (F) 1499
en ralentissant (F) 841
en ralentissant (F) 846
en ranimant (F) 807
en ranimant (F) 820
en ravivant (F) 818
en réchauffant (F) 821
en récit (F) 1506
en récitant (F) 1506
en réfléchissant (F) 1457
en relâchant (F) 833
en relâchant (F) 849
en relâchant (F) 855
en remettant (F) 779
en renforçant (F) 916
en renforçant (F) 1580
en reprenant (F) 780
en respirant (F) 1508
en resserrant (F) 822
en retardant (F) 850
en retardant (F) 862
en retenant (F) 848
en retenant (F) 852
en retenant (F) 864
en rêvant (F) 1593
en rêvant (F) 1682
en réveillant (F) 918
en réveillant (F) 920
en revenant (F) 1883
en revenant au mouvement (F) 793
en s'abandonnant (F) 950
en s'apaisant (F) 835
en s'apaisant (F) 922
en s'attardant (F) 839
en s'effaçant (F) 861
en s'éloignant (F) 925
en s'éloignant (F) 933
en s'estompant (F) 861
en s'étendant (F) 859
en s'évaporant (F) 937
en s'exténuant (F) 836
en sanglotant (F) 698
en se perdant (F) 939
en se rapprochant (F) 3555
en serrant (F) 824
en serrant (F) 830
en sifflottant (F) 1714
en souffrant (F) 1171
en soupirant (F) 1600
en sourdine (F) 470
en style récitatif (F) 1347
en suppliant (F) 1628
en survolant (F) 1599
en susurrant (F) 1629
en talonnant (F) 811
en tenant (F) 1917
en tintinnabulant (F) 1648
en tiraillant (F) 858
en tirant (F) 863
en tonnant (F) 1649
en traînant (F) 795
en traînant (F) 860

en tremblottant (F) 707
en tremblottant (F) 1664
en vacillant (F) 1676
en valeur (F) 1818
en vibrant (F) 1692
en volant (F) 1707
enarmonico (I) 2053
enchaîner (F) 1751
enchanteur (F) 1326
enclume (F) 299
encore (F) 1741
encore (E) 2867
encore! (F) 2867
encore une fois (F) 2825
end (E) 1800
enden (D) 2669
ending (E) 3951
endpin (E) 37
endroit (F) 1827
endroit (F) 3171
energetic (E) 1186
energetic (E) 3675
energia (con) (I) 1185
energico (I) 1186
énergique (F) 1186
energisch (D) 1186
enfant prodige (F) 2856
enfasi (con) (I) 1187
enfatico (I) 1188
enflammé (F) 955
enflammé (F) 1335
eng (D) 829
engagement (E) 3261
engagement (F) 3261
Engagement (D) 3261
enge Lage (D) 2162
engelhaft (D) 1015
engelhaft (D) 1566
enger werdend (D) 822
Engführung (D) 2223
Englische Suite (D) 2563
Englischhorn (D) 142
English dance (E) 2447
english horn (E) 142
English suite (E) 2563
engraver (E) 3462
enharmonic (E) 2053
enharmonic change (E) 2217
enharmonique (F) 2053
enharmonisch (D) 2053
enharmonische Verwechslung (D) 2217
enigmatico (I) 1189
énigmatique (F) 1189
énivrant (F) 1332
enlever (F) 2790
enlever la pédale gauche (F) 484
enlever la sourdine (F) 255
enlever la sourdine (F) 1823
enlever la sourdine (F) 1920
enlivening (E) 807
ennuyeux (F) 3122
enormemente (I) 1795
énormément (F) 1795
énormément (F) 1839
enormously (E) 1795
enough (E) 1716
enough (E) 1745
enough (E) 1752
enragé (F) 1040
enragé (F) 1495
enraged (E) 1337
enraged (E) 1495
enregistrement (F) 567
enregistrement (F) 3214
enregistrement à pistes multiples (F) 568
enregistrement de démonstration (F) 570
enregistrement du son (F) 587
enregistrement original (F) 569
enregistrement radiophonique (F) 571
enregistrement télévisé (F) 572
enregistrer (F) 2728
enroué (F) 641
enroué (F) 2989
enseigner (F) 2683

ensemble (F) 1746
ensemble (F) 1819
ensemble (E) 2897
ensemble (F) 2897
Ensemble (D) 2897
ensemble (E) 3140
ensuite (F) 1789
entendre (F) 2796
entente (E) 3036
entente (F) 3036
entfaltend (D) 919
entfaltet (D) 1604
entfernend (D) 933
entfernt (D) 874
entfernt (D) 1161
entonner (F) 2687
entr'acte (F) 2451
entracte (F) 3035
entrance (E) 2955
entrare (I) 2658
entrare in scena (I) 2659
entrata (I) 522
entrata (I) 2054
entrata (I) 2453
entrata (I) 2955
entrée (F) 522
entrée (F) 2054
entrée (F) 2453
entrée (F) 2841
entrée (F) 2955
entrée (F) 3029
entrée douce (F) 663
entrer (F) 2658
entrer en scène (F) 2659
entrüstet (D) 1329
entry (E) 2054
entry (E) 3029
entschlossen (D) 1129
entschlossen (D) 1133
entschlossen (D) 1148
entschlossen (D) 1221
entschlossen (D) 1223
entschlossen (D) 1527
entschwindend (D) 842
entschwindend (D) 861
entspannen (D) 2654
entspannen (D) 2735
entspannt (D) 1519
entusiasmo (con) (I) 1190
Entwicklung (D) 2234
Entwurf (D) 2806
Entwurf (D) 3258
Entzerrer (D) 523
entzündet (D) 1335
enveloppé de pédales (F) 3556
environ (F) 1759
envolé (F) 1588
éolien (F) 2055
eolifono (I) 291
eolio (I) 2055
épaule (F) 3431
epic (E) 1191
epico (I) 1191
épiglotte (F) 197
Epilog (D) 2427
epilogo (I) 2427
epilogue (E) 2427
épilogue (F) 2427
épinette (F) 417
épique (F) 1191
episch (D) 1191
episode (E) 2056
épisode (F) 2056
episodio (I) 2056
epoca (I) 2956
epoch (E) 2956
Epoche (D) 2956
époque (F) 2956
épuisé (F) 2957
equabilmente (I) 1796
equal (E) 1794
equal (E) 1929
equal temperament (E) 2237
equality (E) 2954
equalizer (E) 523
equalizzatore (I) 523
équitablement (F) 1796
equitably (E) 1796

era (E) 2956
erfinderisch (D) 1338
erflehend (D) 1321
Erfolg (D) 3327
erfreut (D) 1503
Ergänzung (D) 3331
ergeben (D) 1470
ergeben (D) 1504
erhaben (D) 1577
erhaben (D) 1625
erhebend (D) 911
erhöhen (D) 2597
Erhöhungszeichen (D) 2038
erklären (D) 2770
erklingen (D) 2800
erloschen (D) 946
erlöscht (D) 875
ermattet (D) 1370
erneut spielen (D) 2744
erniedrigen (D) 2581
Erniedrigungszeichen (D) 1992
ernst (D) 757
ernst (D) 1304
ernst (D) 1570
ernste Musik (D) 3105
ernste Oper (D) 2495
eroico (I) 1192
erotic (E) 1193
erotico (I) 1193
érotique (F) 1193
erotisch (D) 1193
erregt (D) 987
erreur (F) 3250
error (E) 3250
errore (I) 3250
erschaffen (D) 2645
ersetzen (D) 2768
Erstdruck (D) 3182
erste Sängerin (D) 639
erste Vorstellung (D) 3179
erstes Mal (D) 3184
erstes Zeitmaß (D) 791
erwärmend (D) 821
erweckend (D) 920
erweitern (D) 2592
erweitern (D) 2599
erweiternd (D) 912
erzählen (D) 2722
erzählend (D) 1420
erzählend (D) 1499
erzählend (D) 1506
Erzlaute (D) 1
erzürnt (D) 965
erzürnt (D) 1495
Es (D) 2285
es folgt (D) 1888
esacordo (I) 2057
esaltante (I) 1194
esaltato (I) 1195
esaltazione (con) (I) 1196
esattezza (con) (I) 1197
esatto (I) 1198
esaurito (I) 2957
escapement (E) 434
escapement lever (E) 452
esecuzione (I) 2958
eseguire (I) 2660
esempio (I) 2959
esercitare (I) 2661
esercizio (I) 2960
esercizio per le dita (I) 2961
esercizio vocale (I) 620
Eses (D) 2287
esile (I) 1199
esitando (I) 755
esordiente (I) 2962
esordio (I) 2920
esordire (I) 2662
espansione (con) (I) 1200
espirando (I) 935
espirare (I) 621
espirare (I) 2663
espoir (F) 3289
esposizione (I) 2058
esposizione (I) 2963
espressione (con) (I) 1201
espressionismo (I) 2964
espressivo (I) 1202

esprimere (I)	2664
esquisse (F)	3258
essai (F)	2846
essai (F)	3244
essayer (F)	2721
essential note (E)	2130
essouflé (F)	971
essouflé (F)	974
estampie (E)	2428
Estampie (D)	2428
estampie (F)	2428
estampita (I)	2428
estasi (con) (I)	1203
estatico (I)	1204
estensione (I)	2965
estensione vocale (I)	622
estenuandosi (I)	836
estetica (I)	2966
esthétique (F)	2966
estinguendo (I)	837
estinguendosi (I)	936
estinto (I)	875
estomac (F)	3432
estompé (F)	1582
estrade (F)	3168
estratto (I)	2967
estremamente (I)	1797
estro (con) (I)	1205
estroso (I)	1206
esultante (I)	1207
esultanza (con) (I)	1208
esultare (I)	2665
esultazione (con) (I)	1208
éteindre (F)	2769
éteint (F)	875
éteint (F)	906
éteint (F)	946
étendu (F)	1162
étendu (F)	1615
étendue (F)	2965
étendue (F)	3344
etereo (I)	1209
eternal (E)	2968
éternel (F)	2968
eterno (I)	2968
éthéré (F)	1209
ethereal (E)	1209
étincelant (F)	1575
étincelant (F)	1579
étoile (F)	3301
étouffé (F)	96
étouffé (F)	245
étouffer (F)	103
étouffer (F)	400
étouffoir (F)	455
étrange (F)	1617
Etüde (D)	2560
étude (F)	2560
étude concertante (F)	2559
étude de concert (F)	2559
étudier (F)	2778
étui (F)	35
etwas (D)	1732
etwas (D)	1935
etwas breit (D)	759
etwas mehr (D)	1868
etwas rauh (D)	1674
etwas weniger (D)	1867
eufonia (I)	2969
eunuch flute (E)	309
euphonie (F)	2969
Euphonie (D)	2969
euphonium (E)	125
euphonium (F)	125
euphony (E)	2969
eurhythmics (E)	2970
Eurhythmie (D)	2970
euritmia (I)	2970
eurythmie (F)	2970
evaporandosi (I)	937
evaporating (E)	937
éveillé (F)	1146
éveillé (F)	1630
even (E)	1603
evening song (E)	2379
evenly (E)	3676
every (E)	1850
every time (E)	1851

everybody (E) 1926
everywhere (E) 1782
evirato (I) 672
ewig (D) 2968
exact (E) 1198
exact (F) 1198
exaltant (F) 1194
exalté (F) 1195
exalted (E) 1195
exalting (E) 1194
example (E) 2959
excellent (E) 2947
excellent (F) 2947
except (E) 1793
excepté (F) 1793
excerpt (E) 2967
excessively (E) 1792
excessivement (F) 1792
exchange (E) 3251
excité (F) 1179
excited (E) 1111
excited (E) 1179
exécuter (F) 2660
exécution (F) 2958
exemple (F) 2959
exercer (F) 2661
exercice (F) 2960
exercice pour les doigts (F) 2961
exercice vocal (F) 620
exercise (E) 2960
exhibition (E) 2963
exit (E) 3361
exotic music (E) 3082
exotische Musik (D) 3082
experimental music (E) 3108
Experimentalmusik (D) 3108
expirer (F) 621
expirer (F) 2663
expiring (E) 935
expliquer (F) 2770
explorer (F) 583
explosive (E) 3677
exposition (E) 2058
Exposition (D) 2058
exposition (F) 2058
exposition (F) 2963
expressif (F) 1202
expression mark (E) 2200
expressionism (E) 2964
expressionisme (F) 2964
Expressionismus (D) 2964
expressive (E) 1202
exprimer (F) 2664
exquisite (E) 1511
extatique (F) 1204
extemporieren (D) 2679
extended position (E) 2161
extension (E) 2965
extinguished (E) 875
extinguished (E) 906
extinguished (E) 946
extinguishing (E) 837
extinguishing (E) 936
extinguishing (E) 945
extra (E) 2896
extrait (F) 2967
extravagant (D) 1618
extravagant (E) 1618
extravagant (F) 1618
extremely (E) 1797
extremely fast (E) 773
extremely slow (E) 732
extremely soft (E) 891
extrèmement (F) 1797
exubérant (F) 1516
exultant (E) 1207
exulter (F) 2665
eye (E) 3415
F (D) 2288
F (E) 2288
F double flat (E) 2292
F double sharp (E) 2291
F flat (E) 2290
F sharp (E) 2289
F-Loch (D) 57
Fa (F) 2288
Fa (I) 2288
Fa bémol (F) 2290

Fa bemolle (I) 2290
Fa dièse (F) 2289
Fa diesis (I) 2289
Fa doppio bemolle (I) 2292
Fa doppio dieses (I) 2291
Fa double bémol (F) 2292
Fa double dièse (F) 2291
Fabel (D) 2975
fable (E) 2975
fable (F) 2975
faburden (E) 2060
faccia (I) 3394
face (E) 3394
facezia (con) (I) 1210
facile (F) 2971
facile (I) 2971
facilità (I) 2972
facilité (F) 2972
facility (E) 2972
facoltativo (I) 1798
facultatif (F) 1798
fade out (E) 3678
Faden (D) 2985
fading (E) 3679
fading away (E) 856
Fagott (D) 147
Fagottist (D) 3460
fagottista (I) 3460
fagotto (I) 147
Fähnchen (D) 2018
faible (F) 873
faible (F) 1125
faiblement (F) 1127
failure (E) 2980
faint (E) 1241
fair (E) 3680
faire descendre (F) 2623
fairly (E) 3681
fairy tale (E) 2975
faithful to the original (E) 2976
falange (I) 3395
fall (E) 431
falle ein (D) 1750
fallen (D) 2622
falls (D) 1885
falsa relazione (I) 2059
falsch (D) 1211
falsch (D) 2973
falsch (D) 2987
falsch (D) 3249
falsche Note (D) 3123
false (E) 1211
false (E) 2987
false note (E) 3299
false relation (E) 2059
falsettista (I) 618
falsetto (I) + (E) 691
falso (I) 1211
falso (I) 2973
falso bordone (I) 2060
famoso (I) 2974
famous (E) 2882
famous (E) 2974
fanatic (E) 1212
fanatico (I) 1212
fanatique (F) 1212
fanatisch (D) 1212
fanciful (E) 1214
fancy (E) 2429
fanfara (I) 148
fanfara (I) 2857
fanfare (E) 148
Fanfare (D) 148
fanfare (F) 148
fanfare (F) 2857
Fanfare (D) 2857
fanfare de cuivres (F) 2858
fantaisie (F) 2429
fantasia (con) (I) 1213
fantasia (I) + (E) 2429
Fantasie (D) 2429
fantasioso (I) 1214
fantasque (F) 1206
fantasque (F) 1214
fantastic (E) 1215
fantastico (I) 1215
fantastique (F) 1215
far away (E) 883

farandola (I) 2430
farandole (E) 2430
Farandole (D) 2430
farandole (F) 2430
Farbe (D) 2893
farce (E) 2431
farce (F) 2431
Farce (D) 2431
farceur (F) 1216
farcical (E) 1216
farewell! (E) 2815
faringe (I) 3396
farouche (F) 1653
farsa (I) 2431
farsesco (I) 1216
Fasching (D) 2877
fascia (I) 58
fascia (I) 369
fascino (con) (I) 1217
Fassung (D) 3370
fast (E) 772
fast (E) 774
fast (D) 1879
fast unvernehmlich (D) 1724
fast wie eine Phantasie (D) 1492
faster (E) 802
Fastnacht (D) 2877
fastoso (I) 1218
fastueux (F) 1218
fastueux (F) 1574
fate vibrare (I) 1799
fatica (con) (I) 1219
fault (E) 2926
fausse note (F) 3123
fausse note (F) 3299
fausse relation (F) 2059
fausset (F) 691
faute (F) 3250
fauteuils d'orchestre (F) 3167
faux (F) 1211
faux (F) 2973
faux (F) 2987
faux (F) 3249
faux-bourdon (F) 2060
fauxbourdon (E) 2060
Fauxbourdon (D) 2060
favola (I) 2975
fearful (E) 1452
featuring (E) 3874
febbrile (I) 1220
fébrile (F) 1220
fedele all'originale (I) 2976
fee (E) 3127
feed back (E) 563
feeling (E) 3875
Fehler (D) 2926
Fehler (D) 3250
feierlich (D) 1475
feierlich (D) 1594
feiern (D) 2668
feiernd (D) 1228
fein (D) 1237
felice (I) 2977
felicitare (I) 2666
féliciter (F) 2666
Fell (D) 373
Fell (D) 376
felt (E) 435
felt stick (E) 358
feltro (I) 435
female voice (E) 721
fermamente (I) 1221
fermare (I) 2667
fermata (E) 2030
Fermate (D) 2030
ferme (F) 1223
fermé (F) 2885
fermement (F) 1221
fermer (F) 2635
fermezza (con) (I) 1222
fermo (I) 1223
fern (D) 883
Fernbedienung (D) 598
Fernsehaufnahme (D) 572
Fernsehen (D) 3339
Fernsehübertragung (D) 604
féroce (F) 1224
feroce (I) 1224

ferocia (con) (I)	1225
ferocious (E)	1224
Ferse (D)	3433
Fertigkeit (D)	2803
fervid (E)	1226
fervido (I)	1226
fervore (con) (I)	1227
Fes (D)	2290
Feses (D)	2292
fest (D)	1612
Fest (D)	2978
festa (I)	2978
festeggiante (I)	1228
festeggiare (I)	2668
festival (E)	2978
festival de musique (F)	2979
festival musicale (I)	2979
festive (E)	1229
festivo (I)	1229
festlich (D)	1229
festlich (D)	1230
festoso (I)	1230
fête (F)	2978
fêter (F)	2668
feuille d'acier (F)	300
feuille d'album (F)	2433
feuille (F)	2988
feurig (D)	955
feurig (D)	1031
feurig (D)	1244
feutre (F)	435
feverish (E)	1220
few (E)	1863
fiaba (I)	2975
fiacco (I)	1231
fiasco (I)	2980
fiati (I)	2981
fiato (I)	2982
fickle (E)	1708
fiddle (E)	27
Fidel (D)	27
fidèle à l'original (F)	2976
fiducia (con) (I)	1232
fieberhaft (D)	1220
Fiedel (D)	27
fier (F)	1235
fieramente (I)	1233
fièrement (F)	1233
fierezza (con) (I)	1234
fiero (I)	1235
fiery (E)	955
fiery (E)	1244
fiery (E)	1532
fife (E)	149
fife (E)	167
fiffero (I)	167
fifre (F)	167
fifth (E)	2326
Figur (D)	2061
figura (I)	2061
figurant (F)	2896
figurante (F)	2896
figurante (I)	2896
figuration (E)	2016
figuration (E)	2983
figuration (F)	2983
Figuration (D)	2983
figurato (I)	2062
figurazione (I)	2983
figure (E) + (F)	2061
figuré (F)	2062
figure (F)	3394
figured (E)	2062
figured bass (E)	1986
figuriert (D)	2062
Figurierung (D)	2983
figuring (E)	2016
fil (F)	2985
filando (I)	1236
filar la voce (I)	623
filarmonica (I)	2984
filarmonico (I)	2984
filer le son (F)	623
filet (F)	59
filetto (I)	59
filling-in part (E)	2269
film music (E)	3094
Filmmusik (D)	3094

filo (I) 2985
filter (E) 524
Filter (D) 524
filtre (F) 524
filtre passe-bande (F) 525
filtro (I) 524
filtro passabanda (I) 525
Filz (D) 435
Filzschlegel (D) 358
fin (F) 1237
fin (F) 1800
final (F) 2432
final (F) 2986
final cadenza (E) 1999
final ending (E) 3682
final part (E) 1760
final rehearsal (E) 3197
finale (I) 2432
finale (E) 2432
finale (E) 2986
finale (I) 2986
finden (D) 2795
fine (E) 1237
fine (I) 1237
fine (I) 1800
finezza (con) (I) 1238
finger (E) 3392
Finger (D) 3392
finger action (E) 3337
finger exercise (E) 2961
finger-cymbals (E) 285
finger-hole (E) 214
fingerboard (E) 76
Fingercymbeln (D) 285
Fingerglied (D) 3395
fingering (E) 2942
Fingerknochen (D) 3395
Fingerkuppe (D) 3425
Fingerloch (D) 214
Fingersatz (D) 2942
Fingertechnik (D) 3337
fingertips (E) 3425
Fingerübung (D) 2961
Fingerwechsel (D) 480
finir (F) 2669
finire (I) 2669
finished (E) 1801
finito (I) 1801
fino (I) 1237
fino al (I) 1802
fino al segno (I) 1803
finster (D) 1634
finto (I) 2987
fioco (I) 2989
fioreggiando (I) 1239
fiorettando (I) 1240
fioritura (I) 624
fioritura (I) 2063
fioriture (F) 624
fioriture (F) 2063
firm (E) 1223
firmly (E) 1221
first edition (E) 3182
first night (E) 3179
first performance (E) 3180
first phrase (E) 2164
first time (E) 3184
Fis (D) 2289
fisarmonica (I) 406
fisarmonica a bottoni (I) 407
fisarmonica bitonica (I) 407
fisarmonica con tastiera di pianoforte (I) 408
fischiare (I) 2670
fischietto (I) 149
Fisis (D) 2291
flabby (E) 876
flabby (E) 1412
flag (E) 2018
flageolet (F) 101
flasque (F) 876
flat (E) 1992
flatté (F) 1387
flattered (E) 1387
Flatterzunge (D) 250
flatteur (F) 1386
flautando (I) 118
flautando (I) 1804

flautato (I) 101
flautist (E) 3461
flautista (I) 3461
flauto (I) 150
flauto a becco basso (I) 153
flauto a becco contralto (I) 154
flauto a becco sopranino (I) 155
flauto a becco soprano (I) 156
flauto a becco tenore (I) 157
flauto a tiro (I) 292
flauto contralto (I) 151
flauto da jazz (I) 292
flauto di Pan (I) 152
flauto diritto (I) 158
flauto dolce (I) 158
flauto piccolo (I) 166
flauto traverso (I) 159
flebile (I) 1241
fleeting (E) 1265
flehend (D) 1628
flexaton (F) 293
flexaton (I) 293
Flexaton (D) 293
flexatone (E) 293
flexible (E) 1410
flexibly (E) 3683
Flickoper (D) 2508
flicorne (F) 160
flicorno (I) 160
fliegend (D) 1707
fliegendes Staccato (D) 89
fließend (D) 1242
fließend (D) 1243
fließend (D) 1549
fließend (D) 1550
flink (D) 1374
flink (D) 1700
floating (E) 1282
flop (E) 2980
florid counterpoint (E) 2026
florid ornaments (E) 624
floscio (I) 876
Flöte (D) 150
Flötenuhr (D) 490
Flötenwerk (D) 490
Flötist (D) 3461
flott (D) 999
flott (D) 1602
flottant (F) 1282
flou (F) 1330
flowing (E) 1243
flowing (E) 1381
flowing (E) 1549
flowing (E) 1550
flüchtig (D) 1265
flüchtig (D) 1707
fluent (E) 1243
Flügel (D) 413
flugelhorn (E) 160
Flügelhorn (D) 160
Flügelröhre (D) 241
fluide (F) 1243
fluide (F) 1549
fluidezza (con) (I) 1242
fluido (I) 1243
flüssig (D) 1381
flüstern (D) 2617
flüsternd (D) 1060
flüsternd (D) 1629
flute (E) 150
flûte (F) 150
flûte à bec alto (F) 154
flûte à bec basse (F) 153
flûte à bec sopranino (F) 155
flûte à bec soprano (F) 156
flûte à bec tènor (F) 157
flûte à coulisse (F) 292
flute alto (E) 151
flûte alto (F) 151
flûte alto (F) 154
flûte basse (F) 151
flûte de Pan (F) 152
flûte douce (F) 158
flûte droite (F) 158
flûte lotine (F) 292
flute pipe (E) 427
flûte traversière (F) 159
flute-like (E) 101

flutist (E) 3461
flûtiste (F) 3461
flutter-tonguing (E) 250
flying (E) 1707
flying above (E) 1599
focoso (I) 1244
fog horn (E) 288
foga (con) (I) 1245
foggy (E) 1422
foglio (I) 2988
foglio d'album (I) 2433
folclore (I) 2990
folding seat (E) 3306
Folge (D) 2226
folgen (D) 1889
folgen (D) 2754
folia (E) 2434
Folia (D) 2434
folia (F) 2434
folk dance (E) 2413
folk dance (E) 2855
folk music (E) 3098
folk song (E) 2382
folk-rock 1965 (E) 3876
folklore (E) 2990
Folklore (D) 2990
folklore (F) 2990
folleggiando (I) 1246
follement (F) 1247
follement (F) 1454
follemente (I) 1247
follia (I) 2434
follow (E) 1889
fonction (F) 2073
fond (F) 60
fondamental (F) 2064
fondamentale (I) 2064
fondo (I) 60
fondu (F) 1275
fonetica (I) 2991
foot (E) 3422
footlights (E) 3224
for four hands (E) 467
for four hands (E) 3206
for singing (E) 669
for the last time (E) 1857
for the whole length (E) 1858
forcé (F) 902
forcé (F) 1580
forced (E) 880
forced (E) 902
forced (E) 1580
forcer (F) 2671
forchetta (I) 213
forchetta (I) 249
forcieren (D) 2671
forcierend (D) 879
forciert (D) 880
forcing (E) 879
forcing (E) 1580
forearm (E) 3384
forefinger (E) 3403
forehead (E) 3397
fori (I) 436
fork (E) 213
fork fingering (E) 249
forlana (E) 2438
forlana (I) 2438
Forlana (D) 2438
forlane (F) 2438
form (E) 2065
Form (D) 2065
forma (I) 2065
forma binaria (I) 2066
forma ciclica (I) 2067
forma ternaria (I) 2068
format (E) 2992
format (F) 2992
Format (D) 2992
formato (I) 2992
formazione della voce (I) 619
forme (F) 2065
forme binaire (F) 2066
forme cyclique (F) 2067
forme ternaire (F) 2068
foro (I) 214
fort (F) 877
forte (I) 877

Fortepedal (D)	444
fortissimo (I)	878
fortschreiten (D)	2717
Fortschreitung (D)	2167
Fortschritt (D)	3191
fortsetzen (D)	2641
Fortsetzung (D)	3269
fortwährend (D)	3163
forward (E)	806
forza (con) (I)	1248
forza (I)	2993
forzando (I)	879
forzare (I)	2671
forzato (I)	880
fosco (I)	1249
fossa dell'orchestra (I)	2994
fosse d'orchestre (F)	2994
fouet (F)	294
fouetté (F)	88
fouetté (F)	1264
fougeux (F)	1244
four (F)	2980
fourth (E)	2325
foyer (E)	3225
foyer (F)	3225
Foyer (D)	3225
foyer des artistes (F)	2873
fragile (E)	1250
fragile (F)	1250
fragile (I)	1250
fragment (E)	2995
fragment (F)	2995
Fragment (D)	2995
fragoroso (I)	1251
frais (F)	1261
frame (E)	461
frame drum (E)	331
frammento (I)	2995
Française (D)	2435
française (F)	2435
francamente (I)	1252
francese (I)	2435
franchement (F)	1252
franchezza (con) (I)	1253
frankly (E)	1252
frantic (E)	1259
Französische Suite (D)	2562
frappé (F)	2083
frapper (F)	2620
frapper les accords sans lourdeur (F)	3557
frase (I)	2069
fraseggiare (I)	2672
fraseggio (I)	2070
fraseggio (I)	2996
Frauenchor (D)	681
Frauenstimme (D)	721
freddamente (I)	1254
freddezza (con) (I)	1255
freddo (I)	1256
fredonner (F)	2629
free (E)	765
free (E)	3004
free and easy (E)	1545
freejazz 1960 (E)	3877
freely (E)	1377
frei (D)	765
frei (D)	1377
frei (D)	1742
frei im Vortrag (D)	1545
Freikarte (D)	2866
freimütig (D)	1252
freiner (F)	2673
frêle (F)	1300
fremebondo (I)	1257
fremente (I)	1257
frémissant (F)	1257
fremito (con) (I)	1258
frenando (I)	838
frenare (I)	2673
French dance (E)	2435
french horn (E)	137
French suite (E)	2562
frenchy (E)	3684
frenetico (I)	1259
frénétique (F)	1259
frenzied (E)	1138
frenzied (E)	1259

fréquence (F) 526
frequency (E) 526
frequency band (E) 498
Frequenz (D) 526
frequenza (I) 526
Frequenzband (D) 498
freschezza (con) (I) 1260
fresco (I) 1261
fresh (E) 1261
fret (E) 77
fretboard (E) 76
frettando (I) 810
fretted (E) 75
fretted string (E) 51
frettoloso (I) 756
freudig (D) 1230
Friauler (D) 2438
fricassée (F) 2530
friction board (E) 341
friction drum (E) 280
friction wheel (E) 70
friedlich (D) 1472
frigio (I) 2071
frisch (D) 1261
frivole (F) 1262
frivolo (I) 1262
frivolous (E) 1262
frog (E) 74
fröhlich (D) 999
fröhlich (D) 1292
fröhlich (D) 1294
fröhlich (D) 1298
fröhlich (D) 1523
frohlockend (D) 1207
froid (F) 1256
froidement (F) 1254
frolicsome (E) 1246
from the beginning (E) 1717
from the beginning (E) 1777
from the beginning to the end (E) 1778
from the beginning to the sign (E) 1779
from the sign (E) 1780
from the sign to the end (E) 1781
fromm (D) 1470
front (F) 3397
fronte (I) 3397
Frosch (D) 74
frotter (F) 397
früher (D) 1873
früher (D) 1874
frullato (I) 250
frusciando (I) 1263
frusta (I) 294
frustato (I) 1264
fuga (I) 2436
fugace (F) 1265
fugace (I) 1265
fugal episode (E) 1969
fugato (I) 2072
Fuge (D) 2436
fughetta (I) + (E) 2437
fughette (F) 2437
Fughette (D) 2437
fugiert (D) 2072
fugué (F) 2072
fugue (E) 2436
fugue (F) 2436
fühlen (D) 2756
Führer (D) 1970
Führung der Stimme (D) 631
fulgido (I) 1266
full (E) 1860
full (E) 3164
full of pep (E) 3685
full organ (E) 437
full organ (E) 476
full score (E) 3153
Füllstimme (D) 2269
fulminant (F) 1267
fulminante (I) 1267
fulminating (E) 1267
function (E) 2073
functional music (E) 3068
fundamental (E) 2064
fundamental (E) 2229
funèbre (F) 1268

funebre (I) 1268
funeral lament (E) 2483
funeral march (E) 2466
funeral music (E) 3084
funereal (E) 1268
funereo (I) 1268
funk 1970/1950 (E) 3878
funkelnd (D) 1575
funkelnd (D) 1579
Funktion (D) 2073
funny (E) 2943
funzione (I) 2073
fuoco (con) (I) 1269
fuocoso (I) 1244
für die ganze Dauer (D) 1858
furbescamente (I) 1270
fürchterlich (D) 1437
furchtlos (D) 1351
furchtsam (D) 1453
furchtsam (D) 1647
furente (I) 1271
furia (con) (I) 1272
furibond (F) 1273
furibondo (I) 1273
furieux (F) 1271
furieux (F) 1337
furioso (I) 1271
furious (E) 1271
furious (E) 1273
furlana (E) 2438
furlana (I) 2438
furore (con) (I) 1274
fusion 1970 (E) 3879
fuso (I) 1275
Fuß (D) 3422
Fuß (Harfe) (D) 81
Fußmaschine (D) 375
Fußstück (D) 222
fût (F) 367
fût (F) 369
G (D) 2293
G (E) 2293
G double flat (E) 2297
G double sharp (E) 2296
G flat (E) 2295
G sharp (E) 2294
G-Seite (D) 45
Gabelbecken (D) 278
Gabelgriff (D) 213
Gabelgriff (D) 249
Gage (D) 3127
gagliarda (I) 2439
Gagliarde (D) 2439
gagliardo (I) 1276
gai (F) 1230
gai (F) 1279
gai (F) 1292
gai (F) 1523
gaiamente (I) 1277
gaiezza (con) (I) 1278
gaillard (F) 1276
gaillarde (F) 2439
gaily (E) 1277
gaily (E) 3686
gaily moving (E) 3687
gaîment (F) 1277
gaio (I) 1279
gala (E) 2997
Gala (D) 2997
gala (I) 2997
gala (F) 2997
galamment (F) 1280
galant (D) 1280
galant (F) 1280
galante (I) 1280
galanteria (con) (I) 1281
galanteria (I) 2440
Galanterie (D) 2440
galanteries (E) 2440
galanteries (F) 2440
Galerie (D) 2998
galerie (F) 2998
gallant (E) 1280
galleggiante (I) 1282
galleria (I) 2998
gallery (E) 2998
galliard (E) 2439
galop (E) 2441

galop (F) 2441
Galopp (D) 2441
galoppo (I) 2441
gamba (I) 3398
Gambe (D) 29
gambo (I) 2074
gamme (F) 2195
gamme par tons (F) 2196
ganz (D) 1927
Ganze (D) 2308
ganze Pause (D) 2315
Ganzschluß (D) 2001
Ganzton (D) 2254
Ganztonleiter (D) 2196
garbato (I) 1283
garbo (con) (I) 1283
garder la mesure (F) 2787
gardez la pédale (F) 3558
Garn (D) 2985
garniture (F) 433
gasping (E) 1014
Gattung (D) 2999
gaudio (con) (I) 1284
Gaumen (D) 3418
gavotta (I) 2442
gavotte (E) 2442
Gavotte (D) 2442
gavotte (F) 2442
gay (E) 1279
gay (E) 1523
gay but strict (E) 3688
gebebt (D) 908
gebebt (D) 909
Gebet (D) 3176
gebieterisch (D) 1317
gebildet (D) 2894
Gebrauchsmusik (D) 3068
gebrochen (D) 1907
gebrochen (D) 3240
gebrochener Akkord (D) 1962
gebunden (D) 473
gebunden (D) 882
gedämpft (D) 904
gedämpft (D) 1122
gedankenvoll (D) 1458
gedeckt (D) 245
Gedicht (D) 2516
gedrängt (D) 825
gedrängt (D) 829
gedrängt (D) 1771
geebnet (D) 1603
gefällig (D) 1109
geflüstert (D) 1061
gefühllos (D) 1343
gegen (D) 1775
Gegenbewegung (D) 2119
Gegensatz (D) 2027
Gegenschlagzunge (D) 198
Gegenstimme (D) 2029
Gegenteil (D) 2911
Gegenthema (D) 2027
Gegenzeit (Betonung auf dem schlechten Taktteil) (D) 2028
gehalten (D) 1919
gehämmert (D) 475
gehaucht (D) 1582
gehauchter Einsatz (D) 665
geheimnisvoll (D) 1408
geheimnisvoll (D) 1584
gehend (D) 738
gehend (D) 808
Gehör (D) 2840
Gehör (D) 3356
Gehörbildung (D) 2951
gehüpft (D) 90
gehüpft (Bogenstrich) (D) 111
Geige (D) 30
Geigenbauer (D) 3464
Geiger (D) 3482
geistliche Musik (D) 3102
geistliches Konzert (D) 2400
geistreich (D) 1608
gekünstelt (D) 2837
geläufig (D) 787
geläufig (D) 1606
Gelenk (D) 3383
gelido (I) 1285
gemächlich (D) 984

gemächlich, wie Adagietto (D) 730
gemäßigt (D) 767
gemäßigt (D) 768
gemebondo (I) 1286
gemeinsam (D) 2902
gemere (I) 2674
gemessen (D) 1838
gémir (F) 2674
gemischt (D) 1837
gemischte Stimmen (D) 725
gemischter Chor (D) 683
gémissant (F) 1286
gemütlich (D) 984
gemütsbewegend (D) 977
gemütsbewegend (D) 978
genährt (D) 1431
genau (D) 1198
genau (D) 1482
genau (D) 2076
genau im Takt (D) 982
general pause (E) 2148
Generalbaß (D) 1986
Generalbaß (D) 1987
Generalbaßinstrument (D) 3323
Generalpause (D) 2148
Generalprobe (D) 3197
générateur (F) 527
générateur de sons sinussoidaux (F) 528
generator (E) 527
Generator (D) 527
generatore (I) 527
generatore di suoni sinusoidali (I) 528
genere (I) 2999
généreux (F) 1287
generoso (I) 1287
generous (E) 1287
genial (D) 3000
génial (F) 3000
geniale (I) 3000
Genick (D) 3414
génie (F) 3001
Genie (D) 3001
genio (I) 3001
genius (E) 3001
Genius (D) 3001
genou (F) 3399
genre (E) 2999
genre (F) 2999
gentilezza (con) (I) 1288
gentilmente (I) 1289
gentiment (F) 1289
gentle (E) 1396
gentle (E) 3689
gently (E) 1168
gently flowing (E) 3690
genug (D) 1716
genug! (D) 2862
genügend (D) 1716
genügend (D) 1752
gepeitscht (D) 88
gepeitscht (D) 1264
gequält (D) 1651
gerader Takt (D) 2240
geraubt (D) 781
geräumig (D) 1601
Geräusch (D) 579
geräuschvoll (D) 1621
geräuschvoll (D) 3243
gereizt (D) 1361
gereizt (D) 1525
gereizt (D) 1616
gerissen (D) 116
German dance (E) 2348
gerührt (D) 1105
Ges (D) 2295
gesammelt (D) 1498
Gesamtausgabe (D) 2950
Gesamtwerk (D) 3031
Gesang (D) 2368
gesanglich (D) 669
gesanglich (D) 1083
Gesangskunst (D) 660
Gesangspartitur (D) 637
Gesangstechnik (D) 706
Gesangsübung (D) 620

Gesangverein (D) 661
gesangvoll (D) 1037
Gesäß (D) 3430
geschickt (D) 2807
geschlagen (D) 890
geschleppt (D) 865
geschlossen (D) 2885
geschmeichelt (D) 1387
geschmeidig (D) 1448
geschwind (D) 741
geschwind (D) 742
geschwind (D) 788
Geschwindigkeit (D) 3366
Gesellschaftstanz (D) 2854
Geses (D) 2297
gesetzt (D) 1478
gesetzt (D) 1479
Gesicht (D) 3394
gespannt (D) 1641
gesprungen (D) 110
Gestalt (D) 2065
Gestaltung (D) 3032
gestimmt (D) 2811
gestochen (D) 105
gestohlen (D) 781
gestohlenes Zeitmaß (D) 792
gestopft (D) 245
gestoßen (D) 898
gestützt (D) 868
gestützt (D) 895
gesucht (D) 1511
geteilt (D) 1788
getragen (D) 786
getragen (D) 897
getrennt (D) 114
getrennt (D) 1894
getrillert (D) 1921
gettato (I) 102
getting exhausted (E) 836
getting quicker (E) 824
getting slower (E) 846
gewaltsam (D) 1696
gewichtig (D) 1476
gewogen (D) 1463
gewöhnlich (D) 1853
gewohnt (D) 1899
geworfen (D) 102
geziert (D) 968
geziert (D) 975
geziert (D) 1376
gezupft (D) 106
gezwickt (D) 106
ghiribizzoso (I) 1290
ghironda (I) 17
giambo (I) 2075
giga (I) 2443
gigantesco (I) 1291
gigantesque (F) 1291
gigantic (E) 1291
Gigue (D) 2443
gigue (F) 2443
gimmick (E) 3880
ginocchio (I) 3399
giocondo (I) 1292
gioia (con) (I) 1293
gioioso (I) 1294
gioviale (I) 1295
gipsy (E) 3380
gipsy dance (E) 2412
gipsy dance (E) 2580
gipsy music (E) 3110
gipsy song (E) 2374
giradischi (I) 529
girotondo (I) 2444
girotondo (I) 3002
Gis (D) 2294
Gisis (D) 2296
Gitarre (D) 10
Gitarrist (D) 3448
giù (I) 1805
giubilante (I) 1296
giubilo (con) (I) 1297
giulivo (I) 1298
giustamente (I) 1806
giusto (I) 2076
glacial (F) 1285
glänzend (D) 1064
glänzend (D) 1266

Glasharmonika (D) 258
glass harmonica (E) 258
glatt (D) 1382
gleich (D) 1794
gleich (D) 1896
gleich (D) 1908
gleich (D) 1929
Gleichheit (D) 2954
gleichmäßig (D) 1673
gleichzeitig (D) 3275
gleitend (D) 638
gleitend (D) 881
gli ottoni (I) 3317
gliding (E) 3691
glissando (I) 881
Glocke (D) 264
Glockenschlag (D) 386
glockenspiel (E) 268
Glockenspiel (D) 268
Glockenspiel (D) 272
gloomy (E) 1122
gloomy (E) 1249
gloomy (E) 1384
gloomy (E) 1642
glottal attack (E) 664
Glottinschlag (D) 664
glücklich (D) 2977
glückselig (D) 1056
glühend (D) 1031
glühend (D) 1336
glühend (D) 1532
go on (E) 1750
go on (E) 1773
goffo (I) 1299
gola (I) 3400
gomito (I) 3401
gong (E) 295
Gong (D) 295
gong (F) 295
gong (I) 295
gong cinesi (I) 296
Gongspiel
(chromatisch) (D) 296
good luck (E) 3018
gopak (E) 2445
gopak (F) 2445
gopak (I) 2445
gorge (F) 3400
gorgheggio (I) 625
gorgia (I) 624
Gospelsong 1930 (E) 3881
gossipy (E) 3692
Grabgesang (D) 2373
grace-note (E) 1972
graceful (E) 1307
graceful (E) 1373
graceful (E) 1689
gracieux (F) 1307
gracieux (F) 1689
gracile (I) 1300
gradatamente (I) 1807
gradation (E) 3003
gradevole (I) 1301
gradito (I) 1301
grado (I) 2077
gradually (E) 1807
gradually less (E) 1865
gradually more (E) 1866
gradually picking up
speed (E) 3693
gradualmente (I) 1807
graduare (I) 2675
graduation (F) 3003
graduazione (I) 3003
graduellement (F) 1807
graduer (F) 2675
grammofono (I) 530
Grammophon (D) 530
gramophone (E) 530
gramophone (F) 530
gran (I) 1808
grancassa (I) 297
grand (F) 1808
grand orgue (F) 437
grand piano (E) 413
grand'organo (I) 437
grande (I) 1808
grandezza (con) (I) 1302

grandiose (E)	1303
grandiose (F)	1303
grandioso (I)	1303
grandir (F)	2646
gratis (D)	3004
gratis (I)	3004
grattare (I)	2676
gratter (F)	2676
gratuit (F)	3004
gratuito (I)	3004
gratuitous (E)	3004
gratulieren (D)	2666
grave (I)	757
grave (F)	757
grave (I)	1304
gravement (F)	1459
graveur (F)	3462
gravicembalo (I)	404
gravità (con) (I)	1305
gravure (F)	424
grazia (con) (I)	1306
grazioso (I)	1307
great (E)	1808
great organ (E)	437
greatest (E)	1830
green-room (E)	2873
Gregorian (E)	3005
gregorianisch (D)	3005
Gregorianischer Choral (D)	2376
gregoriano (I)	3005
grégorien (F)	3005
greifen (D)	120
greifen (D)	482
grêle (F)	1199
gridare (I)	2677
grieved (E)	963
grieved (E)	1116
Griffbrett (D)	76
Griffloch (D)	214
grillenhaft (D)	1206
grim (E)	1653
grimmig (D)	1653
grob (D)	1308
grob (D)	1536
grogner (F)	2619
grognon (F)	1067
grommeler (F)	2618
groove (E)	424
groovy (E)	3694
groppo (I)	2078
grosse caisse (F)	297
grossier (F)	1308
grossier (F)	1674
grossolano (I)	1308
groß (D)	1808
groß (Intervall) (D)	2095
großartig (D)	1303
große Trommel (D)	297
großmütig (D)	1287
größte (D)	1830
grotesk (D)	1309
grotesque (E)	1309
grotesque (F)	1309
grottesco (I)	1309
ground bass (E)	1988
group lesson (E)	3047
groupe de notes (F)	2079
groupe de sons (F)	2079
grouper (F)	2725
growing louder (E)	915
growl (E)	3882
grumbling (E)	1067
Grundstellung (D)	2160
Grundton (D)	2229
Grundton (D)	2252
Gruppenunterricht (D)	3047
gruppetto (I)	2078
gruppetto final (F)	2014
gruppo di note (I)	2079
gruppo di suoni (I)	2079
guancia (I)	3402
Guckloch (D)	3292
guerresco (I)	1310
guerrier (F)	1310
guerriero (I)	1310
guidonian hand (E)	2096
Guidonische Hand (D)	2096

guilleret (F) 1043
guimbarde (F) 323
guiro (E) 298
guiro (F) 298
guiro (I) 298
Guiro (D) 298
guitar (E) 10
guitare (F) 10
guitare de jazz (F) 11
guitare électrique (F) 503
guitare hawaïenne (F) 12
guitarist (E) 3448
guitariste (F) 3448
Gurgeltriller (D) 625
gusto (con) (I) 1311
gut (D) 1753
gut string (E) 46
guttural (E) 626
guttural (F) 626
guttural (E) 3006
guttural (F) 3006
gutturale (I) 3006
gutturale (I) 626
H (D) 2303
Haardingfele (I) 18
Haare (D) 3387
habanera (E) 2448
Habanera (D) 2448
habanera (F) 2448
habanera (I) 2448
habile (F) 2807
habituel (F) 1899
Hackbrett (D) 24
hair (E) 3387
hair of the bow (E) 55
halb (D) 1834
halb laut (D) 887
halb leise (D) 888
Halbe (D) 2309
halbe Kraft (D) 1835
halbe Pause (D) 2316
Halbkadenz (D) 2002
Halbschluß (D) 2000
Halbton (D) 2203
haletant (F) 1014
haletant (F) 1022
half (E) 1833
half (E) 1834
half loud (E) 887
half note (E) 2309
half note rest (E) 2316
half soft (E) 888
half strength (E) 1835
half voice (E) 886
half-close (E) 2000
Hälfte (D) 1833
Hall (D) 578
Halleffekt (D) 3231
Hals (D) 61
Hals (D) 3388
Hals- und Beinbruch (D) 3018
Haltebogen (D) 2090
halten (D) 2786
halten Sie (D) 1918
haltend (D) 1917
hammer (E) 372
hammer (E) 441
hammer it out (E) 3695
Hammer (D) 372
Hammer (D) 441
hammered (E) 475
Hammerklavier (D) 412
hämmern (D) 2694
Hammond organ (E) 553
Hammond-Orgel (D) 553
hampe (F) 2074
hanche (F) 3382
hand (E) 3407
Hand (D) 3407
hand castanets (E) 279
hand drum (E) 336
handbell (E) 269
handclapping (E) 3696
Hände kreuzend (D) 474
Handfläche (D) 3419
Handgelenk (D) 3427
Handglocke (D) 269
Handharmonika (D) 406

handle castanets (E) 277
Handlung (D) 2848
Handlung (D) 3350
Handrücken (D) 3393
Handtrommel (D) 331
Handtrommel (D) 336
hanebüchen (D) 1674
hängendes Becken (D) 316
hängendes Becken (D) 378
happily (E) 3697
happy (E) 2977
hard (E) 1177
hard lever (E) 438
hard rock 1970 (E) 3883
Hardanger fiddle (E) 18
Hardanger Fiedel (D) 18
hardi (F) 1021
hardi (F) 1035
hardi (F) 1052
hardiment (F) 1033
Harding (E) 18
Harfe (D) 2
Harfenist (D) 3441
harmonic (E) 1976
harmonic curve (E) 56
harmonica (F) 123
harmonica de verres (F) 258
harmonics (E) 2231
Harmonie (D) 1975
harmonie (F) 1975
Harmonie (D) 2834
harmonie (F) 2834
harmonie (F) 2859
harmonie (F) 2945
Harmonielehre (D) 2945
Harmoniemusik (D) 3092
harmonieusement (F) 1038
harmonieux (F) 1039
harmonious (E) 1039
harmoniously (E) 1038
harmonique (F) 1976
harmonisch (D) 1976
harmoniser (F) 2605
harmonisieren (D) 2605
harmonium (E) 401
harmonium (F) 401
Harmonium (D) 401
harmony (E) 1975
harmony (E) 2834
harp (E) 2
harpe (F) 2
harpe à double mouvement (F) 3
harpist (E) 3441
harpiste (F) 3441
harpsichord (E) 404
harpsichordist (E) 3450
harsh (E) 961
harsh voice (E) 715
hart (D) 1177
harter Einsatz (D) 664
hartnäckig (D) 1441
hartnäckig (D) 1633
hastening (E) 803
hastening (E) 810
hasty (E) 756
hasty (E) 771
hat mute (E) 229
hâter (F) 2590
haughty (E) 1002
haughty (E) 1627
haunch (E) 3382
Haupt-... (D) 2166
Hauptbetonung (D) 1952
Hauptnote (D) 2130
Hauptrolle (D) 3242
Hauptstimme (D) 2271
Hauptthema (D) 2165
Hauptwerk (D) 437
Hauskonzert (D) 2904
Hausmusik (D) 3083
hausse (F) 74
hausser (F) 2597
haut (F) 2822
haut-parleur en coffret (F) 580
hautain (F) 1002
hautbois (F) 162
hautbois d'amour (F) 163
hautboiste (F) 3468

haute-contre (F) 618
hauteur (F) 2821
hauteur du son (F) 1966
hautparleur (F) 494
Hawaii-Gitarre (D) 12
Hawaiian guitar (E) 12
head (E) 3434
head arrangement (E) 3884
head joint with beak (E) 237
head voice (E) 720
headline (E) 3885
headphone (E) 508
hearing (E) 2840
hearing (E) 3356
heart (E) 3389
heart-breaking (E) 1619
heart-felt (E) 1565
heartily (E) 1078
heavenly (E) 1095
heavily (E) 3698
heavy (E) 1304
heavy (E) 1462
heavy metal 1970 (E) 3886
Hebung (D) 1978
Heckelphon (I) 161
Heckelphon (D) 161
heckelphone (E) 161
heckelphone (F) 161
heel (E) 74
heel (E) 3433
heftig (D) 1696
height (E) 2821
heilig (D) 3248
heiser (D) 641
heiser (D) 2989
heiß (D) 1032
heiter (D) 737
heiter (D) 1277
heiter (D) 1295
heiter (D) 1313
heiter (D) 1378
heiter (D) 1512
heiter (D) 1568
heitere Oper (D) 2492
held (E) 1919
held back (E) 853
Heldentenor (D) 653
helicon (E) 146
hélicon (F) 146
Helikon (D) 146
hell (D) 1098
hell (D) 1385
helle/klare Stimme (D) 716
hemidemisemiquaver (E) 2314
hemidemisemiquaver rest (E) 2321
hemiola (E) 2080
Hemiole (D) 2080
hemiolia (I) 2080
hemiolios (F) 2080
herablassen (D) 2623
herabstimmen (D) 2582
heraufstimmen (D) 2598
herausfordernd (D) 1486
herausfordernd (D) 1576
herb (D) 961
herb (D) 1045
heroic (E) 1192
heroic tenor (E) 653
héroïque (F) 1192
heroisch (D) 1192
hervorgehoben (D) 899
hervorgehoben (D) 1818
Herz (D) 3389
herzlich (D) 1078
herzzerreißend (D) 1619
Heses (D) 2307
hesitating (E) 755
heulen (D) 2798
heureux (F) 2977
hexachord (E) 2057
Hexachord (D) 2057
hexacorde (F) 2057
Hexentanz (D) 2410
hi-hat pedal (E) 282
hidden (E) 1844
hidden consecutives (E) 2139
high (E) 2822

high dramatic soprano (E) 648
highest (E) 1902
Hilfslinie (D) 2179
Hilfslinie (D) 2235
Hillbilly 1900 (E) 3887
Himmel (D) 2887
himmlisch (D) 1095
hinkend (D) 997
hinkend (D) 1713
hinkend (D) 3381
hinsterbend (D) 856
Hinterbühne (D) 3222
Hintergrundmusik (D) 3074
hinterlassen (D) 3172
hinzufügen (D) 2591
hip (E) 3382
hirtenartig (D) 1447
Hirtengedicht (D) 2425
Hirtenpfeife (D) 127
Hirtenpfeife (D) 196
Hirtenstück (D) 2509
His (D) 2304
Hisis (D) 2306
histoire de la musique (F) 3304
historical (E) 3305
historique (F) 3305
historisch (D) 3305
history of music (E) 3304
hit (E) 3327
hit (E) 3888
hit-song (E) 3890
hitparade (E) 3889
hoarse (E) 641
hoch (D) 1721
hoch (D) 2822
hochalteriert (D) 1981
hochdramatischer Sopran (D) 648
hochet (F) 329
höchst (D) 1902
hochzeitlich (D) 1432
Hochzeitsmarsch (D) 2467
hocket (E) 2489
Hoffnung (D) 3289
Hoflied (D) 2341
Hofmusik (D) 3073
Hoftanz (D) 2347
Höhe (D) 2821
Höhepunkt (D) 2829
höher (D) 3330
Hoketus (D) 2489
hold (E) 1918
holding (E) 1917
holding back (E) 845
holding back (E) 848
holding back (E) 852
holding back (E) 864
holiday (E) 2978
höllisch (D) 1334
holy (E) 3248
Holz (D) 3044
Holzbläser (D) 3043
Holzblasinstrumente (D) 3316
Holzblock (D) 261
Holzschlegel (D) 359
Holzstäbe (D) 286
Holztrommel (D) 337
homespun style (E) 3699
Homophonie (D) 2135
homophonie (F) 2135
homophony (E) 2135
Honky Tonk music 1900 (E) 3891
Hopak (D) 2445
hope (E) 3289
hopper (E) 452
hoquet (F) 2489
hörbar (D) 1928
hörbar (D) 3159
hören (D) 2796
hören (D) 2756
Hörer (D) 2839
Hörerin (D) 2839
horizontal (D) 2137
horizontal (E) 2137
horizontal (F) 2137
horn (E) 137
Horn (D) 137
horn player (E) 3458
Hornist (D) 3458

horrible (F)	1437
horrible (F)	1663
horrifying (E)	1437
Hörzentrum (D)	2883
hot 1925 (E)	3892
hot jazz 1925 (E)	3893
house concert (E)	2904
house rent party (E)	3894
how (E)	1763
however (E)	1859
Hüfte (D)	3382
huitième de soupir (F)	2320
Hülse (D)	240
humble (E)	1670
humble (F)	1670
humming (E)	656
Humoreske (D)	2572
humoresque (E)	2572
humoresque (F)	2572
humoristique (F)	1672
humoristisch (D)	1672
humorous (E)	1672
Hungarian dance (E)	2417
hungrily (E)	3700
hunt (E)	2360
hunting horn (E)	138
hunting music (E)	3065
hurdy-gurdy (E)	17
hurler (F)	2798
hurried (E)	734
hurried (E)	825
hurrying (E)	747
hurrying (E)	815
hurtig (D)	794
Huschdämpfer (D)	234
hush mute (E)	234
husky (E)	710
husky (E)	2989
Hutdämpfer (D)	229
hymn (E)	2449
hymn of praise (E)	2449
Hymne (D)	2449
hymne (F)	2449
hymne national (F)	2450
i legni (I)	3316
iamb (E)	2075
icy (E)	1285
idea (E)	3007
idea (I)	3007
ideal (E)	3008
idéal (F)	3008
ideal (D)	3008
ideale (I)	3008
Idee (D)	3007
idée (F)	3007
idée fixe (F)	2118
idilliaco (I)	1312
idyllic (E)	1312
idyllique (F)	1312
idyllisch (D)	1312
if (E)	1885
if necessary (E)	1886
if possible (E)	1872
il più (I)	1809
il più possibile (I)	1810
ilare (I)	1313
illanguidendosi (I)	1314
illuminazione (I)	3009
im Delirium (D)	1139
im gleichen Zeitmaß (D)	1735
im gleichen Zeitmaß (D)	1825
im Kapellstil (D)	1718
im Takt (D)	728
im Takt (D)	1838
im Zeitmaß (D)	728
image musicale (F)	3205
image sonore (F)	3010
imboccatura (I)	215
imboccatura (I)	251
imitando (I)	1811
imitare (I)	2678
imitating (E)	1811
imitation (E)	2081
imitation (F)	2081
Imitation (D)	2081
imitazione (I)	2081
imiter (F)	2678
imitieren (D)	2678

immagine musicale (I) 3205
immagine sonora (I) 3010
immediate attack (E) 1751
immediately (E) 1911
immédiatement (F) 1911
immer (D) 1890
immer belebter (D) 823
immutato (I) 1812
imparfait (F) 2082
impatient (E) 1315
impatient (F) 1315
impaziente (I) 1315
impazienza (con) (I) 1316
imperceptible (E) 3011
imperceptible (F) 3011
impercettibile (I) 3011
imperfect (E) 2082
imperfect cadence (E) 2000
imperfetto (I) 2082
impérieusement (F) 1317
impérieux (F) 1317
imperioso (I) 1317
imperious (E) 1317
impeto (con) (I) 1318
impétueux (F) 1319
impetuoso (I) 1319
impetuous (E) 1319
implacabile (I) 1320
implacable (E) 1320
implacable (F) 1320
implorant (F) 1321
implorante (I) 1321
imploring (E) 1321
imploring (E) 1628
imponente (I) 1322
important (E) 3012
important (F) 3012
importante (I) 3012
imposant (F) 1322
impossibile (I) 3013
impossible (E) 3013
impossible (F) 3013
impostazione (I) 631
imprécis (F) 3014
impreciso (I) 3014
impreparato (I) 3015
impressionism (E) 3016
impressionisme (F) 3016
impressionismo (I) 3016
Impressionismus (D) 3016
impressive (E) 1322
impromptu (E) 2446
impromptu (F) 2446
Impromptu (D) 2446
improvisation (E) 3017
Improvisation (D) 3017
improvisation (F) 3017
improvisé (F) 1726
improvised (E) 1726
improviser (F) 2679
improvisieren (D) 2679
improvisierend (D) 1323
improvising (E) 1323
improvvisamente (I) 1813
improvvisando (I) 1323
improvvisare (I) 2679
improvvisazione (I) 3017
improvviso (I) 1813
improvviso (I) 2446
Impuls (D) 531
impulse (E) 531
impulsion (F) 531
impulso (I) 531
in a ballad style (E) 949
in a grand manner (E) 3701
in a hurry (E) 756
in a pensive mood (E) 3703
in a singing style (E) 1083
in a song-like manner (E) 3704
in a steady pace (E) 3705
in a straightforward manner (E) 3706
in an easy going manner (E) 3702
in an undertone (E) 905
in battere (I) 2083
in bequemer Weise (D) 1107
in besonnener Weise (D) 1537
in bitterer Weise (D) 1005

in bocca al lupo (I) 3018
in dance style (E) 2850
in der Mitte geschlagen (D) 384
in der Oktave (D) 1727
in eleganter Weise (D) 1180
in enormer Weise (D) 1795
in entzückender Weise (D) 1141
in Ermangelung von (D) 1817
in fretta (I) 744
in fugal style (E) 2072
in fuori (I) 1814
in gipsy style (E) 996
in giù (I) 1815
in gleichförmiger Weise (D) 1796
in halben Noten (D) 1728
in haste (E) 744
in haste (E) 747
in Hungarian style (E) 1001
in klarer Weise (D) 1096
in kühner Weise (D) 1047
in liebevoller Weise (D) 1011
in luogo di (I) 1816
in mancanza di (I) 1817
in many parts (E) 1947
in order to finish (E) 1856
in pain (E) 1172
in place of (E) 1816
in Raserei (D) 1139
in rilievo (I) 1818
in sanfter Weise (D) 1168
in schwacher Weise (D) 1127
in stile recitativo (I) 1347
in strenger Weise (D) 1882
in su (I) 1820
in tempo (I) 728
in the absence of (E) 1817
in the manner of (E) 991
in the manner of (E) 2818
in the style of German dance (E) 994
in time (E) 728
in Turkish style (E) 995
in two (E) 1722
in vollständiger Weise (D) 2898
in zarter Weise (D) 1134
in zwei (D) 1722
inaccurate (E) 3014
inafferando (I) 1324
inalterato (I) 3019
inattendu (F) 3020
inatteso (I) 3020
inbrünstig (D) 1226
incalzando (I) 811
incalzante (I) 758
incantato (I) 1325
incantatoire (F) 1326
incantevole (I) 1326
incanto (con) (I) 1326
incertain (F) 3021
incerto (I) 3021
inchangé (F) 1812
inchangé (F) 3019
inchino (I) 3022
incidental music (E) 3078
incisif (F) 1327
incisive (E) 1327
incisivo (I) 1327
incisore (I) 3462
incominciare (I) 2611
incominciare (I) 2680
incomplet (F) 3023
incomplete (E) 3023
incompleto (I) 3023
incorrect (E) 3260
incorrect (F) 3260
increasing (E) 913
incrociare (I) 2681
incudine (I) 299
indebolendo (I) 938
indécis (F) 3024
indeciso (I) 3024
indépendance (F) 3026
independence (E) 3026
index (F) 3403
indicare (I) 2682
indication de la mesure (F) 2239
indication métronomique (F) 3025
indicazione metronomica (I) 3025

indice (I) 3403
indifferenza (con) (I) 1328
indignantly (E) 1329
indignato (I) 1329
indigné (F) 1329
indipendenza (I) 3026
indiquer (F) 2682
indistinctly (E) 1330
indistinto (I) 1330
indolenza (con) (I) 1331
indugiando (I) 839
inebriante (I) 1332
inebriating (E) 1332
inesatto (I) 3014
ineseguibile (I) 3027
inexact (E) 3014
inexact (F) 3014
inexécutable (F) 3027
infant prodigy (E) 2856
infantile (F) 1333
infantile (I) 1333
inférieur (F) 3028
inferior (E) 3028
inferiore (I) 3028
infernal (E) 1334
infernal (F) 1334
infernale (I) 1334
infiammato (I) 1335
inflamed (E) 1335
inflection (E) 627
inflessione (I) 627
inflexion (F) 627
infocato (I) 1336
infuriato (I) 1337
ingegnoso (I) 1338
ingénieur du son (F) 3478
ingénieux (F) 1338
ingenious (E) 1338
ingenious (E) 3000
ingénu (F) 1339
ingenuo (I) 1339
ingenuous (E) 1339
inglese (I) 2447
ingratiating (E) 1344
ingresso (I) 3029
Inhalt (D) 2909
inizio (I) 3030
inizio (I) 3187
innalzare la voce (I) 628
Innenstimme (D) 2143
inner part (E) 2143
innerst (D) 1350
innig (D) 1350
innig (D) 1631
inno (I) 2449
inno nazionale (I) 2450
innocenza (con) (I) 1340
input (E) 522
inquiet (F) 1342
inquiet (F) 1358
inquiétant (F) 1341
inquietante (I) 1341
inquieto (I) 1342
insaisissable (F) 1324
insegnante (I) 3463
insegnare (I) 2683
insensibilmente (I) 1343
insensiblement (F) 1343
insensitively (E) 1343
insieme (I) 1819
insinuant (F) 1344
insinuante (I) 1344
insistenza (con) (I) 1345
insolenza (con) (I) 1346
inspirare (I) 629
inspirare (I) 2686
inspiration (E) 3040
inspiration (F) 3040
Inspiration (D) 3040
inspirer (F) 629
inspirer (F) 2686
instituteur (F) 3189
instituteur (F) 3463
institutrice (F) 3189
instrument (E) 3311
Instrument (D) 3311
instrument (F) 3311
instrument à clavier (F) 3322

instrument accompagnateur (F) 3312
instrument de percussion électronique (F) 499
instrument jouant la partie de basse (F) 3323
instrument mélodique (F) 3324
instrument rythmique (F) 3325
instrument soliste (F) 3326
instrument solo (F) 3326
instrumental (D) 3308
instrumental (E) 3308
instrumental (F) 3308
instrumental music (E) 3109
Instrumentalmusik (D) 3109
instrumentation (E) 2224
instrumentation (F) 2224
instrumentation (E) 3140
instrumentation (E) 3309
Instrumentation (D) 3309
instrumentation (F) 3309
instrumentation variable (F) 3310
instrumenter (F) 2777
instrumentieren (D) 2777
Instrumentierung (D) 2224
instruments à clavier (F) 3320
instruments à cordes (F) 3314
instruments à cordes pincées (F) 3319
instruments à percussion (F) 3318
instruments à vent (F) 3315
instruments transpositeurs (F) 3321
inszenieren (D) 2696
intavolatura (I) 2084
integrale (I) 3031
intense (E) 1348
intense (E) 1349
intense (F) 1349
intensif (F) 1348
intensità sonora (I) 2993
intensité du son (F) 613
intensité du son (F) 2993
intensity (E) 613
intensity (E) 2993
intensiv (D) 1348
intensiv (D) 1349
intensivo (I) 1348
intenso (I) 1349
interligne (F) 2220
interlude (E) 2451
interlude (E) 2452
interludio (I) 2451
intermède (F) 2452
intermedio (I) 2452
intermezzo (I) 2452
intermission (E) 3035
intero (I) 2308
Interpret (D) 3033
interpretare (I) 2684
interpretation (E) 3032
interprétation (F) 3032
Interpretation (D) 3032
interpretazione (I) 3032
interprète (F) 3033
interprete (I) 3033
interpréter (F) 2684
interpreter (E) 3033
interpretieren (D) 2684
interrompere (I) 2685
interrompre (F) 2685
interrupted cadence (E) 1998
interruption (E) 3034
interruption (F) 3034
interruzione (I) 3034
interval (E) 2085
interval (E) 3035
interval sign (E) 3268
Intervall (D) 2085
Intervall (D) 3035
intervalle (F) 2085
intervallo (I) 2085
intervallo (I) 3035

intesa (I) 3036
intimate (E) 1350
intime (F) 1350
intimement doux (F) 3559
intimo (I) 1350
intonare (I) 2687
intonation (E) 2086
intonation (F) 2086
Intonation (D) 2086
intonazione (I) 2086
intrada (E) 2453
intrada (I) 2453
Intrade (D) 2453
intrepid (E) 1351
intrépide (F) 1351
intrepido (I) 1351
Intro (E) 3895
introduction (E) 2454
introduction (F) 2454
introduire (F) 2688
introdurre (I) 2688
introduzione (I) 2454
intuition (E) 3037
intuition (F) 3037
intuizione (I) 3037
invariabile (I) 3038
invariable (E) 3038
invariable (F) 3038
invectivant (F) 1352
invention (E) 2455
Invention (D) 2455
invention (F) 2455
invenzione (I) 2455
inverser (F) 2689
inversion (E) 2193
inversion (F) 2193
inverted mordent (E) 2116
invertire (I) 2689
invettivando (I) 1352
ionian (E) 2087
ionico (I) 2087
ionien (F) 2087
ionisch (D) 2087
ira (con) (I) 1353
iracondo (I) 1354
irascible (E) 1354
irato (I) 1355
ironia (con) (I) 1356
ironical (E) 1357
ironico (I) 1357
ironique (F) 1357
ironisch (D) 1357
iroso (I) 1355
irregolare (I) 3039
irregular (E) 3039
irrégulier (F) 3039
irrequieto (I) 1358
irreredend (D) 1137
irreredend (D) 1138
irrésolu (F) 1359
irresolute (E) 1359
irresoluto (I) 1359
irritant (F) 1360
irritante (I) 1360
irritated (E) 1361
irritating (E) 1360
irritato (I) 1361
irrité (F) 1355
irrité (F) 1361
Irrtum (D) 3250
ispirazione (I) 3040
issue (E) 2949
istesso (I) 1821
it follows (E) 1888
jack (E) 64
jack (E) 449
jack (E) 451
Jagd (D) 2360
Jagdhorn (D) 138
Jagdmusik (D) 3065
Jahreszeit (D) 3294
jähzornig (D) 1354
Jam Session (E) 3896
jamais assez (F) 3560
jambe (F) 3398
Jambus (D) 2075
jambus (F) 2075
Janitscharenmusik (D) 3111

jaw (E) 3408
Jazz 1880 (E) 3897
jazz guitar (E) 11
jazz trombone (E) 189
jazz trumpet (E) 182
Jazzbesen (D) 330
Jazzposaune (D) 189
Jazztrompete (D) 182
jede (D) 1850
jeder (D) 1850
jedes (D) 1850
jedesmal (D) 1851
jesting (E) 1542
jesting (E) 1543
jeté (F) 102
jeter (F) 2621
jetzt (D) 2816
jeu (F) 54
jeu de gongs (F) 296
jeu perlé (F) 478
jeux d'orgue (F) 450
jew's harp (E) 323
jig (E) 2443
jogging along (E) 3707
joint (E) 3383
joke (E) 3257
joking (E) 1070
joking (E) 1419
jokingly (E) 3708
jolly (E) 3709
joue (F) 3402
jouer (F) 120
jouer (F) 391
jouer (F) 482
jouer (F) 2781
jouer à vue (F) 2783
jouer par cœur (F) 2782
jovial (E) 1295
jovial (F) 1295
joyeusement (F) 1228
joyeusement animé (F) 3561
joyeux (F) 1230
joyeux (F) 1294
joyeux (F) 1298
joyeux (F) 1313
joyeux (F) 1378
joyeux et emporté (F) 3562
joyful (E) 1230
joyful (E) 1294
joyous (E) 1298
jubeln (D) 2665
jubelnd (D) 1296
jubilant (E) 1296
jubilant (F) 1296
Jubilee (E) 3898
judas (F) 3292
jugendlich-dramatischer Sopran (D) 651
juke box (E) 3899
jump (E) 3247
jumped (E) 110
jumping (E) 3710
jungle style 1920 (E) 3900
jusqu'à la fin en se perdant (F) 3563
jusqu'au (F) 1802
jusqu'au (F) 1898
jusqu'au signe (F) 1803
jusque (F) 1897
just a little faster (E) 3711
just a little slower (E) 3712
juste (F) 1881
juste (F) 2076
justement (F) 1806
Kadenz (D) 1997
kadenzierend (D) 1756
Kakophonie (D) 2871
kalt (D) 1256
Kammerkantate (D) 2364
Kammermusik (D) 3066
Kammerorchester (D) 3131
Kammersonate (D) 2554
Kammerton (D) 2925
Kanal (D) 501
Kanon (D) 2362
Kantate (D) 2363
Kantilene (D) 2369
Kanzone (D) 2378

Kanzonette (D) 2383
Kapelle (D) 2875
Kapellmeister (D) 2932
Kapellmeister (D) 3459
Kapodaster (D) 39
Karneval (D) 2877
Karnevalslied (D) 2370
Kartondämpfer (D) 231
Kassation (D) 2387
Kastagnetten (D) 276
Kasten (D) 35
Kastrat (D) 672
Katzenmusik (D) 3075
kaum (D) 1743
Kavatine (D) 2388
kazoo (E) 309
keck (D) 1052
keep moving (E) 3713
Kehle (D) 3400
kehlig (D) 626
kehlig (D) 3006
Kehlkopf (D) 3405
Kehlstimme (D) 718
Kehrreim (D) 2191
Kehrreim (D) 3235
Kern (D) 420
Kernspalt (D) 207
Kessel (D) 236
Kessel (D) 367
Ketten (D) 281
kettledrums (E) 344
keuchend (D) 1014
keuchend (D) 1022
keusch (D) 1093
key (E) 209
key (E) 459
key (E) 2253
key change (E) 2004
key signature (E) 1974
key work (E) 218
key-note (E) 2252
keyboard (E) 458
keyboard instrument (E) 3322
keyboard instruments (E) 3320
keyboards (E) 590
keyed glockenspiel (E) 271
keyed xylophone (E) 353
Kiefer (D) 3408
Kiel (D) 449
Kinderlied (D) 2380
Kinderstimme (D) 723
kindlich (D) 1333
kindly (E) 1289
kinetic (E) 1099
Kinn (D) 3409
Kinnhalter (D) 62
Kinnlade (D) 3408
Kirche (D) 2884
Kirchen-Lied (D) 2368
Kirchenchor (D) 678
Kirchenkantate (D) 2365
Kirchenmusik (D) 3067
Kirchenmusik (D) 3087
Kirchenmusik (D) 3104
Kirchensonate (D) 2555
Kirchentonart (D) 2109
kit (E) 22
Klage (D) 2457
klagend (D) 1172
klagend (D) 1182
klagend (D) 1286
klagend (D) 1365
klagend (D) 1366
klagend (D) 1467
kläglich (D) 1241
Klammer (D) 1957
Klang (D) 592
Klang (D) 2228
Klang (D) 3328
Klangänderung (D) 609
Klangbild (D) 3010
Klangboden (D) 460
Klangeffekt (D) 516
Klangerzeugung (D) 559
Klangfarbe (D) 600
Klangfarbe (D) 2893
Klangfülle (D) 3281
Klangfülle (D) 3379

Klanggemisch (D) 548
Klanghölzer (D) 286
Klangregler (D) 507
Klangspeicherung (D) 539
Klangstäbe (D) 286
Klangsteuerung (D) 505
Klangsynthese (D) 586
Klangumwandlung (D) 602
klangvoll (D) 1597
Klappe (D) 209
Klappe (D) 431
Klappenmechanik (D) 218
Klappholz (D) 294
Klappsitz (D) 3306
klar (D) 1098
klar (D) 1380
klar (D) 1383
klar (D) 1425
klar (D) 1426
klar (D) 1427
Klarinette (D) 128
Klarinettist (D) 3449
Klassik (D) 2890
klassisch (D) 2889
Klatsche (D) 309
klatschen (D) 2602
Klaviatur (D) 458
Klaviaturglockenspiel (D) 271
Klaviaturglockenspiel (D) 273
Klaviaturxylophon (D) 353
Klavichord (D) 405
Klavier (D) 412
Klavier (D) 416
Klavierkonzert (D) 2398
Klaviersonate (D) 2556
Klavierstuhl (D) 454
klein (Intervall) (D) 2103
kleine Arie (D) 2342
kleine Flöte (D) 166
kleine Fuge (D) 2437
kleine Klarinette (D) 129
kleine Posse (D) 2358
Kleine Trommel (D) 340
Kleiner Finger (D) 3410
kleines Scherzo (D) 2544
kleinste (D) 1836
klimpern (D) 2776
klingelnd (D) 1648
klingen lassen (D) 1799
klingen lassen (D) 1822
klopfen (D) 2620
Klöppel (D) 364
Knabenchor (D) 679
Knarre (D) 317
knee (E) 3399
Knie (D) 3399
Knochen (D) 3417
Knopf (D) 37
Knopf (D) 422
Knopfgriff-Akkordeon (D) 407
kokettierend (D) 1100
Kolophonium (D) 43
Koloratur (D) 685
Koloraturarie (D) 2340
Koloratursopran (D) 649
komisch (D) 1103
komische Oper (D) 2493
Komma (D) 2019
Komödie (D) 2895
Komparse (D) 2896
Komparsin (D) 2896
komponieren (D) 2638
Komponist (D) 3451
Komposition (D) 2900
Kompressor (D) 506
Kondensatormikrophon (D) 542
konkrete Musik (D) 3059
Konservatorium (D) 2907
Konsonant (D) 2908
Konsonanz (D) 2024
Kontaktmikrophon (D) 543
Kontinuität (D) 2910
Kontrabassist (D) 3453
Kontrabaß (D) 14
Kontrabaßklarinette (D) 131
Kontrabaßposaune (D) 188
Kontrabaßtuba (D) 193
Kontrafagott (D) 133

Kontrapunkt (D) 2025
Kontrast (D) 2912
Kontrasubjekt (D) 2027
Kontratenor (D) 618
Kontretanz (D) 2404
konzentriert (D) 1110
Konzert (D) 2393
Konzert (D) 2903
Konzert für Orchester (D) 2396
Konzertagentur (D) 2817
konzertant (D) 1770
Konzertante Sinfonie (D) 2551
konzertanter Tanz (D) 2409
Konzertarie (D) 2337
Konzertetüde (D) 2559
Konzertgeber (D) 3452
konzertieren (D) 2648
konzertierend (D) 1770
Konzertkasse (D) 2868
Konzertmeister (D) 3186
Konzertmeister (D) 3472
Konzertouvertüre (D) 2501
Konzertsaal (D) 3246
Konzertsaison (D) 3295
Konzertstück (D) 2514
Kopf (D) 3203
Kopf (D) 3434
Kopfhörer (D) 508
Kopfstimme (D) 720
Kopfstück mit Schnabel (D) 237
kopieren (D) 2642
Kopist (D) 3454
Koppel (D) 419
Kornett (D) 134
korrekt (D) 1881
korrekt (D) 2916
Korrepetition (D) 3196
Korrepetitor (D) 3474
korrigieren (D) 2644
Kostüm (D) 2917
Kotillon (D) 2407
kräftig (D) 877
kräftig (D) 1276
kräftig (D) 1529
kräftig (D) 1694
kratzen (D) 2676
krebsgängig (D) 2178
kreischend (D) 1622
Kreuz (D) 2038
kreuzen (D) 2681
kreuzsaitig (D) 432
kriegerisch (D) 1058
kriegerisch (D) 1310
kriegerisch (D) 1398
kristallklar (D) 1119
Kritik (D) 2919
Krummhorn (D) 144
Kuckuckspfeife (D) 289
Kuhglocke (D) 265
kühl (D) 1254
kühn (D) 1033
kühn (D) 1035
kühn (D) 1046
Kulisse (D) 3207
kummervoll (D) 973
Kunst (D) 2836
Künstler (D) 2838
Künstler (D) 3443
Künstlerin (D) 2838
Künstlername (D) 3200
Künstlerzimmer (D) 2873
künstlich (D) 1042
künstlich (D) 2837
Kürbisrassel (D) 298
Kürbisrassel (D) 304
kurz (D) 1755
kurz (D) 1776
kürzer und schneller als Adagio (D) 729
kürzer und schneller als Largo (D) 759
kurzer Vorschlag (D) 1954
l'art du décor (F) 3256
l'istesso tempo (I) 766
l'œuvre intégrale (F) 3031
La (F) 2298
La (I) 2298
La bémol (F) 2300

La bemolle (I) 2300
La dièse (F) 2299
La diesis (I) 2299
La doppio bemolle (I) 2302
La doppio diesis (I) 2301
La double bémol (F) 2302
La double dièse (F) 2301
la ligne d'en haut (F) 3564
la même chose (F) 1831
la mesure précédente (F) 3565
la moitié moins vite (F) 3566
labbro (I) 3404
labial pipe (E) 427
Labialpfeife (D) 427
lacerated (E) 1362
lacero (I) 1362
lächeln (D) 2765
lachen (D) 2733
lachend (D) 1512
lächerlich (D) 1513
lâchez (F) 3572
lacking (E) 842
lacrimando (I) 1363
lacrimoso (I) 1364
Lage (D) 107
Lage (D) 2160
Lage (D) 3170
Lage (D) 3344
Lagenwechsel (D) 93
lagnoso (I) 1365
lagrimoso (I) 1364
lai (F) 2456
lai (I) 2456
laisser vibrer (F) 1822
laissez vibrer (F) 1799
laissez vibrer (F) 3573
lame (E) 1713
lame (E) 3381
lament (E) 2457
lamentation (F) 2457
lamenting (E) 1366
lamento (I) 2457
lamento funebre (I) 2483
lamentoso (I) 1366
Lampenfieber (D) 3157
lancers (E) 2458
Lancers (D) 2458
lancieri (I) 2458
lanciers (F) 2458
landa (I) 2459
Lande (D) 2459
lande (F) 2459
ländlich (D) 989
ländlich (D) 1079
ländlich (D) 1535
lands (E) 2459
lang (D) 1826
langorously (E) 3714
langsam (D) 731
langsam (D) 762
langsam (D) 789
langsam (langsamer als adagio, schneller als largo) (D) 764
langsamer werdend (D) 846
Langspielplatte (D) 546
langue (F) 3406
languendo (I) 1367
languette (F) 421
languid (E) 1368
languidamente (I) 1367
languide (F) 1368
languidezza (con) (I) 1367
languido (I) 1368
languishing (E) 1314
languishing (E) 1367
languissamment (F) 1367
languissant (F) 1368
langweilig (D) 3122
largamente (I) 1369
largando (I) 840
large (F) 760
largement (F) 1369
largeur (F) 3041
largeur de bande (F) 532
larghetto (I) 759
larghezza (I) 3041
larghezza di banda (I) 532
largo (I) 760

largo assai (I) 761
laringe (I) 3405
lärmend (D) 1534
lärmend (D) 1621
lärmend (D) 3243
larmoyant (F) 1363
larmoyant (F) 1364
larmoyant (F) 1467
larynx (E) 3405
larynx (F) 3405
las (F) 1231
las (F) 1370
lasciar vibrare (I) 1822
lasciate vibrare (I) 1799
lassé (F) 1370
lasso (I) 1370
last (E) 1930
last movement (E) 2432
last time (E) 3357
lastra (I) 300
latin american music (E) 3901
lau (D) 1639
lau (D) 1643
Lauf (D) 2267
laufen (D) 754
launenhaft (D) 952
launenhaft (D) 1086
launenhaft (D) 1290
launisch (D) 1086
laut (D) 877
Laute (D) 20
Lautkunde (D) 2991
Lautsprecher (D) 494
Lautsprecherbox (D) 580
Lautstärke (D) 613
Lautstärke (D) 3378
lavolta (I) 2460
lay (E) 2456
laye (F) 453
lazily (E) 3715
le chant un peu en dehors (F) 3567
le même mouvement (F) 766
le mieux possible (F) 1731
le plus (F) 1809
le plus doucement possible (F) 894
le plus fort possible (F) 893
le plus possible (F) 1810
le reste (F) 3568
le thème en dehors (F) 3569
lead (E) 3902
leader (E) 3186
leader (E) 3472
leading motif (E) 2118
leading note (E) 2204
leading soprano (E) 639
leading tone (E) 2204
leaned (E) 868
leaning (E) 867
leap (E) 3247
leather stick (E) 357
Lebe wohl! (D) 2815
lebendig (D) 800
lebendig (D) 1703
lebendig (D) 1705
lebhaft (D) 737
lebhaft (D) 798
lebhaft (D) 805
lebhaft (D) 1700
lebhaft (D) 1704
leçon (F) 3046
Lederschlegel (D) 357
leer (D) 1945
leere Saite (D) 97
left hand loud (E) 3716
left pedal (E) 445
leg (E) 3398
legare (I) 2690
legato (I) 473
legato (I) 882
legatura (I) 2088
legatura di fraseggio (I) 2089
legatura di valore (I) 2090
legen (D) 2695
legend (E) 2461
Legende (D) 2461
légende (F) 2461
léger (F) 1372

leger (D) 1372
léger (F) 1379
leger line (E) 2179
leger line (E) 2235
leggenda (I) 2461
leggere (I) 2691
leggerezza (con) (I) 1371
leggero (I) 1372
leggiadro (I) 1373
leggiero (I) 1372
leggio (I) 225
leggio (I) 3042
legnetti da percuotere (I) 286
legni (I) 3043
legno (I) 3044
legno frullante (I) 301
lehnen (D) 2603
lehren (D) 2683
Lehrer (D) 3189
Lehrer (D) 3463
Lehrerin (D) 3189
Leich (D) 2456
leicht (D) 980
leicht (D) 1372
leicht (D) 1379
leicht (D) 2971
leichte Musik (D) 3085
leichtfertig (D) 1262
Leichtigkeit (D) 2972
leichtsinnig (D) 1602
leidend (D) 1171
leidenschaftlich (D) 1028
leidenschaftlich (D) 1029
leidenschaftlich (D) 1631
leidenschaftslos (D) 1643
Leier (D) 17
Leierkasten (D) 491
leise (D) 892
leise zitternd (D) 1664
leisurely (E) 3717
leit-motif (E) 3050
Leitmotiv (D) 2118
Leitmotiv (D) 3050
Leitton (D) 2204
Leitung (D) 2933
Lektion (D) 3046
lent (F) 731
lent (F) 764
lent (F) 789
lentamente (I) 762
lentando (I) 841
lentement (F) 762
lentissimo (I) 763
lento (I) 764
lernen (D) 2778
les arpèges serrés (F) 3570
les bois (F) 3316
les cuivres (F) 3317
les petites notes doivent être frappées sur le temps (F) 3571
lesen (D) 2691
less (E) 1832
lesson (E) 3046
leste (F) 1374
lesto (I) 1374
let it ring (E) 3718
let sound (E) 1822
let vibrate (E) 1822
letizia (con) (I) 1375
letter (E) 3045
lettera (I) 3045
lettre (F) 3045
letzte (D) 1930
letzter (D) 1930
letztes Mal (D) 3357
leuchtend (D) 1385
leutselig (D) 970
levare (I) 2091
levare (I) 2692
levata (I) 1967
levate i sordini (I) 1823
levé (F) 2091
level (E) 535
lever (F) 2692
lever la voix (F) 628
lèvre (F) 3404
lezione (I) 3046

lezione collettiva (I) 3047
leziosamente (I) 1376
liaison (F) 2088
liberamente (I) 1377
libero (I) 765
libero (I) 1377
libre (F) 765
libre (F) 1377
librement (F) 727
librement déclamé (F) 3574
libretto (E) 630
libretto (I) 630
libretto (E) 692
libretto (I) 692
lid (E) 431
lidio (I) 2092
lié (F) 473
lié (F) 882
liebenswürdig (D) 1004
liebenswürdig (D) 1289
Liebesfuß (D) 220
Liebesoboe (D) 163
liebevoll (D) 1010
Liebhaber (D) 2930
liebkosend (D) 953
liebkosend (D) 954
liebkosend (D) 1690
lieblich (D) 1090
lieblich (D) 1301
lieblich (D) 1396
lieblich (D) 1591
lieblich (D) 1691
Lied (D) 2378
Lied ohne Worte (D) 2539
Liedersammlung (D) 3209
lier (F) 2690
lieto (I) 1378
lieve (I) 1379
ligado (I) 882
ligature (E) 2221
light (E) 1372
light (E) 1379
light music (E) 3085
light show (E) 3903
lighting (E) 3009
lightly (E) 1371
lightly (E) 3719
lightly detached (E) 105
ligne (F) 2093
ligne (F) 2180
ligne supplémentaire (F) 2179
ligne supplémentaire (F) 2235
like a cadenza (E) 1767
like a flute (E) 1804
like a hymn (E) 3720
like a march (E) 992
like a peasant dance (E) 990
like a prayer (E) 3721
like adagietto (E) 730
lilting (E) 3722
limitatore (I) 533
limiter (E) 533
limiteur (F) 533
limpide (F) 1380
limpido (I) 1380
limping (E) 997
limply (E) 1415
line (E) 2093
line (E) 2180
line (E) 3372
linea (I) 2093
linéaire (F) 534
linéaire (F) 2094
linear (E) 534
linear (D) 534
linear (D) 2094
linear (E) 2094
linear construction (E) 2021
lineare (I) 534
lineare (I) 2094
lingua (I) 3406
linguetta (I) 216
Linie (D) 2093
Linie (D) 2180
Linienführung (D) 2021
Liniensystem (D) 2150
linkes Pedal (D) 445
linkisch (D) 1299

lip (E) 251
lip (E) 3404
Lippe (D) 3404
liquide (F) 1381
liquido (I) 1381
lira (I) 19
lire (F) 583
lire (F) 2691
lirica (I) 693
liscio (I) 1382
lisse (F) 1382
listener (E) 2839
listening centre (E) 2883
Litanei (D) 2462
litania (I) 2462
litanie (F) 2462
litany (E) 2462
litofono (I) 302
Litophon (D) 302
litophone (E) 302
litophone (F) 302
little (E) 1863
little by little (E) 1864
little finger (E) 3410
little jest (E) 2358
little scherzo (E) 2544
liturgical drama (E) 2477
liturgisches Drama (D) 2477
liutaio (I) 3464
liuto (I) 20
live (E) 3904
live broadcast (E) 606
live recording (E) 569
live transmission (E) 606
Live-Aufnahme (D) 569
Live-Sendung (D) 606
livello (I) 535
lively (E) 737
lively (E) 800
lively (E) 805
lively (E) 1066
lively (E) 1705
lively jumping (E) 3723
livret (F) 630
livret d'opéra (F) 630
livret d'opéra (F) 692
lo stesso tempo (I) 766
lo stesso tempo (I) 1825
lobby (E) 3225
loben (D) 2657
Lobgesang (D) 2449
locked hands style (E) 3906
lockern (D) 2735
loco (L) 1824
loft jazz (E) 3905
Loge (D) 3145
loge (F) 3145
loggione (I) 2998
lointain (F) 874
lointain (F) 883
lombardischer Rhythmus (D) 2189
long (E) 1826
long (F) 1826
long playing (E) 3907
long-playing record (E) 546
longueur d'onde (F) 536
lontano (I) 883
loosening (E) 833
loosening (E) 855
löschen (D) 502
losschnellend (D) 1540
lostrennen (D) 2772
Lotosflöte (D) 292
loud (E) 877
loudness (E) 613
loudness (E) 2993
loudspeaker (E) 494
louer (F) 2657
lovely (E) 1090
lovely (E) 1691
lovingly (E) 978
lovingly (E) 1009
low (E) 2861
lower (E) 3028
lower bout (E) 80
lower joint (E) 222
lower part (E) 2142

lowering (E) 921
lowering (E) 929
lowest part (E) 2142
LP (E) 546
LP (E) 3907
lucid (E) 1383
lucide (F) 1383
lucido (I) 1383
luftig (D) 969
luftig (D) 1037
luftig (D) 1577
Luftpause (D) 643
Luftröhre (D) 3436
Luftstoß (D) 699
Luftstoß (D) 3278
lugubre (F) 1384
lugubre (I) 1384
lugubre (F) 1642
lukewarm (E) 1639
lukewarmly (E) 1643
lullaby (E) 2484
lumbering (E) 3724
lumière (F) 202
lumineux (F) 1385
luminoso (I) 1385
Lungen (D) 3424
lunghezza d'onda (I) 536
lungo (I) 1826
lungs (E) 3424
luogo (I) 1827
lusingando (I) 1386
lusingato (I) 1387
lustig (D) 1279
lustro (con) (I) 1388
lute (E) 20
luth (F) 20
luthier (F) 3464
lutrin (F) 3042
luttuosamente (I) 1389
luxuriant (E) 1516
lydian (E) 2092
lydien (F) 2092
lydisch (D) 2092
Lyra (D) 19
lyre (E) 19
lyre (F) 19
lyric (E) 693
lyric piece (E) 2515
lyric soprano (E) 650
lyric tragedy (E) 2571
lyrical tenor (E) 654
Lyrik (D) 693
lyrique (F) 693
lyrische Komödie (D) 2392
Lyrische Tragödie (D) 2571
lyrischer Sopran (D) 650
lyrischer Tenor (D) 654
Lyrisches Stück (D) 2515
ma (I) 1828
ma non tanto (I) 1829
ma non troppo (I) 1829
macchina (I) 217
macchina per il tuono (I) 303
machine à rythme (F) 497
machine à vent (F) 291
machine drum (E) 345
machine pour le tonnerre (F) 303
mâchoire (F) 3408
mächtig (D) 1480
madly (E) 1247
madly (E) 1454
madrigal (E) 2463
madrigal (F) 2463
Madrigal (D) 2463
madrigale (I) 2463
maestoso (I) 1390
maestria (con) (I) 1391
maestro di ballo (I) 3465
maestro sostituto (I) 3474
magazine (E) 3238
Magen (D) 3432
maggiolata (I) 2464
maggiore (I) 2095
magic (E) 1392
magico (I) 1392
magique (F) 1392
magisch (D) 1392
Magnetband (D) 550

Magnetbandgerät (D) 565
magnetic head (E) 599
magnetic tape (E) 550
Magnetkopf (D) 599
magnétophone (F) 565
magnificent (E) 1218
Mailied (D) 2464
mailloche (F) 370
main (E) 2166
main (F) 3407
main accent (E) 1952
main guidonienne (F) 2096
main part (E) 3242
main theme (E) 2165
mains croisées (F) 474
mainstream 1940 (E) 3908
maintenant (F) 2816
mais (F) 1828
mais pas trop (F) 1829
maison d'édition
musicale (F) 2880
maître de ballet (F) 3465
maîtrise (F) 3265
majestätisch (D) 1390
majestic (E) 1390
majestueux (F) 1390
majeur (F) 2095
major (E) 2095
make vibrate (E) 1799
making fun (E) 1085
male voice (E) 724
malerisch (D) 1471
malicieux (F) 1395
malicious (E) 1395
malinconia (con) (I) 1393
malinconico (I) 1394
malizioso (I) 1395
mallet (E) 370
man nehme weg (D) 1895
management (E) 2933
mancando (I) 842
manche (F) 61
mandolin (E) 21
Mandoline (D) 21
mandoline (F) 21
mandolino (I) 21
manetta (I) 438
mani incrociate (I) 474
manico (I) 61
manly (E) 1399
Männerchor (D) 682
Männerstimme (D) 724
männlich (D) 1399
mano (I) 3407
mano guidoniana (I) 2096
mansueto (I) 1396
mantice (I) 439
manual (E) 440
Manual (D) 440
manuale (I) 440
Manubrium (D) 438
manuel (F) 440
manuscript paper (E) 2878
many (E) 1916
maracas (E) 304
maracas (I) 304
maracas (F) 304
marcando (I) 884
marcare (I) 2693
marcato (I) 885
marcato (I) 1397
march (E) 2465
marche (F) 2465
marche funèbre (F) 2466
marche nuptiale (F) 2467
marche triomphale (F) 2468
Märchen (D) 2975
marching band (E) 3909
marcia (I) 2465
marcia funebre (I) 2466
marcia nuziale (I) 2467
marcia trionfale (I) 2468
marimba (I) 305
marimba (F) 305
marimba(phone) (E) 305
Marimbaphon (D) 305
marinesca (I) 2469
marinière (F) 2469

mark (E) 1887
mark (E) 2199
marked (E) 885
marked (E) 1397
markieren (D) 2693
markierend (D) 884
markiert (D) 885
markiert (D) 1397
marking (E) 884
marqué (F) 885
marqué (F) 1397
marquer (F) 2693
marquez le thème (F) 3575
Marsch (D) 2465
marteau (F) 372
marteau (F) 441
martelé (F) 475
marteler (F) 2694
martellare (I) 2694
martellato (I) 475
martelletto (I) 441
martello (I) 372
martello (I) 441
martial (F) 1398
martial (E) 1398
marziale (I) 1398
mascarade (F) 2470
mascella (I) 3408
mascherata (I) 2470
Maschinenpauke (D) 345
maschio (I) 1399
Maskenspiel (D) 2470
masque (E) 2347
masque (E) 2470
mass (E) 2474
mass for the dead (E) 2475
massimo (I) 1830
masterpiece (E) 2874
mastery (E) 1391
mäßig bewegt (D) 738
mäßigen (D) 2699
mäßigend (D) 947
matelote (F) 2469
Matelotte (D) 2469
mattinata (I) 2471
Maultrommel (D) 323
mauresque (F) 2480
maximum (F) 1830
may song (E) 2464
mazurca (I) 2472
mazurka (E) 2472
Mazurka (D) 2472
mazurka (F) 2472
mazza (I) 370
mazza del tambur maggiore (I) 371
mazzuolo (I) 370
mbira (I) 321
measure (E) 2105
measure number (E) 2133
measured (E) 1838
mécanique (F) 442
mécanisme des clefs (F) 218
mécanisme du piston (F) 217
meccanica (I) 442
meccanismo delle chiavi (I) 218
mechanical music (E) 3088
mechanically (E) 3725
Mechanik (D) 442
Mechanikbogen (D) 56
mechanische Musik (D) 3088
medesimo (I) 1831
medesimo tempo (I) 766
mediant (E) 2097
Mediante (D) 2097
médiante (F) 2097
mediante (I) 2097
meditando (I) 1400
meditating (E) 1400
meditatively (E) 3726
medium (E) 3910
medley (E) 2521
mehr (D) 1786
mehr (D) 1861
Mehrchörigkeit (D) 2154
Mehrspurverfahren (D) 568
mehrstimmig (D) 1947
Mehrstimmigkeit (D) 2155

Meisterwerk (D) 2874
melancholic (E) 1394
mélancolique (F) 1394
melanconico (I) 1394
mélange (F) 1837
mélanger (F) 547
mélangeur de son (F) 540
mellotron (E) 537
mellotron (I) 537
Mellotron (D) 537
mellow (E) 1448
melodia (I) 2098
melodic (E) 1401
melodic (E) 2099
melodic instrument (E) 3324
melodico (I) 1401
melodico (I) 2099
Melodie (D) 2098
mélodie (F) 2098
Melodieinstrument (D) 3324
Melodiesaite (D) 51
Melodiestimme (D) 2144
mélodieux (F) 1401
mélodieux (F) 1402
melodiös (D) 1402
melodioso (I) 1402
melodious (E) 1402
mélodique (F) 2099
melodisch (D) 1401
melodisch (D) 2099
Melodram (D) 2473
melodrama (E) 2473
Melodrama (D) 2473
mélodrame (F) 2473
melodramma (I) 2473
melody (E) 2098
melody part (E) 2144
mélotron (F) 537
melted (E) 1275
membrana (I) 373
membrana (I) 376
même (le) (F) 1821
même (F) 1908
mémorisation (F) 538
mémorisation du son (F) 539
memorizzazione (I) 538
memorizzazione del suono (I) 539
men's choir (E) 682
men's chorus (E) 682
menaçant (F) 1407
menacing (E) 1407
menacingly (E) 3727
meno (I) 1832
Mensur (D) 2105
mensuration (E) 2105
mento (I) 3409
menton (F) 3409
mentoniera (I) 62
mentonnière (F) 62
menuet (F) 2476
Menuett (D) 2476
mercy (E) 3165
mescolatore di suono (I) 540
messa (I) 2474
messa dei defunti (I) 2475
messa di (da) Requiem (I) 2475
messa di (in) voce (I) 631
messa di (in) voce (I) 694
messanza (I) 2530
Messe (D) 2474
messe (F) 2474
messe des morts (F) 2475
messen (D) 2698
mestamente (I) 1403
mestizia (con) (I) 1404
mesto (I) 1405
mesuré (F) 1838
mesure (F) 1989
mesure (F) 2105
mesure (F) 2238
mesure binaire (F) 2240
mesure composée (F) 1990
mesure simple (F) 1991
mesure ternaire (F) 2243
mesurer (F) 2698
Meßglöckchen (D) 270
Meßklingeln (D) 270
metà (I) 1833

metà (I) 2309
metal block (E) 306
metal block (F) 306
metal block (I) 306
metal castanets (E) 278
metal mute (E) 232
metal string (E) 48
metalizzare il suono (I) 252
Metallblock (D) 306
Metalldämpfer (D) 232
Metallkastagnetten (D) 278
Metallophon (D) 307
Metallsaite (D) 48
metalofono (I) 307
metalophone (E) 307
métalophone (F) 307
mètre (F) 2101
metre (E) 2101
metre (E) 2238
metric(al) (E) 2100
metrico (I) 2100
métrique (F) 2100
metrisch (D) 2100
metro (I) 2101
Metronomangabe (D) 3025
metronome mark(ing) (E) 3025
Metrum (D) 2101
Metrum (D) 2105
mettere (I) 2695
mettere il punto di valore (I) 2102
mettere in scena (I) 2696
mettere la sordina (I) 103
mettere la sordina (I) 253
mettre (F) 2695
mettre beaucoup de
pédale (F) 3576
mettre en scène (F) 2696
mettre la sourdine (F) 103
mettre la sourdine (F) 253
mezza (I) 1834
mezza forza (I) 1835
mezza luna (I) 308
mezza voce (I) 632
mezza voce (I) 886
mezzo (I) 1834
mezzo forte (I) 887
mezzo piano (I) 888
mezzo soprano (E) 633
mezzo-soprano (F) 633
mezzo-soprano clef (E) 2012
Mezzosopran (D) 633
mezzosoprano (I) 633
Mezzosopranschlüssel (D) 2012
Mi (F) 2283
Mi (I) 2283
Mi bémol (F) 2285
Mi bemolle (I) 2285
Mi dièse (F) 2284
Mi diesis (I) 2284
Mi doppio bemolle (I) 2287
Mi doppio diesis (I) 2286
Mi double bémol (F) 2287
Mi double dièse (F) 2286
mi-doux (F) 888
mi-fort (F) 887
microfono (I) 541
microfono a condensatore (I) 542
microfono a contatto (I) 543
microfono elettrodinamico (I) 544
microfono elettromagnetico (I) 545
microphone (E) 541
microphone (F) 541
microphone à
condensateur (F) 542
microphone à contact (F) 543
microphone électro-
dynamique (F) 544
microphone électro-
magnétique (F) 545
microsillon (F) 546
microsolco (I) 546
middle joint (E) 221
middle part (E) 2143
middle part (E) 2270
midwest jazz (E) 3905
mighty (E) 3728
migliorare (I) 2697
mignolo (I) 3410

mignon (F) 1090
Mikrophon (D) 541
mild (E) 1396
mildernd (D) 962
militairement (F) 993
militairement (F) 1406
militarily (E) 993
militarily (E) 1406
militärisch (D) 993
militärisch (D) 1406
Militärkapelle (D) 2859
militarmente (I) 1406
Militärmusik (D) 3089
Militärtrommel (D) 340
military band (E) 2859
military music (E) 3089
minacciosamente (I) 1407
minaccioso (I) 1407
mineur (F) 2103
miniature score (E) 3154
minim (E) 2309
minim beat (E) 1728
minim rest (E) 2316
minima (I) 2309
minimo (I) 1836
minimum (E) 1836
minimum (F) 1836
minor (E) 2103
minore (I) 2103
minuet (E) 2476
minuetto (I) 2476
mirliton (F) 309
mirliton (I) 309
Mirliton (D) 309
mis en relief (F) 899
miscelare (I) 547
Mischpult (D) 540
misolidio (I) 2104
mistake (E) 3250
misteriosamente (I) 1408
misterioso (I) 1408
mistero (I) 2477
mistico (I) 1409
misto (I) 1837
mistuned (E) 3303
mistura (I) 548
misura (I) 2105
misurare (I) 2698
misurato (I) 1838
Mißerfolg (D) 2980
Mißklang (D) 2871
Mißton (D) 3123
Mißton (D) 3299
mit (D) 1769
mit Ausdehnung (D) 1012
mit Abscheu (D) 1509
mit Adel (D) 1429
mit Affekt (D) 977
mit akzentuiertem Ton (D) 1580
mit Anbetung (D) 966
mit Andacht (D) 1497
mit Angst (D) 1016
mit Angst (D) 1024
mit Angst (D) 1451
mit Anmaßung (D) 1041
mit Anmut (D) 1283
mit Anmut (D) 1288
mit Anmut (D) 1306
mit Aufregung (D) 1112
mit Ausdehnung (D) 1200
mit Ausdruck (D) 1201
mit Bangen (D) 1023
mit Beben (D) 1258
mit Bedauern (D) 1521
mit Bedeutung (D) 1680
mit Begeisterung (D) 1190
mit Beharrlichkeit (D) 1345
mit Beharrlichkeit (D) 1461
mit Behendigkeit (D) 986
mit Betrübnis (D) 956
mit Bewegung (D) 746
mit Bitterkeit (D) 1007
mit Bravour (D) 1063
mit Bünden versehen (D) 75
mit Charakter (D) 1087
mit Dämpfer (D) 96
mit Dämpfer (D) 470
mit dem - der - den (D) 1769

mit dem Bogen (D) 94
mit der Bogenstange (D) 95
mit der Hand (D) 389
mit der Stimme (D) 1761
mit Diskretion (D) 1153
mit Eifer (D) 1036
mit Eifer (D) 1245
mit Eifer (D) 1712
mit Eile (D) 744
mit Eile (D) 747
mit Einfachheit (D) 1559
mit Eingebung (D) 1205
mit einiger Freiheit (D) 749
mit Eleganz (D) 1181
mit Empfindlichkeit (D) 1560
mit Empfindung (D) 1564
mit Emphase (D) 1187
mit Energie (D) 1185
mit Entschlossenheit (D) 1128
mit Entschlossenheit (D) 1149
mit Entschlossenheit (D) 1222
mit Entschlossenheit (D) 1526
mit Ergebung (D) 1505
mit Erhabenheit (D) 1183
mit erhobener Dämpfung (D) 484
mit Ernst (D) 1569
mit Erregung (D) 988
mit Erregung (D) 1184
mit Feierlichkeit (D) 1474
mit Feierlichkeit (D) 1595
mit Feinheit (D) 1238
mit Feuer (D) 1269
mit Frechheit (D) 1346
mit Freimut (D) 1253
mit Freude (D) 1293
mit Frische (D) 1260
mit Fröhlichkeit (D) 1000
mit Furcht (D) 1646
mit Galanterie (D) 1281
mit ganzer Kraft (D) 872
mit Gefälligkeit (D) 1465
mit Gefühl (D) 1564
mit Geist (D) 1607
mit Geläufigkeit (D) 752
mit Gemütsbewegung (D) 1184
mit Genauigkeit (D) 1197
mit Genauigkeit (D) 1481
mit Geschicklichkeit (D) 1147
mit geschlossenem Mund (D) 656
mit Geschmack (D) 1311
mit Geschwindigkeit (D) 753
mit Gewalt (D) 1697
mit Geziertheit (D) 1510
mit Glanz (D) 1388
mit Gleichgültigkeit (D) 1328
mit Glückseligkeit (D) 1375
mit Glut (D) 1036
mit Groll (D) 1524
mit Größe (D) 1302
mit größter Kraft (D) 901
mit halber Stimme (D) 632
mit halber Stimme (D) 886
mit Haltung (D) 1477
mit Härte (D) 1176
mit Hartnäckigkeit (D) 1440
mit Hast (D) 747
mit Heftigkeit (D) 1685
mit Heiterkeit (D) 1278
mit Heiterkeit (D) 1567
mit Herbheit (D) 1044
mit Herz (D) 1121
mit Hingabe (D) 951
mit Hochachtung (D) 1439
mit höchster Virtuosität (D) 1114
mit Hohn (D) 1541
mit Humor (D) 1671
mit Inbrunst (D) 1227
mit Ironie (D) 1356
mit Jubel (D) 1208
mit Jubel (D) 1297
mit Kälte (D) 1255
mit Keckheit (D) 1051
mit Klarheit (D) 1097
mit Koketterie (D) 1101
mit Kraft (D) 1248
mit Kraft (D) 1693
mit Kühnheit (D) 1034
mit Kühnheit (D) 1048

mit Kummer (D) 972
mit Langsamkeit (D) 745
mit Lärm (D) 1620
mit Lässigkeit (D) 1331
mit Lauheit (D) 1638
mit lebendiger Stimme (D) 1942
mit Lebhaftigkeit (D) 1702
mit Leichtigkeit (D) 981
mit Leichtigkeit (D) 1371
mit Leidenschaft (D) 1446
mit Leidenschafts-
losigkeit (D) 1638
mit leiser Stimme (D) 655
mit leiser Stimme (D) 905
mit leiser Stimme (D) 1715
mit Liebe (D) 1009
mit Liebenswürdigkeit (D) 1003
mit Lieblichkeit (D) 1679
mit Lust (D) 1705
mit Lust (D) 1706
mit Mäßigkeit (D) 1592
mit Mäßigung (D) 1411
mit Meisterschaft (D) 1391
mit Müdigkeit (D) 1613
mit Mühe (D) 1219
mit Mut (D) 1020
mit Nachdruck (D) 1187
mit Natürlichkeit (D) 1421
mit Niedergeschlagenheit (D) 1548
mit Phantasie (D) 1213
mit Prunk (D) 1573
mit Raffinesse (D) 1502
mit Raserei (D) 1274
mit Rastlosigkeit (D) 1589
mit Rausch (D) 1178
mit Reinheit (D) 1091
mit Reinheit (D) 1489
mit Ruhe (D) 1075
mit Ruhe (D) 1656
mit Sanftheit (D) 1169
mit Schaudern (D) 1496
mit Schmelz (D) 1367
mit Schmerz (D) 1165
mit Schmerz (D) 1173
mit Schmerz (D) 1450
mit Schnauben (D) 1258
mit Schnelligkeit (D) 743
mit Schnelligkeit (D) 748
mit Schnelligkeit (D) 750
mit Schnelligkeit (D) 752
mit Schüchternheit (D) 1645
mit Schwäche (D) 1126
mit Schwermut (D) 1393
mit Schwung (D) 1065
mit Schwung (D) 1588
mit Schwung (D) 1660
mit Seele (D) 1019
mit Selbstgefälligkeit (D) 1626
mit Sorgfalt (D) 959
mit Sorgfalt (D) 1123
mit Sorgfalt (D) 1152
mit Sorglosigkeit (D) 1430
mit Spaß (D) 1210
mit starkem Ton (D) 1580
mit Staunen (D) 1624
mit Steifheit (D) 1514
mit Stolz (D) 1234
mit Strenge (D) 751
mit Strenge (D) 1514
mit Strenge (D) 1517
mit Strenge (D) 1571
mit Tapferkeit (D) 1680
mit Traurigkeit (D) 1404
mit Traurigkeit (D) 1667
mit Überschwenglichkeit (D) 1196
mit Unbefangenheit (D) 1155
mit Unbeständigkeit (D) 1709
mit Ungeduld (D) 1316
mit Ungestüm (D) 1318
mit Ungezwungenheit (D) 1605
mit Unschuld (D) 1082
mit Unschuld (D) 1340
mit Verachtung (D) 1160
mit Verachtung (D) 1552
mit Verehrung (D) 1688
mit Vergnügen (D) 1140
mit Verlangen (D) 1144
mit Vertrauen (D) 1232

mit Verzückung (D) 1203
mit Verzweiflung (D) 1159
mit Virtuosität (D) 1698
mit vollem Ton (D) 1860
mit voller Stimme (D) 666
mit Vorsicht (D) 1488
mit Wärme (D) 1077
mit Weichheit (D) 1413
mit Weichheit (D) 1415
mit Weite (D) 1012
mit Wildheit (D) 1225
mit Wonne (D) 1140
mit Wonne (D) 1284
mit Würde (D) 1151
mit Würde (D) 1305
mit Wut (D) 1272
mit Wut (D) 1494
mit Zartheit (D) 1135
mit Zärtlichkeit (D) 1636
mit Zauber (D) 1217
mit Zorn (D) 1102
mit Zorn (D) 1353
mit Zuneigung (D) 976
mit zwei Schlegeln (D) 388
Mitleid (D) 3165
mitleidig (D) 1469
Mitschnitt (D) 569
mittelleise (D) 888
mittelstark (D) 887
Mittelstimme (D) 2143
Mittelstimme (D) 2270
Mittelstück (D) 221
Mitwirkung (D) 2891
mixage (F) 548
mixed (E) 1837
mixed chorus (E) 683
mixed voices (E) 725
mixer (F) 547
mixing board (E) 540
mixo-lydien (F) 2104
mixolydian (E) 2104
mixolydisch (D) 2104
moaning (E) 1286
moaning (E) 3729
mobile (F) 1410
mobile (I) 1410
mocking (E) 1057
modal (D) 2106
modal (E) 2106
modal (F) 2106
modale (I) 2106
modalità (I) 2107
Modalität (D) 2107
modalité (F) 2107
modality (E) 2107
mode (E) 2108
mode (F) 2108
mode ecclésiastique (F) 2109
model (E) 3048
modèle (F) 3048
modello (I) 3048
moderare (I) 2699
moderatamente (I) 767
moderate (E) 768
moderately (E) 767
moderately fast (E) 3730
moderating (E) 947
moderato (I) 768
moderazione (con) (I) 1411
modéré (F) 768
modérément (F) 767
modérer (F) 2699
modern (D) 3049
modern (E) 3049
moderne (F) 3049
moderno (I) 3049
modificare (I) 2700
modification du son (F) 609
modifier (F) 2700
modo (I) 2108
modo ecclesiastico (I) 2109
modulare (I) 2110
modulation (E) 2111
Modulation (D) 2111
modulation (F) 2111
modulation passagère (F) 2112
modulazione (I) 2111
modulazione di transi-

zione (I) 2112
moduler (F) 2110
modulieren (D) 2110
modus (E) 2108
Modus (D) 2108
moelleux (F) 1448
möglich (D) 1871
möglichst (D) 1872
moins (F) 1832
moins rapide que allegro (F) 735
moitié (F) 1833
Moll (D) 2103
molle (I) 1412
mollezza (con) (I) 1413
moltissimo (I) 1839
molto (I) 1840
molto accentuato (I) 889
Moment musical (D) 2478
moment musical (F) 2478
momento musicale (I) 2478
monodia (I) 2113
monodie (F) 2113
Monodie (D) 2113
Monodram (D) 2479
monodrama (E) 2479
monodrame (F) 2479
monodramma (I) 2479
monody (E) 2113
monofonia (I) 2113
monophonic (E) 1983
monophony (E) 2113
monotone (F) 1414
monotono (I) 1414
monotonous (E) 1414
monter l'accord (F) 2598
monter l'intonation (F) 2598
montrer (F) 2701
mood (E) 3300
mood music (E) 3062
moody (E) 3731
moqueur (F) 1070
moqueusement (F) 1085
morbidezza (con) (I) 1415
morbido (I) 1416
morceau (F) 2869
morceau de concert (F) 2514
morceau imposé (F) 3162
mordace (I) 1417
mordant (F) 1417
mordant (F) 2114
mordant (F) 2115
mordant supérieur (F) 2116
mordent (E) 2114
Mordent (D) 2114
mordent (E) 2115
Mordent (D) 2115
mordent with note above (E) 2116
mordente (I) 1417
mordente (I) 2114
mordente inferiore (I) 2115
mordente superiore (I) 2116
more (E) 1786
more (E) 1861
morendo (I) 843
moresca (I) 2480
Moreske (D) 2480
Morgenständchen (D) 2471
mormorando (I) 1418
morning music (E) 2471
morris dance (E) 2480
mosso (I) 769
most vivacious (E) 799
mostrare (I) 2701
motet (E) 2482
motet (F) 2482
Motette (D) 2482
moteur (F) 1099
motif (E) 2117
motif (F) 2117
motif conducteur (F) 2118
motif conducteur (F) 3050
motion (E) 1841
Motiv (D) 2117
motivo (I) 2117
motivo conduttore (I) 3050
motivo conduttore (I) 2118
motivo ricorrente (I) 2118
moto contrario (I) 2119

moto (I) 1841
moto obliquo (I) 2120
moto perpetuo (I) 2481
moto retto (I) 2121
motor (E) 1099
motore (I) 1099
motorisch (D) 1099
motteggiando (I) 1419
mottetto (I) 2482
mou (F) 1231
mou (F) 1412
mournful (E) 1268
mournful (E) 1389
mournfully (E) 3732
mouth (E) 3385
mouth organ (E) 123
mouth-hole (E) 215
mouthpiece (E) 204
mouthpiece (E) 205
mouvant (F) 812
mouvement (F) 1841
mouvement (F) 2122
mouvement (F) 3051
mouvement contraire (F) 2119
mouvement oblique (F) 2120
mouvement parallèle (F) 2121
mouvement parallèle (F) 2123
mouvement perpétuel (F) 2481
mouvoir (F) 2702
moved (E) 1105
movement (E) 2122
movement (E) 3051
movendo (I) 812
movimento (I) 2122
movimento (I) 3051
movimento parallelo (I) 2123
moving (E) 769
moving (E) 812
moving (E) 1106
moving along (E) 738
moving along (E) 3733
moving away (E) 933
mû (F) 769
much (E) 1784
much (E) 1808
much (E) 1840
müde (D) 1370
mue (F) 634
mue (F) 695
muet (F) 635
muet (F) 3118
muffle (E) 380
muffled (E) 390
mühevoll (D) 1614
mühselig (D) 1456
multiple (E) 1842
multiple (F) 1842
multiplo (I) 1842
multitrack recording (E) 568
Mund (D) 3385
Mundharmonika (D) 123
Mundloch (D) 215
Mundspalt (D) 202
Mundstück (D) 205
munter (D) 1043
munter (D) 1276
muovendo (I) 812
muovere (I) 2702
murmeln (D) 2618
murmelnd (D) 1418
murmuring (E) 1418
musa (I) 3052
muscle (E) 3411
muscle (F) 3411
muscolo (I) 3411
muse (E) 3052
Muse (D) 3052
muse (F) 3052
music (E) 3053
music box (E) 3899
music computer (E) 518
music dictation (E) 2035
music drama (E) 2421
music drama (E) 2422
music festival (E) 2979
music hall (E) 3365
music hall (E) 3912
music lover (E) 2823

music lyre (E) 225
music of the future (E) 3071
music publishing firm (E) 2880
music school (E) 3266
music school (E) 2804
music stand (E) 3042
music therapy (E) 3117
musica (I) 3053
musica a programma (I) 3056
musica a quarti di tono (I) 2124
musica a quarti di tono (I) 3057
musica aleatoria (I) 3054
musica antica (I) 3055
musica assoluta (I) 3058
musica concreta (I) 3059
musica contemporanea (I) 3060
musica corale (I) 3061
musica d'ambiente (I) 3062
musica d'avantguardia (I) 3063
musica d'uso (I) 3068
musica da ballo (I) 3064
musica da caccia (I) 3065
musica da camera (I) 3066
musica da chiesa (I) 3067
musica da consumo (I) 3068
musica da salotto (I) 3069
musica da tavola (I) 3070
musica dell'avvenire (I) 3071
musica della Passione (I) 3076
musica descrittiva (I) 3072
musica di corte (I) 3073
musica di fondo (I) 3074
musica di gatti (I) 3075
musica di Natale (I) 3077
musica di scena (I) 3078
musica di sottofondo (I) 3054
musica dodecafonica (I) 3079
musica domestica (I) 3083
musica drammatica (I) 3080
musica elettronica (I) 3081
musica esotica (I) 3082
musica familiare (I) 3083
musica folcloristica (I) 3098
musica funebre (I) 3084
musica informatica (I) 549
musica leggera (I) 3085
musica lirica (I) 3086
musica liturgica (I) 3087
musica meccanica (I) 3088
musica militaire (I) 3089
musica orchestrale (I) 3090
musica per balletto (I) 3091
musica per banda (I) 3092
musica per coro (I) 3093
musica per film (I) 3094
musica per la scuola (I) 3095
musica per strumenti a fiato (I) 3096
musica pop (I) 3097
musica popolare (I) 3098
musica profana (I) 3099
musica puntillistica (I) 3100
musica pura (I) 3101
musica religiosa (I) 3102
musica rinascimentale (I) 3103
musica sacra (I) 3104
musica scenica (I) 3078
musica seria (I) 3105
musica seriale (I) 3106
musica sinfonica (I) 3107
musica sperimentale (I) 3108
musica strumentale (I) 3109
musica turca (I) 3111
musica tzigana (I) 3110
musica vocale (I) 3112
Musical (D) 2391
musical (E) 3113
musical (F) 3113
musical (E) 3911
musical box (E) 492
musical box (E) 488
musical clock (E) 490
musical clock (E) 492
musical comedy (E) 2391
musical competition (E) 2906
musical contest (E) 2906
musical electronics (E) 521
musical imagery (E) 3205

musical moment (E) 2478
musical press (E) 3298
musical saw (E) 324
musicale (I) 3113
musicalità (I) 3114
musicalité (F) 3114
musicality (E) 3114
musician (E) 3466
musicien (F) 3466
musicien d'orchestre (F) 3471
musicien professionel (F) 3115
musicista (I) 3466
musicista di professione (I) 3115
musicologia (I) 3116
musicologie (F) 3116
musicologist (E) 3467
musicologo (I) 3467
musicologue (F) 3467
musicology (E) 3116
musicoterapia (I) 3117
musicothérapie (F) 3117
Musik (D) 3053
Musikakademie (D) 2804
musikalisch (D) 3113
musikalischer Augenblick (D)2478
Musikalität (D) 3114
Musikcomputer (D) 518
Musikdiktat (D) 2035
Musikdrama (D) 2421
Musikdrama (D) 2422
Musikelektronik (D) 521
Musiker (D) 3466
Musikfest(spiel) (D) 2979
Musikgeschichte (D) 3304
Musikhochschule (D) 2804
Musikinstrumentenkunde (D) 3141
Musikliebhaber (D) 2823
Musikliebhaberin (D) 2823
Musikschule (D) 3266
Musiktheorie (D) 3342
Musiktherapie (D) 3117
Musikverlag (D) 2880
Musikwettbewerb (D) 2906
Musikwissenschaft (D) 3116
Musikwissenschaftler (D) 3467
musique (F) 3053
musique à programme (F) 3056
musique aléatoire (F) 3054
musique ancienne (F) 3055
musique chorale (F) 3061
musique chorale (F) 3093
musique concrète (E) 3059
musique concrète (F) 3059
musique contemporaine (F) 3060
musique d'ambiance (F) 3062
musique d'ambiance (F) 3054
musique d'avant-garde (F) 3063
musique d'avenir (F) 3071
musique d'église (F) 3067
musique d'orchestre (F) 3090
musique d'usage (F) 3068
musique de ballet (F) 3091
musique de chambre (F) 3066
musique de chasse (F) 3065
musique de cour (F) 3073
musique de danse (F) 3064
musique de film (F) 3094
musique de fond (F) 3074
musique de la Passion (F) 3076
musique de la renaissance (F) 3103
musique de Noël (F) 3077
musique de salon (F) 3069
musique de scène (F) 3078
musique de table (F) 3070
musique descriptive (F) 3072
musique dodécaphonique (F) 3079
musique domestique (F) 3083
musique dramatique (F) 3080
musique électronique (F) 3081
musique en quarts de ton (F) 2124
musique en quarts de ton (F) 3057
musique exotique (F) 3082
musique expérimentale (F) 3108
musique folklorique (F) 3098
musique funèbre (F) 3084
musique instrumentale (F) 3109
musique légère (F) 3085
musique liturgique (F) 3087

musique lyrique (F) 3086
musique méchanique (F) 3088
musique microtonale (F) 2124
musique militaire (F) 3089
musique par ordinateur (F) 549
musique pop (F) 3097
musique populaire (F) 3098
musique pour harmonie (F) 3092
musique pour instruments à vent (F) 3096
musique profane (F) 3099
musique pure (F) 3058
musique pure (F) 3101
musique religieuse (F) 3102
musique sacrée (F) 3104
musique scolaire (F) 3095
musique sérielle (F) 3106
musique sérieuse (F) 3105
musique symphonique (F) 3107
musique turque (F) 3111
musique tzigane (F) 3110
musique vocale (F) 3112
Muskel (D) 3411
Muster (D) 3048
muta (I) 634
muta (I) 1843
mutare (I) 2703
mutation (E) 634
Mutation (D) 634
mutation (E) 695
mutazione (I) 695
mute (E) 72
mute (E) 635
mute (E) 1904
mute (E) 3118
mute off (E) 255
muted (E) 96
muted (E) 253
muto (I) 635
muto (I) 3118
mystérieusement (F) 1408
mystérieux (F) 1408
mysteriös (D) 1408
mysterious (E) 1408
mysterious (E) 1584
mystic (E) 1409
mystique (F) 1409
mystisch (D) 1409
nacaire (F) 310
nacara (sarazenische Handpauke) (D) 310
nacchere (I) 276
naccherone (I) 310
nach (D) 1789
nach Art der/des (D) 991
nach Art der Zigeuner (D) 996
nach Art von (D) 2818
nach Belieben (D) 726
nach Belieben (D) 727
nach Belieben (D) 733
nach deutscher Tanzart (D) 994
nach Flötenart (D) 101
nach oben (D) 1820
nach türkischer Art (im Stil der Janitscharen-Musik) (D) 995
nach ungarischer Art (D) 1001
nach unten (D) 1815
nachahmen (D) 2678
nachahmend (D) 1811
Nachahmung (D) 2081
nachdenken (D) 2734
nachdenkend (D) 1459
nachdrücklich (D) 1188
nachgeben (D) 2631
nachgebend (D) 930
nachgelassen (D) 3172
Nachhall (D) 515
Nachhall (D) 3237
Nachklang (D) 576
nachlassen (D) 2631
nachlassend (D) 833
nachlassend (D) 849
nachlassend (D) 855
nachlassend (D) 928
nachlassend (D) 929
nachlässig (D) 1424
Nachschlag (D) 2014
Nachspiel (D) 2427

Nachspiel (D) 2520
nächste (D) 1877
nächstes Mal (D) 3195
nächstfolgend (D) 1877
Nachtigall (D) 3362
Nachtstück (D) 2486
Nacken (D) 3414
Nadel (Grammophon) (D) 560
Nadel (Grammophon) (D) 3204
Nagel (D) 3437
Nagelgeige (D) 31
nahe (D) 3374
nahe am Griffbrett (D) 118
nahe am Korpus anzupfen (D) 108
nail (E) 3437
nail violin (E) 31
naiv (D) 1339
naïvement (F) 1339
nakers (E) 310
Nänie (D) 2483
nape of the neck (E) 3414
narrante (I) 1420
narrating (E) 1420
narrating (E) 1499
narrator (E) 3119
narratore (I) 3119
närrisch (D) 1247
nasal (E) 636
nasal (D) 636
nasal (F) 636
nasal (D) 3120
nasal (E) 3120
nasal (F) 3120
nasale (I) 636
nasale (I) 3120
nascosto (I) 1844
Nase (D) 3412
nasello (I) 66
naso (I) 3412
nastro magnetico (I) 550
national anthem (E) 2450
Nationalhymne (D) 2450
natural (E) 1544
natural (E) 1993
natural (E) 3121
natural notes (E) 2232
natural tones (E) 2232
natural trumpet (E) 183
naturale (I) 3121
naturalezza (con) (I) 1421
naturally (E) 1421
naturel (F) 1544
naturel (F) 3121
naturellement (F) 1421
Naturklangspeicher (D) 587
natürlich (D) 254
natürlich (D) 1609
natürlich (D) 3121
Naturtöne (D) 2232
Naturtrompete (D) 183
naval (E) 2469
ne....pas (F) 1845
neapolitan sixth (E) 2207
neapolitanische Sexte (D) 2207
near (E) 3374
near the sounding board (E) 108
nearly (E) 1879
neat (E) 1427
nebbioso (I) 1422
nebelhaft (D) 1423
Nebelhorn (D) 288
neben (D) 2197
Nebenbetonung (D) 1953
Nebennote (D) 2127
Nebenrolle (D) 2901
Nebenton (D) 2256
neblig (D) 1422
nébuleux (F) 1423
nebuloso (I) 1423
nebulous (E) 1423
neck (E) 56
neck (E) 61
neck (E) 3388
needle (E) 560
needle (E) 3204
négligemment (F) 1424
negligentemente (I) 1424
negligently (E) 1424

negro spiritual (E) 3913
nehmen (D) 2714
neighbour note (E) 2256
nenia (E) 2483
nenia (I) 2483
nénie (F) 2483
nerf (F) 3413
Nerv (D) 3413
nerve (E) 3413
nervo (I) 3413
nervously (E) 3734
net (F) 1426
nettamente (I) 1425
netto (I) 1426
neu (D) 3126
neuf (F) 3126
Neufassung (D) 3125
neuma (E) 2125
neuma (I) 2125
neume (E) 2125
neume (F) 2125
Neumen (D) 2125
new (E) 3126
New Orleans (E) 3914
new version (E) 3125
New Wave 1975 (E) 3915
next (E) 1877
next time (E) 3195
nez (F) 3412
nice (E) 1090
nicht (D) 1845
nicht mitwirken (D) 1912
nicht mitwirken (D) 1913
nicht schnell (D) 770
nicht sehr (D) 1846
nicht viel (D) 1846
nicht zu sehr (D) 1847
nicht zuviel (D) 1848
niederlegen (D) 2710
niedrig (D) 2861
niedriger (D) 3028
Nietenbecken (D) 312
nightingale (E) 3362
ninna nanna (I) 2484
ninth (E) 2330
nitido (I) 1427
niveau (F) 535
no speed limit (E) 3735
nobilmente (I) 1428
nobiltà (con) (I) 1429
noblement (F) 1428
nobly (E) 1183
nobly (E) 1428
noch (D) 1741
noch einmal (D) 1741
noch einmal (D) 2825
noch einmal! (D) 2867
nochmals (D) 1785
nocturne (E) 2486
nocturne (F) 2486
noioso (I) 3122
noire (F) 2310
noise (E) 579
noise reduction (E) 574
noise supression (E) 574
noisily (E) 1251
noisy (E) 1534
noisy (E) 3243
nombre de mesures (F) 2133
non (I) 1845
non lié (F) 903
non molto (I) 1846
non préparé (F) 3015
non presto (I) 770
non tanto (I) 1847
non troppo (I) 1848
nona (I) 2330
noncuranza (con) (I) 1430
None (D) 2330
none (F) 2330
nonet (E) 2485
nonet (F) 2485
Nonett (D) 2485
nonetto (I) 2485
nose (E) 3412
not (E) 1845
not as fast as allegro (E) 735
not fast (E) 770

not much (E) 1846
not slurred (E) 903
not so (E) 1847
not too much (E) 1848
not very (E) 1846
not very (E) 1847
nota (I) 2126
nota ausiliare (I) 2127
nota cambiata (I) 2128
nota di passaggio (I) 2129
nota falsa (I) 3123
nota principale (I) 2130
notation (E) 2131
notation (F) 2131
Notation (D) 2131
notazione (I) 2131
note (E) 2126
Note (D) 2126
note (F) 2126
note (E) 3328
note changée (F) 2128
note cluster (E) 2079
note de passage (F) 2129
note principale (F) 2130
note secondaire (F) 2127
note value (E) 2265
Notenbalken (D) 2221
Notenbalken (D) 2259
Notendruck (D) 3298
Notenfahne (D) 2018
Notenhals (D) 2074
Notenhalter (D) 225
Notenpapier (D) 2878
Notenpult (D) 3042
Notenschrift (D) 2131
Notenständer (D) 3042
Notenwert (D) 2265
noter (F) 2753
notice (F) 2826
notice the expression (E) 3736
notieren (D) 2753
notina (I) 2132
Notiz (D) 2826
notturno (I) 2486
Notturno (D) 2486
nourished (E) 1431
nourri (F) 1431
nouvelle version (F) 3125
novelette (E) 2487
novelette (F) 2487
novelletta (I) 2487
Novellette (D) 2487
now (E) 2816
nuancer (F) 2675
nuca (I) 3414
number (E) 3124
numérique (F) 512
numéro (F) 3124
numero (I) 3124
numero di battute (I) 2133
Nummer (D) 3124
nuova versione (I) 3125
nuovo (I) 3126
nuptial (E) 1432
nuptial (F) 1432
nuque (F) 3414
nur (D) 1901
nursery song (E) 2380
nutrito (I) 1431
nuziale (I) 1432
obbligato (I) 1849
obbligato (E) 2134
obbligato (I) 2134
oben (D) 1820
oben (D) 1903
ober (D) 3330
Oberarm (D) 3386
Oberbügel (D) 79
Obersattel (D) 39
Oberstimme (D) 2145
Oberstimme (D) 2272
Oberstück (D) 241
Obertöne (D) 2231
obligat (D) 1849
obligat (D) 2134
obligatory (E) 1849
obligé (F) 1849
obligé (F) 2134

oblique motion (E) 2120
oboe (E) 162
Oboe (D) 162
oboe (I) 162
oboe d'amore (E) 163
Oboe d'amore (D) 163
oboe d'amore (I) 163
Oboist (D) 3468
oboist (E) 3468
oboista (I) 3468
obscur (F) 1249
obscur (F) 1438
obstinate (E) 1441
obstinately (E) 1440
obstiné (F) 1441
ocarina (E) 164
ocarina (I) 164
ocarina (F) 164
occhio (I) 3415
ochetus (I) 2489
octave (E) 2329
octave (F) 2329
octet (E) 2498
octuor (F) 2498
odd (E) 1617
ode (E) 2488
Ode (D) 2488
ode (F) 2488
ode (I) 2488
oder (D) 1854
oder (D) 1855
oder auch (D) 1855
oeil (F) 3415
oeuvre chorale (F) 2494
of key (E) 3917
off beat (E) 3916
off pitch (E) 3917
off-beat (E) 1967
off-beat (E) 2241
offen (D) 1742
öffentlich (D) 3201
offertoire (F) 2490
offertorio (I) 2490
Offertorium (D) 2490
offertory (E) 2490
öffnen (D) 2604
oficleide (I) 165
oft (D) 1906
oft (D) 3290
often (E) 1906
often (E) 3290
ogni (I) 1850
ogni volta (I) 1851
ohne (D) 1891
ohne Dämpfer (D) 113
ohne Eile (D) 782
ohne Instrumente (D) 1718
ohne strenges Zeitmaß (D) 783
ohne Wiederholung (D) 1893
ohne zu schleppen (D) 784
ohne zu wechseln (D) 1892
Ohr (D) 3416
ohrenbetäubend (D) 1749
Okarina (D) 164
Oktave (D) 2329
Oktett (D) 2498
Old time jazz 1900 (E) 3914
omesso (I) 1852
omis (F) 1852
omitted (E) 1852
omofonia (I) 2135
on (E) 1903
on (E) 1910
on beat (E) 3918
on enlève (F) 1895
on the (E) 1910
on the fingerboard (E) 118
on the rim (E) 398
on the string (E) 82
on the string (E) 1730
once (E) 1931
once more (E) 1785
once more (E) 2825
onda (I) 551
onde (F) 551
ondeggiando (I) 104
ondeggiante (I) 1433
ondoyant (F) 104

ondulante (I) 1433
onduleux (F) 1433
one string (E) 486
one-part (E) 1983
ongle (F) 3437
only (E) 1901
only (E) 1932
onorario (I) 3127
opaco (I) 1434
opaque (F) 1434
opaque (E) 1434
open (E) 1742
open (E) 2161
Oper (D) 2491
opera (E) 2491
opera (I) 2491
opéra (F) 2491
opera (I) 3128
opéra bouffe (F) 2492
opera buffa (I) 2492
opera chorus (E) 680
opera comica (I) 2493
opéra comique (F) 2493
opera corale (I) 2494
opera orchestra (E) 3133
opera seria (I) 2495
opéra sérieux (F) 2495
operatic aria (E) 2338
operatic music (E) 3086
operatic overture (E) 2500
operetta (E) 2496
operetta (I) 2496
Operette (D) 2496
opérette (F) 2496
Opernarie (D) 2338
Opernchor (D) 680
Opernmusik (D) 3086
Opernorchester (D) 3133
Opernouvertüre (D) 2500
Operntext (D) 630
Operntextbuch (D) 692
ophicleide (E) 165
ophicléide (F) 165
Ophikleide (D) 165
oppressed (E) 1435
oppresso (I) 1435
opprimé (F) 1435
optional (E) 1798
optional ending (E) 3737
opus (L) 3128
or (E) 1855
orageusement (F) 1632
orageux (F) 1072
oratorio (E) 2497
oratorio (F) 2497
oratorio (I) 2497
Oratorium (D) 2497
Orchester (D) 3129
Orchesteranordnung (D) 2939
Orchestergraben (D) 2994
Orchestermusik (D) 3090
Orchestermusik (D) 3107
Orchestermusiker (D) 3471
orchestra (I) 3129
orchestra (E) 3129
orchestra box (E) 2994
orchestra d'archi (I) 3132
orchestra d'opera (I) 3133
orchestra da ballo (I) 3130
orchestra da camera (I) 3131
orchestra da salotto (I) 3135
orchestra della radio (I) 3134
orchestra sinfonica (I) 3136
orchestral layout (E) 2939
orchestral music (E) 3090
orchestral pit (E) 2994
orchestralist (E) 3471
orchestrare (I) 2704
orchestration (E) 2136
Orchestration (D) 2136
orchestration (F) 2136
orchestration (E) 3137
orchestration (F) 3137
orchestrazione (I) 2136
orchestrazione (I) 3137
orchestre (F) 3129
orchestre à cordes (F) 3132
orchestre d'opéra (F) 3133

orchestre de chambre (F)	3131	Orgelkonzert (D)	2397
orchestre de danse (F)	3130	Orgelpunkt (D)	2149
orchestre de la radio (F)	3134	orgoglioso (I)	1436
orchestre de salon (F)	3135	orgue (F)	410
orchestre symphonique (F)	3136	orgue de Barbarie (F)	409
orchestrer (F)	2704	orgue de Barbarie (F)	491
orchestrieren (D)	2704	orgue électronique (F)	552
Orchestrierung (D)	3137	orgue Hammond (F)	553
orchestrion (E)	489	orgue portatif (F)	411
Orchestrion (D)	489	orgueilleux (F)	1436
orchestrion (F)	489	original (D)	3142
orchestrion (I)	489	original (E)	3142
order (E)	3138	original (F)	3142
ordinaire (F)	1853	original speed (E)	791
ordinario (I)	1853	original version (E)	3371
ordinary (E)	1853	originale (I)	3142
ordinateur musical (F)	518	orizzontale (I)	2137
ordine (I)	3138	orlo (I)	374
Ordnung (D)	3138	ornament (E)	2138
ordre (F)	3138	Ornament (D)	2138
orecchio (I)	3416	ornamento (I)	2138
orecchio assoluto (I)	3139	ornando (I)	1239
oreille (F)	3416	orné (F)	968
oreille absolue (F)	3139	ornement (F)	1948
organ (E)	410	ornement (F)	2138
organ concerto (E)	2397	ornementé (F)	1949
organo di Barberia (I)	491	orologio a carillon (I)	492
organetto (I)	409	orologio a soneria (I)	490
organetto (I)	491	orrendo (I)	1437
organetto automatico (I)	490	Ort (D)	3171
organico (strumentale) (I)	3140	os (F)	3417
Organist (D)	3469	oscillateur (F)	554
organist (E)	3469	oscillation (E)	555
organista (I)	3469	oscillation (F)	555
organiste (F)	3469	oscillation triangulaire (F)	607
organo (I)	410	oscillator (E)	554
organo elettronico (I)	552	oscillatore (I)	554
organo Hammond (I)	553	oscillazione (I)	555
organo pieno (I)	476	oscuro (I)	1438
organo portativo (I)	411	osservanza (con) (I)	1439
organologia (I)	3141	ossia (I)	1854
organologie (F)	3141	osso (I)	3417
organology (E)	3141	ostentatoire (F)	1578
Orgel (D)	410	ostinatezza (con) (I)	1440

ostinato (I) 1441
Ostinato (D) 1988
ostinazione (con) (I) 1440
Oszillator (D) 554
ôter la sourdine (F) 255
other (E) 1739
otherwise (E) 1854
ottava (I) 2329
ottavino (I) 166
ottavizzare (I) 252
ottavo (I) 2311
ottetto (I) 2498
ottoni (I) 3143
ou bien (F) 1854
ou bien (F) 1855
ouïe (F) 57
ouïe (F) 3356
out of tune (E) 3259
out of tune (E) 3303
outer part (E) 2141
output (E) 608
ouvert (F) 1742
ouverture (F) 202
Ouvertüre (D) 2499
ouverture (F) 2499
ouverture (I) 2499
ouverture d'opéra (F) 2500
ouverture d'opera (I) 2500
ouverture da concerto (I) 2501
ouverture de concert (F) 2501
ouvrir (F) 2604
overstrung scale (E) 432
overture (E) 2499
ovvero (I) 1855
œuvre (F) 3128
pacatamente (I) 1442
pacato (I) 1443
pace (E) 2238
Pädagogik (D) 3158
padded stick (E) 361
padiglione (I) 219
padiglione piriforme (I) 220
padiglioni in alto (I) 244
padovana (I) 2510
page (E) 3144
page (F) 3144
pagina (I) 3144
painful (E) 1166
painful (E) 1174
painful (E) 1456
painstaking (E) 857
paisible (F) 1396
paisible (F) 1443
paisible (F) 1472
paisiblement (F) 1442
palais (F) 3418
palate (E) 3418
palato (I) 3418
palco (I) 3145
palcoscenico (I) 3146
palcoscenico (I) 3254
pallet (E) 465
palm of the hand (E) 3419
palmo della mano (I) 3419
panchina (I) 454
pancia (I) 3420
Panflöte (D) 152
panpipes (E) 152
panting (E) 1022
pantomima (I) 3147
pantomime (E) 3147
Pantomime (D) 3147
pantomime (F) 3147
papier à musique (F) 2878
Papierblatt (D) 2988
par cœur (F) 2824
paradiddle (E) 3919
paradiesisch (D) 1444
paradis (F) 2998
paradisiac (E) 1444
paradisiaco (I) 1444
paradisiaque (F) 1444
parafrasi (I) 2502
parallel (D) 2140
parallel (E) 2140
parallel motion (E) 2121
parallel movement (E) 2123
Parallelbewegung (D) 2121

parallèle (F) 2140
parallele nascoste (I) 2139
Parallelen (D) 2227
parallèles cachées (F) 2139
Parallelführung (D) 2123
parallelo (I) 2140
Paralleltonart (D) 2251
parameter (E) 556
Parameter (D) 556
paramètre (F) 556
parametro (I) 556
parapenne (I) 63
paraphrase (E) 2502
paraphrase (F) 2502
Paraphrase (D) 2502
parfait (F) 3160
Parkett (D) 3167
parlando (I) 1445
parlare (I) 2705
parler (F) 2705
parodia (I) 2503
parodia (I) 3148
Parodie (D) 2503
Parodie (D) 3148
parodie (F) 2503
parodie (F) 3148
parody (E) 2503
parody (E) 3148
parola (I) 3149
parole (F) 3149
parrucca (I) 3150
part (E) 3151
part (E) 3241
part-writing (E) 2022
parte di ripieno (I) 2269
parte estrema (I) 2141
parte (I) 3151
parte (I) 3241
parte inferiore (I) 2142
parte intermedia (I) 2143
parte melodica (I) 2144
parte superiore (I) 2145
parterre (F) 3167
partials (E) 2233
Partie (D) 3151
partie (F) 3151
Partie (D) 3241
partie (F) 3241
partie de dessus (F) 2145
partie extrême (F) 2141
partie finale (F) 1760
partie inférieure (F) 2142
partie mélodique (F) 2144
partie principale (F) 2271
partie supérieure (F) 2145
parties de remplissage (F) 2269
partita (I) 2504
partita (E) 2504
Partita (D) 2504
partita (F) 2504
partition (F) 3152
partition (F) 3287
partition de direction (F) 3153
partition de poche (F) 3154
partition vocale (F) 637
Partitur (D) 3152
Partitur (D) 3287
partitura (I) 3152
partitura per il direttore (I) 3153
partitura tascabile (I) 3154
partitura vocale (I) 637
partout (F) 1782
party (E) 2978
pas (F) 3156
pas beaucoup (F) 1846
pas trop (F) 1847
pas trop (F) 1848
pas vite (F) 770
passable (F) 2938
passacaglia (E) 2505
Passacaglia (D) 2505
passacaglia (I) 2505
passacaille (F) 2505
passage (E) 2146
Passage (D) 2146
passage (F) 2146
passage (E) 2267
passage (E) 3155

Passage (D)	3155
passage (F)	3155
passage du pouce (F)	477
passage rapide de notes (F)	2267
passaggio (I)	2146
passaggio (I)	3155
passaggio del pollice (I)	477
passepied (E)	2506
Passepied (D)	2506
passepied (F)	2506
passepied (I)	2506
passing chord (E)	1959
passing note (E)	2129
passing the thumb under (E)	477
passion (E)	2507
Passion (D)	2507
passion (F)	2507
passion music (E)	3076
passionate (E)	1029
passionate (E)	1631
passionately (E)	1028
passionato (I)	1029
passione (con) (I)	1446
passione (I)	2507
passionné (F)	1029
passionné (F)	1631
passionnément (F)	1028
Passionsmusik (D)	3076
passo (I)	3155
passo (I)	3156
pasticcio (E)	2508
pasticcio (I)	2508
pastiche (E)	2508
pastiche (F)	2508
pastoral (E)	1079
pastoral (E)	1447
pastoral (F)	1447
pastoral (E)	2509
pastorale (I)	1447
pastorale (I)	2509
Pastorale (D)	2509
pastorale (F)	2509
pastoso (I)	1448
pastourelle (F)	2509
pataud (F)	1299
patetico (I)	1449
pathétique (F)	1449
pathetisch (D)	1449
patimento (con) (I)	1450
patte (F)	222
pattern (E)	3048
pattern (rhythm) (E)	3738
patterned (E)	3739
Pauken (D)	344
Paukenfell (D)	373
Paukenschlegel (D)	363
Paukenwirbel (D)	394
Pauker (D)	3479
paume de la main (F)	3419
paura (con) (I)	1451
paura dinanzi al pubblico (I)	3157
pauroso (I)	1452
pausa (I)	2147
pausa (I)	3035
pausa di biscroma (I)	2320
pausa di croma (I)	2318
pausa di minima (I)	2316
pausa di semibiscroma (I)	2321
pausa di semibreve (I)	2315
pausa di semicroma (I)	2319
pausa di semiminima (I)	2317
pausa generale (I)	2148
pause (E)	2030
Pause (D)	2147
pause (F)	2147
Pause (D)	2211
pause (F)	2315
pause (F)	3035
Pause (D)	3035
pause générale (F)	2148
Pausenwert (D)	2266
Pausenzeichen (D)	3268
pausiere (D)	1912
pausieren (D)	1913
pavan (E)	2510
pavana (I)	2510
Pavane (D)	2510
pavane (F)	2510

paventato (I) 1453
pavillon (F) 206
pavillon (F) 219
pavillon (F) 308
pavillon en l'air (F) 244
pavillon piriforme (F) 220
pazzamente (I) 1454
pazzescamente (I) 1454
peaceable (E) 1443
peaceably (E) 1442
peak (E) 66
pear-shaped bell (E) 220
pearly (E) 478
pearly (E) 1460
peasent dance (E) 2414
peau (F) 373
peau (F) 376
peau de batterie (F) 365
peau supérieure (F) 365
pedagogia (I) 3158
pédagogie (F) 3158
pedagogy (E) 3158
Pedal (D) 443
pedal (E) 443
pedal drum (E) 347
pedal keyboard (E) 447
pedal point (E) 2149
pedale (I) 443
pédale (F) 443
pédale (F) 2149
pédale à chaque accord (F) 3577
pédale à chaque mesure (F) 3578
pedale d'armonia (I) 2149
pédale de la grosse caisse (F) 375
pédale de prolongation (F) 446
pedale del piano (I) 445
pedale della gran cassa (I) 375
pedale destro (I) 444
pedale di risonanza (I) 444
pédale droite (F) 444
pédale forte (F) 444
pédale forte sur chaque temps (F) 3579
pédale gauche (F) 445
pédale hi-hat (F) 282
pedale sinistro (I) 445
pedale tonale (I) 446
pédalier (F) 447
pedaliera (I) 447
Pedalklaviatur (D) 447
Pedalpauke (D) 347
Pedalwerk (D) 443
pedestal (E) 81
peep-hole (E) 3292
peg box (E) 42
Pegel (D) 535
peiné (F) 1030
peinlich genau (D) 3262
peinture sonore (F) 3205
Peitsche (D) 294
peitschend (D) 901
pelle (I) 376
pen-name (E) 3200
pendant (F) 1791
pendant toute la durée (F) 1858
pendule à carillon (F) 490
pendule à carillon (F) 492
pendule à musique (F) 492
pénétrant (F) 1455
penetrante (I) 1455
penetrating (E) 1455
pénible (F) 1456
pénible (F) 1614
penoso (I) 1456
pensando (I) 1457
pensare (I) 2706
penser (F) 2706
pensieroso (I) 1458
pensif (F) 1458
pensive (E) 1458
pensosamente (I) 1459
pensoso (I) 1458
pentafonico (I) 2151
pentagramma (I) 2150
pentatonic (E) 2151
pentatonique (F) 2151
pentatonisch (D) 2151
per finire (I) 1856

per l'ultima volta (I) 1857
per tutta la durata (I) 1858
perçant (F) 1455
perçant (F) 1623
perce (F) 436
perceptible (E) 3159
perceptible (F) 3159
percettibile (I) 3159
percosso (I) 890
percuotere (I) 391
percussion instruments (E) 3318
percuté (F) 890
perdendosi (I) 939
perfect (E) 2076
perfect (E) 3160
perfect cadence (E) 2001
perfect pitch (E) 3139
perfection (E) 3161
perfection (F) 3161
perfekt (D) 3160
perfetto (I) 3160
perfezionarsi (I) 2707
perfezione (I) 3161
performance (E) 2958
performance (E) 3211
performance (E) 3291
performer (E) 3033
performing practice (E) 3173
performing rights (E) 2935
perigordino (I) 2511
perigourdine (E) 2511
Perigourdine (D) 2511
périgourdine (F) 2511
period (E) 2152
Periode (D) 2152
période (F) 2152
periodo (I) 2152
perky (E) 3740
perlato (I) 478
perlato (I) 1460
perlé (F) 1460
perlend (D) 478
perlend (D) 1460
perno (I) 448
però (I) 1859
perpetual (E) 3163
perpetual motion (E) 2481
perpétuel (F) 3163
perpetuo (I) 3163
perpetuum mobile (L) 2481
perruque (F) 3150
perseveranza (con) (I) 1461
persistant (F) 1441
persistente (I) 1441
Perücke (D) 3150
pesant (F) 1304
pesant (F) 1462
pesante (I) 1462
pesato (I) 1463
pesé (F) 1463
petit corps (F) 241
petit doigt (F) 3410
petit scherzo (F) 2544
petite branche (F) 241
petite clarinette (F) 129
petite farce (F) 2358
petite flûte (F) 166
petite note (F) 2132
petite reprise (F) 3580
petto (I) 3421
peu (F) 1863
peu à peu (F) 1864
peureux (F) 1452
pezzo (I) 2512
pezzo caratteristico (I) 2513
pezzo da concerto (I) 2514
pezzo di mezzo (I) 221
pezzo imposto (I) 3162
pezzo inferiore (I) 222
pezzo lirico (I) 2515
Pfeife (D) 149
Pfeife (D) 425
pfeifen (D) 2670
pfeifend (D) 1714
Pflichtstück (D) 3162
phalange (F) 3395
phalanx (E) 3395
phantastisch (D) 1215

pharynx (E) 3396
pharynx (F) 3396
philharmonic (E) 2984
philharmonique (F) 2984
philharmonisch (D) 2984
phonetics (E) 2991
Phonetik (D) 2991
phonétique (F) 2991
phonograph (E) 530
phrase (E) 2069
Phrase (D) 2069
phrase (F) 2069
phrasé (F) 2070
phrase (F) 2996
phrase mark (E) 2089
phraser (F) 2672
phrasieren (D) 2672
Phrasierung (D) 2070
Phrasierung (D) 2996
Phrasierungsbogen (D) 2089
phrasing (E) 2070
phrasing (E) 2996
phrygian (E) 2071
phrygien (F) 2071
phrygisch (D) 2071
piacevole (I) 1464
piacevolezza (con) (I) 1465
piangendo (I) 1466
piangevole (I) 1467
Pianino (D) 416
pianissimo (I) 891
Pianist (D) 3470
pianist (E) 3470
pianista (I) 3470
pianiste (F) 3470
piano (E) 412
piano (F) 412
piano (I) 892
piano à queue (F) 413
piano accordion (E) 408
piano concerto (E) 2398
piano droit (F) 416
piano mécanique (F) 493
piano préparé (F) 414
piano sonata (E) 2556
piano stool (E) 454
Pianoakkordeon (D) 408
pianoforte (F) 412
pianoforte (I) 412
pianoforte a coda (I) 413
pianoforte a un quarto di coda (I) 415
pianoforte preparato (I) 414
pianoforte verticale (I) 416
pianola (E) 493
pianola (I) 493
Pianola (D) 493
piatti (I) 311
piatti chiodati (I) 312
piatti cinesi (I) 313
piatti turchi (I) 314
piatto charleston (I) 315
piatto charleston (I) 377
piatto sospeso (I) 316
piatto sospeso (I) 378
piccante (I) 1468
piccato (I) 105
picchettato (I) 95
picchiettato (I) 105
piccolo (E) 166
piccolo (F) 166
Piccolo (D) 166
pick-up (E) 511
pick-up (E) 577
pick-up (F) 577
picking up (E) 3741
picking up again speed (E) 780
picturesque (E) 1471
piece (E) 2512
pièce (F) 2512
piece (E) 2869
pièce (F) 2869
pièce de charactère (F) 2513
pièce lyrique (F) 2515
pied (F) 67
pied (F) 3422
piede (I) 3422
pieno (I) 1860

pieno (I) 3164
pietà (I) 3165
pietoso (I) 1469
pieux (F) 1470
piffero (I) 167
pincé (F) 106
pincé (F) 2115
pincé étouffé (F) 1954
pio (I) 1470
pious (E) 1470
pipe (E) 149
pipe (E) 425
pipeau (F) 127
pipeau (F) 195
piquant (F) 1468
piqué (F) 105
piqué (F) 481
piqué (F) 907
pirolo (I) 36
Piston (D) 135
piston (F) 223
piston (E) 223
piston flute (E) 292
pistone (I) 223
pitch (E) 1966
pitch (E) 2086
pitch (E) 2821
pitch level (E) 1966
pitch pipe (E) 2924
pitiè (F) 3165
pittoresco (I) 1471
pittoresque (F) 1471
pity (E) 3165
pitying (E) 1469
più (I) 1861
più forte possibile (I) 893
più piano possibile (I) 894
più tosto (I) 813
più veloce (I) 814
piuttosto (I) 1862
piva (I) 168
pizzicato (I) 106
pizzicato (F) 106
placando (I) 940
place (E) 1827
place (E) 3171
place (F) 3171
placid (E) 1472
placido (I) 1472
placing of the voice (E) 631
placing of the voice (E) 694
plagal (D) 2153
plagal (E) 2153
plagal (F) 2153
plagale (I) 2153
plagiare (I) 2708
plagiarism (E) 3166
plagiat (F) 3166
Plagiat (D) 3166
plagier (F) 2708
plagiieren (D) 2708
plagio (I) 3166
plain-chant (F) 2376
plainsong (Gregorian chant) (E) 2376
plaintif (F) 1241
plaintif (F) 1365
plaintif (F) 1366
plaintive (E) 1241
plaintive (E) 1365
plaisanterie (F) 3257
Plakat (D) 2879
planche à laver (F) 259
planche de friction (F) 341
planchette ronflante (F) 301
plaque de protection (F) 63
plat (F) 1382
plate (E) 212
platea (I) 3167
plateau (F) 212
Plattenspieler (D) 529
plaudern (D) 2634
play party (E) 3921
playback (E) 557
playback (I) 557
playback (F) 557
Playback (D) 557
playbill (E) 3190

player piano (E) 493
player roll (E) 429
playful (E) 1071
playful (E) 1292
pleasant (E) 1464
pleasantly (E) 1109
pleasantly (E) 1465
pleased (E) 1503
pleasing (E) 1109
plectre (F) 64
plectre (F) 449
plectrum (E) 64
plectrum (E) 449
plectrum guard (E) 63
plein (F) 1431
plein (F) 1860
plein (F) 3164
plein d'allant (F) 1066
plein jeu (F) 476
Plektrum (D) 64
Plektrum (D) 449
plettro (I) 64
plettro (I) 449
plodding (E) 3742
plot (E) 3350
plötzlich (D) 1783
plötzlich (D) 1813
plötzlich (D) 1880
plucked (E) 106
plucked instruments (E) 3319
plump (D) 1299
pluralité des choeurs (F) 2154
plus (F) 1786
plus (F) 1861
plus court et plus rapide que adagio (F) 729
plus court et plus rapide que largo (F) 759
plus lent ou plus rapide que andante (F) 739
plus lent qu'au début (F) 3581
plus pénétrant (F) 3582
plus vite (F) 813
plus vite (F) 814
plutôt (F) 1862
plutôt lent (F) 3583
pochette (F) 22
pochette (I) 22
pocket score (E) 3154
poco (I) 1863
poco a poco (I) 1864
poco a poco meno (I) 1865
poco a poco più (I) 1866
poco meno (I) 1867
poco più (I) 1868
podio (I) 3168
podium (F) 3168
Podium (D) 3168
poem (E) 2516
poema (I) 2516
Poema (D) 2516
poema sinfonico (I) 2517
poème (F) 2516
poème symphonique (F) 2517
poetic (E) 1473
poetico (I) 1473
poétique (F) 1473
poggiato (I) 895
poi (I) 1869
poi segue (I) 1870
poignant (E) 1449
poignet (F) 3427
point (E) 66
point (F) 2170
point (E) 3203
point culminant (F) 2829
point d'orgue (F) 2030
point trop vite (F) 3584
pointe (F) 66
pointe (F) 3203
pointé (F) 898
pointé (F) 2169
pointed out (E) 1818
pointer (F) 2102
pointillisme musical (F) 3100
pointillist music (E) 3100
poitrine (F) 3421
polacca (I) 2518

polca (I) 2519
policoralità (I) 2154
polifonia (I) 2155
polifonia policorale (I) 2154
polimetria (I) 2156
poliritmica (I) 2157
politonalità (I) 2158
polka (E) 2519
Polka (D) 2519
polka (F) 2519
pollice (I) 3423
polmoni (I) 3424
polonaise (E) 2518
Polonaise (D) 2518
polonaise (F) 2518
polpastrello (I) 3425
polso (I) 3426
polso (I) 3427
Polster (D) 433
polychoral music (E) 2154
polymetre (E) 2156
polymétrie (F) 2156
Polymetrik (D) 2156
polyphonie (F) 2155
Polyphonie (D) 2155
polyphony (E) 2155
polyrhythm (E) 2157
Polyrhythmik (D) 2157
polyrythmie (F) 2157
Polytonalität (D) 2158
polytonalité (F) 2158
polytonality (E) 2158
Pommer (D) 124
pompa (con) (I) 1474
pompa a tiro (I) 224
pompa mobile a coulisse (I) 224
pompeux (F) 1475
pomposo (I) 1475
pompous (E) 1475
ponctué (F) 866
pondéré (F) 1476
ponderoso (I) 1476
ponderous (E) 1476
ponte (I) 2159
pontet (F) 382
ponticello (I) 65
pop music (E) 3097
pop music 1960 (E) 3920
Popmusik (D) 3097
popolare (I) 3169
populaire (F) 3169
populär (D) 3169
popular (E) 3169
popular music (E) 3085
popular music (E) 3098
portamento (I) 638
portamento (I) 696
portamento (con) (I) 1477
portamusica (I) 225
portando (I) 896
portare (I) 2709
Portativ (D) 411
portative organ (E) 411
portato (I) 897
porté (F) 897
portée (F) 2150
porter (F) 2709
porter la voix (F) 638
porter la voix (F) 696
posare (I) 2710
posatamente (I) 1478
posato (I) 1479
Posaune (D) 186
Posaunist (D) 3481
posé (F) 1479
pose de la voix (F) 631
pose de la voix (F) 694
posément (F) 1478
poser (F) 2710
position (E) 107
position (F) 107
position (E) 2160
position (E) 3170
position (F) 3170
position fondamentale (F) 2160
position large (F) 2161
position naturelle (F) 254
position serrée (F) 2162

posizione (I)	107
posizione (I)	3170
posizione fondamentale (I)	2160
posizione lata (I)	2161
posizione normale (I)	254
posizione stretta (I)	2162
Posse (D)	2431
possenhaft (D)	1216
possente (I)	1480
possibile (I)	1871
possibilmente (I)	1872
possible (F)	1871
poster (E)	2879
posthorn (E)	141
Posthorn (D)	141
posthume (F)	3172
posthumous (E)	3172
postlude (E)	2520
postlude (F)	2520
postludio (I)	2520
posto (I)	3171
postponed (E)	3230
postumo (I)	3172
pot-pourri (E)	2521
pot-pourri (F)	2521
pot-pourri (I)	2521
potentiometer (E)	558
Potentiometer (D)	558
potentiomètre (F)	558
potenziometro (I)	558
Potpourri (D)	2521
pouce (F)	3423
poulailler (F)	2998
pouls (F)	3426
poumons (F)	3424
pound it out (E)	3743
pour finir (F)	1856
pour la dernière fois (F)	1857
pour le chant (F)	669
pourtant (F)	1859
poussé (F)	87
pousser (F)	2771
power (E)	3922
powerful (E)	1480
Präambel (D)	2522
prächtig (D)	1218
prächtig (D)	1598
practical (E)	3174
prahlerisch (D)	1578
praktisch (D)	3174
Praller (D)	2116
Pralltriller (D)	2116
präludieren (D)	2713
Präludium (D)	2523
präpariert (D)	3177
präpariertes Klavier (D)	414
prassi d'esecuzione (I)	3173
pratica d'esecuzione (I)	3173
pratico (I)	3174
pratique (F)	3174
pratique de l'exécution (F)	3173
prayer (E)	3176
praying (E)	1483
preamble (E)	2522
préambule (F)	2522
preambulo (I)	2522
précédent (F)	1873
precedente (I)	1873
preceding (E)	1873
precipitando (I)	815
precipitare (I)	2711
precipitate (E)	771
precipitato (I)	771
précipité (F)	771
précipiter (F)	2711
precipitoso (I)	771
précis (F)	1482
precise (E)	1482
precisione (con) (I)	1481
preciso (I)	1482
preface (E)	3175
préface (F)	3175
prefazione (I)	3175
pregando (I)	1483
pregare (I)	2712
preghiera (I)	3176
prelude (E)	2523
prélude (F)	2523

préluder (F) 2713
preludiare (I) 2713
preludio (I) 2523
premier violon solo (F) 3472
premier violon solo (F) 3186
première (F) 3179
Premiere (D) 3179
première chanteuse (F) 639
première édition (F) 3182
première exécution mondiale (F) 3181
première fois (F) 3184
première représentation (F) 3180
prendere (I) 2714
prendre (F) 2714
preparare (I) 2715
preparation (E) 2163
préparation (F) 2163
preparato (I) 3177
preparazione (I) 2163
préparé (F) 3177
prepared (E) 3177
prepared piano (E) 414
préparer (F) 2715
près (F) 3374
près de la table (F) 108
près du chevalet (F) 119
presence (E) 3178
presentare (I) 2716
présenter (F) 2716
presenza (I) 3178
presque (F) 1879
presque comme une fantaisie (F) 1492
presque plus rien (F) 3585
press (E) 3297
press stud (E) 422
pressando (I) 816
pressant (F) 817
pressante (I) 817
pressé (F) 734
pressé (F) 756
Presse (D) 3297
presse (F) 3297
pressend (D) 914
pressez (F) 816
pressing (E) 811
pressing (E) 824
pressing forward (E) 3744
pressing on (E) 758
pressing on (E) 817
presso la tavola (I) 108
prestamente (I) 772
prestissimo (I) 773
presto (I) 774
prier (F) 2712
prière (F) 3176
prima (I) 1874
prima (I) 3179
prima che (I) 1875
prima di (I) 1876
prima donna (I) 639
prima edizione (I) 3182
prima esecuzione (I) 3180
prima esecuzione mondiale (I) 3181
prima frase (I) 2164
prima vista (I) 3183
prima volta (I) 3184
Primarius (D) 3186
Prime (D) 2322
primitif (F) 3185
primitive (E) 3185
primitivo (I) 3185
primo tema (I) 2165
primo violino (I) 3186
primo violino di spalla (I) 3472
principal (F) 2166
principal (E) 3186
principal (E) 3472
principal part (E) 2271
principal voice (E) 2271
principale (I) 2166
principe (F) 3187
principiante (I) 2962
principio (I) 3187
Prinzip (D) 3187
private concert (E) 2904

Probe (D)	3196
proben (D)	2740
Probespiel (D)	2846
Probespiel (D)	3244
probieren (D)	2721
prochain (F)	1877
prochaine fois (F)	3195
production du son (F)	559
produzione del suono (I)	559
profan (D)	3188
profane (F)	3188
profane (E)	3188
profano (I)	3188
professeur (F)	3189
professeur (F)	3463
professional musician (E)	3115
professor (E)	3189
Professor (D)	3189
professore (I)	3189
professore d'orchestra (I)	3471
professoressa (I)	3189
Professorin (D)	3189
profond (F)	1484
profond (F)	1631
profondément expressif (F)	3586
profondo (I)	1484
profound (E)	1484
Programm (D)	3190
programma (I)	3190
programma (I)	3218
programme (E)	3190
programme (F)	3190
programme music (E)	3056
Programmusik (D)	3056
Programmusik (D)	3072
progredire (I)	2717
progrès (F)	3191
progress (E)	3191
progresser (F)	2717
progression (E)	2167
progression (F)	2167
progressione (I)	2167
progressive jazz 1945 (E)	3923
progresso (I)	3191
projecteur (F)	3227
Prolog (D)	2524
prologo (I)	2524
prologue (E)	2524
prologue (F)	2524
prolongation (E)	3192
prolongation (F)	3192
prolonger (F)	2718
prolonging (E)	844
prolungamento (I)	3192
prolungando (I)	844
prolungare (I)	2718
promoter (E)	3193
promoteur (F)	3193
promotore (I)	3193
prompt (F)	776
prompt (E)	785
prompt (F)	787
promptement (F)	775
promptement (F)	827
prompter (E)	3477
promptly (E)	776
promptly (E)	827
prononcé (F)	1485
prononcer (F)	2719
prononciation (F)	640
pronounced (E)	1485
prontamente (I)	775
pronto (I)	776
pronuncia (I)	640
pronunciare (I)	2719
pronunciation (E)	640
pronunciato (I)	1485
pronunziato (I)	1485
proporre (I)	2720
proportion (E)	3194
proportion (F)	3194
proporzione (I)	3194
proposer (F)	2720
proposition (F)	2164
proposition (F)	2168
Proposta (D)	2168
proposta (I)	2168
propre (F)	3202

props (E) 2808
prossima volta (I) 3195
prossimo (I) 1877
proud (E) 1235
proud (E) 1436
proudly (E) 1233
prova (I) 3196
prova generale (I) 3197
provare (I) 2721
Provenzalische Trommel (D) 333
provisional (E) 3198
provisoire (F) 3198
provisorisch (D) 3198
provocant (F) 1486
provocante (I) 1486
provocative (E) 1486
provvisorio (I) 3198
prudence (E) 3199
prudence (F) 3199
prudent (E) 1487
prudent (F) 1487
prudente (I) 1487
prudenza (con) (I) 1488
prudenza (I) 3199
prunkvoll (D) 1574
psalm (E) 2541
Psalm (D) 2541
psalmodic (E) 1538
Psalmodie (D) 2194
psalmodie (F) 2194
psalmodierend (D) 1538
psalmody (E) 2194
psaltérion (F) 23
Psalterium (D) 23
psaltery (E) 23
psaume (F) 2541
pseudonimo (I) 3200
pseudonym (E) 3200
Pseudonym (D) 3200
pseudonyme (F) 3200
pubblico (I) 3201
public (E) + (F) 3201
Publikum (D) 3201
puff (E) 3278
puis poursuit (F) 1870
puissance (F) 2993
puissant (F) 1480
pulito (I) 3202
pulling (E) 863
Puls (D) 3426
pulse (E) 3426
Pumpventil (D) 223
Punk Rock (E) 3924
Punkt (D) 2170
punktieren (D) 2102
punktiert (D) 898
punktiert (D) 2169
punktuelle Musik (D) 3100
punta (I) 66
punta (I) 3203
puntale (I) 67
puntato (I) 898
puntato (I) 2169
puntina (I) 560
puntina (I) 3204
punto culminante (I) 2829
punto di valore (I) 2170
punto doppio (I) 2171
pupil (E) 2819
pupitre (F) 3042
pupitre portatif (F) 225
pur (F) 1092
pur (F) 1491
pure (E) 1092
pure (E) 1491
pure tone (E) 2255
purezza (con) (I) 1489
purfling (E) 59
purità (con) (I) 1489
puritain (F) 1490
puritan (E) 1490
puritanisch (D) 1490
puritano (I) 1490
puro (I) 1491
pushing (E) 828
pushing on (E) 816
puzzling (E) 1189
quadrifonia (I) 561

quadriglia (I) 2525
quadrille (E) 2525
Quadrille (D) 2525
quadrille (F) 2525
quadrille à la cour (F) 2458
quadro di distribuzione (I) 562
quadro musicale (I) 3205
Quadrophonie (D) 561
quadrophonie (F) 561
quadrophony (E) 561
Quadrupelkonzert (D) 2394
quadruple concerto (E) 2394
quadruple concerto (F) 2394
quadruple croche (F) 2314
quadruplet (E) 2172
qualvoll (D) 1652
quanto (I) 1878
quart de soupir (F) 2319
quarta (I) 2325
quarta corda (I) 45
Quarte (D) 2325
quarte (F) 2325
quarter note (E) 2310
quarter note rest (E) 2317
quarter-tone music (E) 2124
quarter-tone music (E) 3057
quartet (E) 2526
Quartett (D) 2526
quartetto (I) 2526
quartetto d'archi (I) 2527
quartina (I) 2172
quarto (I) 2310
Quartole (D) 2172
quartolet (F) 2172
quasi (I) 1879
quasi una fantasia (I) 1492
quatre mains (à) (F) 3206
quatrième corde (F) 45
quattro mani(a) (I) 3206
quatuor (F) 2526
quatuor à cordes (F) 2527
quaver (E) 2311
quaver rest ((E) 2318
que (F) 1758
quelque peu (F) 1732
Querbalken (D) 2259
Querflöte (D) 159
Querpfeife (D) 167
Querstand (D) 2059
Quersteg (D) 239
Quetschung (D) 1954
queue (F) 1760
quick (E) 787
quick (E) 796
quick four (E) 3745
quicker (E) 814
quickly (E) 775
quickly (E) 797
quiet (E) 1493
quietly moving (E) 3746
quieto (I) 1493
quill (E) 449
quinta (I) 2326
quintage (F) 252
Quinte (D) 2326
quinte (F) 2326
quinte (I) 3207
quinteggiare (I) 252
Quintenzirkel (D) 2017
quintet (E) 2528
Quintett (D) 2528
quintette (F) 2528
quintette à vent (F) 2529
quintetto (I) 2528
quintetto per (di) fiati (I) 2529
quintina (I) 2173
Quintole (D) 2173
quintolet (F) 2173
quintuplet (E) 2173
quite (E) 1716
quite (E) 3747
quivering (E) 1257
quodlibet (E) 2530
quodlibet (F) 2530
quodlibet (I) 2530
Quodlibet (D) 2530
quotation (E) 2888
rabbia (con) (I) 1494

rabbioso (I) 1495
raccapriccio (con) (I) 1496
raccoglimento (con) (I) 1497
raccolta (I) 2892
raccolta (I) 3208
raccolta di canzoni (I) 3209
raccolto (I) 1498
raccontando (I) 1499
raccontare (I) 2722
raccorciare (I) 2723
raccourcir (F) 2723
Rachen (D) 3400
Rachenhöhle (D) 3396
racket (E) 169
racket (F) 169
raconter (F) 2722
raddolcendo (I) 941
raddolcendo (I) 1500
raddolcente (I) 941
raddoppiare (I) 2724
raddoppio (I) 2174
radiant (E) 1501
radieux (F) 1501
radio choir (E) 677
radio chorus (E) 677
radio orchestra (E) 3134
radio recording (E) 571
radio transmission (E) 603
radiodiffusion (F) 3210
radiodiffusione (I) 3210
radioso (I) 1501
Radleier (D) 17
raffinatezza (con) (I) 1502
rafforzando (I) 916
raffrenando (I) 845
raganella (I) 317
raggiante (I) 1501
raggruppare (I) 2725
Ragtime 1870 (E) 3925
Rahmen (D) 461
Rahmentrommel (D) 331
raide (F) 1515
railleur (F) 1057
raise the bell (E) 244
raised (E) 1981
raked (E) 116
ralenti (F) 847
ralentir (F) 2726
rallegrato (I) 1503
rallentando (I) 846
rallentare (I) 2726
rallentato (I) 847
rallentissez beaucoup (F) 3587
rampe (F) 3224
Rampenlicht (D) 3224
Rand (D) 374
range (E) 622
range (E) 2965
range (E) 3344
rankett (E) 169
rankett (I) 169
Rankett (D) 169
ràper (F) 392
râpeur (F) 318
râpeur en bambou (F) 319
rapid (E) 778
rapidamente (I) 777
rapide (F) 742
rapide (F) 778
rapide (F) 796
rapidement (F) 741
rapidement (F) 772
rapidement (F) 777
rapidement (F) 797
rapidly (E) 777
rapido (I) 778
rappeler (F) 2730
rappresentazione (I) 3211
rapsodia (I) 2531
rasch (D) 741
rasch (D) 742
rasch (D) 775
rasch (D) 776
rasch (D) 787
rasch (D) 796
rasch (D) 797
raschelnd (D) 1263
raschiare (I) 392

rasend (D) 1137
rasend (D) 1138
rasend (D) 1259
rasend (D) 1271
rasend (D) 1273
rasend (D) 1337
raspa (I) 318
raspe (E) 318
Raspel (D) 318
rassegnato (I) 1504
rassegnazione (con) (I) 1505
Rassel (D) 329
rastlos (D) 1590
rather (E) 1732
rather (E) 1745
rather (E) 1862
Ratsche (D) 317
rätselhaft (D) 1189
rattenendo (I) 848
rattenendo (I) 864
rattle (E) 317
rattle (E) 329
rauco (I) 641
raucous (E) 641
rauh (D) 641
rauh (D) 1045
rauh (D) 1533
Raum (D) 2965
Raumakustik (D) 2814
Raumklang (D) 589
rauque (F) 641
Rauschen (D) 579
Rauschunterdrückung (D) 574
raving (E) 1137
ravivé (F) 819
ravvivando (I) 818
ravvivato (I) 819
rayonnement (F) 3178
Ré (F) 2278
Re (I) 2278
Ré bémol (F) 2280
Re bemolle (I) 2280
Ré dièse (F) 2279
Re diesis (I) 2279
Re doppio bemolle (I) 2282
Re doppio diesis (I) 2281
Ré double bémol (F) 2282
Ré double dièse (F) 2281
re-awakening (E) 918
réaction (F) 563
real (E) 3748
real answer (E) 2185
reale Antwort (D) 2185
réalisation (F) 2175
realism (E) 3369
Realität (D) 3212
réalité (F) 3212
reality (E) 3212
realization (E) 2175
realizzazione (I) 2175
really (E) 3368
realtà (I) 3212
reanimating (E) 820
reazione (I) 563
rebondir (F) 2736
rebounding (E) 109
recapitulation (E) 2182
receding (E) 925
recherché (F) 1511
Rechner (D) 517
Rechteck (D) 573
rechtes Pedal (D) 444
recita (I) 3211
recital (E) 2903
récital (F) 2903
recitando (I) 1506
récitant (F) 3119
recitare (I) 2727
récitatif (F) 2532
récitatif accompagné (F) 2533
récitatif seulement avec continuo ("sec") (F) 2534
recitative (E) 2532
recitative with continuo accompaniment ("dry") (E) 2534
recitative-like (E) 1347
recitativo (I) 2532
recitativo accompagnato (I) 2533

recitativo secco (I) 2534
réciter (F) 2727
reciting (E) 1506
reco-reco (I) 319
reco-reco (F) 319
recommencer (F) 2731
recommencer (F) 2741
record (E) 513
record player (E) 529
recorder (E) 158
recording (E) 567
recording (E) 3214
rectangle (E) 573
rectangle (F) 573
recueil (F) 2892
recueil (F) 3208
recueil de chansons (F) 3209
recueilli (F) 1498
redend (D) 1445
redoublement (F) 2174
reduction (E) 3226
réduction (F) 3226
réduire (F) 2723
Reduktion (D) 3226
reed (E) 197
reed organ (E) 401
reed pipe (E) 426
réenregistrement (F) 557
réexposition (F) 2182
réfléchir (F) 2734
reflective (E) 3749
reflector (E) 3227
refrain (E) 2191
refrain (F) 2191
Refrain (D) 2191
refrain (E) 3235
refrain (F) 3235
Refrain (D) 3235
Regel (D) 3216
regelmäßig (D) 3217
Reggae 1965 (E) 3926
regia (I) 564
regia (I) 3213
Regie (D) 3213
régie (F) 3213
régisseur (F) 3473
Regisseur (D) 3473
regista (I) 3473
register (E) 450
register (E) 642
Register (D) 642
Register (D) 450
register (E) 3215
Registerzüge (D) 423
registrare (I) 2728
registration (E) 479
registration (F) 479
registratore (I) 565
registratori a cassetta (I) 566
registrazione (I) 479
registrazione (I) 567
registrazione (I) 3214
registrazione a più piste (I) 568
registrazione dal vero (I) 569
registrazione di
dimostrazione (I) 570
registrazione radiofonica (I) 571
registrazione televisiva (I) 572
registre (F) 438
registre (F) 622
registre (F) 642
registre (F) 450
registre (F) 3215
Registrierung (D) 479
registro (I) 450
registro (I) 642
registro (I) 3215
règle (F) 3216
régleur de tonalité (F) 507
regola (I) 3216
regolare (I) 3217
regolatore del suono (I) 507
regular (E) 3217
régulier (F) 3217
rehearsal (E) 3196
Reibbrett (D) 341
reiben (D) 397
Reibtrommel (D) 280

reichlich (D) 2805
Reigen (D) 2444
Reigen (D) 3002
Reihe (D) 2206
Reihenfolge (D) 3138
Reim (D) 3228
rein (D) 1092
rein (D) 1425
rein (D) 1426
rein (D) 1491
rein (D) 2076
rein (D) 3202
rein singen (D) 670
reiner Ton (D) 2255
reißen (D) 2774
rejoicing (E) 1228
rejouer (F) 2744
réjoui (F) 1503
relâcher (F) 2735
related key (E) 2250
related key (E) 2251
relatif (F) 2176
relation (F) 2177
relationship (E) 2177
relative (E) 2176
relativo (I) 2176
relaxed (E) 1519
relaxed (E) 3750
relazione (I) 2177
releasing (E) 849
relevé (F) 1818
religieux (F) 1507
religiös (D) 1507
religioso (I) 1507
religious (E) 1507
religious music (E) 3102
remain silent (E) 1912
remote control (E) 598
remove the mutes (E) 1823
remplacer au pied levé (F) 2750
remuer (F) 2702
Renaissance (E) 3229
Renaissance (F) 3229
renaissance music (E) 3103
Renaissancemusik (D) 3103
renforcé (F) 917
renforcer (F) 2738
Rennaissance (D) 3229
rennen (D) 754
renverser (F) 2748
renvoyé (F) 3230
renvoyer (F) 2739
repeat (E) 2181
repeat (E) 2182
repeat performance (E) 3219
repeat sign (E) 2202
repente (I) 1880
répertoire (F) 3218
Repertoire (D) 3218
repertoire playbill (E) 3218
repertorio (I) 3218
repertory (E) 3218
répéter (F) 2740
répétiteur (F) 3474
repetition (E) 2181
répétition (F) 2181
répétition (F) 3196
répétition générale (F) 3197
replica (I) 3219
réplique (F) 3219
répondre (F) 2743
reponse (E) 100
réponse (F) 2184
réponse réelle (F) 2185
réponse tonale (F) 2186
repos (F) 3232
reprendre (F) 2741
reprendre sans refrapper (F) 3588
représentation (F) 3211
reprise (F) 2181
Reprise (D) 2182
reprise (F) 2182
reprise (F) 3219
reproduction (E) 575
reproduction (F) 575
Requiem (I) 2475
Requiem (D) 2475
requiem mass (E) 2475

Requisiten (D) 2808
resentful (E) 1525
résigné (F) 1504
resigned (E) 1504
resigniert (D) 1504
resin (E) 43
résolu (F) 1527
resolute (E) 1527
resolution (E) 2183
résolution (F) 2183
resonance (E) 576
résonance (F) 576
resonance (E) 3233
résonance (F) 3233
resonant (E) 1528
resonant body (E) 40
Resonanz (D) 576
Resonanz (D) 3233
Resonanzboden (D) 40
Resonanzboden (D) 460
Resonanzkörper (D) 40
Resonanzsaite (D) 52
résonateur (F) 379
resonator (E) 379
Resonator (D) 379
résonnant (F) 1522
résonnant (F) 1528
résonner (F) 1822
résoudre (F) 2742
resounding (E) 1522
respectez scrupuleusement ce doigté (F) 3589
respirando (I) 1508
respirare (I) 2729
respiration (F) 643
respiration (F) 697
respiration (F) 3220
respirazione (I) 3220
respirer (F) 2729
respiro (I) 643
respiro (I) 697
respiro (I) 3220
resplendent (E) 1266
resplendent (E) 1579
resplendissant (F) 1266
ressenti (F) 1565
rest (E) 2147
rest (E) 2211
rest (E) 3232
rest value (E) 2266
restless (E) 1342
restless (E) 1358
restless (E) 1590
restrained waltz tempo (E) 3751
restricting (E) 822
result (E) 2952
retard (F) 2187
retardation (E) 2187
retardé (F) 851
retarder (F) 2745
retarding (E) 838
retarding (E) 862
retenir (F) 2746
retentir (F) 2737
retentissant (F) 1251
retentissant (F) 1520
retentissant (F) 1611
retentissant (F) 1621
retenu (F) 853
retro (I) 3221
retrograde (E) 2178
rétrograde (F) 2178
retrogrado (I) 2178
retroscena (I) 3222
rettangolo (I) 573
retto (I) 1881
return (E) 2182
returning (E) 1883
returning to the original speed (E) 793
rêve (F) 2552
revenez au premier mouvement (F) 3590
revenir (F) 2791
revenir au tempo initial (F) 3591
rêver (F) 2763
reverb (E) 578
révérbération (F) 578

reverberation (E) 3237
révérbération (F) 3237
révérence (F) 3022
reverently (E) 3752
rêverie (F) 2552
rêveur (F) 1593
rêveur (F) 1659
rêveusement lent (F) 3592
review (E) 3238
revision (E) 3223
Revision (D) 3223
révision (F) 3223
revisione (I) 3223
revival (E) 3927
revived (E) 819
reviving (E) 818
revue (F) 3238
Revue (D) 3238
Rezitativ (D) 2532
Rezitativ nur mit Continuo („trocken") (D) 2534
rezitativisch (D) 1347
rezitierend (D) 1506
Rhapsodie (D) 2531
rhapsodie (F) 2531
rhapsody (E) 2531
rhyme (E) 3228
rhythm (E) 2188
Rhythm and Blues 1940 (E) 3929
rhythm brush (E) 330
rhythm section (E) 3928
rhythm units (E) 497
rhythmer (F) 2747
rhythmic (E) 2190
rhythmic instrument (E) 3325
rhythmical (E) 900
rhythmically (E) 3753
rhythmisch (D) 900
rhythmisch (D) 2190
rhythmisieren (D) 2747
Rhythmus (D) 2188
Rhythmusinstrument (D) 3325
Rhythmusmaschine (D) 497
rianimando (I) 820
riant (F) 1512
rib (E) 58
ribalta (I) 3224
ribattuta (E) 644
ribattuta (F) 644
ribattuta di gola (I) 644
ribrezzo (con) (I) 1509
riccio (I) 68
ricercar (E) 2535
Ricercar (D) 2535
ricercare (F) 2535
ricercare (I) 2535
ricercatezza (con) (I) 1510
ricercato (I) 1511
rich (E) 1860
richement coloré (F) 3593
richiamare (I) 2730
richiamo per uccelli (I) 320
richtig (D) 1881
richtiges Zeitmaß (D) 790
ricochet (F) 109
ricominciare (I) 2731
ricominciare (I) 2741
ricordarsi (I) 2732
rideau (F) 3277
rideau d'avant-scène (F) 3276
ridente (I) 1512
ridere (I) 2733
ridicolo (I) 1513
ridicolosamente (I) 1513
ridicule (F) 1513
ridiculous (E) 1513
ridotto (I) 3225
riduttore di rumore (I) 574
riduzione (I) 3226
riesig (D) 1291
riesposizione (I) 2182
rieur (F) 1523
riff (E) 3930
riflettere (I) 2734
riflettore (I) 3227
rigadoon (E) 2536
Rigaudon (D) 2536
rigaudon (F) 2536

rigaudon (I) 2536
righetta (I) 2179
right (E) 1881
right hand soft (E) 3754
right pedal (E) 444
rigid (E) 1515
rigide (F) 1515
rigidezza (con) (I) 1514
rigido (I) 1515
rigo (I) 2180
rigoglioso (I) 1516
rigore (con) (I) 1517
rigorosamente (I) 1882
rigoroso (I) 1518
rigorous (E) 1518
rigorous (E) 1882
rigoureusement (F) 1882
rigoureusement en mesure (F) 1733
rigoureux (F) 1518
rilasciando (I) 849
rilassando (I) 849
rilassare (I) 2735
rilassarsi (I) 2735
rilassato (I) 1519
rim (E) 374
rim shot (E) 3931
rima (I) 3228
rimbalzando (I) 109
rimbalzare (I) 2736
rimbombante (I) 1520
rimbombare (I) 2737
rimbombo (I) 3231
rime (F) 3228
rimettendo (I) 779
rimpianto (con) (I) 1521
Rinascimento (I) 3229
rinforzando (I) 916
rinforzare (I) 2738
rinforzato (I) 917
ring (E) 3293
ring key (E) 200
rintronante (I) 1522
rinviare (I) 2739
rinviato (I) 3230
rioso (I) 1523
ripetere (I) 2740
ripetitore (I) 3474
ripetizione (I) 2181
ripetizione (I) 3196
Ripienist (D) 3234
ripièniste (F) 3234
ripieno (I) 3234
ripieno violinist (E) 3234
riposo (I) 3232
rippling (E) 3755
riprendendo (I) 780
riprendere (I) 2741
ripresa (I) 2181
ripresa (I) 2182
riproduzione (I) 575
rire (F) 2733
risaltato (I) 899
riscaldando (I) 821
risentimento (con) (I) 1524
risentito (I) 1525
rising (E) 911
risolutezza (con) (I) 1526
risoluto (I) 1527
risoluzione (con) (I) 1526
risoluzione (I) 2183
risolvere (I) 2742
risonante (I) 1528
risonanza (I) 576
risonanza (I) 3233
rispetto (con) (I) 1439
rispondere (I) 2743
risposta (I) 2184
risposta reale (I) 2185
risposta tonale (I) 2186
ristringendo (I) 822
risuonare (I) 2744
risuonatore (I) 379
risvegliando (I) 918
risvegliato (I) 918
ritardando (I) 850
ritardare (I) 2745
ritardato (I) 851

ritardo (I) 2187
ritenendo (I) 852
ritenere (I) 2746
ritenuto (I) 853
ritmare (I) 2747
ritmico (I) 900
ritmico (I) 2190
ritmo (I) 2188
ritmo lombardo (I) 2189
ritornando (I) 1883
Ritornell (D) 2537
ritornello (I) 2191
ritornello (I) 2537
ritornello (E) 2537
ritornello (I) 3235
ritorto (I) 226
ritournelle (F) 2537
ritterlich (D) 1094
ritual (E) 3236
rituale (I) 3236
rituel (F) 3236
rituell (D) 3236
rivelatore (I) 577
riverberazione (I) 3237
riverbo (I) 578
riverso (I) 2192
rivet cymbals (E) 312
rivista (I) 3238
rivolto (I) 2193
roaring (E) 1251
roaring (E) 1520
robbed (E) 781
robbed time (E) 792
robusto (I) 1529
rocchetta (I) 169
Rock 1965 (E) 3932
Rockabilly 1950 (E) 3933
rocking (E) 1120
roco (I) 641
roh (D) 1069
Rohrblatt (D) 197
Röhrenglocken (D) 267
role (E) 3151
rôle (F) 3151
role (E) 3241
rôle (F) 3241
rôle principal (F) 3242
rôle secondaire (F) 2901
Rolle (D) 3151
Rolle (D) 3241
roller (E) 431
rolling along (E) 3756
rolling motion (E) 3757
Rolltrommel (D) 275
romance (E) 2538
romance (F) 2538
romance sans paroles (F) 2539
romantic (E) 1530
romanticism (E) 3239
romanticismo (I) 3239
romantico (I) 1530
Romantik (D) 3239
romantique (F) 1530
romantisch (D) 1530
romantisme (F) 3239
romanza (I) 2538
romanza senza parole (I) 2539
Romanze (D) 2538
rond (F) 1531
rond (F) 1884
ronde (F) 2308
ronde (F) 2444
ronde (F) 3002
rondeau (F) 2540
rondo (I) 1884
rondo (E) 2540
rondò (I) 2540
rondo (F) 2540
Rondo (D) 2540
rosa (I) 69
rose (E) 69
rose (F) 69
Rosette (D) 69
rosin (E) 43
rossignol (F) 3362
rostrum (E) 3168
rotary valve (E) 211
rotella (I) 227

rotondo (I) 1531
rotondo (I) 1884
rotto (I) 3240
roue de frottement (F) 70
rough (E) 1045
rough (E) 1533
rough (E) 1536
roulade (F) 625
rouleau (F) 227
rouleau (F) 429
rouleau (F) 431
roulement de tambour (F) 393
roulement de timbales (F) 394
round (E) 1531
round (E) 1884
round dance (E) 2444
round dance (E) 3002
rovente (I) 1532
rovesciare (I) 2748
rovescio (I) 2193
row (E) 2206
royalties (E) 2934
rozzo (I) 1674
rubato (I) 781
Rücken (D) 3429
Rückkoppelung (D) 563
rückwärts (D) 3221
rückwärtsgehend (D) 2178
rude (F) 1533
rude (I) 1533
rude (F) 1536
rugueux (F) 1536
Ruhe (D) 3232
ruhig (D) 1076
ruhig (D) 1442
ruhig (D) 1443
ruhig (D) 1493
ruhig (D) 1657
rühren (D) 2637
rührend (D) 1106
Rührtrommel (D) 275
rule (E) 3216
rullo del timpano (I) 394
rullo di tamburo (I) 393
rumba (I) 287
Rumbakugeln (D) 304
Rumbastäbe (D) 286
rumore (I) 579
rumoroso (I) 1534
rumoroso (I) 3243
run (E) 2267
rund (D) 1531
rund (D) 1884
Rundfunk (D) 3210
Rundfunkaufnahme (D) 571
Rundfunkchor (D) 677
Rundfunkorchester (D) 3134
Rundfunkübertragung (D) 603
ruolo (I) 3151
ruolo (I) 3241
ruolo principale (I) 3242
ruota a sfregamento (I) 70
rural (E) 1079
rustic (E) 989
rustic (E) 1535
rustic (E) 1695
rusticano (I) 1535
rustico (I) 1535
rustique (F) 989
rustique (F) 1535
rustique (F) 1695
rustling (E) 1263
Rute (D) 383
ruvido (I) 1536
rythme (F) 2188
rythme lombard (F) 2189
rythmique (F) 900
rythmique (F) 2190
s'éclaircir la voix (F) 645
s'éclaircir la voix (F) 2751
s'éloigner (F) 2593
sacco (I) 228
Sackpfeife (D) 168
sacred concerto (E) 2400
sacred music (E) 3104
sad (E) 1405
sad (E) 1666
saddle (E) 71

sadly (E) 1403
sagely (E) 1537
sagement (F) 1537
Sägezahn (D) 510
saggiamente (I) 1537
saggio (I) 3244
sagoma inferiore (I) 80
sagoma superiore (I) 79
sailor-like (E) 2469
saint (F) 3248
saint (E) 3248
saison (F) 3294
Saison (D) 3294
saison de concerts (F) 3295
saison théâtrale (F) 3296
Saite (D) 44
Saitenchor (D) 54
Saitenfessel (D) 39
Saitenhalter (D) 53
Saiteninstrumente (D) 3314
Saitenschraube (D) 382
sala da ballo (I) 3245
sala da concerto (I) 3246
salary (E) 3127
salle de concert (F) 3246
salle de danse (F) 3245
salmeggiando (I) 1538
salmo (I) 2541
salmodia (I) 2194
salon music (E) 3069
salon orchestra (E) 3135
Salonmusik (D) 3069
Salonorchester (D) 3135
saltare (I) 2749
saltare al posto di
un'altro (I) 2750
saltato (I) 110
saltato (I) 115
saltellato (I) 111
salterello (I) 451
salterio (I) 23
salterio tedesco (I) 24
salto (I) 3247
same (E) 1831
same (E) 1908
Sammelwerk (D) 2828
Sammlung (D) 2892
Sammlung (D) 3208
samtartig (D) 1687
sanctus bells (E) 270
sanft (D) 1167
sanft (D) 1396
sanft (D) 1472
sanft werdend (D) 923
sanfter werdend (D) 941
sanfter werdend (D) 1500
sang (F) 3428
Sänger (D) 3447
sanglich (D) 711
sangloter (F) 2759
Sangsaite (D) 38
sangue (I) 3428
sans (F) 1891
sans accentuation (F) 3594
sans aucun (F) 3595
sans aucune accentuation (F) 3596
sans changer (F) 1892
sans changer (F) 3597
sans comprendre (F) 1324
sans décomposer (F) 3598
sans dureté (F) 3599
sans expression (F) 3600
sans hâte (F) 3601
sans instruments (F) 1718
sans interrompre (F) 3602
sans lourdeur (F) 3603
sans mesure (F) 783
sans nuances (F) 3604
sans presser ni ralentir (F) 3605
sans reprise (F) 1893
sans se presser (F) 782
sans sécheresse (F) 3606
sans soucis (F) 1602
sans sourdine (F) 113
sans traîner (F) 784
sans traîner (F) 3607
sansa (E) 321
sansa (F) 321

Sansa (D) 321
sansa (I) 321
santo (I) 3248
sapo (E) 322
Sapo (D) 322
sapo (F) 322
sapo cubano (I) 322
sarabanda (I) 2542
sarabande (E) 2542
Sarabande (D) 2542
sarabande (F) 2542
sarcastic (E) 1539
sarcastico (I) 1539
sarcastique (F) 1539
sardana (E) 2543
sardana (I) 2543
Sardane (D) 2543
sardane (F) 2543
sarkastisch (D) 1539
sarrusofono (I) 170
Sarrusophon (D) 170
sarrusophone (E) 170
sarrusophone (F) 170
sassofonista (I) 3475
sassofono (I) 171
sassofono baritono (I) 172
sassofono basso (I) 173
sassofono contralto (I) 174
sassofono soprano (I) 175
sassofono tenore (I) 176
Sattel (D) 71
Satz (D) 2069
Satz (D) 2122
Satz (D) 3051
sauber (D) 3202
saut (F) 3247
sauté (F) 110
sauter (F) 2749
sautereau (F) 451
sautillé (F) 90
sautillé (F) 111
sauvage (F) 1556
saw tooth (E) 510
saxhorn (E) 160
saxhorn contrebasse (F) 193
Saxophon (D) 171
saxophone (E) 171
saxophone (F) 171
saxophone alto (F) 174
saxophone baryton (F) 172
saxophone basse (F) 173
saxophone soprano (F) 175
saxophone ténor (F) 176
Saxophonist (D) 3475
saxophonist (E) 3475
saxophoniste (F) 3475
sbagliato (I) 3249
sbaglio (I) 3250
scacciapensieri (I) 323
scala (I) 2195
scala esatonale (I) 2196
scale (E) 2195
scambio (I) 3251
scappamento (I) 452
scarcely (E) 1743
scat (E) 3934
scatola (I) 3252
scatola dell'altoparlante (I) 580
scatola musicale (I) 488
scattante (I) 1540
scelta (I) 3253
scemando (I) 942
scena (I) 3254
scenario (I) 3255
scénario (F) 3255
scène (F) 3146
scene (E) 3254
scène (F) 3254
scenery (E) 3255
scenografia (I) 3256
scenography (E) 3256
Schachtel (D) 3252
Schall (D) 592
Schall (D) 2228
Schall (D) 3293
Schallbecher (D) 206
Schallbecher (D) 219
Schalldose (D) 511

schallend (D) 1528
schallend (D) 1611
Schallkasten (D) 40
Schallplatte (D) 513
Schallstärke (D) 613
Schallstück (D) 219
Schalltrichter hoch (D) 244
Schallwandler (D) 594
Schalmei (D) 127
Schalmei (D) 195
Schalttafel (D) 562
scharf (D) 1427
scharf (D) 1468
scharf (D) 1721
Schauspiel (D) 3291
Schauspieler (D) 2844
Schauspieler (D) 3444
Schauspielerin (D) 2845
Scheide (D) 238
Scheinwerfer (D) 3227
Schelle (D) 329
Schellenbaum (D) 308
Schellengeläute (D) 328
Schellentrommel (D) 332
scherno (con) (I) 1541
Scherz (D) 3257
scherzando (I) 1542
scherzend (D) 1070
scherzend (D) 1419
scherzend (D) 1542
scherzend (D) 1543
scherzetto (I) 2544
scherzhaft (D) 1071
scherzhaft (D) 1246
scherzino (I) 2544
scherzo (I) 3257
scherzoso (I) 1543
schiarirsi la gola (I) 2751
schiarirsi la voce (I) 645
Schichtung (D) 2219
schiena (I) 3429
schietto (I) 1544
Schifferklavier (D) 408
schizzo (I) 3258
Schlacht (D) 2351
schlaff (D) 876
schlaff (D) 1412
Schlag (D) 385
Schlag (D) 1762
Schlag (D) 1989
Schlagbaß (D) 15
Schlagbrett (D) 63
schlagen (D) 391
schlagen (D) 2615
Schlager (D) 2381
Schlager (D) 3327
Schlagfell (D) 365
Schlaggitarre (D) 11
Schlaginstrumente (D) 3318
Schlagstäbe (D) 286
Schlagzeug (D) 260
Schlagzeuger (D) 3446
Schlangenbaß (D) 177
schlauerweise (D) 1270
schlechter Taktteil (D) 2241
Schlegel (D) 355
Schlegel (D) 370
Schleifer (D) 1955
Schleifer (D) 2046
schleppen (D) 2775
schleppen (D) 2792
schleppend (D) 795
schleppend (D) 841
schleppend (D) 857
schleppend (D) 860
schleunig (D) 776
schleunig (D) 777
schleunig (D) 778
schleunig (D) 785
schlicht (D) 1544
schließen (D) 2635
Schlitztrommel (D) 338
schluchzen (D) 2759
schluchzend (D) 698
Schlüssel (D) 2007
Schluß (D) 1800
Schlußkadenz (D) 1999
Schlußsatz (D) 2020

Schlußsatz (D) 2432
Schlußsatz (D) 2986
Schlußstück (D) 2432
Schlußstück (D) 2986
Schlußteil (D) 1760
schmachtend (D) 1314
schmachtend (D) 1368
schmachtend (D) 1367
schmächtig (D) 1199
schmächtig (D) 1300
schmähend (D) 1352
schmeichelnd (D) 1386
schmelzend (D) 1275
schmerzend (D) 1172
schmerzerfüllt (D) 1166
schmerzlich (D) 963
schmerzlich (D) 1174
schmettern (D) 252
Schnabel (D) 204
Schnarre (D) 317
Schnarrsaite (D) 366
schnaubend (D) 1257
Schnecke (D) 68
schneiden (D) 2785
schnell (D) 772
schnell (D) 774
schnell (D) 777
schnell (D) 778
schneller (D) 814
Schneller (D) 2116
schneller oder langsamer als Andante (D) 739
schneller Schlußteil (D) 2222
Schnitt (D) 596
Schnitt (D) 3332
schön (D) 2864
schöner Gesang (D) 667
Schönheit (D) 2863
school (E) 3263
school music (E) 3095
schöpferisch (D) 2918
Schottischer (D) 2545
schränken (D) 399
schrapen (D) 392
Schraube (D) 242
Schraube (D) 3376
schrecklich (D) 1640
schrecklich (D) 1663
schreiben (D) 2752
schreien (D) 2677
schreiend (D) 1675
schrill (D) 1623
Schritt (D) 2077
Schritt (D) 3156
schrittweise (D) 2023
schüchtern (D) 1644
Schule (D) 3263
Schüler (D) 2819
Schülerin (D) 2819
Schulmusik (D) 3095
Schulter (D) 3431
Schulterstütze (D) 73
schütteln (D) 396
Schüttelrohr (D) 325
schwach (D) 873
schwach (D) 1231
schwacher Taktteil (D) 2241
schwächer werdend (D) 921
schwächer werdend (D) 938
schwächlich (D) 1125
Schwammschlegel (D) 360
schwankend (D) 1676
schwankend (D) 1677
schwankendes Tempo (D) 792
Schwanz (D) 1760
schwärmerisch (D) 1214
Schwebung (D) 500
Schwebung (D) 555
schweige (D) 1912
schweigen (D) 1913
schweigen (D) 2784
Schweigen (D) 3272
Schwellkasten (D) 428
schwer (D) 1304
schwerer Taktteil (D) 2242
schwerfällig (D) 1462
schwermütig (D) 1394
Schwerpunkt (D) 1951

schwierig (D) 2928
Schwierigkeit (D) 2929
schwingen (D) 2800
Schwingung (D) 555
Schwingung (D) 611
Schwingung (D) 3373
Schwingungserzeuger (D) 554
Schwirrholz (D) 301
scie musicale (F) 324
sciolto (I) 1545
sconsolato (I) 1546
scoperto (I) 395
scoppiante (I) 1547
scoramento (con) (I) 1548
scordato (I) 3259
scordato (I) 3303
scordatura (E) 112
scordatura (F) 112
scordatura (I) 112
score (E) 3152
score (E) 3287
scorrendo (I) 1549
scorretto (I) 3260
scorrevole (I) 1550
scotch snap (E) 2189
Scottish dance (E) 2545
scozzese (I) 2545
scraper (E) 298
scraper (E) 318
screw (E) 242
screw (E) 3376
scrittura (I) 3261
scrivere (I) 2752
scrivere della musica (I) 2753
scrivere delle note (I) 2753
scroll (E) 68
scrupoloso (I) 3262
scrupuleux (F) 3262
scrupulous (E) 3262
scuola (I) 3263
scuola di balletto (I) 3264
scuola di coro (I) 3265
scuola di musica (I) 3266
scuola viennese (I) 3267
scuotere (I) 396
scurire (I) 581
scurire (I) 646
scuro (I) 1551
sdegno (con) (I) 1552
sdegnoso (I) 1553
se (I) 1885
se bisogna (I) 1886
se concentrer (F) 2639
se détendre (F) 2654
se perfectionner (F) 2707
se relaxer (F) 2735
se souvenir (F) 2732
se taire (F) 1913
se taire (F) 2784
seadreamy (E) 3759
season (E) 3294
season (E) 3296
sec (F) 1554
secco (I) 1554
Sechzehntel (D) 2312
sechzehntel Pause (D) 2319
second (E) 2323
second corps (F) 221
second theme (E) 2198
second thème (F) 2198
seconda (I) 2323
secondaire (F) 2197
secondario (I) 2197
secondary (E) 2197
secondary accent (E) 1953
secondary dominant (E) 2045
secondary subject (E) 2198
seconde (F) 2323
secondo tema (I) 2198
secouer (F) 396
section (E) 3935
secular (E) 3188
secular cantata (E) 2366
secular music (E) 3099
sedate (E) 1478
sedate (E) 1479
sedately (E) 3758
sedere (I) 3430

sedicesimo (I) 2312
seducente (I) 1555
seductive (E) 1555
séduisant (F) 1555
see (E) 1941
sega (I) 324
segnale d'intervallo (I) 3268
segno (I) 1887
segno (I) 2199
segno d'espressione (I) 2200
segno di ripetizione (I) 2202
segno di ritornello (I) 2202
segno dinamico (I) 2201
segreta (I) 453
segue (I) 1888
seguire (I) 2754
seguite (I) 1889
seguito (I) 3269
sehr (D) 1745
sehr (D) 1784
sehr (D) 1840
sehr betont (D) 889
sehr genau (D) 1909
sehr gut! (D) 2870
sehr langsam (D) 732
sehr langsam (D) 757
sehr langsam (D) 761
sehr langsam (D) 763
sehr laut (D) 878
sehr lebhaft (D) 736
sehr lebhaft (D) 799
sehr leise (D) 891
sehr rhythmisch (D) 871
sehr sanft (D) 1170
sehr schnell (D) 773
sehr viel (D) 1839
Seite (D) 3144
Seitenbewegung (D) 2120
Seitenthema (D) 2198
seizième de soupir (F) 2321
Sekunde (D) 2323
Selbstlaut (D) 712
Selbstlaut (D) 3377
selection (E) 2521
selection (E) 3253
sella (I) 71
seltsam (D) 1617
selvaggio (I) 1556
semblable (F) 1896
semibiscroma (I) 2314
semibreve (I) + (E) 2308
semibreve rest (E) 2315
semicroma (I) 2312
semiminima (I) 2310
semiquaver (E) 2312
semiquaver rest (E) 2319
semitone (E) 2203
semitono (I) 2203
semplice (I) 1557
semplicemente (I) 1558
semplicità (con) (I) 1559
semplificare (I) 2755
semplificato (I) 3270
sempre (I) 1890
sempre più animato (I) 823
Sendung (D) 3352
senken (D) 2581
senkrecht (D) 2268
Senkung (D) 2246
sens (F) 3271
sense (E) 3271
sensibile (I) 2204
sensibilità (con) (I) 1560
sensibilmente (I) 1561
sensible (F) 2204
sensiblement (F) 1561
sensiblement plus... (F) 3608
sensitively (E) 1561
senso (I) 3271
sensual (E) 1562
sensuale (I) 1562
sensuel (F) 1562
sentimental (E) + (F) 1563
sentimentale (I) 1563
sentimento (con) (I) 1564
sentir (F) 2756
sentire (I) 2756
sentito (I) 1565

senza (I) 1891
senza cambiare (I) 1892
senza fretta (I) 782
senza misura (I) 783
senza replica (I) 1893
senza sordina (I) 113
senza strascicare (I) 784
senza trascicare (I) 784
separare (I) 2757
separated (E) 1894
separato (I) 114
separato (I) 1894
séparé (F) 1894
séparer (F) 2757
septet (E) 2548
Septett (D) 2548
septième (F) 2328
septième de dominante (F) 2209
Septime (D) 2328
Septole (D) 2210
septolet (F) 2210
septuor (F) 2548
septuplet (E) 2210
sequence (E) 2205
sequence (F) 2205
sequencer (E) 582
Sequencer (D) 582
sequencer (F) 582
sequencer (I) 582
Sequenz (D) 2205
sequenza (I) 2205
serafico (I) 1566
seraphic (E) 1566
séraphique (F) 1566
serein (F) 1568
serenade (E) 2546
sérénade (F) 2546
serenata (I) 2546
serene (E) 1568
serenità (con) (I) 1567
sereno (I) 1568
serial music (E) 3106
série (F) 2206
serie (I) 2206
série de trilles (F) 673
serielle Musik (D) 3106
series (E) 2206
serietà (con) (I) 1569
sérieux (F) 1570
serio (I) 1570
serious (E) 1570
serious music (E) 3105
serious opera (E) 2495
serpent (E) 177
serpent (F) 177
Serpent (D) 177
serpentone (I) 177
serrando (I) 824
serrato (I) 825
serré (F) 825
serré (F) 829
sessantaquattresimo (I) 2314
sesta (I) 2327
sesta napolitana (I) 2207
sestetto (I) 2547
sestina (I) 2208
set (E) 3255
settima (I) 2328
settima di dominante (I) 2209
settimina (I) 2210
settiminio (I) 2548
setzen (D) 2695
setzen Sie fort (D) 1773
seufzen (D) 2766
seufzend (D) 1600
Seufzer (D) 702
Seufzer (D) 3285
seul (F) 1900
seul (F) 3280
seulement (F) 1901
seventh (E) 2328
severe (E) 1572
sévère (F) 1572
severità (con) (I) 1571
severo (I) 1572
Sexte (D) 2327
sextet (E) 2547
Sextett (D) 2547

Sextole (D)	2208
sextolet (F)	2208
sextuor (F)	2547
sextuplet (E)	2208
sfarzo (con) (I)	1573
sfarzoso (I)	1574
sfavillante (I)	1575
sferzando (I)	901
sfidando (I)	1576
sfiorare (I)	583
sfiorare (I)	2758
sfogato (I)	1577
sfoggiando (I)	1578
sfolgorante (I)	1579
sforzando (I)	1580
sforzato (I)	902
sforzato (I)	1580
sfregare (I)	397
sfrenato (I)	1581
sfumato (I)	1582
sgabello (I)	454
sgomento (con) (I)	1583
shaded (E)	1582
shake (E)	2114
shake (E)	2261
shaken (E)	1921
shaker (I)	325
shaker (E)	325
shank (E)	227
sharp (E)	1468
sharp (E)	1622
sharp (E)	2038
shawm (E)	127
sheet (E)	2988
shell (E)	367
shell (E)	369
shift (E)	93
shimmering (E)	3760
short (E)	1755
short (E)	1776
short appoggiatura (E)	1954
short aria (E)	2342
shoulder (E)	3431
shoulder rest (E)	73
shout 1930 (E)	3936
shouting (E)	1675
show (E)	3291
showing off (E)	1578
shrill (E)	1611
shrill (E)	1623
shrill (E)	1721
shuffle (E)	3937
shuffling (E)	3761
si (F)	1885
Si (F)	2303
Si (I)	2303
Si bémol (F)	2305
Si bemolle (I)	2305
si cela est possible (F)	1872
Si dièse (F)	2304
Si diesis (I)	2304
Si doppio bemolle (I)	2307
Si doppio diesis (I)	2306
Si double bémol (F)	2307
Si double dièse (F)	2306
si leva (I)	1895
si nécessaire (F)	1886
sibillino (I)	1584
sich besänftigend (D)	835
sich besänftigend (D)	922
sich entfernen (D)	2593
sich entfernend (D)	925
sich erinnern (D)	2732
sich erschöpfend (D)	836
sich hingebend (D)	950
sich konzentrieren (D)	2639
sich räuspern (D)	645
sich räuspern (D)	2751
sich verlierend (D)	939
sich vervoll-kommnen (D)	2707
sich wohl fühlend (D)	1108
Sicht (D)	3375
siciliana (I)	2549
siciliana (E)	2549
sicilienne (F)	2549
side (E)	58
sidedrum (E)	340

siegreich (D) 1701
siehe (D) 1941
siffler (F) 2670
sifflet (F) 149
sigh (E) 702
sigh (E) 3285
sighing (E) 1600
sight (E) 3375
sign (E) 1887
sign (E) 2199
signal d'entracte (F) 3268
Signalhorn (D) 138
signe (F) 1887
signe (F) 2199
signe d'expression (F) 2200
signe d'interprétation (F) 2200
signe de liaison du phrasé (F) 2089
signe de répétition (F) 2202
signe de tenue (F) 2090
signe dynamique (F) 2201
Silbe (D) 3273
silence (F) 2211
silence (E) 3272
silence (F) 3272
silencieux (F) 1585
silent (E) 1585
silent (E) 1913
silenzio (I) 2211
silenzio (I) 3272
silenzioso (I) 1585
sillaba (I) 3273
sillet (F) 39
sillet (F) 71
sillet (F) 77
simbolo (I) 3274
similar (E) 1896
simile (I) 1896
simple (E) 1544
simple (F) 1544
simple (E) 1557
simple (F) 1557
simple time (E) 1991
simplement (F) 1558
simplifié (F) 3270
simplified (E) 3270
simplifier (F) 2755
simply (E) 1558
simultané (F) 3275
simultaneo (I) 3275
simultaneous (E) 3275
sin (I) 1897
sincere (E) 1586
sincère (F) 1586
sincero (I) 1586
sincope (I) 2212
sincronizzazione (I) 584
sine tone (E) 593
sine-wave generator (E) 528
sinfonia (I) 2499
sinfonia (I) 2550
sinfonia concertante (E) 2551
sinfonia concertante (I) 2551
Sinfonie (D) 2550
Sinfoniekonzert (D) 2401
Sinfoniekonzert (D) 2905
Sinfonieorchester (D) 3136
sinfonische Dichtung (D) 2517
singen (D) 2627
singend (D) 1084
singende Säge (D) 324
singer (E) 3447
singhiozzando (I) 698
singhiozzare (I) 2759
singing (E) 1084
single manual (E) 469
single tonguing (E) 247
Singsaite (D) 38
sinister (E) 1587
sinistre (F) 1587
sinistro (I) 1587
sinken (D) 2623
Sinn (D) 3271
sinnend (D) 1400
sinnlich (D) 1562
sino (I) 1897
sino al (I) 1898
sintesi del suono (I) 586

sintetizzatore (I) 585
Sinuston (D) 593
Sinustongenerator (D) 528
siparietto (I) 3276
sipario (I) 3277
siren (E) 326
sirena (I) 326
Sirene (D) 326
sirène (F) 326
sirène de brume (F) 288
siringa (I) 152
sistema tonale (I) 2213
sistre (F) 327
sistro (I) 327
sistrum (E) 327
Sistrum (D) 327
sitar (E) 25
Sitar (D) 25
sitar (I) 25
sitar (F) 25
sixte (F) 2327
sixte néapolitaine (F) 2207
sixteenth note (E) 2312
sixteenth note rest (E) 2319
sixth (E) 2327
sixty-fourth note (E) 2314
sixty-fourth note rest (E) 2321
Siziliano (D) 2549
sizzle cymbals (E) 312
ska 1950 (E) 3938
sketch (E) 3258
skiffle (E) 3894
skin (E) 365
skin (E) 376
skip (E) 3247
skip (E) 3762
Skizze (D) 3258
Skordatur (D) 112
sky (E) 2887
slancio (con) (I) 1588
slap bass (E) 15
slargando (I) 854
Slavonic dance (E) 2415
slawischer Tanz (D) 2415
slegato (I) 903
sleigh bells (E) 328
slender (E) 1199
slentando (I) 855
slide (E) 224
slide (E) 1955
slide (E) 2046
slide casing (E) 238
slide trombone (E) 190
slide trumpet (E) 185
sliding (E) 881
slinky (E) 3763
slit drum (E) 338
slow (E) 731
slow (E) 764
slow (E) 789
slow doo-wop tempo (E) 3764
slower (E) 847
slower (E) 851
slowing down (E) 841
slowing down (E) 846
slowing down (E) 850
slowly (E) 762
slowly but moving (E) 3765
slur (E) 2088
smania (con) (I) 1589
smanioso (I) 1590
smear (E) 3939
smettere (I) 2760
smiling (E) 1512
smiling (E) 1523
sminuendo (I) 943
smooth (E) 1382
smooth (E) 1603
smorzando (I) 944
smorzare (I) 2761
smorzato (I) 904
smorzo (I) 455
snappish (E) 3766
snappy (E) 3767
snare (E) 366
snare drum (E) 340
snuff box (E) 488
so (E) 1916

so gut es geht (D) 1731
so laut wie möglich (D) 893
so leise wie möglich (D) 894
so much (E) 1916
so sehr (D) 1916
so viel (D) 1916
so viel wie (D) 1878
so viel wie möglich (D) 1810
soave (I) 1591
sobbing (E) 698
sobrietà (con) (I) 1592
società di canto (I) 661
sociéte chorale (F) 661
socle (F) 81
sodann folgt (D) 1870
soffiare (I) 2762
soffio (I) 699
soffio (I) 3278
sofort (D) 1911
sofort umblättern (D) 1943
soft (E) 892
soft (E) 1167
soft (E) 1412
soft (E) 1416
soft attack (E) 663
soft pedal (E) 445
soft pedal (E) 3768
soft rock 1970 (E) 3940
softening (E) 923
softening (E) 1500
soggetto (I) 2214
sognante (I) 1593
sognare (I) 2763
sogno (I) 2552
soigneusement (F) 958
soigneusement (F) 960
soigneusement (F) 1720
Sol (F) 2293
Sol (I) 2293
Sol bémol (F) 2295
Sol bemolle (I) 2295
Sol dièse (F) 2294
Sol doesis (I) 2294
Sol doppio bemolle (I) 2297
Sol doppio diesis (I) 2296
Sol double bémol (F) 2297
Sol double dièse (F) 2296
solch (D) 1914
sold out (E) 2957
solemn (E) 1594
solenne (I) 1594
solennel (F) 1594
solennità (con) (I) 1595
solfège (F) 700
solfège (F) 2215
solfeggio (I) 700
solfeggio (I) 2215
Solfeggio (D) 700
Solfeggio (D) 2215
soli (I) 1900
solid voice (E) 722
solidly (E) 3769
Solist (D) 3279
Solist (D) 3476
solista (I) 3279
solista (I) 3476
soliste (F) 3279
soliste (F) 3476
Solistin (D) 3279
solito (I) 1899
sollecitando (I) 826
sollecito (I) 785
Solmisation (D) 701
solmisation (F) 701
Solmisation (D) 2216
solmisation (F) 2216
solmisazione (I) 701
solmisazione (I) 2216
solmization (E) 701
solmization (E) 2216
solo (I) 1900
solo (I) 3280
solo instrument (E) 3326
Soloinstrument (D) 3326
soloist (E) 3279
soloist (E) 3476
soltanto (I) 1901
sombre (F) 1122

sombre (F) 1249
sombre (F) 1438
sombre (F) 1551
sombre (F) 1642
some (E) 1732
somewhat (E) 3770
somewhat faster and lighter than Adagio (E) 729
somewhat freely (E) 749
somewhat hurrying (E) 3771
somewhat quicker and lighter than largo (E) 759
somewhat quicker or slower than andante (E) 739
somiere (I) 456
sommesso (I) 1596
sommier (F) 456
sommo (I) 1902
somptueux (F) 1598
son (F) 592
son (F) 2228
son (F) 3328
son fondamental (F) 2229
son sinussoidale (F) 593
sonagliera (I) 328
sonaglio (I) 329
sonata (I) 2553
sonata (E) 2553
sonata da camera (I) 2554
sonata da chiesa (I) 2555
sonata per pianoforte (I) 2556
Sonate (D) 2553
sonate (F) 2553
sonate d'église (F) 2555
sonate de chambre (F) 2554
sonate pour piano (F) 2556
sonatina (E) 2557
sonatina (I) 2557
Sonatine (D) 2557
sonatine (F) 2557
sonderbar (D) 1062
song (E) 2378
song (E) 2381
song whistle (E) 292
song without words (E) 2539
songbook (E) 3209
sonnailles (F) 328
sonnerie (F) 3293
sonore (F) 1597
sonorità (I) 3281
sonorité (F) 3281
sonority (E) 3281
sonoro (I) 1597
sonorous (E) 1597
sons harmoniques (F) 2231
sons naturels (F) 2232
sons ouverts (F) 2232
sons partiels (F) 2233
sontuoso (I) 1598
sophisticated (E) 3772
sopprimere (I) 2764
sopra (I) 1903
Sopran (D) 647
Sopranblockflöte (D) 156
sopranino recorder (E) 155
Sopraninoblockflöte (D) 155
Sopranistin (D) 647
soprano (F) 647
soprano (I) 647
soprano (E) 647
soprano clarinet (E) 129
soprano dramatique lyrique d'agilité (F) 651
soprano dramatique (F) 648
soprano drammatico (I) 648
soprano léger (F) 649
soprano leggero (I) 649
soprano lirico (I) 650
soprano lirico spinto (I) 651
soprano lyrique (F) 650
soprano recorder (E) 156
soprano saxophone (E) 175
Sopransaxophon (D) 175
sopratutto (I) 3282
sordina (I) 380
sordina (I) 1904
sordina a cappello (I) 229
sordina a doppio cono (I) 230

sordina di cartone (I) 231
sordina di metallo (I) 232
sordina diritta (I) 233
sordina hush-hush (I) 234
sordina wawa (I) 235
sordino (I) 72
sordino (I) 1904
sordo (I) 3283
sordone (I) 178
sordun (E) 178
Sordun (D) 178
sordun (F) 178
sorgfältig (D) 958
sorgfältig (D) 960
sorgfältig (D) 1720
sorglos (D) 1424
sorpresa (I) 3284
sorridere (I) 2765
sorrowful (E) 957
sortant de la brume (F) 3611
sortie (F) 608
sortie (F) 3361
sorvolando (I) 1599
sospirando (I) 1600
sospirare (I) 2766
sospiro (I) 702
sospiro (I) 3285
sostenere (I) 703
sostenere (I) 2767
sostenuto (I) 786
sostituire (I) 2768
sostituzione delle dita (I) 480
sostituzione enarmonica (I) 2217
sotto (I) 1905
sotto la direzione di ... (I) 3286
sottodominante (I) 2218
sottovoce (I) 905
soubrette (E) 704
Soubrette (D) 704
soubrette (F) 704
soubrette (I) 704
soudain (F) 1813
soudain (F) 1880
souffle (F) 699
souffle (F) 2982
souffle (F) 3278
souffler (F) 2762
souffler (F) 2780
soufflet (F) 439
Souffleur (D) 3477
souffleur (F) 3477
soufflieren (D) 2780
soul 1950 (E) 3941
soumis (F) 1596
sound (E) 592
sound (E) 2228
sound (E) 3328
sound (E) 3942
sound board (E) 460
sound control (E) 505
sound duration (E) 2052
sound effect (E) 516
sound engineer (E) 3478
sound mixer (E) 540
sound mixture (E) 548
sound moderation (E) 609
sound modulation (E) 602
sound picture (E) 3010
sound post (E) 33
sound production (E) 559
sound sampler (E) 587
sound sampler (memorizzazione del suono) (I) 587
Sound Sampler (D) 587
sound shaping (E) 602
sound storage (E) 539
sound transducer (E) 594
sound-board (E) 456
sound-hole (E) 57
sounding as written (E) 1824
soundsampler (F) 587
soundtrack (E) 504
soupape (F) 465
soupir (F) 643
soupir (F) 702
soupir (F) 2317
soupir (F) 3285
soupirer (F) 2766

sourd (F) 390
sourd (F) 3283
sourdement agité (F) 3609
sourdine (F) 72
sourdine (F) 380
sourdine (F) 445
sourdine (F) 455
sourdine (F) 1904
sourdine à calotte (F) 229
sourdine à calotte (F) 234
sourdine à double cône (F) 230
sourdine droite (F) 233
sourdine durant toute la pièce (F) 3610
sourdine en carton (F) 231
sourdine en métal (F) 232
sourdine wa-wa (F) 235
sourir (F) 2765
sous la direction de ... (F) 3286
sous-dominante (F) 2218
sousafono (I) 179
Sousaphon (D) 179
sousaphone (E) 179
sousaphone (F) 179
soutenir (F) 703
soutenir (F) 2767
soutenu (F) 786
souvent (F) 1906
souvent (F) 3290
sovente (I) 1906
sovrapposizione (I) 2219
space (E) 2220
spacieux (F) 1601
spacious (E) 1601
spalla (I) 3186
spalla (I) 3431
spalliera (I) 73
spanischer Tanz (D) 2416
Spanish dance (E) 2416
spannen (D) 399
Spannung (D) 612
Spannung (D) 3341
sparkling (E) 1575
spartito (I) 3287
spazio (I) 2220
spazioso (I) 1601
spazzole (I) 381
spazzolino metallico (I) 330
speaker cabinet (E) 580
speaking (E) 1445
special (E) 3288
spécial (F) 3288
special effects equipment (E) 591
speciale (I) 3288
specification (E) 471
spectacle (F) 3291
spectre (F) 588
spectrum (E) 588
spedendo (I) 827
spedito (I) 787
speech (E) 100
speech song (E) 671
speed (E) 2238
speed (E) 3366
spegnendo (I) 945
spegnere (I) 2769
Speicherung (D) 538
Spektrum (D) 588
spensierato (I) 1602
spento (I) 906
speranza (I) 3289
spesso (I) 1906
spesso (I) 3290
spettacolo (I) 3291
spettro (I) 588
spezial (D) 3288
spezzato (I) 1907
spia (I) 3292
spianato (I) 1603
spiccato (I) 115
spiegando (I) 919
spiegare (I) 2770
spiegata (I) 666
spiegato (I) 1604
Spielblättchen (D) 64
Spieldauer (D) 2946
Spieldose (D) 488
spielen (D) 120

spielen (D) 2781
Spielleiter (D) 3473
Spielplan (D) 2879
Spielplan (D) 3218
Spieltisch (D) 430
Spieluhr (D) 492
Spielzeit (D) 3296
spigliatezza (con) (I) 1605
spigliato (I) 1606
spike (E) 67
spiky (E) 1468
spinet (E) 417
Spinett (D) 417
spinetta (I) 417
spingendo (I) 828
spingere (I) 2771
spinnend (D) 1236
spinning (E) 1236
spirando (I) 856
spirited (E) 1066
spirited (E) 1608
spirited (E) 3773
spirito (con) (I) 1607
spiritoso (I) 1608
spirituel (F) 1608
spirituoso (I) 1608
Spitzdämpfer (D) 233
Spitze (D) 66
Spitze (D) 3203
sponge-headed stick (E) 360
spontan (D) 1609
spontané (F) 1609
spontaneo (I) 1609
spontaneous (E) 1609
spooky (E) 3774
spotlight (E) 3227
spottend (D) 1085
spöttisch (D) 1057
spread out (E) 1604
Sprechchor (D) 684
sprechen (D) 2705
sprechend (D) 1445
Sprecher (D) 3119
Sprechgesang (D) 671
sprightly (E) 1700
sprightly (E) 3775
Springbogen (D) 89
springen (D) 2749
Springer (D) 451
springing (bowing) (E) 89
springing (E) 90
springing (E) 111
Sprung (D) 3247
squarciato (I) 1610
square dance (E) 3943
squillante (I) 1611
squillo (I) 3293
Stabglockenspiel (D) 267
stabile (I) 1612
stable (F) 1612
staccare (I) 2772
staccato (I) 114
staccato (I) 481
staccato (I) 907
staccato volant (F) 89
Stachel (D) 67
staff (E) 2150
stage (E) 3146
stage (E) 3254
stage direction (E) 3213
stage fright (E) 3157
staggering (E) 1054
staggering (E) 1677
stagione (I) 3294
stagione concertistica (I) 3295
stagione teatrale (I) 3296
Stahlplatte (D) 300
Stahlsaite (D) 47
stalls (E) 3167
stammelnd (D) 1050
stammering (E) 1050
stamp out (E) 3776
stampa (I) 3297
stampa musicale (I) 3298
stance (F) 2558
stanchezza (con) (I) 1613
stanco (I) 1370
standard (E) 3944

Ständchen (D)	2546
stanghetta (I)	2221
stanza (E)	2558
Stanza (D)	2558
stanza (I)	2558
stanza (E)	3307
staple (E)	240
star (E)	3301
stark (D)	877
stark betonend (D)	879
stark betont (D)	880
stark hervorgehoben (D)	902
starker Taktteil (D)	2242
starr (D)	1285
stately tempo (E)	3777
Statist (D)	2896
Statistin (D)	2896
stato d'anima (I)	3300
stave (E)	2150
steadily (E)	3778
steady (E)	1118
steady (E)	1223
steady (E)	1612
steady walking (E)	3779
stealthily (E)	1344
stealthy (E)	3780
steaming (E)	3781
stecca (I)	3123
stecca (I)	3299
Stecher (D)	3462
steel bands (E)	3945
steel brushes (E)	381
steel drum (E)	339
steel plate (E)	300
steel string (E)	47
Steel-Drum (D)	339
steel-drum (F)	339
Steg (D)	65
steif (D)	1515
Steinspiel (D)	302
stella (I)	3301
Stelle (D)	1827
Stelle (D)	3155
Stelle (D)	3171
stellen (D)	2695
Stellung (D)	3170
stem (E)	2074
Stempelflöte (D)	292
stentando (I)	857
stentato (I)	1614
step (E)	3156
step dance (E)	3347
step dance (E)	3956
Steptanz (D)	3347
sterbend (D)	843
stereo (E)	589
stereofonia (I)	589
stéréophonie (F)	589
Stereophonie (D)	589
stereophony (E)	589
Stern (D)	3301
steso (I)	1615
stesso (I)	1908
Stichnote (D)	2132
stick (E)	355
stick (E)	2849
Stiefel (D)	228
Stielkastagnetten (D)	277
Stierhorn (D)	143
Stift (D)	240
Stil (D)	3302
stile (I)	3302
still (D)	1585
still (E)	1741
Stimmbalken (D)	41
Stimmbänder (D)	686
Stimmbildung (D)	619
Stimmbogen (D)	226
Stimmbruch (D)	634
Stimmbruch (D)	695
Stimme (D)	714
stimmen (D)	2588
Stimmer (D)	3440
Stimmfall (D)	627
Stimmführung (D)	2022
Stimmgabel (D)	2923
Stimmgattung (D)	674

Stimmlage (D) 3215
Stimmlage (D) 642
stimmlos (D) 657
Stimmpfeife (D) 2924
Stimmstock (D) 33
Stimmtechnik (D) 706
Stimmumfang (D) 622
Stimmung (D) 2086
Stimmung (eines Instrumentes) (D) 2812
Stimmung (D) 3300
Stimmungsmusik (D) 3062
stinto (I) 946
stiracchiando (I) 858
stirando (I) 859
Stirn (D) 3397
stizzito (I) 1616
Stockfagott (D) 169
stöhnen (D) 2674
stolz (D) 1002
stolz (D) 1233
stolz (D) 1235
stolz (D) 1436
stolz (D) 1627
stomach (E) 3432
stomaco (I) 3432
stomp (E) 3946
stonare (I) 705
stonare (I) 2773
stonato (I) 3303
stone discs (E) 302
stop (E) 450
stopped (E) 245
storage (E) 538
storia della musica (I) 3304
storico (I) 3305
stormy (E) 1072
stormy (E) 1632
Stoß (D) 1762
stoßen (D) 2771
stoßend (D) 828
stottern (D) 2613
straff (D) 1641
strahlend (D) 1501
straight (E) 3782
straight (E) 3947
straight mute (E) 233
strained (E) 3783
strainer (E) 382
strange (E) 1617
strano (I) 1617
strapontin (F) 3306
strappare (I) 2774
strappato (I) 116
strapuntino (I) 3306
strascicare (I) 2775
strascinando (I) 860
stravagante (I) 1618
straziante (I) 1619
street band (E) 3909
street organ (E) 491
Streicher (D) 2833
Streichinstrumente (D) 3313
Streichorchester (D) 3132
Streichquartett (D) 2527
Streichrad (D) 70
streifen (D) 2758
streifend (D) 117
streng (D) 1515
streng (D) 1518
streng (D) 1572
streng im Takt (D) 751
streng im Takt (D) 1733
strength of tone (E) 2993
strengthened (E) 917
strengthening (E) 916
strepito (con) (I) 1620
strepitoso (I) 1621
stress (E) 1951
stretched (E) 1162
stretched (E) 1615
stretching (E) 859
stretta (I) 2222
strettamente (I) 1909
strette (F) 2222
strette (F) 2223
stretto (I) 829
stretto (E) 2222

stretto (I) + (E) 2223
Strichart (D) 85
strict (E) 3784
strictement (F) 1909
strictly (E) 1909
strictly in time (E) 1733
strident (F) 1622
stridente (I) 1622
stridulo (I) 1623
striker (E) 355
striking reed (E) 198
strimpellare (I) 2776
string (E) 44
string drum (E) 280
string holder (E) 53
string orchestra (E) 3132
string quartet (E) 2527
string section (E) 2833
stringed instruments (E) 3314
stringendo (I) 830
strisciando (I) 117
strofa (I) 3307
stroke (E) 1762
stroke of the bow (E) 85
stroked in the middle (E) 384
stroll along (E) 3785
strong (E) 877
strong (E) 1529
strong and forceful (E) 3786
strong beat (E) 2242
strophe (E) + (F) 3307
Strophe (D) 3307
struck (E) 890
structure (E) 2225
structure (F) 2225
Struktur (D) 2225
strumentale (I) 3308
strumentare (I) 2777
strumentazione (I) 2224
strumentazione (I) 3309
strumentazione variabile (I) 3310
strumenti a corda (I) 3314
strumenti a fiato di legno (I) 3316
strumenti a fiato di ottone (I) 3317
strumenti a fiato (I) 3315
strumenti a percussione (I) 3318
strumenti a pizzico (I) 3319
strumenti a tastiera elettronica (I) 590
strumenti a tastiera (I) 3320
strumenti ad arco (I) 3313
strumenti generatori di effetti (I) 591
strumenti transpositori (I) 3321
strumentini (I) 3043
strumento (I) 3311
strumento a tastiera (I) 3322
strumento accompagnatore (I) 3312
strumento di basso continuo (I) 3323
strumento di fondamento (I) 3323
strumento elettrofono (I) 520
strumento melodico (I) 3324
strumento ritmico (I) 3325
strumento solistico (I) 3326
strut (E) 3787
strutting tempo (E) 3788
struttura (I) 2225
Stück (D) 2512
Stück (D) 2869
student song (E) 2375
Studentenlied (D) 2375
studiare (I) 2778
studieren (D) 2778
studio (F) 564
studio (transmitting station) (E) 564
studio (I) 2560
studio da concerto (I) 2559
study (E) 2560
Stufe (D) 2077
stufenweise (D) 1807
stufenweise (D) 2023
stumm (D) 635
stumm (D) 3118
stupore (con) (I) 1624
stürmisch (D) 1072

stürmisch (D) 1632
stürmisch (D) 1668
Stürze (D) 206
Stürze hoch (D) 244
stützen (D) 658
stützen (D) 703
stützen (D) 2767
stützend (D) 867
Stutzflügel (D) 415
style (E) 3302
style (F) 3302
style de chapelle (F) 1718
su (I) 1910
suave (E) 1591
suave (F) 1591
subdiviser (F) 2779
subdominant (E) 2218
Subdominante (D) 2218
subdued (E) 904
subduing (E) 944
subito (I) 1911
subject (E) 2214
Subjekt (D) 2214
sublime (E) 1625
sublime (F) 1625
sublime (I) 1625
submissive (E) 1596
subscription (E) 2802
substituer (F) 2768
substitution des doigts (F) 480
substitution enharmonique (F) 2217
subtle (E) 3789
succès (F) 3327
success (E) 3327
succession (E) 2226
succession (F) 2226
successione (I) 2226
successioni parallele (I) 2227
successions parallèles (F) 2227
successo (I) 3327
such (E) 1914
suchen (D) 2632
sudden (E) 1880
suddenly (E) 1783
suddenly (E) 1813
suddividere (I) 2779
suffering (E) 1171
sufficient (E) 1752
sufficienza (con) (I) 1626
suffisant (F) 1752
suggerire (I) 2780
suggeritore (I) 3477
suitably (E) 1806
suite (E) 2561
Suite (D) 2561
suite (F) 2561
suite (I) 2561
suite (F) 3269
suite anglaise (F) 2563
suite française (F) 2562
suite francese (I) 2562
suite inglese (I) 2563
suivez (F) 1889
suivre (F) 2754
sujet (F) 2214
sul (I) 1910
sul bordo (I) 398
sul ponticello (I) 119
sull'orlo (I) 398
sulla (I) 1910
sulla tastiera (I) 118
summen (D) 656
sumptuous (E) 1574
sumptuous (E) 1598
sung (E) 2381
suonare (I) 120
suonare (I) 482
suonare (I) 2781
suonare a memoria (I) 2782
suonare a prima vista (I) 2783
suoni armonici (I) 2231
suoni naturali (I) 2232
suoni parziali (I) 2233
suono (I) 592
suono (I) 2228
suono (I) 3328
suono fondamentale (I) 2229

suono simpatico (I) 2230
suono sinusoidale (I) 593
suono trasduttore (I) 594
superbe (F) 1627
superbo (I) 1627
superflu (F) 3329
superfluo (I) 3329
superfluous (E) 3329
supérieur (F) 3330
superimposition (E) 2219
superior (E) 3330
superiore (I) 3330
superposition (F) 2219
supplement (E) 3331
supplément (F) 3331
supplemento (I) 3331
suppliant (F) 1628
supplicando (I) 1628
supplichevole (I) 1628
supporti a lettura ottica (I) 595
supporting role (E) 2901
suppression du bruit (F) 574
supprimer (F) 2764
suprême (F) 1902
sur (F) 1910
sur la (F) 1910
sur la touche (F) 118
sur le (F) 1910
sur le bord (F) 398
surly (E) 1653
surprise (E) 3284
surprise (F) 3284
surtout (F) 3282
suspended cymbal (E) 316
suspended cymbal (E) 378
suspension (E) 2187
sussurrando (I) 1629
sustained (E) 786
sustained (E) 895
sustaining pedal (E) 444
sustaining pedal (E) 446
svanendo (I) 861
svegliando (I) 920
sveglio (I) 1630
svelte (F) 788
svelto (I) 788
sviluppo (I) 2234
sviscerato (I) 1631
svolgimento (I) 2234
swanee whistle (E) 292
swaying (E) 3790
sweet (E) 1167
sweet music (E) 3948
sweetening (E) 941
sweetening (E) 962
swell-box (E) 428
swift (E) 742
swift (E) 788
swift (E) 794
swift (E) 1374
swifter (E) 813
swiftly (E) 741
swiftly (E) 794
swing 1930 (E) 3949
swinging (E) 3791
swishing (E) 3792
switchboard (E) 562
sybillin (F) 1584
syllabe (F) 3273
syllable (E) 3273
symbol (E) 3274
Symbol (D) 3274
symbole (F) 3274
sympathetic string (E) 52
sympathetic tone (E) 2230
symphonic music (E) 3107
symphonic poem (E) 2517
symphonie (F) 2550
symphonie concertante (F) 2551
symphony (E) 2550
symphony concert (E) 2401
symphony concert (E) 2905
symphony orchestra (E) 3136
Synchronisation (D) 584
synchronisation (F) 584
synchronization (E) 584
syncopated music (E) 3950
syncopation (E) 2028

syncopation (E) 2212
syncope (F) 2212
Synkope (D) 2212
synthèse électronique (F) 586
synthesizer (E) 585
Synthesizer (D) 585
synthétiseur (F) 585
syrinx (F) 152
system (E) 2150
système tonal (F) 2213
Szene (D) 3254
tabatière à musique (F) 488
tablature (E) 2084
tablature (F) 2084
table (E) 78
table d'harmonie (F) 460
table d'harmonie (F) 78
table music (E) 3070
tableau de distribution (F) 562
tablette (F) 342
tabor (E) 333
tabouret de piano (F) 454
Tabulatur (D) 2084
tace (I) 1912
tacere (I) 2784
tacesi (I) 1912
tacet (L) 1913
taci (I) 1912
tadeln (D) 2647
Tafelmusik (D) 3070
Tag (E) 3951
Tagelied (D) 2332
tagliare (I) 2785
taglio (I) 596
taglio (I) 3332
taglio addizionale (I) 2235
tail (E) 1760
tail (E) 2018
tailpiece (E) 53
tailpin (E) 67
tais-toi (F) 1912
take away (E) 1895
take the damper away (E) 484
take time (E) 3793
taking away (E) 948
Takt (D) 1989
Takt (D) 2105
Takt halten (D) 2787
Takt schlagen (D) 2616
Taktart (D) 2239
Taktschlag (D) 1989
Taktstock (D) 2849
Taktstrich (D) 1985
Taktstrich (D) 2221
Taktwechsel (D) 2003
Taktzahl (D) 2133
tale (I) 1914
talent (E) 3333
talent (F) 3333
talento (I) 3333
talkbox (E) 3952
tallone (I) 74
tallone (I) 3433
talon (F) 74
talon (F) 3433
talonnant (F) 758
tam-tam (E) 343
tam-tam (F) 343
tam-tam (I) 343
Tam-tam (D) 343
tambour (F) 335
tambour (F) 336
tambour à friction (F) 280
tambour bongo (F) 262
tambour de basque (F) 332
tambour de bois (F) 338
tambour de cadre (F) 331
tambour de provence (F) 333
tambour en bois (F) 337
tambour militaire (F) 340
Tambourin (D) 333
tambourin (F) 334
tambourin à main (F) 331
tambourin basque (F) 332
tambourin provençal (F) 333
tambourine (E) 332
tambourine (E) 334
Tambourstab (D) 371

tamburello (I) 332
tamburello basco (I) 331
Tamburin (D) 332
Tamburin (D) 334
tamburino (I) 334
tamburino provenzale (I) 333
tamburo (I) 335
tamburo a cornice (I) 331
tamburo a frizione (I) 280
tamburo a mano (I) 336
tamburo basso (I) 332
tamburo di ferro (I) 339
tamburo di latta (I) 339
tamburo di legno (I) 337
tamburo di legno a fessura (I) 338
tamburo militare (I) 340
tamburo muto (I) 348
tangent (E) 457
Tangente (D) 457
tangente (F) 457
tangente (I) 457
tant (F) 1916
Tantiemen (D) 2934
tantièmes (F) 2934
tantino (I) 1915
tanto (I) 1916
Tanz (D) 2853
tanzen (D) 2614
tanzend (D) 1124
Tänzer (D) 2851
Tänzer (D) 3445
Tänzerin (D) 2852
tänzerisch (D) 1124
tänzerisch (D) 2850
Tanzkastagnetten (D) 279
tanzmäßig (D) 2850
Tanzmusik (D) 3064
Tanzorchester (D) 3130
tap dance (E) 3347
tape speed (E) 610
tape-recorder (E) 565
tapfer (D) 1681
tapoter (F) 2776
tappato (I) 245
tarantella (E) 2564
Tarantella (D) 2564
tarantella (I) 2564
tardando (I) 862
tardo (I) 789
tarentelle (F) 2564
Taschengeige (D) 22
Taschenpartitur (D) 3154
tastato (I) 75
Taste (D) 459
Tasteninstrument (D) 3322
Tasteninstrumente (D) 3320
tastiera (I) 76
tastiera (I) 458
tasto (I) 77
tasto (I) 459
taub (D) 3283
Tausch (D) 3251
tavola armonica (I) 460
tavola armonica (I) 78
tavola da frizione (I) 341
tavoletta (I) 342
tavoletta sibilante (I) 301
tavolo di missaggio (I) 540
tazza (I) 236
teacher (E) 3189
teacher (E) 3463
tearful (E) 1364
teatrale (I) 3334
teatro (I) 3335
Technik (D) 3336
technique (E) 3336
technique (F) 3336
technique des doigts (F) 3337
technique numérique (F) 597
technique vocale (F) 706
tecnica (I) 3336
tecnica della respirazione (I) 3338
tecnica delle dita (I) 3337
tecnica digitale (I) 597
tecnica vocale (I) 706
tecnico del suono (I) 3478
teeth (E) 3390
teilen (D) 2655

Teiltöne (D) 2233
tel (F) 1914
tel quel (F) 1766
telaio (I) 461
telecast (E) 3352
telecomando (I) 598
télécommande (F) 598
television (E) 3339
télévision (F) 3339
television recording (E) 572
television transmission (E) 604
televisione (I) 3339
telone (I) 3277
tema (I) 2236
tema con variazioni (I) 2565
tema principale (I) 2165
tema secondario (I) 2198
Tempelblock (D) 261
temperament (E) 3340
tempérament (F) 2237
tempérament (F) 3340
Temperament (D) 3340
temperamento (I) 2237
temperamento (I) 3340
temperando (I) 947
Temperatur (D) 2237
Temperatur (D) 3340
temperierte Stimmung (D) 2237
tempestosamente (I) 1632
tempestoso (I) 1632
tempétueux (F) 1632
temple block (E) 261
templeblock (F) 261
tempo (I) 2122
tempo (I) 2238
tempo (E) 2238
tempo (I) 2239
tempo binario (I) 2240
tempo debole (I) 2241
tempo dispari (I) 2243
tempo "disturb the neighbours" (E) 3794
tempo forte (I) 2242
tempo giusto (I) 790
tempo pari (I) 2240
tempo primo (I) 791
tempo rubato (I) 792
tempo ternario (I) 2243
temporary (E) 3198
temporary modulation (E) 2112
temps (F) 2238
temps dérobé (F) 792
temps faible (F) 2241
temps fort (F) 2242
temps juste (F) 790
temps premier (F) 791
tenace (F) 1633
tenace (I) 1633
tenacious (E) 1633
tender (E) 1637
tendere (I) 399
tenderly (E) 1010
tenderly (E) 1011
tenderly (E) 1635
tendre (F) 399
tendre (F) 1010
tendre (F) 1637
tendrement (F) 1011
tendrement (F) 1635
tendrement (F) 1691
tendu (F) 1641
ténébreux (F) 1634
tenebroso (I) 1634
tenendo (I) 1917
teneramente (I) 1635
tenere (I) 2786
tenere il tempo (I) 2787
tenerezza (con) (I) 1636
tenero (I) 1637
tenete (I) 1918
tenez (F) 1918
tenir (F) 2786
tenor (E) 652
Tenor (D) 652
ténor (F) 652
tenor clef (E) 2011
ténor dramatique (F) 653
tenor drum (E) 275

ténor héroïque (F) 653
tenor joint (E) 241
ténor lyrique (F) 654
tenor recorder (E) 157
tenor saxophone (E) 176
Tenorblockflöte (D) 157
tenore (I) 652
tenore di forza (I) 653
tenore drammatico (I) 653
tenore eroico (I) 653
tenore lirico (I) 654
Tenorsaxophon (D) 176
Tenorschlüssel (D) 2011
Tenortrommel (D) 275
tense (E) 1641
tension (E) 3341
tension (F) 3341
tensione (I) 3341
tenson (E) 2566
tenson (F) 2566
tenth (E) 2331
tenu (F) 1919
tenuto (I) 1919
Tenzone (D) 2566
tenzone (I) 2566
teoria degli affetti (I) 3343
teoria musicale (I) 3342
tepid (E) 1639
tepidezza (con) (I) 1638
tepidly (E) 1638
tepidly (E) 1643
tepido (I) 1639
terminaison (F) 2014
terminare (I) 2788
termination (E) 2014
terminé (F) 1801
terminer (F) 2788
ternaire (F) 2244
ternario (I) 2244
ternary (E) 2244
ternary form (E) 2068
terribile (I) 1640
terrible (F) 1640
terrible (E) 1640
Terz (D) 2324
terza (I) 2324
Terzett (D) 2567
terzetto (I) 2567
terzina (I) 2245
tesi (I) 2246
teso (I) 1641
tessitura (I) 622
tessitura (I) 3344
tessiture (F) 622
testa (I) 3434
testa di morto (I) 261
testata con becco (I) 237
testina magnetica (I) 599
testo (I) 3345
tête (F) 3434
tête avec bec (F) 237
tête magnétique (F) 599
tetrachord (E) 2247
Tetrachord (D) 2247
tétracorde (F) 2247
tetracordo (I) 2247
tetralogia (I) 3346
Tetralogie (D) 3346
tétralogie (F) 3346
tetralogy (E) 3346
tetro (I) 1642
text (E) 3345
Text (D) 3345
Textbuch (D) 630
texte (F) 3345
that (E) 1758
that's enough (E) 2862
the curtain rises (E) 3795
the most (E) 1809
the same (E) 1821
the same (E) 1831
the same speed (E) 766
the top voice (E) 3796
Theater (D) 3335
Theaterkasse (D) 2868
théâtral (F) 3334
theatralisch (D) 3334
theatre (E) 3335

théâtre (F) 3335
theatrical (E) 3334
Thema (D) 2236
Thema mit Variationen (D) 2565
theme (E) 2236
thème (F) 2236
thème principal (F) 2165
thème secondaire (F) 2198
theme with variations (E) 2565
thème avec variations (F) 2565
then (E) 1869
then (E) 2819
then follows (E) 1870
Theorbe (D) 26
théorbe (F) 26
theorbo (E) 26
théorie de l'expression des émotions (F) 3343
théorie musicale (F) 3342
theory of emotional expression (E) 3343
theory of harmony (E) 2945
theory of music (E) 3342
thesis (E) 2246
thésis (F) 2246
Thesis (D) 2246
thinking (E) 1457
thinning out (E) 932
third (E) 2324
third stream 1950 (E) 3953
thirty-second note (E) 2313
thirty-second note rest (E) 2320
thorax (E) 3435
thorax (F) 3435
thoughtful (E) 1459
thoughtful (E) 1498
thread (E) 2985
threatening (E) 1407
three strings (E) 485
throat (E) 3400
throat voice (E) 718
through composed (E) 1946
through-bass (E) 1987
throughout (E) 3797
thrown (E) 102
thumb (E) 3423
thumb-hold (E) 201
thunder (E) 3355
thunder machine (E) 303
thunder stick (E) 301
thundering (E) 1649
thundering (E) 1650
ticket (E) 2865
ticket (E) 3029
tidy (E) 1427
tie (E) 2090
tied (E) 882
tiède (F) 1639
tièdement (F) 1643
tief (D) 1484
tief (D) 2861
tiefgründig (D) 1484
tiepidamente (I) 1643
tiepido (I) 1639
tierce (F) 2324
Tierstimmeneffekte (D) 2830
tightening (E) 830
timbale chromatique (F) 346
timbale chromatique mécanique (F) 347
timbale mécanique (F) 345
timbales (F) 344
timbalier (F) 3479
timbre (F) 366
timbre (E) 600
timbre (F) 600
timbre (E) 2893
timbre (F) 2893
timbrel (E) 332
timbres à clavier (F) 271
timbro (I) 600
timbro (I) 2893
time (E) 2238
time signature (E) 2239
timidamente (I) 1644
timidement (F) 1644
timidezza (con) (I) 1645
timidly (E) 1644

timing (E) 3954
timore (con) (I) 1646
timorosamente (I) 1647
timorously (E) 1647
timpani (I) 344
timpani (E) 344
timpani stick (E) 363
timpanist (E) 3479
timpanista (I) 3479
timpano a macchina (I) 345
timpano cromatico (I) 346
timpano pedale (I) 347
tin whistle (E) 196
tinkling (E) 1648
tintinnando (I) 1648
tiorba (I) 26
tip (E) 66
tip of the bow (E) 83
tip-tap (I) 3347
tiracorda (I) 382
tirage (F) 2949
tirando (I) 863
tirant (F) 464
tirante (I) 464
tirare (I) 2789
tiré (F) 86
tired (E) 1370
tirer (F) 2789
tiro (I) 238
Tiroler Lied (D) 2568
tirolese (I) 2568
titlesong (E) 3955
to accelerate (E) 2585
to accompany (E) 2587
to adapt (E) 2589
to add (E) 2591
to adjourn (E) 2739
to alter (E) 2595
to alter (E) 2700
to alternate (E) 2596
to animate (E) 2600
to announce (E) 2601
to answer (E) 2743
to appear (E) 2658
to appear on stage (E) 2659
to applaud (E) 2602
to arrange (E) 2607
to articulate (E) 2608
to attack (E) 2611
to augment (E) 2612
to be out of tune (E) 2773
to be silent (E) 2784
to beat (E) 2615
to beat time (E) 2616
to beg (E) 2712
to begin (E) 2611
to begin (E) 2680
to blow (E) 2762
to bounce (E) 2736
to breathe (E) 2729
to breathe out (E) 2663
to calm (E) 2624
to carry (E) 2709
to cease (E) 2633
to celebrate (E) 2668
to change (E) 2625
to change (E) 2703
to chat (E) 2634
to choke (E) 400
to clear one's throat (E) 645
to clear one's throat (E) 2751
to close (E) 2635
to compose (E) 2638
to concentrate (E) 2639
to conduct (E) 2653
to congratulate (E) 2666
to connect (E) 2797
to continue (E) 2641
to copy (E) 2642
to correct (E) 2644
to count (E) 2640
to cover (E) 581
to cover (E) 646
to cover (E) 2643
to create (E) 2645
to criticize (E) 2647
to cross (E) 2681
to cut (E) 2785

to damp (E) 400
to dance (E) 2614
to declaim (E) 2649
to dedicate (E) 2650
to delay (E) 2745
to describe (E) 2651
to die out (E) 98
to diminish (E) 2652
to divide (E) 2655
to dot (E) 2102
to double (E) 2724
to drag (E) 2775
to drag (E) 2792
to dream (E) 2763
to elaborate (E) 2656
to embellish (E) 2583
to emphasize the rhythm (E) 2747
to end (E) 1856
to end (E) 2788
to enlarge (E) 2599
to enter (E) 2658
to erase (E) 502
to erase (E) 2626
to exhale (E) 621
to explain (E) 2770
to express (E) 2664
to extinguish (E) 2769
to exult (E) 2665
to fall down (E) 2622
to feel/to hear (E) 2756
to fetch (E) 2709
to figure (E) 2015
to figure (E) 2636
to find (E) 2795
to finish (E) 2669
to follow (E) 2754
to force (E) 2671
to give concerts (E) 2648
to give in (E) 2631
to go away (E) 2593
to gradate (E) 2675
to group (E) 2725
to grow (E) 2646
to grumble (E) 2619
to hammer (E) 2694
to harmonize (E) 2605
to hasten (E) 2590
to hasten (E) 2711
to hear (E) 2796
to hold (E) 2786
to hold back (E) 2673
to hold back (E) 2746
to hum (E) 2629
to hurry (E) 2711
to imitate (E) 2678
to improve (E) 2697
to improve (E) 2707
to improvise (E) 2679
to indicate (E) 2682
to inhale (E) 629
to inhale (E) 2686
to interlude (E) 3798
to interpret (E) 2684
to interrupt (E) 2685
to intone (E) 2687
to introduce (E) 2688
to invert (E) 2689
to jump (E) 2749
to keep (E) 2786
to keep time (E) 2787
to knock (E) 2620
to laugh (E) 2733
to lay down (E) 2710
to lean (E) 2603
to lengthen (E) 2594
to let down (E) 2623
to listen (E) 2609
to look for (E) 2632
to lower (E) 2581
to make one's début (E) 2662
to mark (E) 2693
to measure (E) 2698
to mix (E) 547
to moan (E) 2674
to modulate (E) 2110
to moderate (E) 2699
to move (E) 2637
to move (E) 2702

to muffle (E) 400
to mumble (E) 2618
to mute (E) 103
to notate (E) 2753
to open (E) 2604
to orchestrate (E) 2704
to overturn (E) 2748
to perform (E) 2660
to perform (E) 2684
to phrase (E) 2672
to plagiarize (E) 2708
to play (E) 120
to play (E) 482
to play (E) 2781
to play arpeggios (E) 2606
to play at sight (E) 2783
to play by heart (E) 2782
to practise (E) 2661
to praise (E) 2657
to pray (E) 2712
to precipitate (E) 2711
to prelude (E) 2713
to prepare (E) 2715
to present (E) 2716
to progress (E) 2717
to prolong (E) 2718
to prompt (E) 2780
to pronounce (E) 2719
to propose (E) 2720
to pull (E) 2789
to push (E) 2771
to put (E) 2695
to put off (E) 2739
to raise (E) 2597
to raise (E) 2692
to raise the voice (E) 628
to read (E) 2691
to recall (E) 2730
to recite (E) 2727
to recommence (E) 2731
to record (E) 2728
to rehearse (E) 2740
to reinforce (E) 2738
to relax (E) 2654
to relax (E) 2735
to remember (E) 2732
to repeat (E) 2740
to replay (E) 2744
to resolve (E) 2742
to resound (E) 2737
to retake (E) 2741
to return (E) 2791
to rub (E) 397
to scan (E) 583
to score (E) 2777
to scrape (E) 392
to scratch (E) 2676
to seek (E) 2632
to separate (E) 2757
to shade (E) 2675
to shake (E) 396
to shorten (E) 2584
to shorten (E) 2723
to shout (E) 2677
to show (E) 2701
to shut (E) 2635
to sigh (E) 2766
to sight-read (E) 2783
to sight-sing (E) 2628
to simplify (E) 2755
to sing (E) 2627
to sing at sight (E) 2628
to sing flat (E) 668
to sing in tune (E) 670
to sing out of tune (E) 705
to sing sharp (E) 687
to slow down (E) 2726
to slur (E) 2690
to smile (E) 2765
to sob (E) 2759
to speak (E) 2705
to speak in a low voice (E) 655
to speak in a low voice (E) 1715
to spin the voice (E) 623
to stage (E) 2696
to stammer (E) 2613
to stop (E) 2667
to stop (E) 2760

to stress (E) 2586
to strike (E) 391
to strike (E) 482
to strike up (E) 2687
to strum (E) 2776
to study (E) 2778
to subdivide (E) 2779
to subdue (E) 2761
to substitute (E) 2768
to support (E) 658
to support (E) 703
to suppress (E) 2764
to sustain (E) 2767
to take (E) 2714
to take away (E) 2790
to take off the mute (E) 1920
to take over a part (E) 2750
to talk (E) 2705
to teach (E) 2683
to tear (E) 2774
to tell (E) 2722
to the coda (E) 1729
to the end (E) 1725
to the final part (E) 1729
to the sign (E) 1734
to think (E) 2706
to think over (E) 2734
to throw (E) 2621
to tie (E) 2690
to tighten (E) 399
to touch lightly (E) 2758
to treat (E) 2793
to tremble (E) 2794
to try (E) 2721
to tune (E) 2588
to tune down (E) 2582
to tune up (E) 2598
to turn (E) 2801
to understand (E) 2630
to understudy (E) 2750
to undo (E) 2772
to upset (E) 2748
to vary (E) 2799
to vibrate (E) 2800
to wait (E) 2610
to waver in pitch (E) 2773
to whisper (E) 2617
to whistle (E) 2670
to widen (E) 2592
to wobble (E) 708
to write (E) 2752
to yell (E) 2798
toccare (I) 482
toccata (E) 2569
Toccata (D) 2569
toccata (I) 2569
toccate (F) 2569
tocco (I) 483
together (E) 1746
together (E) 1819
together (E) 1933
togliendo (I) 948
togliere (I) 2790
togliere il pedale sinistro (I) 484
togliere la sordina (I) 255
togliere la sordina (I) 1920
toi, toi, toi (D) 3018
tom-tom (E) 348
tom-tom (F) 348
tom-tom (I) 348
Tom-tom (D) 348
tomber (F) 2622
Ton (D) 2253
ton (F) 2253
ton concomittant (F) 2256
ton entier (F) 2254
ton naturel (F) 2255
Tonabnehmer (D) 577
tonal (D) 2248
tonal (E) 2248
tonal (F) 2248
tonal answer (E) 2186
tonal effect (E) 516
tonal system (E) 2213
tonale (I) 2248
tonale Antwort (D) 2186
tonalità affine (I) 2250
tonalità (I) 2249

tonalità relativa (I) 2251
Tonalität (D) 2249
tonalité (F) 2249
tonalité (F) 2253
tonalité relative (F) 2251
tonalité voisine (F) 2250
tonality (E) 2249
tonando (I) 1649
tonante (I) 1650
Tonart (D) 2249
Tonart (D) 2253
Tonartvorzeichnung (D) 1974
Tonartwechsel (D) 2004
Tonballung (D) 2079
Tonband (D) 550
Tonbandgerät (D) 565
Tondauer (D) 2052
tondo (I) 1531
tone (E) 2253
tone cluster (E) 2079
tone control (E) 507
tone hole (E) 214
tone intero (I) 2254
tone mixture (E) 548
tone painting (E) 3205
tone synthesis (E) 586
tone system (E) 2213
tone-colour (E) 600
tone-colour (E) 2893
toneless (E) 662
Tonfall (D) 627
Tonfarbe (D) 2893
Tonfolge (D) 3155
Tongebung (D) 2086
Tongemisch (D) 548
Tongeschlecht (D) 2108
tongue (E) 216
tongue (E) 421
tongue (E) 3406
Tonhaltepedal (D) 446
Tonhöhe (D) 1966
tonic (E) 2229
tonic (E) 2252
tonic sol-fa (E) 700
tonic sol-fa (E) 2215
tonica (I) 2252
Tonika (D) 2229
Tonika (D) 2252
tonique (F) 2252
Tonkopf (D) 599
Tonlänge (D) 2052
Tonleiter (D) 2195
tonlos (D) 662
Tonmalerei (D) 3205
Tonmeister (D) 3478
Tonmischpult (D) 540
tonnant (F) 1650
tonnerre (F) 3355
tono (I) 2253
tono naturale (I) 2255
tono secondario (I) 2256
Tonreihe (D) 2206
Tonspur (D) 504
Tonstärke (D) 2993
Tonsystem (D) 2213
Tontraube (D) 2079
too (E) 1740
too much (E) 1923
top nut (E) 39
top part (E) 2145
Top-dance (E) 3956
torace (I) 3435
tordion (F) 2570
tormentato (I) 1651
tormented (E) 1651
tormenting (E) 1652
tormentoso (I) 1652
torn (E) 116
torn (E) 1610
tornando al tempo (I) 793
tornare (I) 2791
tortiglione (I) 2570
torturant (F) 1652
torvo (I) 1653
tosend (D) 1251
tostamente (I) 794
tosto (I) 794
Totenklage (D) 2483

Totenmesse (D) 2475
Totentanz (D) 2411
tottering (E) 1055
tottering (E) 1676
touch (E) 483
touche (F) 76
touche (F) 459
touched (E) 1105
toucher (F) 482
toucher (F) 483
touching (E) 1449
touching slightly (E) 117
toujours (F) 1890
tourdion (E) 2570
Tourdion (D) 2570
tourmenté (F) 972
tourmenté (F) 1651
tourne-disques (F) 529
tourner (F) 2801
tournez (F) 1944
tournez aussitôt (F) 1943
tous (F) 1926
tout (F) 1927
tout à coup (F) 1783
tout à fait (F) 3612
toute (F) 1924
toutes (F) 1926
trac (F) 3157
trachea (I) 3436
trachée (F) 3436
tracker (E) 464
traction (F) 462
traditore (I) 1211
traduction (F) 3348
traduzione (I) 3348
träge (D) 1231
tragedia (I) 3349
tragedia lirica (I) 2571
tragédie (F) 3349
tragédie lyrique (F) 2571
tragedy (E) 3349
tragen (D) 2709
tragend (D) 638
tragend (D) 696
tragend (D) 896
tragi-comic (E) 1655
tragi-comique (F) 1655
tragic (E) 1654
tragico (I) 1654
tragicomico (I) 1655
tragikomisch (D) 1655
tragique (F) 1654
tragisch (D) 1654
Tragödie (D) 3349
trainando (I) 795
traîné (F) 865
traîner (F) 2775
traîner (F) 2792
trait (F) 3155
traité d'harmonie (F) 2945
traiter (F) 2793
traître (F) 1211
Traktur (D) 462
trällern (D) 2629
trama (I) 3350
tramando (I) 1661
tränenvoll (D) 1364
tranquillamente (I) 1657
tranquille (F) 1493
tranquille (F) 1657
tranquillement (F) 1657
tranquillità (con) (I) 1656
tranquillo (I) 1657
transcription (E) 3351
transcription (F) 3351
transducteur
acoustique (F) 594
transducteur de son (F) 594
transfiguré (F) 1658
transfigured (E) 1658
transformateur (F) 601
transformation du son (F) 602
transformer (E) 601
transistor (E) 605
Transistor (D) 605
transistor (F) 605
transistor (I) 605
transition (E) 2257

transition (F) 2159
transition (F) 2257
transizione (I) 2257
Transkription (D) 3351
translation (E) 3348
transponierende Instrumente (D) 3321
Transponierung (D) 2258
Transponierung (D) 3353
transporto (I) 2258
transposing instruments (E) 3321
transposition (E) 2258
Transposition (D) 2258
transposition (F) 2258
transposition (E) 3353
transposition (F) 3353
transverse flute (E) 159
trascicando (I) 860
trascinando (I) 860
trascinare (I) 2792
trascrizione (I) 3351
trasfigurato (I) 1658
trasformatore (I) 601
trasformazione del suono (I) 602
trasmissione (I) 462
trasmissione (I) 3352
trasmissione dal vivo (I) 606
trasmissione radiofonica (I) 603
trasmissione televisiva (I) 604
trasognato (I) 1659
trasporto (con) (I) 1660
trasposizione (I) 3353
trattare (I) 2793
trattato d'armonia (I) 2945
trattenendo (I) 864
tratto (I) 865
tratto d'unione (I) 2259
Trauer… (D) 1268
Trauermarsch (D) 2466
Trauermusik (D) 3084
trauernd (D) 1389
Traum (D) 2552
träumen (D) 2763
träumend (D) 1593
träumend (D) 1682
Träumerei (D) 2552
träumerisch (D) 1659
traurig (D) 1268
traurig (D) 1405
traurig (D) 1666
traversino (I) 239
travestimento (I) 3354
tre corde (I) 485
treble (E) 38
treble clef (E) 2013
treblestring (E) 51
treibend (D) 828
treibend (D) 1282
tremando (I) 1662
tremare (I) 2794
tremblant (F) 463
tremblant (F) 1662
tremblement (F) 2261
trembler (F) 2794
trembling (E) 908
trembling (E) 1662
trembling (E) 1664
trembloté (F) 908
tremendo (I) 1663
tremendous (E) 1663
tremolando (E) 707
tremolando (I) 707
tremolando (I) 1664
tremolare (I) 708
tremolato (I) 908
tremolieren (D) 708
tremolierend (D) 707
tremolo (Harfe) (D) 92
tremolo (harp) (E) 92
trémolo (harpe) (F) 92
tremolo (I) 121
tremolo (D) 121
tremolo (E) 121
trémolo (F) 121
tremolo (I) 463
tremolo (E) 709
trémolo (F) 709
tremolo (I) 709

Tremolo (D) 709
tremolo (E) 908
trémolo (F) 908
tremulant (E) 463
Tremulant (D) 463
trennen (D) 2757
trentaduesimo (I) 2313
très (F) 1745
très (F) 1784
très (F) 1840
très accentué (F) 889
très allant (F) 3613
très bien! (F) 2870
très calme (F) 3614
très chaleureux (F) 3615
très décidé (F) 3616
très détaché (F) 115
très doucement (F) 891
très doux (F) 1170
très effilé (F) 3617
très en mesure (F) 982
très fondu (F) 3618
très fort (F) 878
très franc (F) 3619
très intense (F) 3620
très lent (F) 732
très lent (F) 757
très lent (F) 761
très lent (F) 763
très lointain (F) 3621
très net (F) 115
très rapide (F) 736
très vif (F) 736
très vif (F) 799
très vite (F) 773
treuherzig (D) 1081
triad (E) 2260
triade (F) 2260
triade (I) 2260
Triangel (D) 349
triangle (E) 349
triangle (F) 349
triangle (E) 607
triangle (F) 607
triangle-wave (oscillation) (E) 607
triangolo (I) 349
triangolo (I) 607
trill (E) 2261
trillato (I) 1921
trillé (F) 1921
trille (F) 2261
Triller (D) 2261
Trillerkette (D) 673
trillo (I) 2261
Trinklied (D) 2355
Trinklied (D) 2419
trio (E) 2567
trio (F) 2567
Triole (D) 2245
triolet (F) 2245
triomphal (F) 1665
trionfante (I) 1665
Tripelkonzert (D) 2402
Tripelzunge (D) 256
triple (E) 1922
triple (F) 1922
triple articulation (F) 256
triple concerto (E) 2402
triple concerto (F) 2402
triple coup de langue (F) 256
triple croche (F) 2313
triple time (E) 2243
triple-tonguing (E) 256
triplet (E) 2245
triplo (I) 1922
triplo colpo di lingua (I) 256
triste (F) 1241
triste (F) 1405
triste (F) 1666
triste (I) 1666
tristement (F) 1403
tristezza (con) (I) 1667
triton (F) 2262
tritone (E) 2262
tritono (I) 2262
Tritonus (D) 2262
triumphal march (E) 2468
triumphant (E) 1665

triumphierend (D) 1665
Triumphmarsch (D) 2468
trocken (D) 1554
trois cordes (F) 485
trois fois merde (F) 3018
troisième corps (F) 222
tromba (I) 180
tromba (I) 3480
tromba a pistoni (I) 184
tromba a tirarsi (I) 185
tromba a tiro (I) 185
tromba bassa (I) 181
tromba da jazz (I) 182
tromba naturale (I) 183
trombone (E) 186
trombone (F) 186
trombone (I) 186
trombone (F) 3481
trombone (I) 3481
trombone a cilindri (I) 187
trombone à coulisse (F) 190
trombone à pistons (F) 187
trombone a tiro (I) 190
trombone contrabbasso (I) 188
trombone contrebasse (F) 188
trombone da jazz (I) 189
trombone de jazz (F) 189
trombonist (E) 3481
Trommel (D) 274
Trommel (D) 335
Trommelfell (D) 373
Trommelreifen (D) 368
Trommelsaite (D) 366
Trommelschlag (D) 387
Trommelschlegel (D) 356
Trommelwirbel (D) 393
Trompete (D) 180
Trompeter (D) 3480
trompette (F) 180
trompette (F) 3480
trompette à coulisse (F) 185
trompette à pistons (F) 184
trompette basse (F) 181
trompette de jazz (F) 182
trompette naturelle (F) 183
trop (F) 1923
troppo (I) 1923
tröstend (D) 1113
trostlos (D) 1145
trostlos (D) 1546
trou (F) 214
troublé (F) 1669
trouver (F) 2795
trovare (I) 2795
trüb (D) 1438
Trugschluß (D) 1998
trumpet (E) 180
trumpeter (E) 3480
Tuba (D) 191
tuba (I) 191
tuba (F) 191
tuba (E) 191
tuba bassa (I) 192
tuba basse (F) 192
tuba contrabbasso (I) 193
tuba ténor (F) 194
tuba Wagner (F) 194
tuba wagneriana (I) 194
tube (E) 240
tube (F) 3327
tubetto (I) 240
Tubo (D) 283
tubo piccolo (I) 241
tubo sonoro (I) 283
tubo sonoro di bambù (I) 350
tubular bells (E) 267
tugging (E) 858
tummy (E) 3420
tumultueux (F) 1668
tumultuoso (I) 1668
tumultuous (E) 1668
tune (E) 2098
tuned (E) 2811
tuned gong-carillon (E) 296
tuner (E) 3440
tuning (E) 2812
tuning bar (E) 41
tuning fork (E) 2923

tuning peg (E) 36
tuning pin (E) 36
tuonando (I) 1649
tuono (I) 3355
turbato (I) 1669
türkisches Becken (D) 314
Turkish cymbals (E) 314
Turkish music (E) 3111
Turmglockenspiel (D) 272
turn (E) 1944
turn (E) 2078
turn the page immediately (E) 1943
tutta (I) 1924
tutta la forza (I) 1925
tutte (I) 1926
tutti (I) 1926
Tuttigeiger (D) 3234
tutto (I) 1927
tuyau (F) 425
tuyau à anche (F) 426
tuyau à bouche (F) 427
twelve-tone music (E) 2043
twelve-tone music (E) 3079
twice (E) 1723
twig brush (E) 383
two beat (E) 3957
two strings (E) 472
tympanon (F) 24
typographie musicale (F) 3298
tyrolienne (E) 2568
tyrolienne (F) 2568
tzigane (F) 2580
tzigane (F) 3380
üben (D) 2661
über (D) 1903
über (D) 3330
überall (D) 1782
überblasen (D) 252
Übereinstimmung (D) 3036
überfliegend (D) 1599
überflüssig (D) 3329
Übergang (D) 2257
übergreifen (D) 474
überhaupt (D) 3282
überladen (D) 1089
Überleitung (D) 2159
übermäßig (D) 1792
übermäßig (D) 1981
Überraschung (D) 3284
überschwenglich (D) 1195
Übersetzung (D) 3348
überspannt (D) 1195
überspringen (D) 2749
überstürzen (D) 2711
überstürzend (D) 815
überstürzt (D) 771
Übertragung (D) 3226
Übertragung (D) 3351
Übung (D) 2960
udibile (I) 1928
udire (I) 2796
udito (I) 3356
uguale (I) 1929
ultima (I) 1930
ultima volta (I) 3357
ultimo (I) 1930
ultimo movimento (I) 2432
umblättern (D) 2801
Umfang (D) 2965
umile (I) 1670
umkehren (D) 2689
umkehren (D) 2748
Umkehrung (D) 2193
umore (con) (I) 1671
umoresca (I) 2572
umoristico (I) 1672
Umspielung (D) 2502
un petit peu (F) 1934
un peu (F) 1935
un peu appuyé (F) 3623
un peu élargi (F) 3624
un peu en dehors (F) 3625
un peu en valeur (F) 3626
un peu languissant (F) 3627
un peu moins (F) 1867
un peu plus (F) 1868
un peu plus (F) 1936

un peu plus à l'aise (F) 3629
un peu plus intense (F) 3630
un peu plus las (F) 3631
un peu plus lent qu'au début (F) 3628
un peu plus vif (F) 3632
un peu rude (F) 1674
un pochettino (I) 1934
un pochino (I) 1934
un poco (I) 1935
un poco più (I) 1936
un poco rude (I) 1674
un tant-soit-peu (F) 3633
un tantinet (F) 1915
un'altra volta (I) 2825
un'altra volta (I) 3358
una corda (I) 486
una volta (I) 1931
Unabhängigkeit (D) 3026
unaccompanied vocal music (E) 1718
unausführbar (D) 3027
unbedeckt (D) 395
unbefangen (D) 1154
unbeständig (D) 1708
unbestimmt (D) 1678
unbestimmt (D) 1937
unbestimmt (D) 3024
unbridled (E) 1581
uncertain (E) 3021
unchanged (E) 1812
unchanged (E) 3019
unconstrained (E) 1154
uncovered (E) 395
undecided (E) 3024
under (E) 1905
under the direction of ... (E) 3286
under the voice (E) 905
undulating (E) 104
undulating (E) 1433
undurchsichtig (D) 1434
une autre fois (F) 3358
une corde (F) 486
une fois (F) 1931
unentgeltlich (D) 3004
unentschieden (D) 3024
unentschlossen (D) 1359
unerbittlich (D) 1320
unerwartet (D) 1813
unerwartet (D) 3020
unexpected (E) 3020
unfaßbar (D) 1324
unfolding (E) 919
ungarischer Tanz (D) 2417
ungebunden (D) 903
ungebunden (D) 1545
ungeduldig (D) 1315
ungefähr (D) 1759
ungekünstelt (D) 1603
ungenau (D) 3014
ungerader Takt (D) 2243
ungestüm (D) 1319
ungestüm (D) 1684
ungezwungen (D) 765
ungezwungen (D) 1606
unghia (I) 3437
unheimlich (D) 1587
uni (F) 1933
unico (I) 1932
uniform (E) 1673
uniforme (F) 1673
uniforme (I) 1673
uniformément articulé (F) 3622
union (E) 3359
union (F) 3359
unione (I) 3359
unique (E) 1932
unique (F) 1932
unir (F) 2797
unire (I) 2797
unison (E) 2263
unison (E) 2322
unisono (I) 2263
unisono (I) 2322
unisson (F) 2263
unisson (F) 2322
unitamente (I) 3360
unito (I) 1933

unklar (D) 1423
unkorrekt (D) 3260
unmerklich (D) 3011
unmöglich (D) 3013
unordentlich (D) 1156
unplayable (E) 3027
unprepared (E) 3015
unregelmäßig (D) 3039
unruhig (D) 987
unruhig (D) 1342
unruhig (D) 1358
unruhig (D) 1669
unsicher (D) 3021
unten (D) 1805
unter (D) 1905
unter (D) 3028
unter der Leitung von ... (D) 3286
unter der Stimme (D) 905
Unterarm (D) 3384
unterbrechen (D) 2685
Unterbrechung (D) 3034
Unterbügel (D) 80
unterdrückt (D) 1435
unterhaltend (D) 2943
Unterhaltung (D) 2420
Unterhaltungsmusik (D) 3085
Unterricht (D) 3046
Unterschied (D) 2927
Unterstimme (D) 2142
Unterstück (D) 222
unterteilen (D) 2779
unterwürfig (D) 1596
untidy (E) 1156
until (E) 1897
until the (E) 1898
ununterbrochen (D) 1774
unveränderlich (D) 3038
unverändert (D) 1812
unverändert (D) 3019
unvollkommen (D) 2082
unvollständig (D) 3023
unvorbereitet (D) 1726
unvorbereitet (D) 3015
up to (E) 1802
up to (E) 1898
up to the sign (E) 1803
up-beat (E) 1967
up-bow (E) 87
upbeat (E) 2091
upper (E) 3330
upper bout (E) 79
upper part (E) 2272
upper part (E) 2145
üppig (D) 1516
upright piano (E) 416
uproarious (E) 1621
uptempo (E) 3958
Uraufführung (D) 3180
urgent (E) 831
urgent (F) 831
urgente (I) 831
urging (E) 826
Urheberrecht (D) 2936
urlando (I) 1675
urlare (I) 2798
Urtext (D) 3371
urtümlich (D) 3185
uscita (I) 608
uscita (I) 3361
usignolo (I) 3362
usual (E) 1899
Ut (F) 2273
vacillando (I) 1676
vacillante (I) 1677
vagamente (I) 1678
vaghezza (con) (I) 1679
vago (I) 1678
vago (I) 1937
vague (E) 1678
vague (F) 1678
vague (E) 1937
vague (F) 1937
vaguement (F) 1678
vaillant (F) 1681
valeur (F) 2264
valeur de la note (F) 2265
valeur de la pause (F) 2266
valore (con) (I) 1680

valore (I) 2264
valore della nota (I) 2265
valore della pausa (I) 2266
valoroso (I) 1681
valorous (E) 1681
valse (F) 2573
valse viennoise (F) 2574
value (E) 2264
valve (E) 223
valve (E) 465
valve trombone (E) 187
valve trumpet (E) 184
valve unit (E) 217
valvola (I) 465
valzer (I) 2573
valzer viennese (I) 2574
vaneggiando (I) 1682
vanishing (E) 861
vaporeux (F) 1683
vaporoso (I) 1683
vaporous (E) 1683
variabile (I) 1938
variable (E) 1938
variable (F) 1938
variable (F) 3363
variable Besetzung (D) 3310
variante (I) 3363
variare (I) 2799
variation (E) 2575
variation (F) 2575
Variation (D) 2575
variato (I) 1939
variazione (I) 2575
variazione del suono (I) 609
varié (F) 1939
varied (E) 1939
varier (F) 2799
varietà (I) 3364
varietà (I) 3365
variété (F) 3364
variété (F) 3365
Varieté (D) 3365
variety (E) 3364
variiert (D) 1939
varying (E) 3363
vaste (F) 1013
veemente (I) 1684
veemenza (con) (I) 1685
véhément (F) 1111
vehement (E) 1684
véhément (F) 1684
vehemently (E) 1318
veiled (E) 710
veiled (E) 1686
vein (E) 3438
veine (F) 3438
velare (I) 400
velato (I) 390
velato (I) 710
velato (I) 1686
vellum (E) 373
vellum (E) 376
vellutato (I) 1687
veloce (I) 796
veloce passaggio di note (I) 2267
velocemente (I) 797
velocità (I) 3366
velocità del nastro (I) 610
vélocité (F) 3366
velocity (E) 3366
velouté (F) 1416
velouté (F) 1687
velvety (E) 1687
vena (I) 3438
venerazione (con) (I) 1688
vent (F) 3367
Ventil (D) 223
Ventil (D) 465
Ventilkornett (D) 135
Ventilmaschine (D) 217
Ventilposaune (D) 187
Ventiltrompete (D) 184
vento (I) 3367
ventre (F) 3420
vents (F) 2981
venusto (I) 1689
vêpres (F) 2577
verächtlich (D) 1553

veramente (I) 3368
verändere (D) 1843
veränderlich (D) 1938
verändern (D) 2595
verändert (D) 1939
verändert (D) 1964
Veränderung (D) 2575
Veranstalter (D) 3193
verbessern (D) 2644
verbessern (D) 2697
Verbeugung (D) 3022
verbinden (D) 2797
verbittert (D) 1006
verborgen (D) 1844
verbreitert (D) 1736
verdeckte Parallelen (D) 2139
verdoppeln (D) 2724
Verdopplung (D) 2174
verdunstend (D) 937
vereinfachen (D) 2755
vereinfacht (D) 3270
verführerisch (D) 1555
verga (I) 383
verge (F) 383
vergette (F) 464
vergriffen (D) 2957
vergrößern (D) 2612
vergrößernd (D) 913
Vergrößerung (der Zeitwerte) (D) 1982
verhalten (D) 786
Verhältnis (D) 3194
vérisme (F) 3369
verismo (E) 3369
verismo (I) 3369
Verismo (D) 3369
Verismus (D) 3369
verklärt (D) 1658
Verkleidung (D) 3354
Verkleinerung (der Notenwerte) (D) 2040
verkürzen (D) 2723
Verkürzung (D) 1950
verlängern (D) 2594
verlängern (D) 2718
verlängernd (D) 844
Verlängerung (D) 3192
verlangsamen (D) 2726
verlangsamt (D) 847
verlöschend (D) 837
verlöschend (D) 932
verlöschend (D) 936
verlöschend (D) 944
vermehrend (D) 910
vermindern (D) 2652
vermindernd (D) 934
vermindert (D) 2039
Verneigung (D) 3022
verpflichtend (D) 1849
verräterisch (D) 1211
verringernd (D) 926
Vers (D) 3372
vers (F) 3372
verschieben (D) 2739
Verschiebungspedal (D) 445
verschieden (D) 1787
verschleiert (D) 710
verschleiert (D) 1686
verschmitzt (D) 1395
verschoben (D) 3230
verschönern (D) 2583
verschwommen (D) 1330
verschwommen (D) 1422
verschwommen (D) 1683
verschwörend (D) 1661
verse (E) 3959
verse (E) 3372
verset (E) 2576
verset (F) 2576
Versett (D) 2576
versetto (I) 2576
Versetzungszeichen (D) 1956
Versetzungszeichen (D) 1965
version (E) 3370
version (F) 3370
Version (D) 3370
version originale (F) 3371
versione (I) 3370

versione originale (I) 3371
verso (I) 3372
verstärken (D) 2738
verstärkend (D) 916
Verstärker (D) 496
verstärkt (D) 917
versteckt (D) 1844
verstehen (D) 2630
verstimmt (D) 3259
verstimmt (D) 3303
verstört (D) 1669
vertical (E) 2268
vertical (F) 2268
verticale (I) 2268
vertikal (D) 2268
Vertonung (D) 2900
Vertrag (D) 2913
Vertrag (D) 3261
verwandt (D) 2176
verwandte Tonart (D) 2250
Verwandtschaft (D) 2177
very (E) 1745
very (E) 1784
very (E) 1840
very accentuated (E) 889
very fast (E) 736
very good! (E) 2870
very lively (E) 736
very loud (E) 878
very measured (E) 982
very much (E) 1839
very rhythmically (E) 3799
very slow (E) 757
very slow (E) 761
very slow (E) 763
very soft (E) 1170
Verzeichnis (D) 2881
Verzerrung (D) 514
verzierend (D) 1239
verzierend (D) 1240
verziert (D) 1949
Verzierung (D) 624
Verzierung (D) 1948
Verzierung (D) 2138
verzögern (D) 2745
verzögernd (D) 839
verzögernd (D) 850
verzögernd (D) 862
verzögert (D) 851
Verzögerung (D) 2187
verzweifelt (D) 1158
verzweiflungsvoll (D) 1157
Vesper (D) 2577
vespers (E) 2577
vespri (I) 2577
vezzeggiando (I) 1690
vezzoso (I) 1691
vibrafono (I) 351
vibrando (I) 1692
vibrant (E) 1692
vibrant (F) 1692
vibrante (I) 1692
Vibraphon (D) 351
vibraphone (E) 351
vibraphone (F) 351
vibrare (I) 2800
vibrated (E) 122
vibrated (E) 909
vibration (E) 611
vibration (F) 611
vibration (E) 3373
vibration (F) 3373
vibration sympathique (F) 2230
vibrato (I) 122
vibrato (I) 487
Vibrato (D) 487
vibrato (E) 487
vibrato (I) 909
vibrato (E) 909
vibrazione (I) 611
vibrazione (I) 3373
vibré (F) 122
vibré (F) 487
vibré (F) 909
vibrer (F) 2800
vibrieren (D) 2800
vibrieren lassen (D) 1799
vibrierend (D) 1692

vibriert (D) 122
vibriert (D) 909
vicendevole (I) 1940
vicino (I) 3374
victorieux (F) 1701
victorious (E) 1701
vide (L) 1941
vide (F) 1945
viel (D) 1784
viel (D) 1808
viel (D) 1840
vièle (F) 27
vielfach (D) 1842
Vielfältigkeit (D) 3364
viella (I) 27
vielle (F) 27
vielle à roue (F) 17
Viennese school (E) 3267
Viennese waltz (E) 2574
vierhändig (D) 467
vierhändig (D) 3206
Viertel (D) 2310
viertel Pause (D) 2317
Vierteltonmusik (D) 2124
Vierteltonmusik (D) 3057
Vierundsechzigstel (D) 2314
vierundsechzigstel Pause (D) 2321
vif (F) 737
vif (F) 798
vif (F) 1700
vif (F) 1705
vigore (con) (I) 1693
vigoroso (I) 1694
vigorous (E) 1276
vigorous (E) 1694
vigoureux (F) 1529
vigoureux (F) 1694
vigoureux (F) 1704
villageoise (F) 2414
villanella (E) 2578
Villanella (D) 2578
villanella (I) 2578
villanesca (I) 2578
villanesco (I) 1695
villanesque (F) 2578
viola (I) 28
Viola (D) 28
viola (E) 28
viola da gamba (E) 29
viola da gamba (I) 29
viole de gambe (F) 29
violent (E) 1696
violent (F) 1696
violento (I) 1696
violenza (con) (I) 1697
violin (E) 30
violin concerto (E) 2399
violin maker (E) 3464
Violine (D) 30
violinist (E) 3482
violinista (I) 3482
violiniste (F) 3482
Violinkonzert (D) 2399
violino (I) 30
violino di ferro (I) 31
violino di fila (I) 3234
Violinschlüssel (D) 2013
violist (E) 3483
violista (I) 3483
violon (F) 30
violon de fer (F) 31
violon de Hardanger (F) 18
violon rustique (F) 27
violoncelle (F) 32
violoncellista (I) 3484
violoncelliste (F) 3484
violoncello (E) 32
violoncello (I) 32
Violoncello (D) 32
virginal (E) 418
virginal (F) 418
Virginal (D) 418
virginale (I) 418
viril (F) 1399
virile (E) 1399
virtuos (D) 1699
virtuose (F) 1699
virtuosità (con) (I) 1698

virtuoso (I) 1699
vis (F) 242
vis (F) 3376
visage (F) 3394
vispo (I) 1700
vista (I) 3375
vite (I) 242
vite (F) 774
vite (F) 794
vite (I) 3376
vitesse (F) 3366
vitesse de la bande (F) 610
vittorioso (I) 1701
viva voce (a) (I) 1942
vivace (I) 798
vivacious (E) 798
vivacissimo (I) 799
vivacità (con) (I) 1702
vivamente (I) 800
vivant (F) 1703
vivement (F) 800
vivente (I) 1703
vivezza (con) (I) 1702
vivid (E) 1704
vivido (I) 1704
vivo (I) 1705
vocal (E) 711
vocal (F) 711
vocal (E) 3377
vocal (F) 3377
vocal art (E) 660
vocal cords (E) 686
vocal exercise (E) 620
vocal music (E) 3112
vocal score (E) 637
vocal techniques (E) 706
vocal training (E) 619
vocale (I) 711
vocale (I) 712
vocale (I) 3377
vocalise (E) 713
vocalise (F) 713
vocalist (E) 3447
vocalizzo (I) 713
voce (I) 714
voce aspra (I) 715
voce chiara (I) 716
voce cupa (I) 717
voce di gola (I) 718
voce di petto (I) 719
voce di ripieno (I) 2269
voce di testa (I) 720
voce estrema (I) 2141
voce femminile (I) 721
voce granita (I) 722
voce infantile (I) 723
voce inferiore (I) 2142
voce intermedia (I) 2143
voce intermedia (I) 2270
voce maschile (I) 724
voce principale (I) 2271
voce superiore (I) 2145
voce superiore (I) 2272
voci miste (I) 725
Vogelpfeife (D) 320
voglia (con) (I) 1706
voice (E) 659
voice (E) 714
voice training (E) 619
voice type (E) 674
voice-leading (E) 2022
voiceless (E) 657
voilé (F) 710
voilé (F) 1686
vois (F) 1941
voix (F) 714
voix âpre (F) 715
voix claire (F) 716
voix de gorge (F) 718
voix de poitrine (F) 719
voix de remplissage (F) 2269
voix de tête (F) 720
voix enfantine (F) 723
voix extrême (F) 2141
voix féminine (F) 721
voix grave (F) 717
voix inférieure (F) 2142
voix intérieure (F) 2143

voix intermédiaire (F) 2143
voix intermédiaire (F) 2270
voix masculine (F) 724
voix mixtes (F) 725
voix pleine (F) 722
voix principale (F) 2271
voix supérieure (F) 2145
voix supérieure (F) 2272
vokal (D) 711
Vokal (D) 712
Vokal (D) 3377
Vokalise (D) 713
Vokalmusik (D) 3112
volage (F) 1708
volando (I) 1707
volant (F) 1707
volante (I) 1707
volé (F) 781
Volkslied (D) 2382
Volksmusik (D) 3098
Volkstanz (D) 2413
Volkstanz (D) 2855
volkstümlich (D) 3169
volkstümliche Musik (D) 3098
voll (D) 1431
voll (D) 1448
voll (D) 1531
voll (D) 3164
voll Leben (D) 1066
voll Lebhaftigkeit (D) 1065
volle, kräftige Stimme (D) 722
Vollendung (D) 3161
voller Angst (D) 1017
volles Werk (D) 476
vollkommen (D) 3008
vollkommen (D) 3160
vollkommene Kadenz (D) 2001
vollständig (D) 2899
volta (I) 2460
volta (E) 2460
volta (E) 2579
Volta (D) 2579
volta (I) 2579
volta inferiore (I) 80
volta subito (I) 1943
volta superiore (I) 79
voltage (E) 612
voltage (F) 612
voltaggio (I) 612
voltare (I) 2801
Volte (D) 2460
volte (F) 2460
volte (F) 2579
volteggiando (I) 474
volteggiando (I) 1707
volti (I) 1944
volubile (I) 1708
volubilità (con) (I) 1709
volume (E) 780
volume (I) 3378
volume (E) 3378
volume (F) 3378
volume del suono (I) 3379
volume du son (F) 3379
volume of sound (E) 3379
volume sonoro (I) 613
voluptueux (F) 1710
voluptuous (E) 1710
voluta (I) 36
volute (F) 68
voluttuoso (I) 1710
vom Blatt (D) 3183
vom Blatt singen (D) 2628
vom Blatt spielen (D) 2783
vom Zeichen (D) 1780
vom Zeichen bis zum Schluß (D) 1781
von Anfang an (D) 1717
von Anfang an (D) 1777
von rückwärts (D) 2192
von vorne (D) 1777
vor allem (D) 3282
Vorausnahme (D) 1971
vorbereiten (D) 2715
vorbereitet (D) 3177
Vorbereitung (D) 2163
Vorbild (D) 3048
Vordersatz (D) 2164

vorgetragen (D) 1485
Vorhalt (D) 2187
Vorhang (D) 3277
vorhergehend (D) 1873
vorsagen (D) 2780
Vorschlag (D) 1972
vorschlagen (D) 2720
Vorsicht (D) 3199
vorsichtig (D) 1487
Vorspiel (D) 2523
Vorspiel (D) 3244
vorstellen (D) 2716
Vorstellung (D) 3211
Vorstellung (D) 3291
Vortrag (D) 690
Vortrag (D) 2958
vortragen (D) 2727
Vortragsbezeichnung (D) 2200
vorwärts (D) 806
Vorwort (D) 3175
Vorzeichen (D) 1956
Vorzeichen (D) 1974
vowel (E) 712
vowel (E) 3377
voyelle (F) 712
voyelle (F) 3377
vraiment (F) 3368
vue (F) 3375
vuoto (I) 1945
vuoto (I) 2148
waagerecht (D) 2137
wach (D) 1146
wachsen (D) 2646
wachsend (D) 915
wackeln (D) 708
waddling (E) 3800
Wagner tuba (E) 194
Wagner-Tuba (D) 194
Wahl (D) 3253
wahlfrei (D) 1798
wahnsinnig (D) 1454
während (D) 1791
wahrnehmbar (D) 3159
wakening (E) 920
Waldhorn (D) 137
Waldhorntuba (D) 194
walking (E) 808
walking bass (E) 3960
walking pace (E) 738
waltz (E) 2573
Walze (D) 227
Walze (D) 429
Walzer (D) 2573
wandering (E) 1164
Wandler (D) 601
Wange (D) 3402
waning (E) 928
wankend (D) 1054
wankend (D) 1055
wantonly (E) 1454
war-like (E) 1058
warble (E) 625
warlike (E) 1310
warm (D) 1073
warm (D) 1074
warm (E) 1074
warm (D) 1078
warming up (E) 821
warmly (E) 1073
warten (D) 2610
Waschbrett (D) 259
washboard (E) 259
washboard (F) 259
Wasserklappe (D) 210
water key (E) 210
wattierter Schlegel (D) 361
Wau-wau-Dämpfer (D) 235
wave (E) 551
wave (E) 611
wave-length (E) 536
weak (E) 873
weak (E) 1125
weak (E) 1231
weak beat (E) 2241
weakening (E) 924
weakening (E) 932
weakening (E) 938
weakly (E) 1127

weakly (E) 1413
weary (E) 1231
wechseln (D) 2625
wechseln (D) 2799
wechselnd (D) 1757
Wechselnote (D) 2128
Wechselton (D) 2128
wedding march (E) 2467
weeping (E) 1363
weeping (E) 1467
weeping willow (E) 3801
wegnehmen (D) 2790
wehklagend (D) 1389
wehmütig (D) 1241
weich (D) 1167
weich (D) 1412
weich (D) 1416
weicher Einsatz (D) 663
weighted (E) 1463
Weihnachtslied (D) 2372
Weihnachtsmusik (D) 3077
weinend (D) 1363
weinend (D) 1466
weinend (D) 1467
weit (D) 883
weit (D) 1013
weite Lage (D) 2161
welche (D) 1758
welcher (D) 1758
welches (D) 1758
well (E) 1753
well contrasted (E) 3802
well rhythmed (E) 871
Welle (D) 431
Welle (D) 551
Wellenlänge (D) 536
Welterstaufführung (D) 3181
weltlich (D) 3188
weltliche Kantate (D) 2366
weltliche Musik (D) 3099
wenden (D) 2801
wenig (D) 1863
weniger (D) 1832
weniger bewegt als Allegro (D) 735
wenigstens (D) 2820
wenn (D) 1885
wenn nötig (D) 1886
werfen (D) 2621
Werk (D) 3128
werkgetreu (D) 2976
Wert (D) 2264
wesentlich (D) 2064
West Coast jazz 1950 (E) 3961
what (E) 1758
which (E) 1758
whimsical (E) 1086
whimsical (E) 1206
whimsical (E) 1290
whip (E) 294
whipped (E) 88
whipped (E) 1264
whipping (E) 901
whispered (E) 1061
whispering (E) 1060
whispering (E) 1629
whispering (E) 1724
whispering (E) 3803
whistfully (E) 3804
whistle (E) 149
whistle (E) 196
whistling (E) 1714
who (E) 1758
whole note (E) 2308
whole note rest (E) 2315
whole tone (E) 2254
whole-tone scale (E) 2196
wichtig (D) 3012
widening (E) 840
widmen (D) 2650
Widmung (D) 2921
width (E) 3041
wie (D) 1763
wie (D) 1879
wie ein Bauerntanz (D) 990
wie ein Marsch (D) 992
wie eine Ballade (D) 949
wie eine Kadenz (D) 1767
wie es dasteht (D) 1766

wie oben (D) 1765
wie vorher (D) 1764
wieder (D) 1741
wieder anfangen (D) 2741
wieder aufnehmend (D) 780
wieder beginnen (D) 2731
wieder belebend (D) 820
wieder erweckend (D) 918
wieder von Anfang an bis zum Schluß (D) 1778
wieder von Anfang an bis zum Zeichen (D) 1779
Wiedergabe (D) 575
wiederholen (D) 2740
Wiederholung (D) 2181
Wiederholung (D) 3219
Wiederholungszeichen (D) 2202
Wiederkehr (D) 2182
Wiederkehr (D) 3235
wiegend (D) 1120
Wiegenlied (D) 2484
Wiener Schule (D) 3267
Wienerwalzer (D) 2574
wig (E) 3150
wild (D) 1224
wild (D) 1556
wild (E) 1556
wind (E) 3367
Wind (D) 3367
wind band (E) 2857
wind chest (E) 453
wind instruments (E) 3315
wind machine (E) 291
wind music (E) 3096
wind music (E) 3092
wind quintet (E) 2529
wind section (E) 2981
windcap (E) 208
windchest (E) 456
Windkapsel (D) 208
Windkasten (D) 453
Windlade (D) 456
Windladenraum (D) 424
Windmaschine (D) 291
windpipe (E) 3436
windway (E) 207
wing (E) 241
wings (E) 3207
Wirbel (D) 36
Wirbelkasten (D) 42
Wirbeltrommel (D) 275
wire (E) 330
wire (E) 2985
wire brushes (E) 381
wirklich (D) 3368
Wirkung (D) 2952
wirkungsvoll (D) 2953
wisely (E) 1537
witches' dance (E) 2410
with (E) 1769
with a back beat (E) 3805
with a clear tone (E) 3806
with a fling (E) 3807
with a full rich tone (E) 3808
with a gentle motion (E) 3809
with a Glenn Miller flavour (E) 3810
with a singing tone (E) 3814
with a springing touch (E) 3815
with a steady insistence (E) 3813
with a steady pulse (E) 3816
with a warm expression (E) 3817
with abandonment (E) 951
with affection (E) 976
with agility (E) 986
with agitation (E) 988
with amazement (E) 1624
with ambition (E) 3811
with amiability (E) 1003
with an easy flow (E) 3812
with anger (E) 1102
with anguish (E) 1016
with anguish (E) 1017
with animation (E) 1660
with anxiety (E) 972
with anxiety (E) 1024
with ardour (E) 1036
with ardour (E) 1245

with arrogance (E) 1041
with audacity (E) 1048
with bad humor (E) 3818
with bitterness (E) 1007
with boldness (E) 1034
with boldness (E) 1051
with breadth (E) 1012
with brightness (E) 1205
with calmness (E) 1656
with candour (E) 1082
with care (E) 959
with care (E) 1123
with celerity (E) 743
with character (E) 1087
with charm (E) 1217
with charm (E) 1679
with clarity (E) 1097
with coldness (E) 1255
with conceit (E) 1626
with confidence (E) 1232
with courage (E) 1020
with damper (E) 470
with dash (E) 3819
with deep feeling (E) 3820
with delicacy (E) 1135
with delight (E) 1140
with desire (E) 1144
with desire (E) 1706
with despair (E) 1159
with determination (E) 1149
with devotion (E) 1497
with dexterity (E) 1147
with dignity (E) 1151
with dignity (E) 1477
with diligence (E) 1152
with discouragement (E) 1548
with discretion (E) 1153
with disdain (E) 1552
with disgust (E) 1509
with dismay (E) 1583
with drive (E) 3821
with dry humour (E) 3822
with ease (E) 981
with ease (E) 1605
with ecstasy (E) 1203
with effort (E) 1219
with elegance (E) 1181
with emotion (E) 1184
with emphasis (E) 1187
with energy (E) 1185
with enthusiasm (E) 1190
with exactitude (E) 1197
with exaltation (E) 1196
with excitement (E) 1112
with expansion (E) 1200
with expression (E) 1201
with exultation (E) 1208
with fantasy (E) 1213
with fear (E) 1451
with fear (E) 1646
with feeling (E) 1019
with feeling (E) 1564
with feeling (E) 3823
with ferocity (E) 1225
with fervour (E) 1227
with fickleness (E) 1709
with fineness (E) 1238
with fire (E) 1269
with firm step (E) 3824
with firmness (E) 1222
with fluency (E) 1242
with force (E) 1248
with frankness (E) 1253
with frenzy (E) 1139
with freshness (E) 1260
with full force (E) 872
with full tone (E) 3825
with full voice (E) 666
with fury (E) 1272
with fury (E) 1274
with gaiety (E) 1278
with gallantry (E) 1281
with good humour (E) 3826
with grace (E) 1283
with grace (E) 1306
with grandeur (E) 1302
with gravity (E) 1305
with great expression (E) 3827

with great warmth (E) 3828
with grief (E) 956
with half voice (E) 632
with happiness (E) 1284
with happiness (E) 1375
with harshness (E) 1176
with haste (E) 744
with haste (E) 752
with heart (E) 1121
with horror (E) 1496
with humour (E) 1671
with imagination (E) 3829
with impatience (E) 1316
with indifference (E) 1328
with indolence (E) 1331
with inflections of plainsong (E) 3830
with innocence (E) 1340
with insistence (E) 1345
with insolence (E) 1346
with irony (E) 1356
with jest (E) 1210
with joy (E) 1293
with jubilation (E) 1297
with kindness (E) 1288
with liveliness (E) 1702
with love (E) 1009
with lustre (E) 1388
with melancholy (E) 1393
with mockery (E) 1541
with moderation (E) 1411
with mouth closed (E) 656
with movement (E) 746
with movement (E) 3831
with much precision (E) 3832
with nobility (E) 1429
with noise (E) 1620
with pain (E) 1165
with pain (E) 1173
with pain (E) 1450
with passion (E) 1446
with perseverance (E) 1461
with pity (E) 3833
with pomp (E) 1474
with pomp (E) 1573
with precision (E) 1481
with pride (E) 1234
with prudence (E) 1488
with purity (E) 1489
with quiete dignity (E) 3834
with rage (E) 1353
with rage (E) 1494
with rapidity (E) 750
with rapture (E) 1178
with refinement (E) 1502
with refinement (E) 1510
with regained strength (E) 3835
with regret (E) 1521
with resentment (E) 1524
with resignation (E) 1505
with resolution (E) 1526
with respect (E) 1439
with restlessness (E) 1023
with restlessness (E) 1589
with rigidity (E) 1514
with rigour (E) 751
with rigour (E) 1517
with sadness (E) 1404
with sadness (E) 1667
with scorn (E) 1160
with sensitivity (E) 1560
with serenity (E) 1567
with seriousness (E) 1569
with severity (E) 1571
with simple tenderness (E) 3836
with simplicity (E) 1559
with sincere sympathy (E) 3837
with skill (E) 1063
with skill (E) 1391
with slowness (E) 745
with sobriety (E) 1592
with softness (E) 1169
with solemnity (E) 1595
with some freedom (E) 781
with soul (E) 1019
with speed (E) 748
with speed (E) 754
with spirit (E) 1607

with spiritual feeling (E) 3838
with sport (E) 3839
with steady heavy motion (E) 3840
with sure rhythm (E) 3841
with taste (E) 1311
with tenderness (E) 1636
with tepidness (E) 1638
with the (E) 1769
with the bow (E) 94
with the hand (E) 389
with the highest virtuosity (E) 1114
with the voice (E) 1761
with the wood (E) 95
with thrill (E) 1258
with timidity (E) 1645
with two sticks (E) 388
with unconstraint (E) 1155
with valour (E) 1680
with vehemence (E) 1685
with velocity (E) 753
with veneration (E) 1688
with verve (E) 1588
with vigour (E) 1065
with vigour (E) 1693
with violence (E) 1697
with virtuosity (E) 1698
with virtuosity (E) 1699
with warmth (E) 1077
with weakness (E) 1126
with weariness (E) 1613
with zeal (E) 1712
without (E) 1891
without changing (E) 1892
without dragging (E) 784
without haste (E) 782
without measure (E) 783
without mute (E) 113
without repetition (E) 1893
without sorrow (E) 1602
wogend (D) 104
wogend (D) 1433
Wohlklang (D) 2969
wohlklingend (D) 1038
wohlklingend (D) 1039
wollüstig (D) 1710
women's choir (E) 681
women's chorus (E) 681
wood (E) 3044
wood bloc (F) 261
wood block (E) 261
wood block (I) 261
wood drum (E) 337
Wood-block (D) 261
wooden stick (E) 359
woodwind (E) 3043
woodwind instruments (E) 3316
word (E) 3149
work (E) 3128
work for ten players (E) 2418
work song (E) 2371
work songs (E) 3962
world première (E) 3181
Wort (D) 3149
worthy (E) 1132
wow-wow mute (E) 235
wrathful (E) 964
wrist (E) 3427
wrong (E) 2973
wrong (E) 3249
wrong note (E) 3123
Wulst (D) 203
Wunderkind (D) 2856
wunderlich (D) 1062
würdig (D) 1132
Wurstfagott (D) 169
wütend (D) 1040
wütend (D) 1271
wütend (D) 1495
xilofono (I) 352
xilofono a tastiera (I) 353
xilomarimba (I) 354
xylomarimba (E) 354
Xylomarimba (D) 354
xylomarimba (F) 354
Xylophon (D) 352
xylophone (E) 352
xylophone à clavier (F) 353

xylophone (F) 352
yielding (E) 930
young dramatic soprano (E) 651
zäh (D) 1633
Zahl (D) 3124
zählen (D) 2640
zählen Sie (bei Pausen) (D) 1772
Zählzeit (D) 2238
Zähne (D) 3390
zampogna (I) 195
Zanza (D) 321
Zarge (D) 58
Zarge (D) 369
zart (D) 1300
zart (D) 1637
zartfühlend (D) 1136
zärtlich (D) 1635
Zäsur (D) 2006
zauberhaft (D) 1326
zealous (E) 1711
Zeichen (D) 1887
Zeichen (D) 2199
Zeigefinger (D) 3403
zeigen (D) 2682
zeigen (D) 2701
Zeitabschnitt (D) 2956
zeitgenössische Musik (D) 3060
Zeitmaß (D) 2238
Zeitschrift (D) 3238
zelante (I) 1711
zélé (F) 1711
zelo (con) (I) 1712
zerbrechlich (D) 1250
zerbrochen (D) 3240
zerrend (D) 858
zerrissen (D) 1362
zerrissen (D) 1610
ziehen (D) 2789
ziehend (D) 863
ziemlich (D) 1732
ziemlich (D) 1745
ziemlich gut (D) 2938
ziemlich langsam (D) 729
zierend (D) 967
Zigeuner (D) 3380
Zigeunerin (D) 3380
Zigeunerlied (D) 2374
Zigeunerlied (D) 2580
Zigeunermusik (D) 3110
Zigeunertanz (D) 2412
Zigeunertanz (D) 2580
Zimbal (D) 9
zingara (I) 3380
zingaresca (I) 2580
zingaro (I) 3380
Zink (D) 136
Zitat (D) 2888
zither (E) 8
Zither (D) 8
zittern (D) 2794
zitternd (D) 1117
zitternd (D) 1662
zoccolo (I) 81
zögernd (D) 755
zoppo (I) 1713
zoppo (I) 3381
zornig (D) 964
zornig (D) 1355
zu (D) 1897
zu hoch singen (D) 687
zu tief singen (D) 668
zu viel (D) 1923
zu zweit (D) 1722
zuckend (D) 1117
zufolando (I) 1714
zufolo (I) 196
zufolo a pistone (I) 292
Zug (D) 224
Zug (D) 464
Zugabe! (D) 2867
Züge (D) 423
zügellos (D) 1581
Zugposaune (D) 190
Zugtrompete (D) 185
zuhören (D) 2609
Zukunftsmusik (D) 3071
zum Anhang (D) 1729
zum letztenmal (D) 1857

zum Schluß (D) 1856
zum Zeitmaß zurückkehrend (D) 793
zündend (D) 1267
zunehmend (D) 910
Zunge (D) 216
Zunge (D) 421
Zunge (D) 3406
Zungenpfeife (D) 426
Zungenschlag (D) 246
Zungenstoß (D) 246
Zupfinstrumente (D) 3319
zurückgehalten (D) 853
zurückhalten (D) 2746
zurückhaltend (D) 838
zurückhaltend (D) 848
zurückhaltend (D) 852
zurückhaltend (D) 864
zurückkommen (D) 2791
zurückkommend (D) 1883
zurückprallen (D) 2736
zurückrufen (D) 2730
Zurückschlag (Verzierung) (D) 644
zurücksetzend (voriges Zeitmaß) (D) 779
Zurückstrahlung (D) 3237
zusammen (D) 1746
zusammen (D) 1819
zusammen (D) 1933
zusammen (D) 3360
zusammendrängend (D) 830
zusammengesetzter Takt (D) 1990
zusammenstellen (D) 2725
zwei Saiten (D) 472
zweimal (D) 1723
zweimanualig (D) 466
zweiteilig (D) 1994
zweiteilige Form (D) 2066
Zweiunddreißigstel (D) 2313
zweiunddreißigstel Pause (D) 2320
Zwerchfell (D) 3391
Zwiebelflöte (D) 309
Zwischendominante (D) 2045
Zwischenraum (D) 2220
Zwischensatz (D) 2056
Zwischenspiel (D) 1969
Zwischenspiel (D) 2056
Zwischenspiel (D) 2451
Zwischenspiel (D) 2452
Zwölftonmusik (D) 3079
Zwölftontechnik (D) 2043
zyklische Form (D) 2067
Zyklus (D) 2390
Zyklus (D) 2886
Zylinderventil (D) 211